高等职业院校职业素质教育改革创新教材

LAODONG
JIAOYU

劳动教育（第二版）

主　编　赵文平　张　弋
副主编　朱　钦　李　慧
编　委　（按姓氏笔画排序）
　　　　马　青　王有月　车　炯　叶　俊
　　　　羊　栋　刘小军　孙　新　苏冰星
　　　　张　辉　陈玉欢　殷　红　赖勇军

中国教育出版传媒集团
高等教育出版社·北京

内容提要

本书是高等职业院校职业素质教育改革创新教材。

本书紧扣劳动教育课程教学目标，旨在培养新时代社会主义建设者。在内容上，本书分为两大部分：认知劳动世界、投身劳动实践。全书共九大模块，内容包括劳动本源与劳动教育、劳动组织与劳动管理、劳动法律与劳动权益、劳动情感与劳动态度、劳动素养与劳动能力、学校劳动实践、家庭劳动实践、社会劳动实践和职场劳动实践，在实现理论与实践相结合的同时，全方位地引领学生提升劳动素养。全书设计了导读导学、哲人隽语、学习目标、课堂活动、拓展阅读等栏目，丰富多样，富有趣味性。本次修订在保持原有体例、主体内容的基础上，替换了部分案例、图片。为了利学便教，本书另配有微课、课件、教案等数字化资源。

本书适合作为高等职业院校劳动教育公共基础课教材，也可作为劳动教育研究的参考用书。

图书在版编目(CIP)数据

劳动教育 / 赵文平，张弋主编． －－ 2版． －－ 北京：高等教育出版社，2025.2(2025.8重印)． －－ ISBN 978 － 7 － 04 － 064420 － 3

Ⅰ．G40－015

中国国家版本馆CIP数据核字第2025YS4818号

策划编辑	雷 芳	**责任编辑**	丁钰航 雷 芳	**封面设计**	张文豪	**责任印制**	高忠富

出版发行	高等教育出版社	网　　址	http://www.hep.edu.cn
社　　址	北京市西城区德外大街4号		http://www.hep.com.cn
邮政编码	100120	网上订购	http://www.hepmall.com.cn
印　　刷	上海叶大印务发展有限公司		http://www.hepmall.com
开　　本	787mm×1092mm　1/16		http://www.hepmall.cn
印　　张	17.75	版　　次	2022年1月第1版
字　　数	404千字		2025年2月第2版
购书热线	010-58581118	印　　次	2025年8月第2次印刷
咨询电话	400-810-0598	定　　价	42.00元

本书如有缺页、倒页、脱页等质量问题，请到所购图书销售部门联系调换

版权所有　侵权必究

物　料　号　64420-00

前　言

　　劳动最光荣、劳动最崇高、劳动最伟大、劳动最美丽。劳动不仅改造着世界，也创造着人本身。劳动既是人类创新并积累财富的过程，也是人类自我创造、自我完善的过程。劳动乃立身之本，劳动是推动经济社会发展的根本力量，是人的本质。党的二十大报告要求："在全社会弘扬劳动精神、奋斗精神、奉献精神、创造精神、勤俭节约精神，培育时代新风新貌。"

　　劳动教育是沟通学业与职业、联系学校与社会的载体，是全面育人体系的重要组成部分，也是培养人的重要途径。2020年3月20日，中共中央、国务院印发了《关于全面加强新时代大中小学劳动教育的意见》，对新时代大中小学加强劳动教育进行了全面、系统的部署，强调"劳动教育是国民教育体系的重要内容，是学生成长的必要途径，具有树德、增智、强体、育美的综合育人价值。"该意见要求，"职业院校以实习实训课为主要载体开展劳动教育，其中劳动精神、劳模精神、工匠精神专题教育不少于16学时。"同年5月，教育部印发了《高等学校课程思政建设指导纲要》，提出"课程思政建设内容要紧紧围绕坚定学生理想信念，以爱党、爱国、爱社会主义、爱人民、爱集体为主线，围绕政治认同、家国情怀、文化素养、宪法法治意识、道德修养等重点优化课程思政内容供给，系统进行中国特色社会主义和中国梦教育、社会主义核心价值观教育、法治教育、劳动教育、心理健康教育、中华优秀传统文化教育"，要"深化职业理想和职业道德教育"。

　　职业院校具有将劳动教育落实落地的天然优势。早在一个多世纪以前，黄炎培等老一辈中华职业教育社人就努力践行劳动教育理念，强调"双手万能"，提倡"手脑并用"，力促学以致用，力戒学生之鄙视劳动而不屑为之积习。进入新时代以来，职业教育以努力培养数以亿计的高素质劳动者和技术技能人才为己任，旨在促进学生修养德行，沉淀智慧，积累能力，强壮体魄，健康审美，崇尚劳动，娴熟技能。这更是契合了崇尚工匠精神、崇尚劳动、崇尚技能的社会环境。2019年出台的《教育部关于职业院校专业人才培养方案制订与实施工作的指导意见》就已提出了"严格按照国家有关规定开齐开足公共基础课程"，"结合实习实训强化劳动教育，明确劳动教育时间，弘扬劳动精神、劳模精神，教育引导学生崇尚劳动、尊重劳动","学校还应当组织开展劳动实践、创新创业实践、志愿服务及其他社会公益活动"。

本次组织编写的《劳动教育》(第二版)是融思想性、科学性、实用性于一体的创新教材。教材既体现了劳动教育的思想性——运用马克思主义唯物史观,阐述了全面的、本原的劳动观,把劳动看成包括人类创造世界、改造世界的实践活动;又突出劳动科学的系统性——充分彰显了劳动形态的时代发展性,阐明了劳动与社会、劳动与经济、劳动与法律、劳动与劳动关系、劳动与安全等关系,揭示了劳动永远与每个人的生活、发展息息相关的真理。此外,教材还特别突出了实用性——注意结合当代青年学生未来的职业发展和社会生活中可能遇到的各种劳动问题,普及必要的实用知识。

《劳动教育》(第二版)以培养劳动观念、普及劳动科学常识、指导劳动实践、提升劳动能力为基本理念,以培养学生适应当代社会和现代职场需要的核心素养、能力为具体要求,以日常生活劳动素养、服务性劳动素养、生产劳动素养培养为教学目标。主要内容包括:劳动本源与劳动教育、劳动组织与劳动管理、劳动法律与劳动权益、劳动情感与劳动态度、劳动素养与劳动能力、学校劳动实践、家庭劳动实践、社会劳动实践、职场劳动实践九个模块,介绍了劳动的本质、马克思主义劳动观、劳动哲学、劳动经济学、劳动社会学、劳动法学等方面的基本常识,采取分场景的劳动实践指导(学校、家庭、社会、职场)方式,介绍了有关通用劳动技能和职业素养的内化训练方法。

——在劳动理论认知上,旨在引导新时代大学生坚定树立马克思主义劳动观,正确认识劳动的现象与本质,真正懂得劳动创造价值、劳动关乎幸福人生的道理。正确理解劳动与社会的关系,正确认识与处理中国特色劳动关系。

——在日常生活劳动教育上,以体力劳动为主,注重基本生活劳动技能的积累,在日常生活劳动实践中学会认知、学会生活、学会生存、学会共处,适应社会。旨在服务家人起居,参与家庭事务管理,达成生活自理,同时树立绿色、环保、安全意识,学会美化环境,愉悦心情,使得生活和工作充满希望,追求高质量的生活。

——在生产劳动教育上,融体力劳动和脑力劳动于一体,侧重技术技能训练与积累,采取分层分步推进的策略,在劳动实践中培养团队协作精神、创新精神、劳模精神,增强劳动获得感,取得初步的生产经验;扩展生产技术知识,为就业创业和职业生涯发展储能,增加成就感,同时强化劳动纪律和安全防范意识。

——在服务性劳动教育上,以智力劳动为主,侧重运用知识、技能、工具、设备等为他人和社会提供服务,以自身劳动成果奉献他人,造福社会,陶冶情操,美化心灵,学会奉献,学会责任担当,增强公益服务意识,培育志愿服务和奉献精神,增强专业服务意识,提升服务技能和人文素养。通过服务性劳动,推动学生接触社会,深入生活,参加各类社会实践,培养学生为人民服务、为公众谋利益的良好思想品德。

中国特色社会主义伟大事业需要依靠一代又一代中国人的辛勤劳动、接续奋斗来实现。青年有理想、有本领、有担当，国家就有前途，民族就有希望，愿本书能够助力新时代的青年学生在人生舞台上，通过日常生活劳动、生产劳动和服务性劳动创造社会财富，创造美好人生。

编　者

目 录

第一部分 认知劳动世界

模块一　劳动本源与劳动教育 …… 2
- 1.1　劳动和树立正确的劳动观 …… 2
- 1.2　马克思主义劳动思想和劳动哲学常识 …… 15
- 1.3　劳动的育人价值 …… 28

模块二　劳动组织与劳动管理 …… 45
- 2.1　社会分工和劳动组织 …… 45
- 2.2　劳动基本制度 …… 52
- 2.3　劳动者和人力资本 …… 61

模块三　劳动法律与劳动权益 …… 72
- 3.1　劳动法律法规体系 …… 72
- 3.2　劳动合同和权利保障 …… 78
- 3.3　劳动安全和劳动保护 …… 95

模块四　劳动情感与劳动态度 …… 111
- 4.1　劳动精神和劳动伦理 …… 111
- 4.2　工匠精神和技能成才 …… 119
- 4.3　劳模精神和劳动幸福 …… 130

模块五　劳动素养与劳动能力　　140

5.1　培养劳动习惯　　140
5.2　养成劳动能力　　146
5.3　提升劳动素养　　158

第二部分　投身劳动实践

模块六　学校劳动实践　　168

6.1　校园清洁、美化和环保行动　　168
6.2　义务劳动和勤工助学　　177
6.3　专业服务和创造性劳动　　184

模块七　家庭劳动实践　　191

7.1　自我服务劳动　　191
7.2　日常家务劳动　　197
7.3　其他生活劳动　　205

模块八　社会劳动实践　　215

8.1　社会实践和社会调查　　215
8.2　社区劳动和志愿服务　　221
8.3　农工商生产劳动实践　　228

模块九　职场劳动实践　　244

9.1　岗位实习和现场管理　　244
9.2　角色转换和职场适应　　252
9.3　职场文化融合和终身学习　　263

主要参考文献　　272

后记　　274

第一部分
认知劳动世界

模块一　劳动本源与劳动教育

模块二　劳动组织与劳动管理

模块三　劳动法律与劳动权益

模块四　劳动情感与劳动态度

模块五　劳动素养与劳动能力

模块一 劳动本源与劳动教育

导读导学

劳动是人类社会生存和发展的基础,是人维持自我生存和自我发展的唯一手段。恩格斯指出,"劳动是整个人类生活的第一个基本条件",我们在某种意义上不得不说"劳动创造了人本身"。

"劳动已经不仅仅是谋生的手段",作为人的第一需要,劳动解决了人能不能活着和人如何活着这两个问题,不仅为人类的发展提供了必要的物质条件和精神条件,还为人类的发展搭建了实践平台。马克思认为,人类本质的实现是一个通过劳动而自我诞生、自我创造和自我发展的历史过程,劳动既是人的本质形成的起点,也是人的本质发展的基础,更是整个社会不断进步的动力。

本模块主要包括劳动的基本概念和价值、马克思主义劳动观等,引导高职生树立科学的劳动观,涵养自己吃苦耐劳、埋头实干的劳动精神,形成在劳动实践中发现问题、展开研究、整合知识、解决问题和创造性劳动的意识,让劳动教育落地生根、开花结果、凸显实效、绽放魅力,让劳动教育为学生的终身发展和人生幸福奠基。

1.1 劳动和树立正确的劳动观

◇哲人隽语◇

劳动已经不仅仅是谋生的手段,而且本身成了生活的第一需要。

——[德] 马克思

学习目标

1. 能够描述劳动的定义,对劳动的社会职能做简单介绍。
2. 能够使用思维导图描绘出实践、工作、生产、劳动等概念的关系和区别。
3. 能列举出实际生活中的案例去分析劳动在人类实践、社会生活、历史发展中的作用。

引入案例

南泥湾的故事

延安时期,八路军三五九旅进驻延安以南的南泥湾,开荒种田,生产自救,被传为佳话。

1939年后,抗日战争进入相持阶段,日军和国民党顽固派对陕甘宁根据地实行了严密的军事包围和经济封锁。三五九旅积极响应毛主席"自己动手,丰衣足食"的号召,开荒种植,养猪烧炭,兴办商业机构和各类工厂,开展劳动竞赛,不仅逐步做到粮食、经费全部自给,而且在1944年还向边区政府缴纳公粮一万担。通过"自力更生,艰苦奋斗",三五九旅把荆棘遍野、杂草丛生、豺狼成群、荒无人烟的南泥湾变成了"处处是庄稼,遍地是牛羊"的陕北好江南。

毛主席对南泥湾垦荒非常重视,亲自到南泥湾视察,并为陕甘宁边区工农业生产成绩展览会题词"自己动手,丰衣足食"。

分析:

人类的文明是伴随着一代代人披荆斩棘的辛勤劳动而向前发展的。在中国共产党的带领下,三五九旅披荆斩棘、开荒种地,在南泥湾这片荒芜的土地上建成了陕北的好江南,形成了"自力更生、艰苦奋斗"的南泥湾精神。

一、劳动

劳动是人们耳熟能详的词语。但是,要给劳动下一个定义,其实是一件很困难的事情。历史上已经有过很多对劳动的定义,但还没有哪一种定义是为所有人一致同意和接受的。因为在给劳动下定义时,每个人的视角、潜意识、立场、价值态度、方法等总是有些不同之处,于是便得出劳动的不同的、独特的定义。

(一) 劳动的概念

《辞海》对劳动的解释是"人们改变劳动对象使之适合自己需要的有目的的活动。即劳动力的支出或使用。人类社会存在和发展的最基本条件。在人类形成过程中起了决定性作用"。这个解释实际上是哲学意义上的劳动和经济学意义上的劳动的结合体。

马克思认为,劳动是"人和自然之间的过程,是人以自身的活动来引起、调整和控制人和自然之间的物质变换的过程"。根据上述论断,在一般意义上,劳动是指在一定社会关系中的人改造自然或人化自然物,创造或服务于创造物质财富和精神财富以满足人类需要的有目的的活动。因此,劳动的概念应该包括这样几个方面的内涵:一是有意识的理性活动;二是对工具和劳动力(脑力和体力)的使用;三是人与自然(或人化自然)的交互性的作用;四是创造或服务于创造物质财富和精神财富的活动。

在经济学中,劳动是指劳动力(含体力和脑力)的支出和使用。劳动经济学是指一门研究劳动力供给、劳动力需求、就业、工资、人力资本投资、失业、收入分配等问题的学问。

更为狭义地说,劳动是人们以自主或受雇的方式改造自然并创造物质财富的直接的物质资料生产,是人与自然界直接进行物质、能量、信息交换的活动过程。这是对劳动内核的最终把握,也就是说,虽然劳动是物质资料生产,但并非所有的物质资料生产活动都是劳动;只有直接生产劳动才是本质意义上的劳动,而投资活动、资本运营活动虽然也是重要的人类实践活动,也是物质资料生产过程和体系中的重要方面,但是,第一,它们只是间接地而不是直接改造自然并创造物质财富的活动;第二,它们是物质资料生产体系中的"高层建筑",而不是直接与自然界具有对立统一关系的"底层基础";第三,资本是死劳动,是过去劳动的物化、积累和凝结,在历史上,先有活劳动,然后才有死劳动(即资本)。

至于企业管理活动,作为重要的生产要素,在资本雇佣劳动的情况下,它主要是一种监督活动;在劳动雇佣资本的情况下,它属于劳动,而且是一种复杂劳动;在劳资共决或劳资合作的情况下,它具有半劳动半监督的性质。

实际上,在人类历史的开端,劳动乃是唯一的人类实践,后来所有的人类实践最多只是以萌芽的形式蕴藏在劳动之中;劳动是人类历史的开端、发源地,是打开社会历史奥秘的钥匙。人类活动的基本逻辑,如图 1-1 所示。

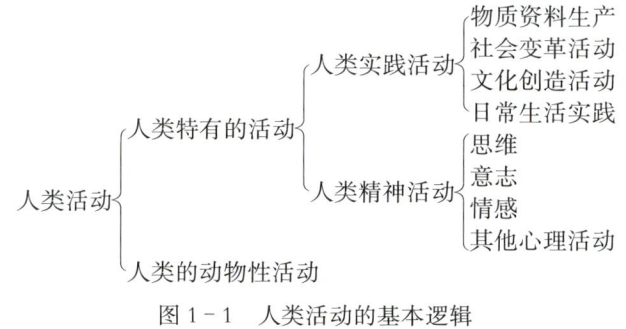

图 1-1 人类活动的基本逻辑

(二) 劳动的本质

劳动是人类所特有的一种有目的的社会实践活动。这就是劳动的本质。

1. 劳动是主体、客体和意义的内涵集成体

劳动不仅是谋生的手段、自然人转化为社会人的基础,也是人性实现至美至善、彻底自由的必由之路。人类起源于劳动,劳动是人类基本的实践活动。马克思主义认为,劳动是人之为人的内在本质特性,是人区别于动物的内在本质属性。会使用和创造劳动工具把人类社会与猿群世界区分开来。人在劳动过程中不仅创造客体性存在,也建构出人与人之间的社会关系。人的本质在其现实性上是一切社会关系的总和。

2. 劳动是有意识、有目的的活动

人类劳动是有意识、有目的的活动,是为了创造出一个可以满足人类生活需要的物质世界。是否具有生产生活资料是区分人与动物的关键,动物仅仅是利用外部自然界,人则通过他所做出的改变来使自然界为自己的目的服务。劳动是人在理性支配下进行的有目的、有意识的实践活动,与动物的天生的、本能的生命活动有着本质的区别。

那么,动物界的一些活动是不是劳动?答案是否定的。松鼠采集松子并贮藏只是一种本能。人类以外的其他动物既不会制造工具,也不会自觉地改造自然,没有改造自然的需求和经验,它们的行为只是一种程序化了的动作反射。比如,蜘蛛织网、蜜蜂酿蜜、鸭子游泳、猫捉老鼠,这些纯属它们各自的本能行为。只有人类社会中才存在真正意义上的劳动,因为人的劳动具有明确的目的性。劳动主要是指生产物质资料的过程,通常是指能够对外输出价值的人类活动。劳动是人类实践的一种特殊形式。

(三) 劳动的相关概念

1. 劳动与实践

在马克思主义哲学中，劳动是实践的原型，是最基础的实践活动。但在概念的外延上，劳动的范围小于实践，是实践的一部分。一些人试图把劳动作为一个包罗万象的、能够产生一切而一切又复归于其中的本体，作为一种普遍的、无往而不胜的构成性原则，这显然具有局限性，是重蹈了黑格尔主义以至整个西方传统形而上学的本质主义的覆辙。但是，不能因此就否定劳动在人类实践体系中的基础地位。

2. 劳动与工作

劳动和工作是两个密切相关的概念，它们之间既有联系又有区别。

从本质上看，劳动是人类为了生存和发展而进行的有目的的活动，工作是劳动在特定社会分工和组织形式下的具体体现。可以讲，工作是劳动的一种形式。例如，农民在田地里耕种，这是劳动，而当他们受雇于农业公司，按照公司的要求和规定进行种植、灌溉、收割等操作时，这就是工作。工作将劳动纳入了更规范、更有序的轨道，使劳动在特定的组织和社会环境中得以开展。

二者范围不同，劳动是一个更广泛的概念，它涵盖了人类一切为了满足自身需要而进行的活动。这包括人们在家庭中的家务劳动，如做饭、打扫卫生等；也包括人们在自然环境中的采集、狩猎等活动。而工作通常是指人们在社会分工体系中，为了获取报酬或实现职业目标而从事的活动。例如，一个人在家中自己修理家具属于劳动，但如果他是受雇于家具维修公司，按照公司的安排去客户家中修理家具，这就是工作。

3. 劳动与生产

在经济学的视角中，劳动与生产经常是可以互换的，常被当作同义词或近义词使用。但事实上，生产范畴在外延上是大于劳动范畴的：第一，有些生产活动并不是物质资料生产，比如人口的生产（实际上，"生产"的中文本义就是指分娩，后来才引申到其他类似分娩的活动），又比如精神文化产品的生产（现在，知识、文化的生产已经成为一个产业）；第二，物质资料生产包含着比劳动更多的内容，谁也不能否定投资和资本经营活动在物质资料生产过程中的地位和作用，但不能把投资和资本经营活动称为劳动。顺便指出，生产范畴小于工作范畴，因为很多工作或职业活动，比如政治和社会管理活动，都不能叫作生产活动。

现代社会中，直接的物质资料生产活动与其他活动密切联系和依存，在这种条件下，将劳动和其他活动明确划分是不可能的，在两者之间存在着模糊的地带，其间的很多活动兼有劳动和其他活动的双重性质。但是，不管怎么说，离直接的物质资料生产比较远的活动，就不再属于劳动的范围了。

(四) 劳动的分类

按照不同的标准，劳动有不同的分类。各种分类从不同角度揭示了劳动的多样性和差异性。

1. 体力劳动和脑力劳动

根据劳动所耗费的生理力形态，劳动可分为体力劳动和脑力劳动。体力劳动是指以人体肌肉与骨骼的生理力消耗为主,以大脑和其他生理系统的生理力消耗为辅的劳动。脑力劳动是指以脑力消耗为主,以其他生理系统的生理力消耗为辅的劳动,其特征在于劳动者在生产中运用的是智力、科学文化知识和生产技能。

体力是脑力的基础,脑力劳动支配体力劳动。体力劳动与脑力劳动的分离不是从来应有的,也不会永远持续下去。在原始社会中,由于人类群体内部不能提供剩余产品,有劳动能力的人都要参加体力劳动,没有专门从事脑力劳动的人。随着生产力水平的提高,人类群体内部有了剩余产品,就逐渐形成了专门从事脑力劳动的群体。任何一种活动都是体力劳动和脑力劳动共同的结果,例如:不动脑子就种不好粮食。在未来的理想社会中,人类劳动耗费的体力和脑力会呈现有机融合状态。

2. 简单劳动和复杂劳动

从价值分析的角度来看,根据对劳动主体的知识、经验和技能的要求,以及所耗费的体力与脑力的综合量的多少,劳动可分为简单劳动和复杂劳动。简单劳动是指在一定的社会条件下,不需要经过任何专门训练的一般劳动者都能从事的劳动。复杂劳动是指须经过专门的训练和培养,具有一定的文化知识和技能方可从事的劳动。复杂劳动具有更高的价值,同样时间内,复杂劳动创造的价值量可以用若干倍的简单劳动创造的价值量来衡量。

简单劳动所产生的产品的剩余价值较低,而复杂劳动所产生的产品的剩余价值较高。复杂劳动背后有教育等付出,才会在同样时间里比简单劳动创造更多的价值。必须指出,按劳分配的"劳",不只是指生产一线的直接劳动者的体力劳动,还有技术、知识、管理、数据方面的劳动,这些劳动属于复杂劳动物化形态。因此,在劳动、资本、知识、技术、管理、数据等要素参与的收入分配制度中,复杂劳动的报酬要得到体现,必须将上述要素一并进行考虑。

简单劳动和复杂劳动的区分是相对的。在一定条件下的复杂劳动,在另外的条件下可能就是简单劳动。

3. 具体劳动和抽象劳动

根据商品生产的劳动二重性,劳动可分为具体劳动和抽象劳动。具体劳动是指在一定具体形式下进行的劳动,是有形的、看得见的。比如,装修工人粉刷墙壁,木工做家具,就是具体劳动。抽象劳动是指撇开了具体形式的、一般的、没有差别的人类劳动,是劳动力(脑力和体力)一般生理学意义上的支出或消耗。抽象劳动反映商品生产者之间的经济关系,是劳动的社会属性。

具体劳动和抽象劳动是对立统一的。统一性在于支出具体劳动的同时也支出了抽象劳动,它们在时间、空间上都是统一的,是不可分割的;对立性在于具体劳动和抽象劳动是生产商品时劳动的两种不同属性(但不是两种不同的劳动)。

4. 必要劳动和剩余劳动

根据劳动者付出劳动有无必要性,劳动可分为必要劳动和剩余劳动。必要劳动是指维持和再生产劳动力所必需的劳动,通俗地讲,就是劳动者为了维持自己和家庭的生活所必须付出的那一部分劳动。必要劳动所花费的时间就是必要劳动时间。社会必要劳动时间是指以一个工作日中一个标准人生理活动耗费的使用价值为界限的劳动时间。在必要劳动时间内的劳动是再生产劳动力本身价值的劳动。

剩余劳动是与必要劳动相对应的概念，指劳动者在满足自身生存需求（必要劳动）之外所付出的劳动，即超过维持劳动力生产和再生产需要的劳动。在马克思主义政治经济学中，剩余劳动的本质是劳动者创造的价值超出维持自身劳动力再生产所需的部分。这一概念具有历史性，其表现形式和影响因社会制度而异：在私有制社会中，剩余劳动被剥削阶级占有；在资本主义社会表现为资本家对工人的剥削；而在社会主义社会则体现为劳动者的共同占有和社会积累。随着社会进步，劳动者的必要劳动范围应当扩大，劳动报酬也呈现增长趋势。剩余劳动所创造的产品称为剩余产品，是推动社会发展的重要物质基础。

5. 常规劳动和创新劳动

根据劳动中新技术、新方法、新知识的含量，可把劳动分为常规劳动和创新劳动。常规劳动是指现有的社会正常的生产条件下，利用已有的知识、经验和技能以常规方式对劳动对象进行加工或改造的劳动。常规劳动未必是简单劳动，有时相当复杂，需要积累大量经验、技能与技巧。其不仅包括体力劳动，也包括常规性的脑力劳动。

创新劳动是指运用新技术、新方法和新知识，以创新方式进行的劳动，其劳动价值须通过改变当前社会正常生产条件，将创新性劳动成果向全社会的生产结构渗透推广来实现。

（五）劳动的意义

劳动具有两方面的意义：一是对社会的意义，二是对个体的意义。

1. 劳动的社会意义

劳动贯穿人类社会的始终，为人类社会创造了物质财富和精神财富。劳动具有以下多方面的社会价值。

（1）劳动创造了人类。

从劳动与人类的关系角度来看，劳动创造了人本身，劳动是人类的种群特征。人类从何而来？目前为止，最为科学的解释是人类由类人猿进化而来。恩格斯说："首先是劳动，其次是语言和劳动一起，成为猿人发展的主要推动力，猿的脑髓逐渐变成了人的脑髓。"他认为，手的使用和语言、思维都是在生产劳动过程中形成和发展的，唯有劳动能使人生存和发展，能使人成为人。劳动创造智慧，智慧创造生产工具，而生产工具能让劳动创造更大的价值。如果没有劳动，人类社会将永远停留在原始、野蛮的古代社会。劳动是人类生存的需要，也是安全的需要、爱的需要、发展的需要，是人自我实现的需要。

（2）劳动创造和完善了社会。

《辞海》对"社会"的解释是"以一定的物质生产活动为基础而相互联系的人类生活共同体"。劳动是人类社会生存和发展的基础，物质资料的生产是社会存在的基本条件。人们在生产中形成的与一定生产力发展状况相适应的生产关系构成社会的经济基础，在经济基础上产生了相应的上层建筑。

劳动推动了社会形态的发展。在原始社会、奴隶社会、封建社会、资本主义社会、社会主义社会的更替中,是人类使用的劳动工具的变化促进了社会形态的变化。人类在劳动工具的变化中经历了石器时代、铜器时代、铁器时代、蒸汽时代、电气时代、电子时代、信息时代、智能时代。从劳动与社会发展的关系角度来看,劳动不仅创造了人类,也创造和改造了社会,推动着社会历史向前发展。

(3) 劳动创造了社会财富。

自然界为人类的生存提供了物质前提,但是人类赖以生存的社会物质财富必须通过人类劳动来生产。人类劳动就是运用生产工具对自然物进行加工或改造,使其成为社会物质财富来满足人类自身生存和发展的需要的活动。

人作为一种动物,天然地有着自身的生存需要,以维持生命的延续。然而,人作为社会化的动物,又有其特殊的需要,例如精神生活需要。劳动不仅创造着满足需要的社会财富,而且创造着需要本身及满足需要的方式。劳动创造了人,也完善了人。

(4) 劳动创造和发展了人类文明。

文明是人类历史上积累下来的有利于认识和适应客观世界、符合人类精神追求、能被绝大多数人认可和接受的人文精神、发明创造的总和。劳动推动了社会文明的进步。社会的进步以文明发展为标志。文明发展的程度取决于人们的生产劳动的方式。人类文明是随着人类以劳动创造价值而发展的。每一种文明都凝结着人类智慧与劳作。人类通过劳动创造了农耕文明、工业文明、生态文明、社会主义文明等,还塑造了人类的道德。因此,劳动不仅创造了人类文明,也推动着社会文明的发展。

案例 1-1

南水北调工程

南水北调是我国一项伟大且意义深远的战略性水利工程,旨在缓解北方地区严重的水资源短缺状况。

这项工程规模浩大,规划了东、中、西三条调水线路。东线从江苏扬州江都水利枢纽抽引长江水,沿京杭大运河等河道逐级提水北送;中线起于汉江中上游的丹江口水库,自流北上,为北京、天津等重要城市输水;西线尚在规划论证阶段,目标是从长江上游调水入黄河上游。

工程自构想提出后,历经漫长的筹备与建设过程。无数劳动者投身其中,发挥了至关重要的作用。工程师们精心规划设计,反复勘测论证,确保每一段线路、每一座泵站都布局合理、运行高效。建筑工人在艰苦的施工现场,不畏严寒酷暑,一砖一瓦地垒砌起庞大的输水设施,用汗水铸就了坚固的工程基础。还有沿线众多的运维人员,他们日复一日、年复一年地坚守岗位,仔细检查设备、监测水质,保障着工程的正常运行。

南水北调工程的实施,为北方地区带来了诸多福祉。它为众多城市和乡村提供了稳定的生活用水,满足了工业生产的用水需求,有力推动了经济发展。同时,也为生态环境改善注入了活力,让干涸的河流重现生机。正是无数劳动者的辛勤付出,才让这一伟大工程得以实现,他们的劳动不仅成就了这项工程,也为国家发展和民生改善贡献了巨大力量。

分析：

从社会意义来看，这项工程旨在缓解我国北方水资源严重短缺的局面，优化水资源配置，保障北方地区居民的生活用水、工业用水以及农业灌溉用水等，对促进北方地区的经济发展、社会稳定以及生态环境改善起到了极为关键的作用，是关乎国计民生的伟大壮举，有力推动了我国区域协调发展的进程。

从个体意义而言，参与南水北调工程建设的每一位劳动者，无论是工程师精心规划设计每一段渠道、每一座泵站，还是建筑工人在艰苦的施工现场一砖一瓦地垒砌工程设施，又或是沿线众多运维人员日复一日地保障工程的正常运行，他们都在这个过程中实现了自身的价值。

2. 劳动的个体意义

对于个人来说，劳动不仅具有谋生价值，还具有自我实现的价值。劳动为人的全面发展创造了条件，同时也开拓了更广阔的空间。

（1）个体谋生。

马克思在《哥达纲领批判》中提出："劳动已经不仅仅是谋生的手段，而且本身成了生活的第一需要。"通俗地讲，过上美好的生活，需要每个人参加各种各样的劳动，创造更多的物质财富和精神财富，以增强获得感、幸福感和安全感。

（2）自我实现。

通过劳动，人们不仅满足了自身的物质需要，而且获得了精神上的满足感、成就感。劳动是激发我们创造力的源泉。社会上有很多义工，他们每天也在上班、工作，但并不获取任何报酬，他们劳动的目的不是金钱和财富，而是满足内心自我实现的需求。他们通过劳动为社会的发展和祖国的建设贡献自己的力量，体会到劳动的充实与快乐，实现了自己人生的价值与意义。

马斯洛的需要层次理论指出，人的需要有五个层次，分别是生理需要、安全需要、社交需要、尊重需要和自我实现需要。为薪水而劳作只能实现人们最低层次的需要，实现自我价值才是人们所真正渴求的。对于职场人士而言，工作是他们实现自我价值的一个很好的途径。应该懂得：劳动是为了实现自我价值，而不仅仅是为了薪水。每个人都是在为自己工作，或者说，每个人的工作目的都是实现自己的人生价值。在工作中获得尽可能多的技能和经验，是人们实现自身价值的最基本方式。自我实现的需要使人们把劳动作为一种使命，并竭尽全力地去做好自己的工作，使个人价值得到实现。在自我实现的过程中他将体会到满足感和充实感。劳动有着比获取薪水更为丰富的内涵，劳动是人的一种需要。可以说，生命的价值只有在劳动之中才能体现出来。劳动是获得乐趣和享受成就的一种方式，只有积极地、创造性地劳动，才能取得成就，才能体会到劳动带来的快乐。

许多劳动模范在劳动中已经不单纯地满足于劳动带来的物质财富，而是通过劳动来实现自己为国家、为社会做贡献的抱负而产生精神上的满足感。在劳动中感悟、在劳动中创造社会价值的行为极具精神鼓舞力量。

二、树立正确的劳动观

新时代劳动价值观

劳动观反映着劳动者对劳动的态度,决定着劳动者在劳动过程中的行为,反映着其世界观、人生观、价值观。随着经济的发展和科技的进步,劳动被赋予了新的内涵。只有树立正确的劳动观,才能自觉强化劳动意识,用双手和智慧去创造人生,实现自己的理想,才能自觉做到尊重劳动人民、珍惜劳动成果,并积极地投入到劳动中,不断提高劳动生产率,在为社会创造出更加丰富的物质财富的同时,促进个人的全面发展。

(一)树立正确的劳动观的重要意义

习近平总书记一直尊重劳动、关心劳动者。他指出"劳动是财富的源泉,也是幸福的源泉",因此,让全社会,特别是青年学生树立正确的劳动观,尊重劳动、崇尚实干,对于实现中华民族伟大复兴的中国梦具有重要意义。

1. 有助于培养热爱劳动的美德

马克思说过:"体力劳动是防止一切社会病毒的伟大的消毒剂。"让脑力劳动者参加一些体力劳动是有利于身心健康的。向社会提供劳动是一种光荣的生存方式。树立正确的劳动观,坚持劳动正义感,在社会上广泛传播正能量,有助于促进我国社会的和谐发展,是实现中华民族伟大复兴、实现共同理想的推进器。

2. 有助于形成积极向上的就业创业观

不少青年学生在就业过程中容易眼高手低,出现不能胜任工作等问题。树立正确的劳动观,有助于形成积极向上的就业观和创业观。正确的劳动观能够培养青年学生优良的品质,帮助他们实现高质量充分就业。树立正确的劳动观能够帮助青年学生正确认识社会和劳动的本质,建立劳动平等观,到基层去就业创业,加强锻炼,为以后的人生发展奠定良好基础。

3. 有助于促进自身全面发展

青年学生作为未来社会主义事业的建设者和接班人,本质上是践行"以劳动实现中国梦"的劳动者——既是辛勤的劳动者,也是敬业的劳动者,更是创造性的劳动者。树立正确的劳动观,有利于青年学生在劳动中增强体魄、磨炼意志、提升人格品质,促进自身全面发展。

> **案例 1-2**
>
> **平凡岗位绽光芒:全国劳动模范诠释劳动无贵贱**
>
> 李素丽是公交行业的杰出代表。在平凡的公交售票员岗位上,李素丽十几年如一日,用真诚的笑脸、热情的话语、周到的服务,温暖着每一位乘客的心。她把小小的车厢当成了自己的舞台,不断钻研业务,总结出了"多问一句,多看一眼,多帮一把,多走一步"的"四多"服务法等,以实际行动诠释了爱岗敬业、无私奉献的精神,被评为全国劳动模范,成为广大劳动者学习的楷模。
>
> 张秉贵作为一名售货员,他练就了"一抓准""一口清"的过硬本领,即只要顾客一说要几斤几两糖果,他就能一把抓准分量,算账时也能快速准确地报出价格。他以热情周到的服务和娴熟精湛的技艺,让顾客感受到了温暖和尊重,成为新中国商

业战线上的一面旗帜,荣获全国劳动模范等多项荣誉,激励着无数商业工作者努力提升服务质量。

孔祥瑞是天津港的一名码头工人,仅有初中学历的他,却凭借着对工作的执着和钻研精神,主持开展技术创新项目150多项,为企业创造经济效益过亿元。他通过不断摸索和实践,攻克了一个又一个技术难关,如发明了"门机主令器星形操作法"等,使港口装卸效率大幅提高,成为知识型产业工人的杰出代表,多次被评为全国劳动模范。

包起帆,长期在港口生产一线从事物流工程的研发和应用工作,他先后完成了130多项技术创新项目,其中3项获得国家发明奖,3项获得国家科技进步奖,43项获得省部级科技进步奖,为我国港口装卸事业做出了杰出贡献。包起帆的创新成果不仅提高了港口的生产效率和经济效益,还大大降低了工人的劳动强度和安全风险,他多次被评为全国劳动模范,激励着广大科技工作者勇于创新、敢于实践。

分析:

这些全国劳动模范来自不同的行业领域,涵盖了公交售票、售货、码头装卸以及港口物流工程研发等多种职业类型。这充分展示了劳动价值并非局限于特定的、传统认知中所谓的"高端"或"重要"行业,而是在各个岗位上都能得以充分彰显。无论何种劳动,都能在各自的维度上为社会、企业、他人带来重要且独特的价值,劳动价值具有多元性,不存在因行业不同而产生的贵贱之分。每一位劳动者,只要在自己的岗位上通过辛勤努力创造出价值,都有资格享有平等的社会地位,都应该得到他人的尊重。

(二) 树立正确的劳动观的途径

新时代的青年大学生是实现中华民族伟大复兴中国梦的主力军,要通过热爱劳动、参加劳动、崇尚劳动、练就过硬劳动本领、树立正确劳动观。

1. 坚定劳动光荣、创造伟大的劳动观念

一是提高对劳动的思想认识水平,要充分认识到劳动既是人的本质特点,也是每个人实现美好梦想的必由之路,要在个人成长、国家发展、社会进步和民族复兴的现实境遇中认识劳动的极端重要性。二是培养热爱劳动的情感,树立正确的劳动荣辱观,坚定"以热爱劳动为荣,以好逸恶劳为耻"的劳动观念,以情感认同涵养劳动情感。三是树立平等的劳动观。虽然职业有分类,岗位有条件和环境的差别,但劳动本身是没有高低贵贱之别的。不管是体力劳动还是脑力劳动,不管是简单劳动还是复杂劳动,其地位都是平等的。只有理解了这一点,才能客观地看待自己劳动的岗位,在本职岗位上建功立业。四是自觉抵制贪图享乐等错误思想和行为,旗帜鲜明地破除一切"等、要、靠"的思想倾向,让劳动光荣的思想植入自己的血脉。

2. 练就素质高强、技能高超的劳动本领

劳动素质和劳动技能是衡量劳动能力的重要因素,是劳动价值的核心所在。这既是新时代青年大学生的努力方向,也是其立身之本、成长之基、成功之法。对于青年大学生而言,首先,要加强学习,掌握科学文化知识,特别是要掌握马克思主义的观点、立场、方法,要做到

常学常新,用科学知识修炼自我、开阔视野,提升自己的内在素质,为锤炼过硬的劳动本领做好思想上、理论上的准备。其次,要发扬工匠精神,以精益求精的工作品格、追求卓越的工作态度练就高超的劳动技能,树立"干一行、爱一行、精一行"的观念,让素质过硬、技能高超成为新时代青春飞扬的动力,在劳动中体现价值、展现风采。最后,要做到理论与实践相结合,自觉将理论运用于实践之中,并在实践中锤炼本领,增长才干,做知行合一的实干家。

3. 培养诚实劳动、辛勤劳动的意志品质

诚实劳动是中华民族的优良传统,辛勤劳动是人类社会的永恒主题。诚实劳动是每个劳动者的安身立命之本,辛勤劳动是每个劳动者的美好生活之基。对新时代青年大学生而言,要做到:一是自觉践行社会主义核心价值观,以此涵养劳动品格,提升劳动素养,始终在劳动实践中展现为国奉献的劳动境界、为社会奉献的劳动使命担当,做诚实劳动、辛勤劳动的表率;二是树立正确的义利观,传承中华传统美德,在劳动实践中培养自己正确的劳动价值取向,正确处理个人利益与集体利益、眼前利益和长远利益、局部利益和整体利益的关系,视国家利益和人民利益高于一切,以集体利益为重,自觉强化奉献意识;三是以劳动模范为榜样,主动学习劳模身上的道德风范,使劳模精神成为鞭策自己、激励自己的精神指引,激发自己甘守清贫、乐于奉献、追求卓越的劳动潜力;四是增强劳动定力,善于抵御诱惑,同拜金主义、享乐主义、不劳而获的错误思想划清界限;五是严守劳动纪律,主动拒绝投机取巧,用自己辛勤劳动的双手和诚实守信的劳动品质创造美好生活,成就美好人生。

4. 强化服务人民、奉献国家的劳动情怀

新时代大学生拥有无比广阔的创新创业天地,又身处历史上最好的发展时期,可以说生逢其时,重任在肩,要实现青春抱负,就要强化服务人民、奉献国家的劳动情怀,做一名有理想、有本领、有担当的新时代青年,勇做时代弄潮儿。一方面,要积极响应国家号召,扎根基层,服务人民,到边疆去、到祖国和人民最需要的地方去建功立业,永远和人民想在一起,干在一处,密切和群众的联系,始终坚持以人民为中心的发展思想,把服务人民作为自己劳动的价值追求。另一方面,要树立远大理想,要自觉把个人的梦想主动融入中华民族伟大复兴的生动实践中,通过积极参加志愿服务、实习见习、科技创新、家务劳动、班级值日、义务劳动等,提高劳动认识,提高劳动技能,强化劳动体验,涵养劳动情怀,为实现中华民族伟大复兴的中国梦谱写新时代大学生的劳动之歌。

📧 案例 1-3

习近平是这样看待劳动的

1. 要树立什么样的劳动观念?

劳动谱写时代华章,奋斗创造美好未来。

——2024 年 4 月 30 日,在"五一"国际劳动节到来之际,习近平总书记代表党中央致全国广大劳动群众的节日祝贺和诚挚慰问

人类是劳动创造的,社会是劳动创造的。劳动没有高低贵贱之分,任何一份职业都很光荣。

——2016 年 4 月 26 日,习近平在知识分子、劳动模范、青年代表座谈会上的讲话

我们的根扎在劳动人民之中。在我们社会主义国家，一切劳动，无论是体力劳动还是脑力劳动，都值得尊重和鼓励；一切创造，无论是个人创造还是集体创造，也都值得尊重和鼓励。全社会都要贯彻尊重劳动、尊重知识、尊重人才、尊重创造的重大方针，全社会都要以辛勤劳动为荣、以好逸恶劳为耻，任何时候任何人都不能看不起普通劳动者，都不能贪图不劳而获的生活。

——2015年4月28日，习近平在庆祝"五一"国际劳动节暨表彰全国劳动模范和先进工作者大会上的讲话

必须牢固树立劳动最光荣、劳动最崇高、劳动最伟大、劳动最美丽的观念，让全体人民进一步焕发劳动热情、释放创造潜能，通过劳动创造更加美好的生活。

——2013年4月28日，习近平在全国总工会机关同全国劳动模范代表座谈时发表的讲话

2. 如何对待劳动？

希望广大劳动群众大力弘扬劳模精神、劳动精神、工匠精神，诚实劳动、勤勉工作，锐意创新、敢为人先，依靠劳动创造扎实推进中国式现代化，在强国建设、民族复兴的新征程上充分发挥主力军作用。

——2023年4月30日，在"五一"国际劳动节到来之际，习近平总书记代表党中央致全国广大劳动群众的节日祝贺和诚挚慰问

劳动创造幸福，实干成就伟业。

——2021年4月30日，在"五一"国际劳动节到来之际，习近平致全国广大劳动群众的节日祝贺

一切劳动者，只要肯学肯干肯钻研，练就一身真本领，掌握一手好技术，就能立足岗位成长成才，就都能在劳动中发现广阔的天地，在劳动中体现价值、展现风采、感受快乐。

——2015年4月28日，习近平在庆祝"五一"国际劳动节暨表彰全国劳动模范和先进工作者大会上的讲话

劳动模范和先进工作者、先进人物不仅自己要做好工作，而且要身体力行向全社会传播劳动精神和劳动观念，让勤奋做事、勤勉为人、勤劳致富在全社会蔚然成风。

——2014年4月30日，习近平在乌鲁木齐接见劳动模范和先进工作者、先进人物代表，向全国广大劳动者致以"五一"国际劳动节问候时的讲话

分析：

党的十八大以来，习近平总书记在多个场合多次提及劳动和劳动者，多次围绕劳动、劳动者、弘扬劳模精神、劳动精神、工匠精神，提高劳动者素质等进行深刻阐述。这些重要论述把提高劳动者素质摆在事关国家和民族的长远大业的位置，充分体现了党中央对工人阶级的高度重视和巨大关怀，为引导广大劳动者树立终身学习理念，推动建设知识型、技术型、创新型劳动者大军，培养更多的技术技能人才、能工巧匠、大国工匠指明了方向。

总结案例

弘扬塞罕坝精神　推进生态文明建设

林海苍翠连绵,高天白云舒卷。在位于河北省最北部、内蒙古高原浑善达克沙地南缘的塞罕坝机械林场,置身松树挺立的茫茫林海,难以想象:始建于1962年的林场,曾是林木稀疏、风沙肆虐的荒漠沙地!

听说塞罕坝造林需要人手,在承德读高中的陈彦娴和宿舍5个姐妹商议后,决定奔赴坝上地区。1964年,"六女上坝",坐汽车颠簸了两天两夜赶到林场。369名林场创业者满怀激情,从大江南北毅然走上塞北高原。

"那时,我们喝的是雪水、雨水、沟塘子里的水,吃的是黑莜面窝头、土豆和咸菜。"已是满头银发的陈彦娴回忆道,"房子不够住,大家就住在仓库、马棚、窝棚、泥草房里。最难熬的是冬天,最冷的时候有零下40多摄氏度,嗷嗷叫的白毛风,吹到人身上刺骨地疼,一刮起来对面根本就看不见人。"

"先治坡、后治窝,先生产、后生活",塞罕坝人顶风冒雪,垦荒植树。然而,因缺乏在高寒地区造林的经验,1962年、1963年造林成活率不到8%,林场面临困境。

"我就不信这个邪,再来!"1964年春天,林场第一任党委书记王尚海带领职工开展"马蹄坑造林大会战",连续多日吃住在山上,共栽植落叶松516亩,成活率达到96%。王尚海激动得跪在山坡上,泪流满面。

这一战,创造了我国高寒地区成功栽植落叶松的先例。现在,原马蹄坑造林会战区成为尚海纪念林,一块写着"绿之源"的石碑告诉人们:这里正是百万亩绿色林海的起源地。

"王尚海老书记在塞罕坝干了13年,心里始终牵挂着这片林子。1989年老书记去世后,家人遵从他的遗愿,把他的骨灰撒在了这里。"塞罕坝机械林场场长、党委副书记陈智卿说。

如今,林场的有林地面积由建场初期的24万亩增加到115万亩,成为世界上面积最大的一片人工林。据测算,塞罕坝每年为京津地区涵养水源2.84亿立方米,固定二氧化碳86万多吨,释放氧气近60万吨。

(资料来源:人民日报)

分析:

在河北省最北部、内蒙古高原浑善达克沙地南缘的塞罕坝机械林场,人们凭借坚定的意志和勤劳的双手,将一片曾经林木稀疏、风沙肆虐的荒漠沙地,改造成了林海苍翠连绵、高天白云舒卷的绿色奇迹。这个案例生动地展现了人类通过劳动改造环境、修复自然生态,从而更好地满足人的生存需求和发展需求的力量。

课堂活动

关于"大学生快递脏衣服回家"现象的讨论

一、活动目标

让学生充分认识到劳动的意义和价值,崇尚劳动,爱上劳动,积极参加劳动。

二、活动时间

一周。

三、活动流程

（1）教师向学生说明调研背景和现象。

在部分高校，快递业务中有很大一部分来自学生把积攒一段时间的衣服寄回家去，家里洗完之后再快递回来。这种现象折射出家庭教育与社会教育的偏失，一些家长往往从孩子小时候就对他们的衣食住行全部代为操办，造成大学生独立生活能力的缺失。

父母过度溺爱造就了很多没有"断奶"的大学生。除了邮寄脏衣服的，甚至还有父母坐飞机来给孩子洗完衣服后再回家的。

（2）教师将学生按照4～6人一组划分小组，以小组为单位进行调研。

（3）调研结束后，每个小组形成一份调研报告。

（4）每组推选一人陈述本组调研报告，其他小组可以对其提问，小组内其他成员也可以回答提出的问题；通过问题交流，将每一份调研报告中的问题都弄清楚。

（5）教师进行归纳、分析，总结这种现象背后的原因，引导学生从自身做起，杜绝此类行为的发生。

（6）教师结合调研报告和整个活动过程中的表现，对每个小组赋分。

1.2　马克思主义劳动思想和劳动哲学常识

◇哲人隽语◇

劳动创造世界。

——［德］马克思

学习目标

1. 能概括马克思主义劳动思想的核心内容。
2. 能梳理劳动本质论、劳动价值论和劳动解放论的主要内容。
3. 能归纳劳动和价值、劳动和资本、劳动和管理的基本关系。

引入案例

港珠澳大桥：中国乃至世界桥梁建设史上的一座丰碑

港珠澳大桥是连接香港、珠海和澳门的超大型跨海通道，它集桥、岛、隧于一体，全长55公里，是世界上最长的跨海大桥。在这项伟大工程的建设过程中，面临着数不胜数的艰难挑战。

从前期的规划设计开始,无数的工程师、设计师们就投入了大量的脑力劳动。他们要综合考虑三地不同的地理环境、气候条件、航道要求以及未来的交通流量等等诸多复杂因素,反复进行论证、模拟、修改方案,每一个细节都凝聚着他们的智慧和心血,这是复杂而艰辛的创造性脑力劳动过程。

而到了建设阶段,那就更是一场劳动的壮举。建设者们需要在波涛汹涌的大海上作业,面对强风、巨浪、深海地质等恶劣条件。比如在沉管隧道的安装过程中,每一节沉管都重达数万吨,要将它们精准地安放到预定位置,误差必须控制在极小范围内,其难度堪比在大海里穿针引线。建设者们日夜奋战,其中有许多人长时间坚守在海上施工平台,忍受着高温、高湿、高盐的艰苦环境,付出了常人难以想象的体力劳动。

据统计,整个港珠澳大桥建设过程中,前后有上万名建设者参与其中,他们来自不同的岗位,有工程师、技术工人、潜水员、船员等等,大家齐心协力,通过各自的劳动付出,攻克了一个又一个世界级难题,最终才使得这座宏伟的大桥横跨珠江口,成为了中国乃至世界桥梁建设史上的一座丰碑。

分析:

马克思主义认为,劳动是人类最基本的实践活动,是人类社会生存和发展的基础。就像在港珠澳大桥的建设中,无论是脑力劳动者的精心规划设计,还是体力劳动者在施工现场的艰苦拼搏,每一种劳动都是不可或缺的,它们共同推动了这项伟大工程从蓝图变为现实。而且,通过全体建设者们的劳动协作,也充分体现了劳动在创造价值、推动社会进步方面的巨大力量,这正是马克思主义劳动思想所强调的重要内容。

劳动是马克思主义理论体系中的一个基础性范畴。马克思(图1-2)对劳动的全新理解和用劳动对人类和人类社会历史的一些根本性问题的解答,构成了他的劳动思想。马克思主义的整个理论体系正是以劳动为逻辑起点构建起来的。

一、马克思主义劳动思想

(一)劳动是马克思思想体系的核心观念

马克思劳动思想的创立大致经历了三个阶段。第一阶段即奠基阶段,是指1844年8月以前,其代表作是《1844年经济学哲学手稿》,马克思在这个阶段提出了"异化劳动"的思想。第二阶段即发展阶段,是1844年8月以后至1848年《共产主义宣言》发表以前,这一阶段马克思逐步认识到劳动对于人类、人类社会发展的意义,并形成了对资本主义社会本质的初步认识。第三阶段即成熟阶段,是19世纪50—60年代,马克思在对政

图1-2 马克思

治经济学进行全面、系统、深入研究的同时,进一步丰富和发展了唯物史观和人的解放学说,从而使他的劳动思想获得很大发展,内涵也更加丰富,理论愈加成熟。

从某种程度上讲,马克思主义的整个思想体系是围绕着劳动问题展开的,主要涉及劳动与人类、劳动与社会发展、劳动与人的发展等。

1. 劳动与人类

马克思在《1844年经济学哲学手稿》中指出:"正是在改造对象世界中,人才真正地证明自己是类存在物。"劳动彻底将人与猿区别开来。恩格斯在《劳动在从猿到人转变过程中的作用》中指出,在劳动的直接推动下,人类经历了从早期猿人到晚期智人的发展过程。劳动促使人类的脑容量不断增大,使人类的体态特征愈来愈区别于猿,而且使劳动工具日益改进和多样化,人类智力得到进化,物质生活逐渐丰富起来。

2. 劳动与社会发展

在马克思看来,劳动是"一切历史的基本条件",有了人类的劳动,才产生了生活和历史。马克思从唯物主义立场出发,充分肯定了劳动对于整个人类和人类历史的重要意义。他指出:"任何一个民族,如果停止劳动,不用说一年,就是几个星期,也要灭亡,这是每一个小孩都知道的。"

3. 劳动与人的发展

劳动实践是人所特有的对象性活动。人的劳动实践活动具有自主性,人通过实践不但能够认识客观规律,而且能使客观规律为人所用。同时,劳动实践还具有创造性。创造力是人在不断劳动中形成的"本质力量"。正是劳动的自主性和创造性共同促进了人的发展。

4. 关于异化劳动

马克思批判资本主义社会的异化扭曲了人的本质。在私有制条件下,本应是"自由自觉的活动"的劳动却变成了"异化劳动"。劳动异化折射出的是私有制导致的无产阶级和资产阶级的对立。在马克思看来,未来的共产主义社会会消灭旧式的社会分工,消灭异化劳动,将人的本质重新还给人,从而实现人的自由全面发展。

(二) 劳动本质论

马克思主义认为劳动是人的本质,人的本质是一切社会关系的总和。

第一,劳动创造了人本身。前述已及,恩格斯(图1-3)在《劳动在从猿到人转变过程中的作用》一文中,详细描述了劳动在猿进化为人的过程中的作用。会使用和创造劳动工具把人类社会与猿群世界区分开来。劳动使人学会直立行走,劳动还创造了语言。

第二,劳动创造了人类生活。马克思、恩格斯在《德意志意识形态》中明确地指出:人之所以能够存在,最主要的是因为他们能通过自己的劳动来创造和生产物质生活资料。正是"通过实践创造对象世界","人证明自己是有意识的类存在物"。

图1-3 恩格斯

第三,劳动是一切价值的创造者。恩格斯在《自然辩证法》中提出,"劳动和自然界一起才是一切财富的源泉,自然界为劳动提供材料,劳动把材料变为财富","劳动是人类创造物质和精神财富的活动"。

第四,劳动创造了社会关系。劳动不仅创造了人与自然的关系,还形成了人与人之间(即"劳动资料的占有和使用关系,劳动的分工和协作关系,劳动产品的交换、分配和消费关系等"),以及人与主观意识之间的关系,这些关系是人类社会的基本关系。

(三) 劳动价值论

劳动价值论是马克思关于劳动创造商品价值及商品生产、交换遵循价值规律的理论,它阐明了商品经济的本质和运行规律。

第一,生产商品的同一劳动可以划分为具体劳动和抽象劳动。具体劳动创造商品的使用价值,抽象劳动创造商品的价值。具体劳动与抽象劳动是生产商品的劳动的两种形态,是同一劳动的两个不同方面(但不是生产商品的两次劳动)。

第二,抽象劳动创造价值是商品经济社会特有的经济特征。在一切社会状态下,劳动产品都是使用物品,它只有在具有价值的时候,才能转化为商品。

第三,抽象劳动内化为商品的价值,外化为商品的交换价值。正如马克思所述:"我们实际上也是从商品的交换价值或交换关系出发,才探索到隐藏在其中的商品价值。"商品生产者之间的交换关系是以抽象劳动为内核建立的。

(四) 劳动解放论

劳动解放论认为劳动的发展过程推动了人类史中自然和社会两方面的不断解放。

第一,劳动解放是人类的智力提高的过程,是劳动工具的改进与经济形态的创新过程。

第二,劳动者解放程度是衡量社会文明的尺度和标准,劳动解放的程度直接反映社会的政治体系与制度模式的优劣。解放劳动者是全人类的共同使命,一切社会制度都必须致力于劳动者的社会解放。

二、劳动与经济价值的形成

(一) 人类实践活动的价值

价值是指客体对于主体的积极意义和有用性。不同的实践活动相应地满足或主要地满足不同的需要,具有不同的经济价值、政治价值、文化价值、日常生活价值等,可以价值谱系表示,如图 1-4 所示。

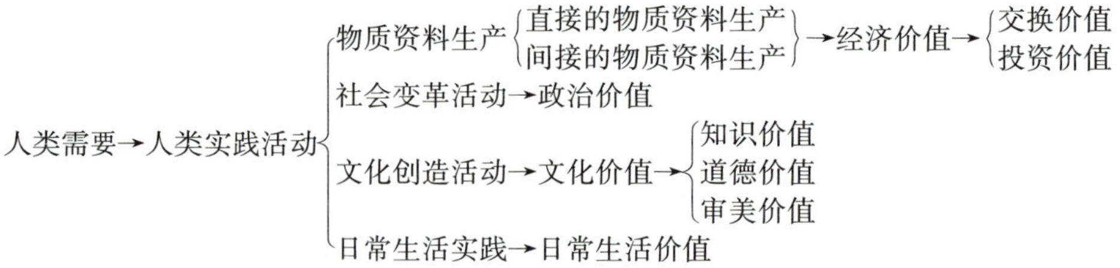

图 1-4 价值的谱系

从图1-4中可以看到,劳动作为直接的物质资料生产活动,与间接的物质资料生产的有关活动一起,为人类创造出了经济价值。社会分工决定了不同实践活动承担的不同社会职能。在现代社会,社会分工高度发达,不同的实践活动正在走向互相渗透和融合。任何一种实践活动都可能创造出包含多种价值的产品,并在一定程度上满足不同层次的人类需要。

(二)经济价值的分类及来源

1. 经济价值的分类

一切经济价值或物质财富,不管是产品还是服务,不管是商品还是货币和资本,都包含使用价值和交换价值两个方面。亚当·斯密说:"价值一词有两个不同的含义。它有时表示特定物品的效用,有时又表示由于占有某物而取得的对他种货物的购买力。前者可叫作使用价值,后者可叫作交换价值。"使用价值与交换价值是相互依赖、相互作用、相互渗透和相互转化的。对于劳动而言,社会必要劳动时间是决定使用价值和交换价值过程中的关键因素,但不是唯一因素。

2. 经济价值的来源

经济价值(含使用价值和交换价值)具有多种来源,是各种相关因素合力作用的结果。这些因素包括自然资源、资本与投资、劳动、科学技术和管理等。当然,需要乃是价值形成的起点和价值实现的终点,没有需要就没有生产的动机和目的。

案例1-4

汽车生产过程中的经济价值

在汽车生产过程中,涉及众多环节的劳动共同促成了经济价值的形成。

首先是研发团队的劳动,他们投入大量时间和精力进行市场调研,了解消费者需求和行业趋势,随后运用专业知识和先进技术进行汽车设计,从外观造型到内部结构、从动力系统到智能配置等都精心规划,这一阶段的劳动成果是汽车的雏形方案,其蕴含着能够提升未来产品竞争力的潜在价值。

接着是采购部门的劳动,他们依据设计要求,在全球范围内筛选优质的零部件供应商,通过谈判、签订合同等一系列工作确保原材料和零部件按时、按质、按量供应,为生产奠定基础,其劳动保障了后续生产环节的顺利开展,避免因供应不足或质量不佳导致成本增加等问题。

生产线上的工人们更是付出艰辛劳动,他们熟练操作各种先进设备,将一个个零部件精准组装,经过多道复杂工序,最终将一堆零散部件变成一辆完整且性能优良的汽车。期间,质量检测人员严格把关每一道工序、每一辆下线汽车的质量,确保产品符合高标准。

一辆辆汽车生产完成后,营销团队展开积极推广,通过广告宣传、参加车展、拓展销售渠道等劳动,将汽车推向市场,吸引消费者购买。

分析:

在这个汽车制造企业的例子中,清晰展现了劳动与经济价值形成的紧密关系。研发团队的创新劳动为产品注入独特卖点和竞争力,使其在市场上具备差异化优势,从源头提升了产品潜在经济价值。采购部门的劳动虽不直接创造产品实体,但通过优化供应环节降低成本、保证质量,间接增加了产品的经济效益。生产线上工人的劳动是将设计理念转化为实际产品的关键,他们的熟练操作和高效协作确保汽车能以合格品质批量生产,实现了产品的使用价值,这是经济价值形成的重要基础。而质量检测人员的劳动则维护了产品的品质信誉,避免因质量问题导致经济损失。最后,营销团队的劳动让产品与消费者有效对接,通过提升产品知名度和拓展市场,实现了产品从生产领域到消费领域的转移,最终完成经济价值的实现。各个环节的劳动相互协作、缺一不可,共同推动了汽车从无到有、从生产到销售的全过程,最终形成并实现了可观的经济价值,充分说明劳动是经济价值形成的核心驱动力,不同类型的劳动在不同阶段发挥着各自关键作用,共同促进了经济价值的创造与实现。

(三) 劳动在经济价值形成和创造过程中的优先地位

劳动是比资本与投资更重要的生产要素和价值来源。原因在于:第一,自然资源只有通过劳动才能转化为价值;第二,资本和投资活动、科学技术和管理等人为的生产要素都是从劳动中分化出来的;第三,只有活劳动才是唯一把所有生产要素熔铸为物质财富的直接生产过程。

在社会或人与人的关系层面上,是资本与投资活动把其他生产要素组织和连接在一起的,但在技术或人与自然的关系层面上,却是劳动把其他生产要素组织和连接在一起的。没有投资者的资本和投资活动,劳动者还可以进行简单再生产,但没有劳动,则完全不能进行生产,从而使资本和投资活动失去意义。劳动就像一个沸腾的熔炉,陶铸万物,把所有生产要素组合成一种新的产品。投资活动并不直接与自然界打交道,不直接创造使用价值,只有劳动才具有直接创造物质资料的功能。

劳动的价值量可以用社会必要劳动时间来衡量,实际上,"现有的社会正常的生产条件"正好包括了有关自然资源条件、资本和投资活动,以及科学技术、管理等生产要素。

既不能简单地认为劳动是唯一的价值来源,也不能把劳动与其他生产要素等同视之,而要坚持认为在五种生产要素(自然资源、资本与投资、劳动、科学技术和管理)中,劳动具有相对优先的地位和特殊重要的作用。

三、劳动与资本的博弈

一般而言,劳动是指一种运动的状态,而资本是指一种静止的状态:劳动是一种活的、运动的资本,而资本是一种死的、凝固的劳动。劳动与资本在社会财富形成的过程中,扮演着各自的角色,它们之间的矛盾将长期存在,但它们在一定程度上也存在合作的可能和融合的趋势。

(一) 剩余价值的形成

劳动创造价值,剩余劳动创造剩余价值,资本主义的全部秘密就隐藏在剩余价值中，劳动剥削是资本主义的社会本性。"资本来到世间，从头到脚，每个毛孔都滴着血和肮脏的东西！"但与此同时，马克思也高度评价了资本的历史功绩和历史地位：它打破了狭隘的血缘、宗法、等级、地域和行会的限制，使商品经济普遍地发展起来，并建立起统一的世界市场；它驱使人类全面、深入地探索自然界，引发和推动了工业革命，使科学技术广泛地应用于生产领域；它创造出巨大的物质财富，极大地推动了生产力的发展。

早期的资本利润有一部分来自工人的剩余劳动：产业工人占就业人口的绝大多数，从单个劳动者那里攫取的剩余价值虽然微乎其微，但累加起来十分庞大。而现代意义上的资本利润则主要来自人力资本本身的生产性和创造性，以及金融资本的"利息"部分和企业家经营中的"风险利润"，来自简单劳动的部分大为减少，因为简单劳动力人口在总劳动人口中的比例将越来越低，因此，即便对某一个单个简单劳动者的剩余价值索取更多，总的结果仍是数量很小的，更何况，简单劳动已不再生产出什么剩余价值了。

（二）复杂劳动与人力资本

复杂劳动的产生，是劳动与资本之间合作、融合的根源。前已述及，复杂劳动是指需经过专门的训练和培养，具有一定的文化知识和技能方可从事的劳动。人力资本是体现在劳动者身上的资本，如劳动者的知识、技术水平与健康状况等。其主要特点在于它与人身自由联系在一起，不随产品的出卖而转移。人力资本中最重要的是教育支出。教育可以提高劳动者的工作能力和技术水平，从而提高劳动生产率。

一切复杂劳动都具有人力资本价值，一切人力资本都是复杂劳动的产物。人力资本价值的高低，除物质资本的投入大小外，还取决于复杂劳动的数量和质量，尤其是取决于复杂劳动是否具有独特性和创造性。但是，在人力资本市场上，人力资本的交换不完全取决于人力资本本身的价值，也受制于人力资本的供求关系。

（三）资本与劳动的矛盾分析

不管是在工业经济还是在知识经济时代下，劳动与资本之间的矛盾都是长期存在的，其主要原因在于如下几点：

1. 简单劳动和物质资本的矛盾仍然长期存在

虽然简单劳动不具备人力资本的性质，但即使在知识经济高度发达的未来，也很难绝对消灭简单劳动。虽然物质资本的地位下降了，但其仍是组织社会生产的重要条件，仍然拥有很大的剩余价值索取权。

2. 物质资本与复杂劳动（人力资本）的矛盾仍然长期存在

在知识经济条件下，这对矛盾双方都在争夺对社会生产的主导权。物质资本不会轻易放弃曾经的王者地位，而人力资本则咄咄逼人，谋求获得更多利润，并将物质资本取而代之。但是，在相当长的时期，两者又是互相依存的。

3. 简单劳动与复杂劳动（人力资本）的矛盾在一定范围内存在

虽然简单劳动在劳动力市场上处于明显劣势地位，但由于知识经济条件下简单劳动的数量减少,在发达国家,体力劳动者与脑力劳动者之间的矛盾不会太突出。但在发展中国家,这一矛盾仍然很突出。

4. 复杂劳动本身(即小人力资本与大人力资本之间)的矛盾

这一矛盾在工业经济时代较为激烈,在知识经济时代,随着职业教育和高等教育的普及,人力投资趋于平均化,人力资本的差别相对缩小,人们后天的努力起到了决定性的作用,先赋性的、起点上的不平等将大大减少。知识经济时代的竞争将主要是人才的竞争——应该说,这是有史以来一种最公平、最人道的竞争,同时又是最能消除平均主义(结果平等)而确保自由、个性和创造性的一种竞争。

(四) 资本与劳动的合作与转化

1. 合作

不可否认,在社会发展的一定阶段,传统物质资本(包括土地、资源、能源、设备、资金)仍然在物质生产过程中起着不可或缺的作用,就是知识本身的生产过程,也离不开这些客观条件。于是,资本与劳动之间在一定程度上存在着合作和竞争的关系。以物质资本与复杂劳动(人力资本)为例,可能是资本雇佣劳动——物质资本雇佣复杂劳动(人力资本);也可能是劳动雇佣资本——复杂劳动(人力资本)雇佣物质资本;还可能是双方互相雇佣、平等合作。

2. 转化

资本与劳动的相互作用在于:资本离不开劳动(即使是资本家本人的劳动),劳动也离不开资本(即使是劳动者本人的资本),只有二者相结合,生产过程才得以维持。

(1) 资本可以转化为劳动。

资本家通过预付工人一笔货币,让工人用它来购买生活资料维持自己和家庭的生活,进行劳动力再生产。此外,资本家可进行一定的教育投资,提高工人的知识和劳动技能水平,从而获得更高质量的劳动力。正是由于知识、技术、技能具有的经济价值,国家、企业和劳动者个人纷纷向人力资源开发、教育、科技领域投资,物质资本大规模地向劳动者的技能等转化。

(2) 劳动可以转化为资本。

劳动由以简单劳动为主转向以复杂劳动为主,知识、技术、技能成为大部分新增产出、物质财富的主要来源。因此,知识、技术、技能具有了资本的特征,并且对物质资本有强大的替代效应。资本是积累起来的劳动,是劳动的物化。资产阶级虽然掩盖资本对劳动的剥削,但他们也认为,工人可通过勤奋工作获得更多的收入,将一部分积累起来转化为投资的资本。

(3) 劳动和资本的转化模式。

劳动和资本已经逐步形成一个历史性的合体——人力资本(或称"劳动资本")。下文说明劳动与资本是如何向对方转化的(如图1-5至图1-8所示)。

如图1-5,在资本主义早期阶段,复杂劳动(人力资本)不占主导地位,简单劳动和物质资本占主导地位。前者对经济增长的贡献约为20%,后者对经济增长的贡献约为80%。这是工业经济为主的历史阶段。

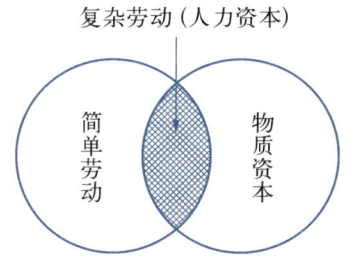

图1-5 资本主义早期阶段劳动与资本的相互渗透

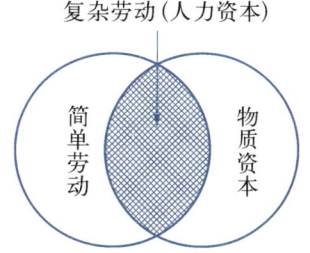

图1-6 发达资本主义阶段劳动与资本的相互渗透

如图1-6,在发达资本主义阶段,复杂劳动(人力资本)的地位已大为上升,而简单劳动和物质资本的地位则大为下降,双方处于某种均衡状态,对经济增长的贡献均占50%。这是半工业经济半知识经济历史阶段。

如图1-7,在资本主义晚期阶段,就业人口的70%以上都是复杂劳动者,复杂劳动(人力资本)对经济的贡献也超过了70%,进入了知识经济时代。相比之下,简单劳动和物质资本对经济增长的贡献的比例则不断降低。

因此,在未来,随着社会生产的进步,资本与劳动重合的部分会越来越大,最终可能出现两者的完全统一,如图1-8所示。总之,由于人力资本的出现和壮大,劳动与资本由对立走向统一。

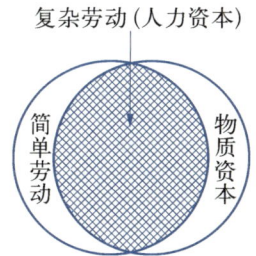

图1-7 资本主义晚期阶段劳动与资本的相互渗透

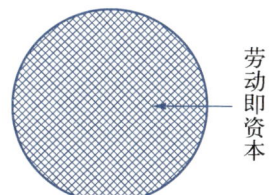

图1-8 劳动与资本的完全统一

这时,正如马克思所热情展望的,劳动成为人的生活的第一需要,人的自由而全面的发展、人的创造天赋的绝对发挥成为目的本身,这就是未来的共产主义社会。不过,实现这一理想,至少必须具备这样一些历史条件:一是生产力高度发达,物质财富充分涌流;二是在物质财富生产领域实行市场经济的必要性没有了,商品、货币、资本等消失了,人的自由而全面的发展得以实现。

资本是社会主义市场经济的重要生产要素,是市场配置资源的工具,能够推动经济社会发展。在社会主义市场经济发展中,规范和引导资本健康发展的政治和经济意义非常重大,它关系坚持社会主义基本经济制度、改革开放基本国策、高质量发展和共同富裕、国家安全和社会稳定。依法规范和引导资本健康发展,需要深化对资本性质和规律的认识,强化反垄断,防止资本无序扩张,维护市场公平竞争。

> **案例 1-5**
>
> **劳动与资本三种可能的博弈模式**
>
> 博弈论指出了三种可能的博弈模式：正和博弈(positive-sum game)、零和博弈(zero-sum game)、负和博弈(passive-sum game)。劳动与资本之间的对立与统一或斗争与合作，也可以看作一场博弈。
>
> (1) 正和博弈。
>
> 正和博弈又叫双赢(win-win)。正和博弈是双方同时获益或取胜的博弈，双方利益之和通过博弈增加了(1+1＞2)。这种博弈中，双方积极合作，虽然也有利益的差别，但能够建立某些共同的目标，形成共识，一起把蛋糕做大，一起使企业得到长远的发展，这种协同的合力作用和化学反应，便产生一种远远超出各要素简单相加的总和。
>
> 通过公正的分配，双方的利益同步增长，这又进一步推动双方更高程度地合作，如此良性循环，水涨船高，以至无穷。这种增进企业和劳资双方的根本利益和长远利益的博弈，就是典型的正和博弈。
>
> (2) 零和博弈。
>
> 零和博弈又叫一输一赢(win-lose)，一方获胜，另一方失败，一方所得即是另一方所失，一方的增加额是另一方的减少额，总和不变(1+1=2)，纯增加额为零。
>
> 这种博弈中，双方消极合作，即不得不把对方当作合作对象，但彼此怀有深深的敌意和不信任，把对方之所得看作自己之所失，于是各自都极力按照以最低投入获取最大产出、以最低付出获取最大回报、以最低成本获取最大收益的原则，使对方利益最小化而使己方利益最大化。
>
> (3) 负和博弈。
>
> 负和博弈又叫双输(lose-lose)，两败俱伤甚至同归于尽，双方利益之和比博弈之前减少了(1+1＜2)，例如罢工或闭厂，乃至暴力冲突和武装起义。
>
> **分析：**
>
> 劳资关系的历史，大体上表现出从零和博弈到正和博弈的发展趋势，其间负和博弈时有发生，但不能算是常态，也不可能持久进行，双方作为理性的人类，又会使博弈回到正常的轨道。

四、劳动与管理的分离、融合

管理，广义上是指对一切人类活动的计划、引导、激励、协调、组织、监控等。在现代经济中，经营管理活动具有二重性。资本性经营管理是资本活动或投资活动；劳动性经营管理则属于复杂劳动。

(一) 劳动与管理关系的历史发展

1. 劳动与管理的结合

原始劳动包括组织、协调、指挥、控制，不过这种活动不是由专门的、脱离劳动过程的人承担的,而是劳动过程的一部分。原始的管理者本身就是最有经验、最勇敢、最有劳动技能的劳动者;他们自始至终置身于劳动过程之中,并且像其他劳动者一样平等地分享劳动的成果;他们的地位和身份不是终身不变的,他们不能独断专行,而要接受其他享有民主权利的劳动者的监督和制约。劳动与管理的这种直接统一在当时的历史条件下是必要的和必然的,也是可能的和可行的。当时的劳动团队少则几人,多则几十人,因此信息、知识、技能的交流和整合可以是直接的、平行的、面对面的,决策过程也比较简单,团队成员之间的直接协作通常就可以解决劳动过程中所碰到的问题和困难,用不着一个专门的、职业的管理机构进行高度集权的、自上而下的指挥和控制。

2. 劳动与管理的分离

劳动与管理相分离的原因在于:一是劳动分工与社会分工的客观需要;二是发展规模经济的客观需要;三是"恶"的人性力量和社会力量的推波助澜,将权威和权力的必要集中转变为专制、独裁和权力的垄断化,把管理与被管理的关系转变成统治与被统治、剥削与被剥削、压迫与被压迫、奴役与被奴役的关系,并且以种种邪恶的手段来维持和巩固这种关系。应该说,劳动与管理的分离,在合理的范围内能使管理活动、管理知识和管理技能得到专门化的发展,从而也推动了劳动力和经济的发展。但是,两者的二元对立和对抗既使管理的科学性和合理性大打折扣,也使劳动者遭受了太多的痛苦,阻碍和破坏了生产力的发展。

3. 劳动与管理的重新结合

在劳动与管理分离的历史阶段,一些促使两者重新结合的因素也不断孕育。当然,两者的重新结合不可能恢复到原始劳动与原始管理的同一状态,在新的历史条件下,劳动与管理的结合有其新的模式。

(二) 劳动与管理重新结合的模式

劳动与管理重新结合的可行模式主要有三种:劳动者参与管理、劳动者自主管理、劳资共同管理。

1. 劳动者参与管理

资本雇佣劳动型企业的管理当然是由所有者和代表所有者的经营者主导的管理,但在这样的传统企业里,劳动者也可以并已经在一定程度上参与企业的管理。考虑到这类企业在相当长的时间内还将大量存在,发展这些企业中的劳动者(职工)参与管理,具有极为现实的意义。劳动者参与管理已经采用的形式有劳资集体谈判、工人委员会、基于雇员持股的雇员董事、合理化建议、班组或小群自主管理。

2. 劳动者自主管理

劳动雇佣资本的企业的治理机制是指劳动者的自治或职工民主管理。历史上出现过合作社、工人自治企业、雇员控股企业,与此同时也出现了相应的劳动者自主管理模式。合作制等劳动自主管理型企业制度是劳动支配资本,以劳动联合为主、资本联合为辅的企业制度,这种制度消除了物对人的统治,使劳动者成为企业的主人,无疑是一种巨大的历史进步。但是,劳动者自主管理制度也具有内在的局限性,使其大多只能适用于小企业或市场竞争较弱的行业,而不适用于大企业和市场竞争较强的行业,这使得它很难与以资本联合为主的股份制相抗衡。这就是为什么股份制成为一种主导的企业制度,而劳动者自主管理制度则处境艰难,很难有较大发展的原因。

3. 劳资共同管理

资本与劳动相互雇佣型企业,如股份制和股份合作制企业适合于实行劳动产权与资本产权结合、劳动与资本相互雇佣和劳资共决等制度。

以德国为例。共决制是德国社会市场经济模式的重要内容和标志性特征,其宗旨是通过职工参加企业管理来协调劳资关系,特别是保障职工的合法权益。德国有关法律规定,职工人数在5人以上,且其中3人拥有被选举资格(年满18岁和在本企业工作满6个月)的企业,都需设立包括职工代表的监事会(相当于其他国家的企业董事会;德国企业的董事会则相当于其他国家企业的经理层),监督董事会开展业务,监事会成员分别由企业股东大会和工人委员会选举产生。按照1976年颁布的《共同决定法》的规定,凡职工人数在2 000人以上的企业,监事会中必须有半数职工代表。监事会内的职工监事与资方监事一起,不仅就直接涉及职工切身利益的事务(如工时、报酬、休假、劳动保护、职工培训等),而且就整个企业的经营和发展共同做出决定。当然,为了打破可能出现的投票僵局,法律赋予由资方或股东代表担任的监事会主席最后一票的表决权。

(三) 劳动者参与管理的条件

各国的实践均表明,劳动者要有效地参与管理,需要做到如下几点:一是树立产权意识、投资意识和利润意识;二是具备责任意识和风险意识;三是克服短期行为,追求长远利益,与企业结成命运共同体;四是协调好自己作为股东与作为员工的身份;五是克服平均主义,树立在平等竞争和效率基础上的公平观念。

总结案例

从资本的本质看"社区团购"为什么要被限制

2020年下半年以来,"社区团购"在一线城市兴起,也吸引了众多互联网大公司参与。这些互联网巨头动用资本的力量,用补贴换客户、用价格换流量,导致"社区团购"市场"热"而无序。

由于互联网巨头为了抢占市场、抢夺客户、抢拼流量,给予大力度的补贴,表面上看,"社区团购"确实给社区居民带来了不少实惠。但这也使原本那些在为社区居民服务的小实体店难以为继。

下沉服务本身并没有什么问题,前提是必须公平公正、平等竞争。互联网巨头凭借着强大的资金实力,出手就是补贴+优惠,令小实体店毫无还手之力。这对外讲是以量换价,实际上都是补贴在作怪。"社区团购"就算在价格上有点优势,但在服务和商品的品质方面,比起不少小实体店,特别是小蔬菜店,还是有差距。

"社区团购"该不该补贴是争议热点。该不该用补贴来争客户、用价格来争流量呢?为什么社区居民并没有真正得到实惠,而市场秩序却被搞乱了呢?

分析：

让资本疯狂地进入社区消费之中是相当可怕的。因为，社区消费在一定程度上具有公益性，不能完全从经济效益的角度考虑问题。而资本的唯一目的就是逐利。资本在公益方面的行动也是建立在逐利基础上的。自然，在"社区团购"问题上，互联网巨头很难以公益之心对待。可以想象，搞"社区团购"的互联网巨头用"烧钱"的方式排挤完竞争对手后，涨价、上市圈钱就将上演。

目前，一些宣传给人的印象是知识经济、互联网经济等能够凭空变出物质产品来，仿佛有了互联网产业，传统的第一产业（农业）、第二产业（工业）、第三产业（服务业）都不需要了，这是一种误导。知识经济绝不是凌空独立的，整个生产过程虽然从根本上讲是一种高科技知识物化的过程，但最终产品毕竟是靠物质因素生产出来的，脱离不了物质存在形态。

某些互联网巨头掌握着海量数据，拥有强大的资金实力，却只在蔬菜、水果上做文章，破坏了实体经济秩序，导致大量劳动力失业，滥用市场优势地位消灭竞争者。因此，国家提出强化反垄断和防止资本无序扩张。

课堂活动

树立劳动致富的信仰

一、活动目标

树立对劳动致富的信仰。

二、活动时间

25分钟。

三、活动流程

（1）教师将学生按照4~6人一组划分活动小组。

（2）每组分别对不同的论题进行作答，并举例加以说明。备选论题如下：

① 劳动剥削为何是资本主义的社会本性；

② 按劳分配为何是实现社会正义的重要原则；

③ 如何看待合法的非劳动收入；

④ 如何看待炒房致富、炒股致富、拆迁致富、明星靠"天价"片酬和"颜值"致富等现象。

（3）每个小组推选一名代表选择一个现象进行总结，并谈谈自己对非劳动致富的看法，以及应如何坚持劳动致富的信仰。

（4）教师分析、归纳和总结。

1.3 劳动的育人价值

◇ 哲人隽语 ◇

　　劳动教育的目的,在谋手脑相长,以增进自立之能力,获得事物之真知及了解劳动者之甘苦。

——陶行知

学习目标

1. 能梳理劳动的功能、概念、特征和意义。
2. 能认识到劳动在立德树人、增长才智、强健体魄和美的创造方面的重要性。
3. 能结合具体案例分析劳动在立德树人、增长才智、强健体魄和美的创造方面的作用。

引入案例

当前部分年轻人劳动价值观异化之怪象

现象一:"巨婴"越来越常见

　　由于教育环境和成长氛围的变化,出现了一些"巨婴"。有的大学生带父母来陪读,父母白天在外面打工,早中晚过来送饭、洗衣服,还承包了宿舍卫生工作。更多的大学生定期寄脏衣服回家洗,或者花钱请钟点工打扫宿舍卫生。

现象二:不劳而获、坐享其成的不良思想在年轻人中存在很大的市场

　　当前,超前消费的现象在学生中很流行,中学生使用奢侈品、高档化妆品的新闻频现报端,女大学生裸贷案例时有发生。部分人身陷奢侈品消费而无法自拔,还有不少大学生荒废学业,痴迷于炒期货、黄金和互联网金融 P2P,希望"一夜暴富"。

现象三:不思进取,青年"啃老"现象日益凸显

　　随着家庭经济条件的改善,大学毕业生不就业或慢就业的情况比较常见。如果找不到"不苦不累,冬暖夏凉,坐办公室"的工作,他们就回家"啃老",每天在家上网打游戏,或者拿着父母的钱吃喝挥霍,手脚健全却不愿意靠自己的劳动去赚取报酬,维持生计。

现象四:不愿当普通劳动者,职业教育没有吸引力,产业工人流失严重

　　受不良家庭教育的影响,一些孩子从小形成了"劳动分贵贱"的错误观念。一些家长的教育说辞,比如"如果不好好念书,以后就要去读职业学校,去扫大街、做清洁工、进工厂、回家种田"等使得他们幼小的心灵里已然分出了劳动的贵贱。在近期部分独立学院转为职业大学的过程中,不少独立学院的在校生、毕业生坚决反对,他们的诉求是"宁可不要大学,也不要职业",认为职业院校是培养"伺候人的人的学校"。职业院校的毕业生也不愿意去工厂就业,而千方百计谋求所谓的"管理岗位","不愿意当一万块钱的蓝领,宁可当三千块钱的白领",其中还包括某些职业技能大赛上的佼佼者。这些情况造成产业工人流失严重。

分析:

当前,一些年轻人好逸恶劳、嫌贫爱富、不劳而获的心态折射出劳动价值观的缺失和异化。引导学生崇尚劳动、尊重劳动、辛勤劳动、诚实劳动是当务之急。

一、劳动教育

(一) 劳动对于个体的教育功能

1. 劳动开发思维

人类思维的形成和发展离不开实践活动,劳动实践活动兼有学习与创造这两个功能,有助于思维的形成和发展。比如,在劳动中,往往会遇到课堂上、书本里没有的问题,这就会引起大脑思考,在劳动中不断探索,获取新的知识和技能,至少我们要对劳动的结果有所预想,要思考如何规划达到目的的过程。当我们克服劳动中的困难,解决了劳动中的问题,看到了自己的劳动成果,便会获得成功的喜悦,这将进一步激发我们的求知欲,增进学习兴趣,促进智力发展。而这一过程在其他活动中是难以实现的。

2. 劳动培养吃苦耐劳精神

劳动不仅是一种生活体验,也是锻炼动手能力的重要途径,更是培养尊重劳动、勤俭节约、劳动光荣等价值观的重要途径。虽然现在高职生就业不难,可是最让企业头疼的是有部分高职毕业生缺乏吃苦耐劳精神,在企业里干不了几个月,就辞职走人了。虽然随着社会的进步、科学的发展,未来的劳动愈来愈依靠智力而不是体力,但是基础的体力劳动总是必需的,脑力劳动也不可能完全替代体力劳动。因此,青年学生在校时应多参与一些力所能及的劳动,从而培养吃苦耐劳的劳动精神。

3. 劳动培养责任意识

劳动能力是人的综合素质的重要方面,通过劳动,人的道德、素质、知识、能力可以得到全面、综合的提升。劳动不仅有助于提升独立自主的生活生存能力,也有助于增强公民意识和社会责任感。国内外大量研究证明,具有良好的劳动习惯的人更具有责任心,也更容易适应家庭生活和职场工作。

案例 1-6

从洗马桶到成为世界旅馆业大王

一位年轻人在一家五星级酒店开始了他的第一份工作——在卫生间清洗马桶。

> 他感到心灰意冷,十分消沉。难道自己的人生就从马桶开始,沿着这条路一直走下去吗?
>
> 这时,一位前辈出现在年轻人的面前。这位前辈什么多余的话都没说,亲自动手刷马桶示范给他看。年轻人漫不经心地站在旁边瞧着。洗好的马桶内外光洁如新。前辈从马桶里盛出一杯水,当着年轻人的面喝了一口。这杯不同寻常的水,给了年轻人极大的震撼!
>
> 从此,这位年轻人每天就兢兢业业地踏实工作,工作质量达到了无可挑剔的程度。终于,他也可以从自己洗过的马桶里盛出一杯水,眉头不皱地喝下去……
>
> 这位年轻人就是后来世界旅馆业的大王——康拉德·希尔顿。
>
> **分析:**
>
> 劳动除了具有获得薪水的谋生功能外,对个体而言还具有广泛的意义。例如:人们在劳动的过程中获得内心的满足,因满足而全力以赴,与企业(组织)共同成长,从而获得自身的提升,并非仅仅为了更多的薪水和更好的职位。这个故事也教导我们要树立兢兢业业的工作态度、养成良好的职业素养。

4. 劳动培养劳动价值观

观念决定行为,树立什么样的劳动价值观直接影响着人们对劳动的态度和行为。教育的根本目的就是全面提高劳动者的素质。为了达到这一目的,必须加强劳动教育。劳动教育是融道德意识、技术意识、创新意识与文明意识为一体的一门课程,具有独特的、其他课程不可替代的育人功能。对青年学生的劳动教育将直接影响作为社会主义建设者和接班人的青年学生的劳动精神面貌、劳动价值取向和劳动技能水平。因此,要使其树立正确的劳动观,以劳动为荣,把劳动当作一种乐趣。

5. 劳动激发对美好生活的追求

幸福是个人由于理想的实现或接近而产生的一种内心满足。追求幸福是人们的普遍愿望。幸福不仅包括物质生活方面,也包括精神生活方面;幸福不仅在于享受,而主要在于劳动和创造。未来社会,劳动者必须具备多方面、多层次的劳动能力和正确的工作态度。不论将来从事什么工作,都要有动手的技能、技巧。青年学生要有意识地培养自己的动手能力,解决生活中的问题,以便在未来社会中很好地适应生活和工作的需要。"劳动是财富的源泉,也是幸福的源泉。"人世间的美好梦想,只有通过辛勤劳动、诚实劳动和创造性劳动才能实现;发展中的各种难题,只有通过劳动才能破解;生命里的一切辉煌,只有通过辛勤劳动和诚实劳动、创造性劳动才能铸就。

(二) 劳动教育的概念

关于劳动教育的概念见仁见智,概括起来有德育说、智育说、德智并育说、全面发展说等多种。

1. 德育说

《辞海》对劳动教育的定义是:"劳动教育是对学生进行热爱劳动和劳动人民、珍惜劳动成果、树立正确的劳动态度、通过日常生活培养劳动习惯和技能的教育活动。"这个定义直接将劳动教育定义为德育的一部分,侧重热爱劳动和劳动人民的情感、正确劳动观念和态度的培养,但并不突出劳动教育的智育价值。

2. 智育说

《教师百科辞典》对劳动教育的定义是:"劳动教育就是向受教育者传播现代生产的基本知识和技能,培养他们具有正确的劳动观点、劳动习惯和热爱劳动人民、劳动成果的感情。"这个定义强调了劳动教育的智育属性,将劳动教育的主要价值定位为传播现代生产基本知识和技能,提高全社会劳动者的智力水平。

3. 德智并育说

《中国百科大辞典》在"劳动技术教育"词条下对劳动教育和技术教育分别作了解释:"劳动教育是以劳动实践为主,结合进行思想教育。技术教育是使学生掌握一定的生产知识及技术和劳动技能。其实施有利于培养学生的劳动观点、劳动技能和劳动习惯,为普通教育和职业教育打下必要的基础。"也就是说,劳动教育和技术教育相结合,可培养劳动观点、劳动技能和劳动习惯。

4. 全面发展说

苏霍姆林斯基认为,"劳动教育是对年轻一代参加社会生产的实际训练,同时也是德育、智育和美育的重要因素","使每一个人早在少年时期和青年早期就能领悟到劳动能使他的自然天赋更全面、更明显地发挥出来,劳动会带给他精神创造的幸福"。陶行知把劳动教育视为"在劳力上劳心"的实践活动。他认为劳动教育的目的就在于"谋手脑相长,以增进自立之能力,获得事物之真知及了解劳动者之甘苦"。所以,劳动教育是通过劳动实践活动所进行的一种有目的、有计划、有组织的培养受教育者多种素质的教育活动,是融德育、智育、体育、美育为一体的综合性教育。

(三) 新时代高校劳动教育的特征

高校劳动教育是高校人才培养体系的重要组成部分,是对大学生进行系统的劳动思想教育、劳动技能培育与劳动实践锻炼的综合过程,旨在全面提高大学生的劳动素养,引导其在劳动创造中追求幸福,获得创新灵感,培养社会责任感、创新精神和实践能力。社会在发展,教育在进步。在新时代,劳动教育在与社会的互动中呈现出自己的鲜明特色。

1. 劳动教育理念科学化

观念是行为的先导,理论是行动的指南。劳动教育必须成为与德育、智育、体育、美育并行的教育。劳动教育事关个人发展、民族复兴和国家富强,需要得到重视,而不能"在学校中被弱化,在家庭中被软化,在社会中被淡化"。新时代的劳动教育要从培养学生正确的劳动价值观和促进学生全面发展的角度出发,科学合理地进行整体设计规划,而不能停留在简单的劳动技能、劳动知识的教育的层次,沦为"工具教育"。

2. 劳动教育特质时代化

劳动在不同的时代具有不同的特质。在农业文明时代,生产劳动主要由经验或技术推动。工业文明时代则强调制造。而在信息时代,科技制胜,生产劳动由科学技术推动,人才成为第一资源,创新成为推动社会发展的第一动力,劳动更体现为"智造"而非"制造"。因而,劳动教育要适应时代发展特点,引导学生尚进尚新,实现自己的时代担当。

3. 劳动教育形式多样化

劳动教育的实施要科学规划、做好设计。在纵向上,要理顺大中小学劳动教育的关系,根据不同学段设计不同教育目标和形式;在横向上,要形成国家重视劳动教育、学校做好劳动教育、学生热爱劳动教育的良好局面,统筹安排好学校、社会和家庭劳动教育。要适应时代特点,在传统体力劳动的基础上更加重视创造性的非体力劳动形式,如发明创造、公益活动、志愿服务等。

> **案例 1-7**
>
> **冬奥会的志愿者**
>
> 早在2018年9月,北京工业大学就成立了"冬奥志愿服务骨干学校",并招募2022年北京冬奥会志愿者候选骨干人才。在招新现场,短道速滑、冰壶等体验项目吸引了很多学生驻足观看、体验,曾参加过北京奥运会、平昌冬奥会的志愿服务专家作现场讲解。经过初选和测试之后,该骨干学校从应征同学中选出骨干志愿者进行全过程培养,同时,还在校园及周边社区加强冬奥的宣传推广,讲好冬奥故事,营造良好的冬奥氛围,带动大学生参与冰雪运动、服务冬奥会筹办。
>
> **分析:**
>
> 志愿服务和劳动教育融合发展已经成为高校完成立德树人根本任务的重要方式,对新时代高校人才培养具有很强的现实意义。打造服务专业、勇于担当的志愿者队伍,为冬奥会的成功举办提供了坚实保障,也是劳动教育时代性的具体体现。冬奥赛场既是竞技舞台,也是展现中国青年精神风貌的重要平台,年轻人不怕吃苦、甘于奉献、富有创造性的精神将在志愿服务中发扬光大。

(四) 劳动教育的意义

1. 劳动教育体现了马克思主义教育思想的必然要求

马克思强调:"世界历史不外是人通过人的劳动而诞生的过程。"人类社会的发展史中,无论是人类自身不断发展,进而走向人类解放,还是财富的获得,都离不开劳动,幸福也需要通过劳动创造。重视劳动,强调教育与劳动相结合,是马克思主义的重要主张。人民创造历史,劳动开创未来。劳动是推动社会进步的根本力量。加强劳动教育,体现了马克思主义教育思想的必然要求,有助于使教育回归人之本质,有助于学生在实践中发现自我,用双手改变和创造自己的生活。

2. 劳动教育是立德树人的重要途径

立德树人是教育的根本任务,其目的在于培养德智体美劳全面发展的社会主义建设者和接班人,实施劳动教育则是实现立德树人目标的一个重要方式。一方面,劳动教育丰富了教育的内涵,促使学生端正劳动态度、树立正确的劳动观念,培养学生对劳动和劳动人民的感情,使其养成热爱劳动、善于劳动、勤于劳动的素质。另一方面,实施劳动教育的过程也是加强德育的过程。我国历来注重劳动教育的作用,将劳动视为形成良好道德品质的重要途径,强调"德之根在心,人之本在劳"。

实施劳动教育不仅是培养数以亿计的高素质劳动者和技术技能型人才的重要途径,更是营造人人皆可成才、人人尽展其才的良好环境,弘扬劳动光荣、技能宝贵、创造伟大的时代风尚的必然要求。高职院校强化劳动教育,有助于培养具备良好职业素养的技术技能型人才,有助于帮助学生树立正确的择业观念,做好自身的职业生涯规划。

3. 劳动教育具有实际作用

国家富强、民族复兴、人民幸福,离开了劳动,都将是无源之水、无本之木。劳动教育是劳动和教育的有效结合,一方面,劳动教育发挥了劳动的实践效用,实现了理论和实践相结合、知行合一,使学生得以在实践中学习、在学习中实践;另一方面,劳动教育发挥了教育的效用,增进了学生对于劳动生产知识、技术的理解与掌握,提高了其劳动实践能力及分析、解决问题的水平。

劳动教育与德育、智育、体育、美育密不可分,有助于培养德智体美劳全面发展的人才。当前,实现中华民族伟大复兴的宏伟蓝图已经绘就,目标已经明确,部署已经启动,每一个中国人都要积极投身到时代的大潮之中,用劳动创造美好未来,用劳动获得人生幸福。加强劳动教育是实现个人梦想和国家梦想的一个重要途径。

> **拓展阅读**
>
> **新中国劳动教育的历史渊源**
>
> 1949 年,中华人民共和国成立。这一时期国家的教育方针是"为工农服务,为生产建设服务"。1955 年 4 月,教育部提出,除着重培养学生的劳动意识之外,还应注重进行"综合技术教育"。这是新中国成立以来劳动教育理论与实践的开端。1958 年,中共中央、国务院发布的《关于教育工作的指示》指出党的教育工作方针是"教育为无产阶级的政治服务,教育与生产劳动相结合"。
>
> 1978 年,改革开放大幕开启,劳动教育改革也提上了日程。国家提出要"坚持德智体全面发展、又红又专、知识分子与工人农民相结合、脑力劳动与体力劳动相结合"的教育方针。1986 年,时任原国家教委副主任彭珮云提出把劳育作为"德、智、体、美、劳五育全面发展的一个有机组成部分,使五育互相配合、互相渗透",形成了"五育全面发展"的教育思想。2001 年国务院《关于基础教育改革与发展的决定》赋予了劳动教育愈加丰富的内涵。2010 年《国家中长期教育改革和发展规划纲要(2010—2020 年)》则进一步强调了坚持教育教学与生产劳动、社会实践相结合,加强劳动教育,培养学生热爱劳动人民的情感,对教育与生产劳动相结合的方针进行了更加深入的阐述。
>
> 2012 年,中国特色社会主义进入新时代。党的十八大以来,习近平总书记就"培养什么样的人"发表了一系列重要讲话,逐步形成人才培养的完整思想体系。

在2018年的全国教育大会上,习近平总书记把"劳"与"德智体美"相并列,明确将育人目标从"德智体美"拓展为"德智体美劳"。

2020年3月,中共中央国务院颁发了《关于全面加强新时代大中小学劳动教育的意见》。这是新中国成立以来,国家最高层面首次对大中小学劳动教育进行顶层设计和系统部署。《意见》特别提出了健全劳动素养评价制度,强调将劳动素养纳入学生综合素质评价体系,制定评价标准,建立激励机制,组织开展劳动技能和劳动成果展示、劳动竞赛等活动,全面客观记录课内外劳动过程和结果,加强实际劳动技能和价值体认情况的考核。

2024年9月9日至10日,全国教育大会在北京召开,习近平总书记出席会议并发表重要讲话,他强调建设教育强国是一项复杂的系统工程,需要我们紧紧围绕立德树人这个根本任务,着眼于培养德智体美劳全面发展的社会主义建设者和接班人。

这些重大举措对于系统培育学生生活劳动、生产劳动、服务性劳动的技能,提升人们的职业素养,营造良好职业生态具有重大、深远的意义。

分析:

劳动是人类社会赖以生存和发展的基础。在经济社会飞速发展的今天,以劳动教育使青年学生树立正确的劳动观,养成良好的劳动习惯,已成为教育不可或缺的责任。

二、劳动与立德树人

(一) 西方思想家关于劳动与立德树人的观点

西方思想家关于劳动在培育德性中的作用、劳动与立德树人的观点随着社会的发展而变化。其特点主要表现为:第一,为政治服务。为了便于统治,其观点有时成为禁锢人思想、约束人行为的工具。第二,功利性目的显著。如达尔文认为在适者生存过程中,讲道德是种利他行为,以劳动为方式的生存需要将"同种"团结起来。第三,有些思想家认为劳动是获取幸福的最基本方式。亚里士多德认为幸福的人是有智慧的,有智慧的人是勤劳的。

苏霍姆林斯基关于劳动与立德树人的观点集中体现在手脑结合的教育思想中。在苏霍姆林斯基看来,脱离劳动,没有劳动,就没有,也不可能有教育,劳动是渗透一切、贯通一切的东西。因此,他强调应坚持对学生进行劳动教育。真正的劳动是手脑并用的劳动,是体力和智慧并用的劳动,是创造性的劳动。只有通过流汗水、长老茧和感到身心疲乏的劳动,才能够认识周围的世界。健康、精神饱满和体力充沛,这是乐观向上地感知世界、克服困难的最重要条件。他认为劳动态度、劳动习惯等方面的培养促进了青少年道德行为和习惯的养成。

(二) 我国思想家关于劳动与立德树人的观点

在中国古代,道德教育思想体现在中国古代各教育名家的思想中,劳动则是促进道德教育的重要方式。在奴隶社会,劳动与道德修养的关系主要体现在君王和贵族阶级的"以德为政"思想上。劳动是奴隶的本职工作,谈不上与道德修养有关。在封建社会,劳动与道德的关系主要体现在阶级性、服从性上。皇帝被视为"九五之尊",文官通过脑力劳动为皇帝服务,士兵通过体力劳动为皇帝服务。这些劳动具有明显的政治性。地主阶级对农民实际上并无道德可言。进行劳动生产,使地主从中获取利益的农民被称为品德良好的农民,反之,则是不道德、不忠义的农民。劳动由此调整着封建社会的阶级关系,维护着社会秩序稳定。

中国近现代学者关于劳动与道德的观点举要如下:

1. 蔡元培:教育劳动化

蔡元培关于劳动与立德树人的观点集中体现在其教育劳动化思想中,他针对"劳心者"与"劳力者"对立的问题,提出教育劳动化的办学思想。他认为教育劳动化有利于打破劳动阶级与知识阶级之界限。一方面,在"五育并举"教育方针指导下,教育劳动化要以德育为基础,充分发挥劳动化教育的树人功能。"为父母者……教育其子女,有二因焉:一则使之壮而自立,无坠其先业;一则使之贤而有才,效用于国家。前者为寻常父母之本务,后者则对于国家之本务也。""使其体魄足以堪劳苦,勤职业,其知识足以判事理,其技能足以资生活,其德行足以为国家之良民。"这体现了他关于家庭教育劳动化与个体道德品质发展的关系的观点。另一方面,教育劳动化要求将德育的涵养融入实利教育。"实利教育没有德育的涵养,那么,国家必将陷入为了私利而相互械斗的困境。"蔡元培主张摒弃当时"重文轻实"的教育传统观念,在教育劳动化思想的指导下积极践行"实利教育",并要求将德育的涵养也融入其中,以劳动为基本方式引导道德品质的塑造。

2. 陶行知:教育生活化

陶行知关于劳动与立德树人的观点主要体现在其生活教育思想中"生活即教育""社会即学校""教学做合一"等方面。生活教育思想体现了他教育生活化的理念。他认为,生活教育要以社会生活背景作为儿童的生长背景;生活教育要在生活中审视生活、批判生活、改组生活;生活教育要尊重社会生活中的每一分子,尤其是劳动人民,社会是复杂的学校,教学要走出去,向劳动人民学习。陶行知将每位劳动者都当作老师,虚心地向社会这个大学堂中的每一位老师学习。在教育生活化的过程中,陶行知表现出的对普通劳动人民劳动技能的尊重、向劳动人民学习的热情和朴实的品质,感染着生活中的每个人。

3. 黄炎培:以劳动生产促进职业道德教育

黄炎培的劳动教育观念主要集中于其职业道德教育思想中。针对轻视劳动生产、蔑视职业教育的传统,他提出要高度重视职业道德教育,指出劳动生产在提高个体生活能力的同时,也要促成个体道德精神发展,并提出以"敬业乐群"为原则,促进个体职业道德品质发展。黄炎培认为,谋生与做人,二者皆不可缺。"做人"主要体现在个体道德品质中,以"敬业乐群"为原则可促进个体职业道德品质的培养。"敬业"强调培养学生的职业情感、职业兴趣。职业情感提升学生的职业共情力,职业兴趣培养学生的事业心与责任心。"乐群"强调培养学生服务社会、合作互助的精神。他认为学生对自己职业的共情力、责任感、创造力需要通过劳动生产来形成,劳动生产在培养学生职业共情力、责任感、创造力的同时促进个体职业道德品质的塑造。

> **案例 1-8**
>
> **杜威的"教育即生活"和陶行知的"生活即教育"**
>
> 著名教育学家约翰·杜威提出了实用主义教育思想,并倡导"教育即生活",他提出:"教育是生活的必需。"教育是一种培养人的社会活动,是一种特殊的生活方式,从一开始就源于生活,在生活中发展,并以促进生活水平的提高为目标。杜威认为教育必须依赖于生活并改善现实生活,使人获得更好的发展,具备构建美好生活的知识和能力。
>
> 陶行知借鉴了杜威的"教育即生活"理论,并对其进行了革新和创造,把杜威的"教育即生活"理论"翻了半个跟头",创造了具有中国特色的生活教育理论。他主张"生活即教育""社会即学校""教学做合一"。这一理论在他所创办的晓庄乡村师范学校中得以实践。陶行知说,要先做到"社会即学校",然后才能讲"学校即社会";要先做到"生活即教育",然后才能讲到"教育即生活"。这样的学校才是学校,这样的教育才是教育。
>
> **分析:**
>
> 杜威、陶行知的思想对我国当前开展劳动教育具有一定启发意义。生活中有教育,应寓教育于生活之中。"教育即生活"和"生活即教育"思想都强调教育与生活之间的关系,主张将二者统一起来。

(三) 劳动与立德树人的关系

1. 劳动是立德树人的基本方式

马克思、恩格斯注重将教育与社会劳动相结合,认为劳动教育应该在劳动生产中进行。他们认为,在劳动生产中进行教育,从一个生产部门到另一个生产部门的轮流学习,使年轻人很快就能熟悉整个生产体系。因此,以劳动教育帮助学生摆脱现代分工所造成的片面性,这样才有利于发挥年轻人的全面才能。早在新中国成立前,毛泽东同志便高度重视教育与劳动生产相结合。在担任湖南第一师范附属小学主事期间,他在宣传新思想、新道德方面,既注重学生尊重劳动人民的劳动观念教育,又号召学生积极参加生产劳动等劳动实践。当时,附小根据学生年龄的大小,安排不同难度的劳动任务,以班级为单位,每周做一个下午(4个小时)的劳动。这种实践对于贫穷的学生,在帮助其养成劳动习惯的同时,也减轻其家里的经济负担;对于家庭富裕的学生,帮助其树立正确的劳动价值观念,养成良好的劳动习惯。

2. 立德树人以劳动教育为载体

自2012年党的十八大报告首次提出"把立德树人作为教育的根本任务"以来,党的十九大、二十大以及二十届三中全会持续强调落实立德树人根本任务。落实立德树人的根本任务要以教育为载体,主要体现在"五育"中的渗透上。体现在劳动教育中,即要提升立德树人在劳动教育中的渗透程度,要以劳动教育为载体落实立德树人的根本任务。高等学校开展劳动教育是大学生成人成才的基础,关系到高校立德树人根本任务的完成。

3. 劳动教育促进思想政治教育

劳动教育体现了立德树人的基本内涵,大学生通过劳动,感悟劳动艰辛,体验劳动挫折,磨炼劳动意志,享受劳动成果,塑造劳动态度,增强劳动情感,促进爱岗敬业等优良品质的养成,形成积极向上的劳动观。新时代劳动教育在探索与思想政治教育相融合的过程中,拓宽了高校思想政治教育的实施路径。从教育内容来看,将劳动教育融入思想政治教育全过程,有利于全方位、全过程培养人才。从教育形式来看,将劳动教育融入思想政治教育,可增加大学生自我管理、自我教育的方式和途径。从教育过程来看,以劳动实践为基本形式的教育,无论是劳动教育还是思想政治教育,都体现了教育生活化的特性。

三、劳动与增长才智

(一)劳动实践是促进智力发展的手段

劳动在民间被称为"干活",大众因眼前"活计"的艰辛与不易,忽略了"干活"的其他功能,如教育功能、促进智力发展的功能。脱离劳动实践的教育是片面的,培养出的人才也非全面的人才。人才培养需要结合劳动实践,这样方可促进知识学习,从而促进智力发展。

1. 劳动实践促进知识的理解(即"在做中学")

杜威将教学的过程看作"做的过程",他认为"做"事是人类的主要本能之一。学校教育强调对"做"的理解来促进个体的智力发展。在实践活动中,人们根据遇到的真实问题情境,提出如何解决问题的假设,再回到实践中检验假设,在做这项活动的过程中找到解决问题的方法。

劳动实践促进知识的升华。陶行知受杜威"教育即生活"思想的影响,提出"生活即教育"。陶行知认为"生活教育是生活所原有"。生活无处不变、无时不变,也就是说生活中处处皆教育。"教育即生活""生活即教育"都着重强调教育与生活之间的联系,直指传统学校教育与社会实践脱节的现实,从这个角度来说,劳动实践在促进知识理解的同时,也促进了个体对知识的抽象,促进了知识的进一步升华。

知识理解程度与个体的知识升华程度、个体的智力发展水平密切相关,劳动实践是知识理解的前提。知识理解程度是个体在劳动实践过程中、学习过程中对知识的理解度。知识升华程度是在个体知识理解程度的基础上,个体对所理解知识的抽象度。劳动实践过程促进个体知识理解程度、知识升华程度升高,能够更大限度地促进个体智力发展。

2. 在劳动实践中创造物质与精神财富(即"在做中创造")

劳动具有创造性,人们在劳动实践中创造物质与精神财富。人类改变世界的最基本方式是劳动,劳动实践可以促进人智力等方面的发展,从而使人获得精神上的享受。苏霍姆林斯基认为,劳动可以激发个体的天资,也可以使人获得精神上的满足感。

(二)在劳动实践中检验智力发展水平

1. 在劳动实践中感悟知识

知识分为直接习得的知识和通过吸收其他人的经验习得的知识。在智力发展的过程中,学校、家庭和社会等往往倾向于关注通过吸收他人的经验来提高智力水平。实际上,在知识学习的过程中,最基本的知识是个体直接习得的,例如:刚出生的婴儿的知识学习始于嘴巴的感知,再到其他感觉器官的感知;幼儿的知识学习从认知身边的人、事与物开始,进而发展到与身边的人、事与物相关的人、事与物;少年的知识学习从身边的人的待人接物等方面开始,再联系到学校的知识学习;青年的知识学习应该在少年的知识学习的基础上,站在巨人的肩膀上,对知识进行升华,从而实现智力的发展。

2. 在劳动实践中检验知识

知识需要放置于劳动实践中检验,才能被有效地内化为个体知识。例如,在家庭中,将扣扣子的方法告诉幼童,再为幼童示范扣扣子的实践,幼童反复练习,理解扣扣子的内容与方法,获得扣扣子的技能。在学校中,教儿童古诗《锄禾》,先让儿童了解何为种地、种地的艰辛、粮食的由来,他们才能理解节约粮食的意义。在劳动实践中,让儿童体验种粮食的艰辛,操作种粮食的步骤,体会收获粮食的喜悦,他们才能深入理解《锄禾》一诗。因此,在习得知识、领悟知识、升华知识的同时,将该知识置于劳动实践中去检验,方可将其内化为个体的知识。

(三) 在劳动实践中内化知识,促进智力发展

劳动实践是习得知识的最基本方式,也是检验知识的最基本方式。人们通过劳动实践习得知识,回到劳动实践中检验知识,将其内化为个体知识,从而促进智力发展。在劳动实践中内化知识,促进智力发展,需要注意以下两方面的内容:第一,知识的学习必须是全面的;第二,知识的学习要生活化。

四、劳动与强健体魄

"五育"之中,劳育与体育乃是基础与开端。从人的发展来看,体育运动是发展人身体的本真活动,体现出人的生存目的和意义。劳育与体育不是可有可无的点缀,也不是智育、德育的帮衬,而是人获得全面发展的路径。人需要健康地生存,并要通过劳动来获取生活资料。没有强健的身体,不具备生活的技能,既不符合生物意义上身心健康的定义,也无法形成社会意义上的完全人格。忽略劳育与体育,"五育并举"只是一纸空文。

(一) 劳动孕育了体育

1. 体育在劳动过程中诞生并走向专业化

体育源自劳动生产过程,伴随人类文明的发展而发展。以马克思主义的观点来分析,劳动既然创造了人类,自然也就创造了人类的社会活动,其中包括了体育。人们今天所熟悉的那些体育形式,如跑步、打球、做体操等,都与人类最基本的活动技能——走、跑、跳、投、攀爬等分不开。而这些基本活动技能是在生产劳动中形成和发展起来的,如追逐野兽的奔跑、跨越沟壑的跳跃、击中远距离猎物的投掷、采撷果实的攀爬等。

体育通过专业化不断促进个体体魄发展。原始人的采集、狩猎等基本劳动技能是为了生存,处于"手把手"相传的阶段,并未专业化。我国民众早在商周时期,就已经意识到体育竞技专业化训练在促进个体体魄发展中的重要性。例如,射、御、角力、拳击、

奔跑、跳跃、武术等在奴隶制社会相当盛行。又如，唐朝武举考试的内容有射箭、马枪、举重、身材、言语等，主要包括实用技能、身体素质、文化水平等方面的考查。专业化的体育训练则旨在促进个体体魄发展，当代学校体育更是以专业化为特征促进个体体魄发展。

2. 劳动是体育的生活化形态

劳动是体育的生活化形态。体育锻炼最基本的方式是劳动。在原始社会，人类通过采集、狩猎等方式获取食物，得以生存。同样的，在获取食物的过程中，攀爬、与野兽斗争等技能也促进了人类身体素质的发展，为其拥有强健的体魄打下了坚实的根基。当下高校体育除了专业化的体育训练外，还包括了最基本的有关生活劳动的督促，以促进个体全面发展。

（二）劳动在体育中的作用

1. 劳动促进个体身体健康

合理的劳动可以促进个体身体健康。当代青年应该积极践行与个人社会角色相应的基本劳动。第一，作为大学生，在高校中，要将个人发展与学校发展相联系，将个人生活与学校生活相联系。宿舍是公共生活环境，大家要通过共同劳动来保持宿舍整洁、卫生，这不仅能降低大学生的患病概率，也能换来整洁的生活环境，促进良好朋辈关系的形成。第二，作为子女，在家庭中要积极承担家务，如烹饪、管理家庭事务等，将个体发展与家庭发展相联系。第三，作为社会成员，要将个体发展与社会发展相联系，积极参与志愿活动，培养社会责任感。

2. 劳动促进体育的生活化

从广义的体育角度来看，劳动促进了体育的生活化，对强身健体，培养健全人格、体育精神和劳动精神具有积极作用。一是将劳动教育与体育相结合，因地制宜地利用家中场地居家劳动，例如整理房间、拖地等，或开展娱乐性的体育活动，这样有益于身心健康，可以提升劳动技能，增进家庭成员的亲密关系。二是将劳动教育和体育相结合，采取功能性训练的方式，在加强身体机能锻炼的同时，学习各种生活劳动技能，并培养劳动意识，例如，可以通过带动家人一起劳动、锻炼，增强劳动和体育锻炼的多样性、趣味性，促进体育教育的生活化。三是劳动教育与体育相结合，能促进心理健康发展。从运动心理学角度讲，有目的、有计划、重复进行的锻炼或劳动，对于焦虑等负面情绪有一定的缓解作用，能够增强心脑血管的收缩性和渗透性，维持体温恒定，保持神经纤维的正常传导性，从而有利于心理健康，并可以改善情绪。

高校加强顶层设计，开发"体育＋劳育"的锻炼新形式，把劳动教育融入日常体育锻炼、体能和身体素质测评体系和教学环节，与现有人才培养体系结合为一个有机整体，促进大学生养成终身锻炼的习惯，实现对体育、劳育等素质教育的再升华。

五、劳动与美的创造

美育是培养学生认知美、发现美、体验美、创造美能力的教育，也称审美教育，与其他各育相融互补。劳动是开展审美教育的基本平台。

(一) 劳动与美

美是对劳动进行价值评判的重要向度,是劳动的重要属性,具体体现在理论维度、实践维度、道德维度、价值旨归维度四个方面,"劳动最美丽"则高度凝练地表达了此种意蕴。

1. 理论维度:人按照美的规律来构造

马克思基于人类生产劳动与动物本能活动相区别的维度,阐释了人类生产劳动按照"美的规律"构造的内涵,揭示了人类生产劳动的审美向度。马克思指出,人的劳动是有意识的、自由的、创造性的活动,人类可以在劳动过程中自由地发挥创造力,将人的内在尺度运用于客观对象,使客观对象体现出人的生活旨趣和自由个性。

2. 实践维度:劳动生产了美

从马克思、恩格斯的思想体系来看,劳动无疑是美的重要来源,是生产美的重要方式。恩格斯指出,正是由于劳动,"人的手才达到这样高度的完善,以致像施魔法一样产生了拉斐尔的绘画、托瓦森的雕刻和帕格尼尼的音乐"。可见,创造绘画、雕刻、音乐等美的形式的人类器官,本身就是长期劳动实践的产物。

另外,从审美主客体关系的角度看,通过生产劳动,审美主体与审美对象产生接触,审美主体能够揭示审美对象所蕴含的美的意义,而劳动产品凝聚了人类的创造性,确证了人类劳动的"美的规律",无疑具有美的属性。自然美是自然物的自然属性与人类的社会属性的统一,即便是自然美也需要人的参与,特别是劳动参与,才能显示其美的属性。

3. 道德维度:劳动彰显劳动者的人格之美

从道德维度来说,劳动彰显了劳动者的人格之美。美与善具有互通性,美能作为道德之善的表达方式。孔子从道德之善的维度使用"美"的概念,如"里仁为美"(《论语·里仁》)、"君子成人之美"(《论语·颜渊》)、"如有周公之才之美"(《论语·泰伯》)、"尊五美,屏四恶"(《论语·尧曰》)等皆说明了美与道德之善相通。劳动彰显了劳动者的道德人格之美,中国特色社会主义制度为展现劳动之美提供了坚实制度保障。当前,需要大力弘扬"劳动最美丽"的价值观念,让"劳动最美丽"的观念蔚然成风。

4. 价值旨归维度:满足人民美好生活需要

"美"与"好"是互通概念。《说文解字注》云:"五味之美皆曰甘。引申之,凡好皆谓之美。""美好"连用最早指称相貌体态姣好,能使人产生愉悦之感,如"今长大美好,人见而说之"(《庄子·盗跖》)。在现代汉语中,"美好"可泛称令人满意、能带来愉悦体验的事物。因此,美好生活的"美好""指向人们对于生活肯定的、愉悦的、质的感受"。

当前,需要从大力优化劳动环境、全面提升劳动素养、稳步推进美丽中国建设三个维度构筑美好生活的现实根基。

(二) 劳动实践引导正确的审美观

1. 在劳动中认知、享受美

人们在劳动创造过程中认知、享受美。第一,在劳动过程中认知美。苏霍姆林斯基认为:"一个人进行积极活动的精力和可能性越大,他对美的态度在形成其道德面貌方面所起的作用就越加有力。"这说明个体在劳动过程中的主动意愿与个体对待美的态度是呈正相关的,符合"劳动认知美"的观点。第二,在劳动创造过程中享受美。当代青年学生通过掌握基本劳动技能、进行劳动实践,建立起劳动审美观念,并享受其中。马克思认为审美认识与审美活动依赖人类社会而存在,生产劳动是认知美的基本方式。如狩猎者以动物装饰为美。

2. 在劳动中形成审美观

人往往积极去寻找美、感受美、体验美。这种由感知审美对象所引起的积极性、愉悦感广泛存在于劳动实践活动中。例如,"共识美"就是通过社会肯定引导人们树立的正确的审美观念。在劳动实践中,个体劳动的成果得到社会肯定,从而形成"共识美",进而引导更多的人树立正确的审美观念。原始社会中,人类需要掌握狩猎、采集等基本技能方可生存,处于该环境中,人类的"共识美"即狩猎能力、采集能力强。封建社会则有了另一套社会生存法则,以"仁、义、礼、智、信"为"共识美"。不同历史阶段的"共识美"都体现在人类对在劳动过程中改造自然、改变社会的美的观念的引导上。当前,我国社会主要矛盾已经转化为人民日益增长的美好生活需要和不平衡不充分的发展之间的矛盾。确立新的、正确的"共识美",对于帮助大学生树立正确的审美观至关重要。

(三) 劳动过程促进审美能力培养

1. 劳动是发现美、体验美的基本途径

劳动实践是发现美、体验美的基本途径,劳动实践为发现美提供素材,为体验美提供机会。被誉为"杂交水稻之父"的袁隆平在田里晒着太阳、泡着凉水,每天都要拿着放大镜,一垄垄、一行行、一穗穗,在成千上万株稻穗里寻找水稻雄性不育株,追寻"禾下乘凉梦"。袁隆平在劳动过程中以苦为乐、创新实践,体验别样的种禾之美。劳动实践带给人们的美最为形象,也最为深刻,正是这种形象性、深刻性促进了人们审美能力的提高。

2. 审美能力增强劳动过程中的幸福感

审美能力的提升丰富了枯燥的劳动过程,也增强了劳动过程中的幸福感。头顶烈日,脚踏稻浪,众里寻株,在普通人眼中是煎熬,在袁隆平眼中却是最幸福的事。人们对客观存在的审美对象的认知不同,对客观存在的事物、经历的事情的态度也有所不同。好吃懒做之人在做家务劳动时会觉得痛苦万分,认为这种事情不该由自己来做;对勤劳之人而言,做家务则成为享受性劳动。

(四) 在劳动中创造美

1. 以正确的审美观创造美

树立正确的审美观、提升审美能力旨在创造美。拥有正确的审美观是发现美、欣赏美、体验美的前提。创造美离不开劳动实践,创造美的事物、美的价值需要根据美的本质,结合劳动实践进行创新。

2. 在与自然和谐共处中创造美

创造美要以人与自然和谐相处为前提。人类所创造的人为美不能破坏自然界的美。比如,生产漂亮的皮草,一定要以动物的生命为代价吗?大自然可以为人类提供生存所需的自然资源,如水、石油。大自然"爱"人类至深,甚至是无条件地提供资源。人

类热爱大自然,愿意为欣赏美景踏遍山川河流,愿意为探寻珍稀动物之美涉足各地,愿意为人与自然和谐相处付出巨大努力。人类所能做的是守住人类创造美的底线,与自然和谐相处。

3. 在与社会和谐共处中创造美

创造美是一种社会活动,是在社会性的劳动中实现的。人类创造美的过程,既依赖自然,又改造自然,使其具有社会属性。马克思认为劳动创造了美。人在使自然环境社会化的过程中,创造出一个个人造美的奇迹,如各类建筑物、桥梁、公路等;人在使自然环境社会化的过程中创造了艺术美,如雕塑、绘画、诗歌、戏曲等。其成果有的注重生活实用性,有的则注重精神享受。

在劳动实践中创造美,要以人与社会和谐相处为原则。唯其如此,才能够促进人类可持续发展。

总结案例

中华职业教育社倡导的劳动教育

黄炎培对于劳动和劳动者有着高度认同与尊重。他规定:中华职业学校的学生入学的时候,一律要写誓约书。誓约书第一条内容规定"学生除半日工作外,凡校内一切洒扫、清洁、招待等事,均由全体学生轮值担任",第三条规定"学生除校内服务外,兼于校外从事一切相当之服务"。

在黄炎培看来,办职业教育必须清除看轻劳动、忽视动手的弊端,应在工作和授课以外,极力提倡劳动、服务。他在《"五四"纪念日敬告青年》中提出"关于社会服务的种种事业,吾人应认为神圣高尚的天职"。他亲自题写"劳工神圣"四个大字,制成匾额,挂在学校门口。

1919年9月10日,中华职业学校召开第三十三次职员大会,决定以"尊重劳动、遵守纪律、服务社会"为学校教育方针。

1922年5月,在总结四年办学经验的基础上,他对中华职业学校的办学方针作了进一步修订,其中第三条为:"怠惰苟安,贱视操作服务而不屑为,亦为近今学生最大之通病。本校对于学生,竭力提倡劳动服务,凡仆役所为之事,皆当由学生轮值分任,祛除其自尊自大之恶习,养成其耐劳耐苦之美德。"

《中华职业教育社宣言》第十二条规定:"各级教育,应于训练上一律厉行劳动化,俾青年心理上确立尊重职业之基础,且使获得较正确之人生观。"

"自治职业市"是中华职业学校仿照美国都市制创建的专门用于实施学生自治活动的组织机构。职业市的基层组织是村,由同居一室的学生组成,8人为一村。学校定期评选模范村。学生自治的特点之一是厉行工读制,半工半读。全校除门房和厨房外,不用一名校役,学生每天要自己打扫校园、理发、缝纫和洗衣服,有余力的要为师生装书、誊写,或糊盒子、制牙粉,挣得的钱用来充实学膳费。职业市自治规程里要求:"至平日训练学生,随处养成其劳动之习惯,所以轮值公共服务,特别注重。凡宿舍、工场、研究室及其他公共屋宇,均由学生轮流扫除,多不假助于人。校中雇用力役为数甚少,此应行申明者也。……宿舍、研究室每日由学生轮值扫除,每星期日大扫除一次,拖抹地板,揩拭窗户,均由自治指导员按地巡视,察其勤惰,分别记载,每日揭示。"

分析:
黄炎培在劳动教育中引导学生树立正确的劳动观,注重学生的动手实践、做学合一,要求教师以身作则,这些举措都值得我们学习借鉴。

课堂活动

大学生劳动观念问卷调查

一、活动目标

了解学生的劳动观念情况,帮助其树立科学的劳动观。

二、活动时间

25 分钟。

三、活动流程

(1) 填写问卷,在 5 分钟之内填写完成如下问卷,不记名。

① 你平常在家做家务吗?(　　)
  A. 不做　　　　B. 偶尔　　　　C. 经常　　　　D. 一直在做

② 看到寝室卫生脏乱,你会(　　)。
  A. 主动打扫　　B. 等着室友来打扫　C. 无所谓

③ 你是否愿意参加学校组织的劳动活动?(　　)
  A. 愿意　　　　B. 不愿意　　　　C. 无所谓

④ 你认为公益劳动是否有意义?(　　)
  A. 有意义　　　B. 有的公益劳动有意义,有的没有　　C. 无意义

⑤ 学校要求学生参加义务劳动,你对此有什么看法?(　　)
  A. 挺好的,劳动最光荣　　　　B. 不太好,应该征询学生的意见
  C. 很不好,没事找事　　　　　D. 没什么看法,无所谓

⑥ 你是否赞同"劳动最光荣"这一观念?(　　)
  A. 十分赞同
  B. 基本赞同,尊重劳动
  C. 不赞同,时代在变,劳动已经没那么重要了
  D. 无所谓,跟我没多大关系

⑦ 你认为当代大学生的劳动观念是否有缺失?(　　)
  A. 基本上没有缺失　　　　　　B. 少部分人有缺失
  C. 大多数人有缺失　　　　　　D. 不了解,跟自己没关系

⑧ 你认为大学生劳动观念缺失的表现有哪些?(　　)

A. 娇生惯养,怕苦怕累
B. 看重个人利益,金钱至上
C. 不愿选择体力劳动类的工作,认为其低人一等
D. 好吃懒做,贪图安逸

⑨ 你认为大学生劳动观念缺失的最主要原因是(　　)。
A. 社会风气浮躁,拜金主义现象严重
B. 父母溺爱,没有养成良好的劳动习惯
C. 父母、老师的不正确教育

⑩ 你是否愿意参加勤工助学?是否有过经历?(　　)
A. 是;有　　　　B. 是;无　　　　C. 否;有　　　　D. 否;无

⑪ 你认为体力劳动重要还是脑力劳动重要?(　　)
A. 体力劳动重要
B. 脑力劳动重要
C. 一样重要

⑫ 你认为劳动的意义是什么?(多选)(　　)
A. 劳动带来物质上的富足　　　　B. 劳动帮助我们实现自我价值
C. 劳动带来精神上的快乐　　　　D. 劳动推动社会的发展
E. 没什么意义

(2) 教师将学生按照 4～6 人一组划分活动小组。

(3) 对学生填写完毕的问卷进行数据整理,将整理好的数据发给各小组。

(4) 各小组进行数据分析,每个小组推选一名代表进行总结。

(5) 教师分析、归纳和总结,引导学生树立正确的劳动观,并对各组在活动中的表现打分。

模块二 劳动组织与劳动管理

导读导学

劳动作为人的第一需要,是人类社会产生、存在和发展的基础。劳动不仅创造了人本身、生产资料和生活资料,同时也在生产人类的一切社会关系。自出现社会分工以来,以劳动力为对象的社会分工与协作、劳动组织与管理部门等相继出现,劳动不再是单纯的人的体力或脑力的支出,而是有组织,有分工,有协作,具有复杂的内部结构、关系和形态的人类社会生产系统。

随着人类社会的发展,劳动分工更加精细化,劳动部门及劳动形态也趋向多样化和复杂化。本模块包括社会分工和劳动组织、劳动基本制度、劳动者和人力资本三部分,旨在帮助大学生科学认识劳动与就业、社会生活的密切关系,多维度了解社会分工、劳动组织、劳动就业、劳动保障、收入分配等问题,促进其劳动认知和劳动素养的提升。

2.1 社会分工和劳动组织

◇ 哲人隽语 ◇

搬运夫和哲学家的原始差别比家犬和猎犬之间的差别小得多,他们之间的鸿沟是分工造成的。

——[德] 马克思

学习目标

1. 分析劳动社会化的概念,了解产业划分。
2. 了解现代劳动组织。可联系班组作用和特点,创造性地在实习实训中开展班组活动。
3. 积极关注社会分工、行业分类、职业变迁,树立劳动平等的观念,并有意识地为高质量就业做准备。

引入案例

90后"老牌"装调员:全屋智能创造家庭新生活

家居智能化,让人们的居住环境有机会从一个只能提供空间住所的"窝",变成一个聪明的、服务于人的"家"。90后小伙黄绍鑫就是一名将智能化变成现实的"魔术师",如今,他的职业有了一个新名字:智能硬件装调员。

"简单来说,智能硬件装调员要做的就是为客户制定全屋智能方案、完成家居智能化。"黄绍鑫介绍说,全屋智能不是单独的产品,而是针对整个家装系统的解决方案,

> "许多客户会有自己的定制化需求,除了备受关注的家庭智能安防外,还有个性灯具、多媒体设备等等。"设计网线走向、协调智能设备的网络连接、安装智能硬件……在项目开始前,黄绍鑫会与每一位家装师傅沟通。他说,全屋智能重点在于家电与网络的配合,需要进行多次系统调试,要从最基础抓起,才能保证做到完美。
>
> 从2015年至今,黄绍鑫一步步研究,学习全屋智能,二十多岁的他已然成为"老牌"装调员。黄绍鑫表示,智能硬件装调员与家装师傅的配合是必不可少的,他认为传统的家装师傅未来也会学习设备联网的知识,因为产品智能化是大势所趋。
>
> 安装完成后,将智能家电连网,通过手机就可以进行多项远程操作。例如,远程关闭空调、在家庭影院播放电影等等。除了手机操作,智能家装还可以通过人体监测、红外感应等方式进行联动实现。例如,当系统感应到屋内无人时,智能灯具就会触发"离家场景",房间里的灯将全部自动关闭。
>
> "智能硬件装调员"这一新职业发布后,黄绍鑫发现,选择安装智能硬件的受众群体画像变得逐渐丰富,中老年人客户群体逐渐增多。他认为,未来每个家庭都会产生智能化需求,因为智能硬件让人们的生活更便捷、更安全、更健康。
>
> (资料来源:人民网,有改动)
>
> **分析:**
>
> 随着智能家居兴起,智能硬件装调员应运而生,这是社会分工顺应科技发展的生动写照。像黄绍鑫这样的装调员,既要为客户定制智能方案,又要与家装师傅紧密配合,将家电与网络完美融合。新老职业的互补协作,推动传统技能升级,也让更多人享受到智能生活的便利,充分展现了分工专业化对产业发展和生活品质提升的重要意义。

一、劳动社会化

劳动社会化是一个与生产力发展相联系的概念,是指孤立、狭小的劳动转变为由紧密的、大规模的分工和协作联系起来的共同劳动的过程。

劳动社会化的内容主要包括以下三个方面:一是生产资料的社会化,生产资料由单个人分散使用变为许多人共同使用,从而节约了生产资料;二是劳动操作过程的社会化,劳动操作过程日益分解,每个人只完成总过程中的极小部分,从而使最终产品成为许多人共同完成的、名副其实的社会产品;三是劳动成果的社会化,劳动的目的已不是直接满足劳动者个人的需要,而是满足他人的、市场的、社会的需要。

二、产业、行业和职业

(一)产业

1. 产业划分

对于产业的划分,国际上普遍流行的是三次产业划分思路,即按照人类生产发展的历史顺序进行划分。

第一产业是指直接从自然界取得产品的产业,如农业、畜牧养殖业和林业等。第一产业从事初级产品的生产,其产品用于满足人们的基本生活需要,以及为第二产业提供生产的原料。

第二产业是指对从第一产业获得的原料进行多层次的加工,形成各种生产资料和生活资料产品的产业,我国的第二产业包括采矿业(不含开采辅助活动)、制造业(不含金属制品、机械和设备修理业)、电力、燃气及水的生产和供应业、建筑业。第二产业的产品经过加工,形态发生了显著的变化,一般不再保留原来的自然物质形态。

第三产业是指在整个国民经济中担当完成流通、提供服务和社会管理的职能,是为生产生活和社会发展提供产品交换和服务的部门,第三产业包含的门类比较多,如商业、邮电通信业、交通运输业、房地产业、公用事业、文教体育卫生事业、金融保险业等。

2. 产业结构

产业结构是指各产业的构成及各产业之间的联系和比例关系。在经济发展过程中,分工越来越细,因而产生了越来越多的生产部门。这些不同的生产部门在对经济增长的推动作用等方面表现出很大的差异,因此,在一个经济实体当中(一般以国家和地区为单位),在每个具体的经济发展阶段、发展时点上,组成国民经济的产业部门是不一样的。产业结构变迁的一般规律,是劳动者首先由第一产业流向第二产业和第三产业,然后由第一、第二产业流向第三产业,从世界各国的情况看,第三产业劳动者的比重一直呈现上升趋势,在发达国家,第三产业就业比率达到50%以上,有些甚至达到70%以上。

(二) 行业

行业是指生产同类产品或具有相同工艺过程或提供同类劳动服务的企业或组织群体的集合,如餐饮行业、建筑行业、通信行业等。

> **案例 2-1**
>
> ### 生活服务业的创新
>
> 根据国家统计局印发的《生活性服务业统计分类(2019)》,生活服务是指满足居民最终消费需求的服务。生活服务业领域宽、范围广、市场化程度高,与广大人民群众的基本生活密切相关。随着我国经济社会的快速发展,人民群众对生活消费的需求更加多样,生活服务业越来越呈现出便利化、精细化、品质化和网络化的发展趋势。
>
> 在数字化转型的背景下,创新成为生活服务业变革、从传统到现代化的核心驱动力。近年来,管理创新、技术创新、业态创新、服务创新均加速了生活服务业的迭代,从而催生了新兴从业群体。
>
> **1. 管理创新**
>
> 在我国经济发展进入新常态,经济下行压力加大的新形势下,加强创新管理、提质增效,已成为生活服务业企业有效控制成本,提高效率,提升技术、质量和服务水平,扩大创新发展空间,提升竞争能力的迫切要求。如品类管理。目前品类管理技术已被我国的零售企业广泛应用。随着生活服务业的竞争激烈化,许多酒店、餐饮门店也开始研究和借鉴其他行业成功和成熟的管理新技术,谋求精细化管理。商户把所提供的服务根据消费者的需求分成不同的类别,并把一类服务作为酒店经营战略的基本活动单位进行管理,根据消费者对于不同品类的特殊需求,提供差异化的产品和服务来提高运营效率,进而增加营收。很多餐饮企业效仿在零售行业早已存

在的品类管理职位，设置品类管理部门。如美团外卖把医药健康、生鲜果蔬、美食划分为不同品类，并在一级品类下，建设二级品类甚至三级品类，根据不同时段、不同消费场景之下用户差异化的需求，在平台上优先展示能满足其需求的品类。商家通过品类细分可以提升运营效率和转化率。

2. 技术创新

互联网、云计算、大数据、人工智能等多项技术的演进迭代，使得技术创新能够围绕消费者的需求和应用场景进行融合应用，进而重新定义生活服务业的商业模式。

3. 业态创新

（1）外卖配送。数字化趋势渗透到生活服务业，催生了外卖新业态。外卖市场不断发展，外卖给人们的生活方式带来了翻天覆地的改变，对生活服务业的发展和消费者的消费习惯都带来了不可逆转的影响。2020年3月，人力资源和社会保障部等三部门正式公告确认"网约配送员"被纳入国家职业分类。

（2）O2O（线上线下融合）。在互联网经济下，出现了线下门店和线上门店并存互补的格局，因传统的线下门店运营的经验不能完全照搬应用到线上门店的管理中，生活服务业企业纷纷开始招聘和培养适应O2O业态的门店管理人才，从而催生了互联网门店管理师、O2O餐饮门店管理师等新兴从业群体。

4. 服务创新

近些年，各电商平台成为人们消费的主力阵营，无接触服务成为一种新的服务方式，无接触服务的兴起及被消费者的广泛认可，对相关从业群体提出了新的知识与能力要求。随着无接触服务等新兴服务的出现和普及，生活服务业会催生出目前无法预知的新兴从业群体。

（三）职业

1. 职业的概念

职业是指以维持生计、扮演社会角色、发挥个性和自我实现为目的，持续进行的劳动或工作。职业随着时代的发展在不断变化，职业的变迁与人类社会的发展紧密相连，从一个侧面折射出时代的变化，反映了人类社会的发展与进步。

新职业是指经济社会发展中已经存在一定规模的从业人员，具有相对独立成熟的职业技能、在《中华人民共和国职业分类大典》中没有被收录的职业。机关、社会团体、企业、学校和个人可向人力资源和社会保障部有关部门提出新职业建议，由其对新职业进行登记、汇总、分类，组织有关部门和行业的专家进行评审论证。《中华人民共和国职业分类大典（2015年版）》颁布以来，我国发布了五批共74个新职业。《中华人民共和国职业分类大典（2022年版）》将近年来发布的新职业信息收录其中，优化调整了部分职业归类，围绕建设制造强国、数字中国，发展绿色经济和依法治国等要求，专门增设或调整了相关中类、小类和职业。该次修订，共计新增168个职业，取消10个职业，净增158个职业。

2. 职业发展的趋势

（1）由单一、基础型向跨专业、复合型转化。职业岗位的要求和劳动方式逐步由简单向复杂转化，职业内涵不断丰富，单一技能人员难以胜任工作，更需要跨专业和复合型人才。

(2) 由封闭型向开放型转化。职业岗位的工作范围越来越大,面向的服务对象越来越广泛,人与人之间的联络、沟通、协作大大加强。

(3) 由传统工艺型向智能型转化。职业岗位的科技含量增加,技术更新速度加快,劳动组织和生产手段不断完善,工作内容不断更新。

(4) 由继承型向创新创造型转化。知识经济和信息化、数字化时代的到来,要求社会成员必须具有创新意识和创造能力,推陈出新,在自己的岗位上进行创造性劳动。

(四) 产业、行业、职业的关系

产业、行业、职业三者之间既有联系,又有区别。产业、行业、职业都是社会分工的产物,是社会生产力不断发展的必然结果。这是它们在本质上的共同点。在社会发展中,随着新技术的出现,新产品及相应职业的从业人员产生了。随着新产品的生产及相应从业人员数量的不断增长,新的行业逐渐形成。新行业发展到一定规模时,就会与其他相关行业进行整合,并入某种产业或形成新的产业。

产业的着眼点是生产力布局的宏观领域,体现的是以产业为单位的生产力布局上的社会分工。产业由行业组成,行业的着眼点是企业或组织生产产品的微观领域,体现的是以行业为单位的产品生产上的社会分工,行业由企业或组织组成。职业的着眼点是组织内工作人员的具体工种,体现的是以人为单位的、劳动技能上的社会分工。产业和行业的分类依据是经济活动的同质性,而职业的分类依据是工作性质的同一性,前者属于生产活动领域,后者属于人力资源开发领域。

三、劳动组织

(一) 劳动组织的概念

劳动组织的概念有两种,一种是广义的劳动组织概念,一种是狭义的劳动组织概念,这里只涉及狭义的概念。

狭义的劳动组织是生产力方面的概念。在生产力的各个基本因素中,劳动资料和劳动对象对于劳动者来说是客体,唯有劳动者自己是主体。而劳动组织就是把劳动的主体力量合理地组织起来,更好地发挥其作用。在生产力的结构中,劳动者是能动的因素,其他生产力要素都是通过劳动者的运用而发挥作用的,因而劳动者能否被很好地组织成为一个整体,对于生产力的影响是很大的。

(二) 现代的劳动组织

现代的劳动组织是指在科学合理的劳动分工的基础上,在保证安全生产和文明生产的条件下,使所有人员能协调地工作,有效地利用人力和物力资源及工作时间,以劳动者为主体的由劳动者、劳动资料和劳动环境三个要素组成的有机系统。劳动组织的建立旨在实现人、机器、环境的最佳结合,既要提高企业的劳动效率和经济效益,又要为保护劳动者的身心健康和其全面发展创造条件。

(三) 企业的基层劳动组织——班组

1. 班组的地位和作用

参加工作,走进企业,实际上是走进了一个组织,其中第一站就是班组。企业管理结构一般呈三角形,从高到低分为三层:高层、中层、基层。高层"动脑",属于决策层;中层"动口",属于管理层;基层"动手",属于操作层。班组属于企业的基层组织,企业的生产活动都在班组中进行,班组工作的好坏直接关系到企业经营的成败。班组在企业中的地位和作用如下:

(1) 生产经营活动的基本单位。

企业生存的目的和意义在于追求利润。班组是最基本的生产单位,它直接创造利润。所以企业要降低成本、提高劳动生产率,首先要从班组抓起。

(2) 企业最基层的管理单位。

管理是否深入到基层是衡量管理水平的指标之一。班组是企业最基层的管理单位,直接面对每一个员工,企业的文化、规章制度最终要通过班组贯彻到每个员工,然后通过员工的工作业绩反映出来。因此企业只有将管理深入到班组这个层次,才能焕发生机。

(3) 提高职工素质的基本场所。

企业通常都会把培养人才当作自身的使命。培养人才是为了创造更大的价值。如果没有一支认真负责、精益求精的员工队伍,想创精品、树名牌就很难。所以从效益角度来看,班组培训比高级人员培训更直接、见效更明显。

(4) 生产流程的衔接环节。

在企业的生产经营活动中,每一个班组都是一个环节。很多现场的问题都较简单,只需要依一定的原则在班组间沟通协调就可解决,问题解决了,生产流程就顺畅了。

2. 班组的特点

(1) 结构小:班组作为企业的最基层单位,结构最小,不能再分。
(2) 管理全:班组管理生产、安全、质量、劳动纪律等,麻雀虽小,五脏俱全。
(3) 工作细:班组工作非常具体,需要耐心、细致。
(4) 任务实:企业所有管理内容最终都要落实到班组。
(5) 群众性:班组成员是企业最基层的员工,班组活动是群众性很强的活动。

3. 班组活动的形式

班组活动要体现班组的特点,形式上更讲究灵活性和实用性,可以根据所在部门的实际工作和本单位的有关制度情况,建立内容要求更为具体、更有针对性、更有操作性的"小规章",使一切工作进一步细化、量化、直观化和规范化;以班前会、班后会、座谈会、餐叙会等形式开好班组"小会议";开展"小竞赛",做到先进带后进、互帮互助、人人争先,从而带动班组人员技能水平的提高,创造好业绩,促进安全生产;征集"小建议",促进班组成员主动节约,降低成本,鼓励大家搞小改革、小发明、小创造。

总结案例

展望未来的劳动组织

19世纪,股份制有限公司逐渐盛行,公司成为经济主体。到了21世纪的今天,公司制下"公司+雇员"这一基本结构的空间逐渐被"平台+个人"这一结构挤压,"互联网平台+海量个人"正在成为当今这个时代一种全新的、显著的组织景观。网约车巨头滴滴没有自营车辆,依靠整合社会运力;抖音作为头部内容平台,依赖用户生成内容;淘宝作为顶流电商平台,自身不囤货;民宿平台途家没有自有房产,依靠汇总闲置房源。这些到底说明了什么?

1. **互联网平台与传统平台迥然不同**

互联网平台已经给商业世界带来了巨大的冲击,今天的互联网以后端坚实的云平台(管理或服务平台+业务平台)支持前端的灵活创新,并以多个小前端实现与多种个性化需求的有效对接。这种"大平台+小前端"的结构已成为很多企业组织变革的原型结构,如海尔的自主经营体、7天酒店的放羊式管理、韩都衣舍的买手制等。不只是单个企业演化出了这样的结构,淘宝的网络零售平台、华为的应用市场等均采用了类似的结构。这种"平台+多元应用"结构在不同企业呈现出不同程度的"后台标准化、统一化、模块化"与不同程度的"前台个性化"之间的组合。

2. **个人替代公司,成为越来越重要的经济主体**

工业时代占据主导地位的是"大批量、小品种"的规模经济,与之相应,组织也在持续走向极大化。到了数据处理技术时代,尽管大型组织的存在仍将是组织领域里的主要图景,但随着"小批量、大品种"的范围经济在很多个行业里取得主导地位,与之相适应,组织规模在逐步走向小微化、个人化。在今天这种一个人就可以面对全球市场的时代,小企业——更确切地说是个人,正在迎来自身发展史上的黄金时代。过去受限于市场规模而不能实现的很多特色小生意,现在在网上找到了它的客户;反之亦然,过去受限于信息成本而不能得到满足的个性化需求,现在在网上也找到了它的卖家。现在的互联网环境中,基于共同的小众兴趣、小众价值观、小众梦想、小众爱好,去实现内部协同和与客户的外部深度沟通,比过去要更为容易。淘宝上成长起来的企业,多少都具有这样的特性。德鲁克曾预测,知识工作者将很快成为发达国家中最大的族群。

分析:

与工业时代以公司为基本经济主体不同,未来将是一个以小微企业和个人为基本主体的经济时代。弗里德曼在《世界是平的》一书中提到了类似的观点:"如果说全球化1.0的主要动力是国家,全球化2.0的主要动力是公司,那么全球化3.0的独特动力就是个人在全球范围内的合作与竞争。"作为未来的劳动者现在就需要思考:在当今的全球竞争中我究竟处在什么位置?我可以如何与他人进行合作?

人工智能和未来劳动

课堂活动

"机器换人",动了你的岗位吗?

一、活动目标

正确分析新技术对就业形势和自身参与社会分工的影响。

二、活动时间

40 分钟。

三、活动流程

（1）教师组织学生阅读以下材料。

"机 器 换 人"

我国机器人研发起步于 20 世纪 70 年代，近年来，随着我国劳动力成本快速上涨，人口红利逐渐消失，生产方式向柔性、智能和精细转变，对工业机器人的需求呈现大幅增长。

"机器换人"的普及对就业岗位的数量和结构都将产生深远影响。目前，创造就业岗位最多的纺织服装、采掘和电子信息等产业中出现了"机器换人"的趋势，但从现阶段看，机器人和人类劳动者间的替代关系并不显著。机器人具有竞争优势的行业和领域与我国劳动力比较优势最显著的行业和领域并非完全重叠，也就是说，机器人只会在个别产业和环节中替代手工操作，短期内主要还是对生产效率和产品质量提高产生积极影响，不会改变我国制造业劳动力密集程度较高的特征，也不会造成严重的失业问题。

有专家指出，机器人的出现对人类劳动者就业岗位的影响，一是替代某些岗位上的劳动者，二是填补人类劳动者无法胜任的岗位，三是开辟人类工作新岗位。

（2）每名学生通过网上收集材料等方式，分析人工智能和机器人等新技术对自己参与社会分工有哪些影响，对所学专业的就业岗位有什么影响，将创造哪些新的就业岗位，将淘汰哪些原有的岗位，对本专业高校毕业生的能力提出了什么新的要求。

（3）教师将学生按照 8～10 人一组分组，小组通过内部讨论形成小组观点。

（4）每个小组选出一名代表陈述本组观点，其他小组可以对其进行提问，小组内其他成员也可以回答提出的问题；通过问题交流，将每一个需要研讨的问题都弄清楚。

（5）教师进行分析、归纳和总结，并根据各组在研讨过程中的表现给予点评并赋分。

2.2 劳动基本制度

◇ 哲人隽语 ◇

人生在勤，不索何获？

——张衡

学习目标

1. 了解劳动就业制度、劳动工资制度和劳动保障制度的价值和作用。

2. 构建对劳动力市场状况和劳动基本制度的全面认识，为未来独立处理职场中的常识性问题奠定必要基础。

3. 了解工会组织在劳动制度落地和维护职工合法权益上的作用。

> **引入案例**
>
> **同工同酬：从西沟走进新中国宪法**
>
> 2020年6月28日，中国唯一一位从第一届连任到第十三届的全国人大代表、全国劳模申纪兰因病逝世，她是新中国推动并实现"男女同工同酬"理念的第一人。
>
> 1951年，在火热的社会主义建设大潮中，西沟村成立了初级农业生产合作社，由李顺达任社长，申纪兰担任副社长。当时，村里劳动力短缺，为弥补不足，他们决定发动妇女走出家门参加劳动。然而，在"记工分"制度下，男人一个劳动日计10分，但妇女只能计5分，被称为"老五分"，这种带有性别歧视的分配方式不仅伤害了妇女的尊严，也打击了她们的劳动积极性。面对这一不公平现象，申纪兰意识到，要实现男女平等，必须从"同工同酬"入手，只有在劳动成果上证明妇女的能力，才能赢得尊重和地位。于是，她带领妇女们与男性并肩劳动，通过多次劳动比赛，以实际行动与成绩消除了偏见，争取到了应得的权益。在申纪兰和西沟村其他妇女们的不懈努力下，太行山深处的这个小山村在全国率先实现了男女同工同酬。1954年，申纪兰当选为第一届全国人大代表。在第一届全国人民代表大会上，男女同工同酬被正式写入宪法。
>
> **分析：**
>
> 男女同工同酬不仅激发了西沟村妇女们劳动的积极性，也激发了全国妇女们参与劳动的积极性。人们的劳动行为和劳动关系受到劳动制度与规范的约束，劳动制度在人们的劳动生活和社会经济发展中扮演着非常重要的角色。

一、制度、社会制度与劳动制度

（一）制度和社会制度

制度是指为维持社会秩序、协调人类活动而制定的规范体系，包括正式的成文规则和非正式的行为准则。它围绕社会基本需求建立，用以规范行为、明确权责、保障合作，从而促进社会关系的有序运行。制度存在于社会的各个领域，是维持组织和社会稳定的重要基础。

社会制度是为了满足人类生存与发展需求而建立的规则体系，由社会关系、行为准则和组织形式构成，旨在协调社会成员的行为、维护社会秩序和推动社会发展。

（二）劳动制度

劳动制度是为规范劳动关系、满足劳动活动需求而建立的行为规则和组织体系。它包括成文的法律法规与非正式的行为准则，用以明确劳动者与用人单位的权利义务，保障劳动过程的有序进行，促进劳动关系的和谐与社会经济的发展。

1. **劳动制度的概念**

劳动制度是指用以规范劳动行为和调整劳动关系的一系列规则与机制。

广义的劳动制度是指由国家或相关权力机构制定的、以法律、法令或其他正式形式存在的，用于约束和规范劳动行为及劳动关系的制度体系。它主要涵盖劳动就业、劳动工资、劳动保障等内容,具体表现为与劳动者参与社会劳动、建立劳动关系密切相关的一系列办事程序、规章和规定。这类制度属于行政性制度,其作用在于通过宏观调控实现劳动关系的有序运行。

狭义的劳动制度是指与劳动就业直接相关的规章制度和操作程序的总称,内容包括劳动者的招收、录用、培训、调动、考核、奖惩、辞退,以及工资管理、劳动保险和劳动保护等。这类制度通常存在于工作组织内部,着重于具体劳动管理的实施和规范,构成劳动制度的微观层面。

2. 劳动制度的特征

劳动制度具有以下四个特征:

(1) 普遍性。劳动制度的普遍性来源于劳动的普遍性。生产劳动是人类社会生存和发展的基础,任何社会和时代都离不开劳动。因此,劳动制度具有广泛适用性。

(2) 组织强制性。劳动制度是一种组织化的社会规范,作为制约劳动关系和劳动者行为的规范体系,对劳动者具有强制性。正式的劳动制度通常由国家或相关权力机构制定,并通过明确的规则或法令等形式体现,具有普遍的约束力。

(3) 相对稳定性。劳动制度一旦确立,通常具有较强的稳定性,在没有重大社会变革的情况下,不会轻易改变。然而,劳动制度的稳定性是相对的,随着社会发展、时代变迁及劳动形式、条件和内容的变化,劳动制度也会相应调整。

(4) 系统性。劳动制度的有效运行需要相应的配套制度支持,形成完整的制度体系,才能对劳动关系和劳动行为进行全面的规范和约束。

二、就业制度

(一) 就业

1. 就业的概念

就业是指在法定劳动年龄内、具有劳动能力的人,凭借自身的劳动能力和技能,接受用人单位的聘用或自主创业,依法从事某种获取报酬或收入的社会劳动。就业是个人获取收入、实现自我价值的重要途径,也是社会经济发展的基础之一。

2. 就业的意义

就业是民生之本,对个人、社会和国家具有深远的意义。

第一、维持个人生计。就业是个人获得收入的主要途径,为满足基本生活需求和提高生活质量提供经济保障。

第二、实现自我价值。通过就业,个人能够发挥自身才能,积累社会经验,获得成就感与社会认可,从而实现自我价值与人生目标。

第三、促进社会稳定。充分就业能够减少贫困、降低失业率,维护社会秩序,缓解社会矛盾,为社会和谐发展提供基础保障。

第四、推动经济发展。就业扩大了劳动力资源的利用率,提高社会生产力,增加国民收入,同时促进消费与经济循环,推动经济持续增长。

第五、优化社会资源配置。就业连接劳动者与市场需求,有助于人力资源的合理配置,增强各行业的协调发展能力,提升整体社会效率。

第六、增强国民幸福感。稳定的就业能改善民生,提高公众的安全感和幸福感,进而

3. 绿色就业

2007 年,国际劳工组织与联合国环境规划署联合发起《绿色工作全球倡议》,将绿色工作定义为能够减少企业和经济部门对环境影响,实现可持续发展,同时符合"体面劳动"原则的工作。这些工作包括:保护生态系统与生物多样性、通过高效策略减少能源、材料和水消耗、推动经济低碳化及最大限度减少或避免废物与污染产生的各类工作。结合国际标准和中国实践,专家们将"绿色就业"划分为三个领域:直接性绿色就业:从事直接绿色岗位的工作,如造林、环境保护等,即"纯绿"就业。间接性绿色就业:通过绿色生产、生活和消费方式间接创造就业,如生产太阳能设备、节能建筑材料、推广循环经济等,即"泛绿"就业。绿色转化性就业:将传统非绿色岗位转型为绿色岗位,如治理生产性污染、采用节能环保技术等,即"绿化"就业。绿色就业体现了人类对可持续发展的承诺,是现代社会迈向绿色经济和生态文明的重要推动力。

(二)就业制度

就业制度有广义与狭义之分。广义的就业制度是指直接或间接规范劳动者就业行为的制度,包括雇佣解雇制度、用工制度、就业培训制度、就业服务制度、辞职退休制度和劳动计划管理制度等;狭义的就业制度仅指雇佣解雇制度及用工制度。雇佣解雇制度是指对劳动者进入或退出企业的方式的规定,它反映的是社会劳动者如何被安置到成千上万个不同职业岗位的方式;用工制度是指对劳动者进入企业之后将与企业保持一种什么样的关系的规定。

组织中的就业制度是组织根据国家的劳动就业制度和有关法规,结合本组织的状况而制定的与劳动就业直接有关的办事程序、规章和规定的统称,包括劳动者的招收、录用、用工、培训、晋升、考核等方面的制度。

(三)我国的就业方针与公共就业服务

1. 我国的就业方针

根据 2007 年《中华人民共和国就业促进法》及 2021 年《"十四五"就业促进规划》等政策文件,我国的就业方针可概括为:以"劳动者自主就业、市场调节就业、政府促进就业、创业带动就业"为核心,强调扩大就业、优化就业结构、保障劳动者权益和促进经济社会协调发展。同时,聚焦高校毕业生等重点群体,坚持市场化社会化就业与政府帮扶相结合,促进多渠道就业创业;健全校内校外资源协同共享的高校毕业生就业服务体系,完善多元化服务机制。

2. 我国的公共就业服务

就业服务是指为劳动者和用人单位提供信息、指导、培训等支持,促进劳动者顺利就业、企业高效用工的一系列活动和措施。其目的是优化劳动力市场资源配置,提升就业质量和效率,保障劳动者合法权益。国际劳工组织把就业服务看作组织劳动力、实现和维持充分就业、开发利用生产资源的重要手段。

就业服务按其提供者分为两类,一是由私营机构提供的就业服务,二是由政府提供的公共就业服务。公共就业服务是指由政府主导、公共就业服务机构提供的,为劳动者与用人单位提供职业指导、岗位推荐、职业技能培训等服务的一系列活动。其目标是促进就业、改善劳动力市场匹配效率,保障重点群体的就业权利。与私营机构的就业服务相比,我国公共就业服务体系的建立,在缓解就业压力、帮助失业人员再就业、维护劳动力市场秩序、树立市场服务标杆、促进人力资源合理流动和配置、维护劳动者权益等方面都发挥了重要作用。

三、劳动工资制度

(一)我国的劳动工资问题

工资问题是现代分配问题的核心,涉及社会全体成员,关系到生产与分配,以及社会与政治稳定。工资既是劳动者个人消费的主要来源,也是激励劳动效率、优化人力资源配置的重要手段,因而备受政府重视。我国现行分配制度以按劳分配为主体,兼顾多种分配方式,并积极推进工资集体协商机制。自1997年党的十五大提出按劳分配与按要素分配相结合的制度以来,资本、科技等生产要素参与分配逐步得到政策支持,使收入分配方式更趋多元化。

(二)工资的组成

根据国家统计局发布的《关于工资总额组成的规定》,工资总额是指企业在一定时期内直接支付给本企业全部职工的劳动报酬的总额,由计时工资、计件工资、奖金、津贴和补贴、加班加点工资、特殊情况下支付的工资六个部分组成(如图 2-1)。

```
工资总额组成
——计时工资
    ——按计时工资标准支付的工资
    ——实施结构工资制的基础工资和职务(岗位)
    ——新参加工作职工的见习工资(学徒的生活费)
    ——运动员体育津贴等
——计件工资
    ——超额累进计件工资
    ——直接无限计件工资
    ——限额计件工资
    ——超定额计件工资
——奖金
    ——对超额劳动的奖励
    ——对完成特定任务的奖励
——津贴和补贴
    ——特定条件下工作的费用补偿
    ——特定条件下生活的费用补偿
——加班加点工资
    ——超出正常工作时间的额外报酬
——特殊情况下支付的工资
    ——病假工资
    ——产假工资
    ——工伤工资
    ——其他特殊情况下支付的工资
```

图 2-1 工资的组成

(三)工资与薪酬的区别

工资与薪酬的区别体现在范围、性质和功能三个方面。工资是劳动者因提供劳动获得的基本报酬,包括基本工资、计时或计件工资、加班工资等,受劳动法和劳动合同严格约束,注重保障性和公平性。薪酬则是一个更广义的概念,涵盖工资、奖金、津贴、福利、股权激励等经济性和非经济性回报,注重吸引、激励和留住人才,灵活性更高。薪酬根据其表现形式可以分为四类:货币薪酬,即以基本工资、绩效奖金、加班费、津贴等形式直接支付的劳动报酬;实物薪酬,如提供食宿、交通工具或公司产品等实物形式的福利;非现金福利,包括医疗保险、养老金计划、带薪休假、培训机会等保障或激励措施;精神薪酬,通过晋升机会、表彰奖励、弹性工作制等方式满足员工的精神需求和职业发展期待。总之,工资是薪酬的重要组成部分,而薪酬则反映了现代企业管理中的综合激励理念。

四、劳动保障制度

劳动保障制度是劳动制度的一个重要组成部分,它是国家根据有关法律规定,通过国民收入分配和再分配的形式,在劳动者因年老、疾病、伤残和失业等而遇到困难时向其提供物质帮助以保障其基本生活的一系列制度。劳动保障制度的主要功能是保证劳动者的职业安全,从而保证劳动者及其家庭生活稳定、社会安定,保证社会经济发展和社会进步。劳动保障制度所涉及的内容非常广泛,职工的生育保障、疾病保障、失业保障、伤残保障、退休保障、死亡保障等都是劳动保障制度的内容。

劳动保障制度内容涵盖了就业保障、工资保障、社会保险、劳动条件改善和劳动关系管理。通过促进就业政策和职业培训,保障劳动者公平就业机会;通过制定最低工资标准,确保劳动者基本收入;通过养老、医疗、失业、工伤和生育保险,为劳动者提供基本生活保障;通过完善劳动条件和工作环境,维护劳动者的安全与健康;通过劳动合同、仲裁和监察机制,推动劳动关系和谐稳定。这一制度是实现社会稳定和经济发展的重要基础,也是劳动者获得公平待遇的有力保障。

我国的劳动保障制度已经和社会保障制度接轨。对劳动者而言,社会保障制度是一种必不可少的保护机制。"五险一金"是用人单位给予劳动者的若干种保障性待遇的统称,依法强制缴纳,企业年金和补充医疗保险非强制性缴纳,所以,在一些待遇较好的单位,"五险一金"就变成了"六险二金",职工社会保险内容参见表2-1。

表2-1 职工社会保险内容

性质	强制性						非强制性	
类别	职工基本养老保险	职工基本医疗保险	失业保险	工伤保险	生育保险	住房公积金	企业年金	补充医疗保险
基础用途	(1)退休后领取养老金;(2)因病或非因工致残、死亡的津贴、补助等	(1)符合国家规定的医疗费用报销;(2)退休后享受医保待遇	失业后领取失业保险金、职业介绍补贴,接受职业培训等	工伤治疗费、生活护理费、工亡补偿等	生育医疗费用、生育津贴	买房、装修、租房	补充养老金	补充医疗费用
筹资方式	用人单位和个人双方			用人单位		用人单位和个人双方		自定

> **拓展阅读**
>
> ### 职业年金和企业年金
>
> 职业年金和企业年金都是在基本养老保险的基础上建立的补充养老保障，它们既不是社会保险，也不是商业保险，而是单位福利，但是二者在参保对象、性质、缴费标准、领取方式等方面是不同的。
>
> **1. 参保对象**
>
> 职业年金是公职人员在基本养老保险之外的补充养老保险，面向按照公务员法管理的单位，参照公务员法管理的机关（单位）、事业单位及其编制内的工作人员。企业年金制度是企业在其职工依法参加基本养老保险的基础上，自愿建立的补充养老保险制度，除企业外，社会团体、基金会、民办非企业单位也可以建立，工作人员较少的还可参加企业年金集合计划。
>
> **2. 性质**
>
> 机关事业单位的职业年金是强制缴纳的，企业年金制度由企业自愿建立。
>
> **3. 缴费标准**
>
> 职业年金单位缴纳比例为本单位工资总额的8%，个人缴纳比例为本人缴费工资的4%；企业年金的企业缴费每年不超过本企业上年度职工工资总额的1/12，企业和职工个人缴费总计不超过本企业上年度职工工资总额的1/6。
>
> **4. 领取方式**
>
> 职业年金在工作人员退休后按月领取；企业年金在工作人员退休后，可一次性领取，也可分期领取。

近年来，退休制度的改革备受关注。2024年9月13日，《全国人民代表大会常务委员会关于实施渐进式延迟法定退休年龄的决定》颁布：同步启动延迟男、女职工的法定退休年龄，用15年时间，逐步将男职工的法定退休年龄从原60周岁延迟至63周岁，将女职工的法定退休年龄从原50、55周岁分别延迟至55、58周岁。

五、工会制度

随着社会体制，尤其是经济管理体制的变化，劳动制度及劳动关系也会发生相应的变化。劳动制度最终会体现在不同的劳动关系中，在市场经济中，工会是劳动关系的有机组成部分。

（一）工会的性质

《中华人民共和国工会法（第三次修正）》（以下简称《工会法》）第二条规定："工会是中国共产党领导的职工自愿结合的工人阶级群众组织，是中国共产党联系职工群众的桥梁和纽带。"

（二）工会的职责

《工会法》第六条规定："维护职工合法权益、竭诚服务职工群众是工会的基本职责。"

"工会通过平等协商和集体合同制度等,推动健全劳动关系协调机制,维护职工劳动权益。""工会依照法律规定通过职工代表大会或者其他形式,组织职工参与本单位的民主选举、协商、决策、管理和监督。""工会需密切联系职工,听取和反映职工的意见和要求,关心职工的生活,帮助职工解决困难,全心全意为职工服务。"

(三) 工会的职能

在不同的历史时期和不同的政治经济环境下,工会的职能会有所不同,当前我国工会的职能主要表现为维护、建设、参与、教育四个方面。

工会的职能包括:维护职工合法权益;动员和组织职工积极参加建设和改革,努力促进经济、政治、文化、社会和生态文明建设;代表和组织职工参与国家和社会事务管理,参与企业、事业单位和机关的民主管理;教育职工践行社会主义核心价值观,不断提高思想道德素质、科学文化素质和技术技能素质,推进产业工人队伍建设改革,建设有理想、有道德、有文化、有纪律的职工队伍,不断增强工人阶级先进性。

(四) 基层工会的主要活动

基层工会是指在企业、事业单位、社会组织内组建的最基础的单位,根据《工会法》,基层工会的主要活动包括:

(1) 维护职工合法权益。基层工会应代表职工与用人单位进行平等协商和签订集体合同,监督合同的实施,维护职工在劳动报酬、休息休假、劳动安全卫生、社会保险等方面的合法权益。

(2) 参与民主管理和监督。组织职工参与用人单位的民主管理,通过职工代表大会或其他形式表达职工意愿,监督企业执行与职工权益相关的法律法规和政策。

(3) 开展文化体育活动。组织职工开展文化、体育活动,丰富职工业余生活,提高职工文化素养和身体素质。

(4) 提供服务和帮扶。为职工提供法律咨询、技能培训等服务;帮助有困难的职工解决实际问题,如生活困难救助、医疗互助等。

(5) 促进职工权益保护。积极反映职工诉求,推动有关部门解决涉及职工权益的重大问题。

(6) 维护工作场所和谐。通过调解劳动争议、化解矛盾等措施,促进用人单位劳动关系的和谐稳定。

总结案例

国际劳动组织及我国学者对体面劳动的研究

国际劳工组织亚太局针对亚太地区的实际情况,从体面劳动的四个战略目标出发,建立了一个包含 21 项指标的测度体系。其中,工作中的权利方面的指标包括童工、工作场所中的妇女、诉诸劳工法庭或国际劳工组织的案件;就业方面的指标包括劳动力参与率、就业人口与总人口的比例、劳动的贫困者、工资、失业、青年失业、非经济活动青年、与工时相关的不充分就业、依据就业职位和经济活动部门划分的就业、劳动生产率、实际人均收入;社会保护方面的指标包括非正规经济和社会保护、职业伤害事故的比例(致命的/非致命的)、工作时间;社会对话方面的指标包括工会会员率、雇主组织的企业数、集体谈判覆盖率、罢工和闭厂(不工作的天数)。

我国的体面劳动测度体系研究起步较晚,2010年才有学者开始关注体面劳动的测度问题。早期学者大多借鉴国外学者的研究模式,建立客观评价指标体系。比如,李小波(2010)根据国外学者对体面劳动测度指标的研究,应用主成分分析法提取了经济发展水平、社会保护和就业水平三个方面的体面劳动测量指标。北京市总工会职工大学有关课题组采用访谈的方法,通过多侧面的探索与追问,获知了受访者对体面劳动内涵越来越丰富的理解,对受访者的相关表述加以概念化(初始编码),再经聚焦编码,将这些概念归纳为19个初级范畴、7个结构维度(分别为工资收入体面感、就业保障体面感、工作氛围体面感、劳动强度体面感、民主参与体面感、职业发展体面感、社会地位体面感),构成了体面劳动的三级指标评价体系,如图2-2所示。

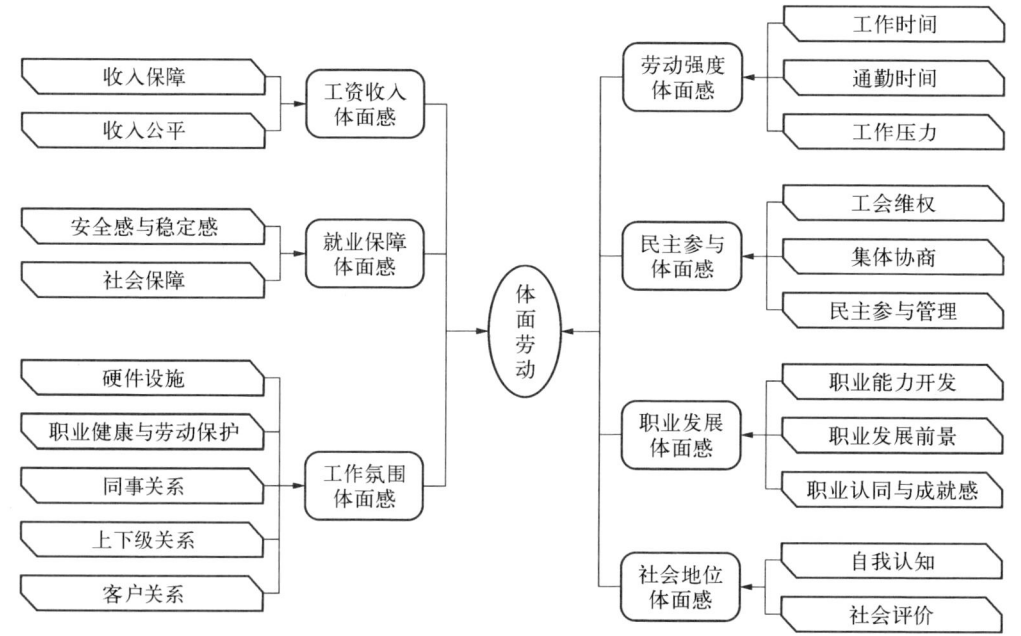

图2-2 体面劳动的结构维度和构成要素

分析:
随着社会的进步,我国劳动者享有的社会权益不断增加,就业质量不断提高。

> **课堂活动**

活学活用劳动基本制度

一、活动目标

理解我国的劳动基本制度并能够灵活运用。

二、活动时间

30 分钟。

三、活动流程

（1）教师将学生按照 6~8 人一组划分小组，小组数量最好为 3 的倍数。

（2）每组选出一名代表进行劳动就业制度、劳动工资制度和劳动保障制度三者中的抽签，每组根据抽到的制度进行准备。

（3）每组成员分工协作进行网上材料搜集等，分析抽到的制度对个人的意义和价值，小组充分讨论后形成本组观点，并举出 1~2 个案例进行说明。

（4）每个小组选出一名代表陈述本组观点，其他小组可以对其进行提问，小组内其他成员也可以回答提出的问题；通过问题交流，将每一个需要研讨的问题都弄清楚。

（5）教师进行分析、归纳、总结，根据各组在活动过程中的表现给予点评并赋分。

2.3 劳动者和人力资本

> ◇哲人隽语◇
>
> 我觉得人生求乐的方法，最好莫过于尊重劳动。一切乐境，都可由劳动得来，一切苦境，都可由劳动解脱。
>
> ——李大钊

学习目标

1. 理解劳动者和劳动力的概念，能总结劳动者社会化和人力资本的概念。
2. 可制定自己作为劳动者的素质提升计划。
3. 能与他人交流劳动和资本的关系，并关注人力资本开发。

> **引入案例**
>
> ### 人民日报社论：依靠劳动创造扎实推进中国式现代化
> #### ——写在"五一"国际劳动节
>
> 光荣属于劳动者，幸福属于劳动者。在推进中国式现代化的不懈奋斗中，亿万人民迎来"五一"这个礼赞劳动、致敬劳动者的节日。
>
> 在"五一"国际劳动节到来之际，习近平总书记代表党中央，向全国广大劳动群众致以节日祝贺和诚挚慰问，深刻指出"广大劳动群众与党同心、跟党奋斗，辛勤劳动、无私奉献，用智慧和汗水为党和国家事业发展作出了重要贡献"，勉励"广大劳动群众大力弘扬劳模精神、劳动精神、工匠精神，爱岗敬业、创新创造，踊跃投身以高质量发展推进中国式现代化的火热实践，为全面推进强国建设、民族复兴伟业而不懈奋斗"。
>
> 2024年以来，在以习近平同志为核心的党中央坚强领导下，我们坚持稳中求进、以进促稳、先立后破，突出做好稳预期、稳增长、稳就业工作，一季度国内生产总值同比增长5.3%，新质生产力发展显现新成效，国民经济持续回升、开局良好，为实现全年目标任务打下了较好基础。面对异常复杂的国际环境和艰巨繁重的改革发展稳定任务，各行各业抓住一切有利时机，利用一切有利条件，看准了就抓紧干，在推进重大战略、重大工程、重大项目、重点产业中攻坚克难、拼搏奉献，在解决民生难题、办好民生实事中满腔热情、多措并举，在千帆竞发的经济建设洪流中干事创业、奋楫争先，奏响了劳动光荣、创造伟大的时代强音。
>
> 人民是历史的创造者，是推进中国式现代化最坚实的根基、最深厚的力量。化危机、闯难关、应变局，新时代以来，我们党紧紧依靠人民顶住外部压力、克服内部困难，创造了新的机遇、赢得了战略主动。我国工人阶级和广大劳动群众与党同心、跟党奋斗，在实现中国梦伟大进程中拼搏奋斗、争创一流、勇攀高峰，展现了敢打硬仗、勇挑重担的时代风采。实践充分表明，社会主义是干出来的，新时代是奋斗出来的。劳动造就了辉煌历史，也必将创造出光明未来。
>
> 2024年是中华人民共和国成立75周年，是实现"十四五"规划目标任务的关键一年。我们要坚持稳中求进工作总基调，贯彻稳中求进、以进促稳、先立后破的要求，努力在构建新发展格局、推动高质量发展、全面深化改革开放、实现高水平科技自立自强、全面推进乡村振兴等方面取得更大进展，切实增强经济活力、防范化解风险、改善社会预期，继续巩固和增强经济回升向好态势。当前我国发展面临的有利条件强于不利因素，要增强信心和底气，把各方面的干劲带起来，共同书写中国式现代化建设新篇章。
>
> 推进中国式现代化，根本上靠劳动、靠劳动者创造。习近平总书记强调："工人阶级是我国的领导阶级，是先进生产力和生产关系的代表，是坚持和发展中国特色社会主义的主力军。"我国工人阶级和广大劳动群众要大力弘扬劳模精神、劳动精神、工匠精神，诚实劳动、勤勉工作，锐意创新、敢为人先，依靠劳动创造扎实推进中国式现代化，在强国建设、民族复兴的新征程上充分发挥主力军作用。中国式现代化是全体人

民的共同事业,要坚持用改革开放这个关键一招解决发展中的问题、应对前进道路上的风险挑战,尊重人民群众主体地位和首创精神,汇聚蕴藏在人民中的无穷智慧和力量。要充分激发广大劳动群众的劳动热情和创新创造活力,切实保障广大劳动群众合法权益,用心用情帮助广大劳动群众排忧解难,推动全社会进一步形成崇尚劳动、尊重劳动者的良好氛围。

劳动创造幸福,奋斗铸就伟业。让我们更加紧密地团结在以习近平同志为核心的党中央周围,深入学习贯彻习近平新时代中国特色社会主义思想,深刻领悟"两个确立"的决定性意义,增强"四个意识"、坚定"四个自信"、做到"两个维护",在辛勤劳动、诚实劳动、创造性劳动中成就梦想,在推进中国式现代化中贡献智慧力量、创造新的荣光。

分析:

中国特色社会主义制度决定了劳动者的主人翁地位。新中国成立70多年来,中国共产党领导全国人民创造了举世瞩目的伟大成就,一代代的先进模范、大国工匠成为千千万万劳动者的杰出代表,他们身上所展现出来的劳动精神、劳模精神和工匠精神是宝贵的精神财富,是每一个劳动者通过自己勤劳的双手创造美好生活的不竭动力。

一、劳动力市场

(一) 劳动者

劳动者是指在一定的社会分工体系下,具有一定的劳动能力,处于一定的劳动岗位上,遵循一定的劳动规范,有目的地、相对持续地从事向他人提供有价值的物品与服务的活动的社会人。对于什么人可以称为劳动者,国内外学者在看法上有相当大的分歧,但到目前为止,从事有酬劳动、强调职业是大多数学者对劳动者的界定。

(二) 劳动力

马克思在《资本论》第一卷中给劳动力下的定义是"人的身体即活的人体中存在的,每当生产某种使用价值时就运用的体力和智力的总和"。劳动力这个概念有四个含义:第一,劳动力是人所特有的一种能力,自然界的任何能力,甚至计算机等所表现出来的人工智力,都不能叫作劳动力;第二,劳动力是人在劳动中所运用的能力,也即生产使用价值的能力;第三,劳动力存在于活的人体中;第四,劳动力是人在劳动中运用的体力和智力的总和。

(三) 劳动适龄人口

劳动适龄人口是指处于劳动年龄的那部分人口。劳动适龄人口与劳动力人口在量上是不相等的,劳动适龄人口中有一部分人丧失劳动能力,此外,在校学生、待升学者、家务劳动者,还有极少量的赋闲者,通常不算入劳动力人口,而且在超过劳动年龄上限的人口中,还有一部分继续从事社会劳动,他们也是劳动力人口。按国际通用标准,15~64岁属于劳动适龄范围。我国劳动适龄范围男性为16~63岁,女性为16~58岁。劳动年龄的上限和下限不是永远不变的,随着生产的发展、文化教育水平的提高和对劳动力质量要求的提高,劳动年龄的下限会向后推移;随着体力劳动的减轻和人口寿命的延长,劳动年龄的上限也会作出相应调整。

(四) 劳动力资源

劳动力资源是指一个社会中有劳动能力、可以从事社会劳动的那一部分人口的总和。我国的劳动力资源包括劳动适龄人口中绝大部分可以参加劳动的人和一小部分劳动适龄人口以外实际参加社会劳动的人。劳动力资源包括劳动适龄人口内正在从事社会劳动的人口、就学人口、从事家务劳动的人口、正在谋求职业的人口,劳动适龄人口以外正在从事社会劳动的人口(如图 2-3)。

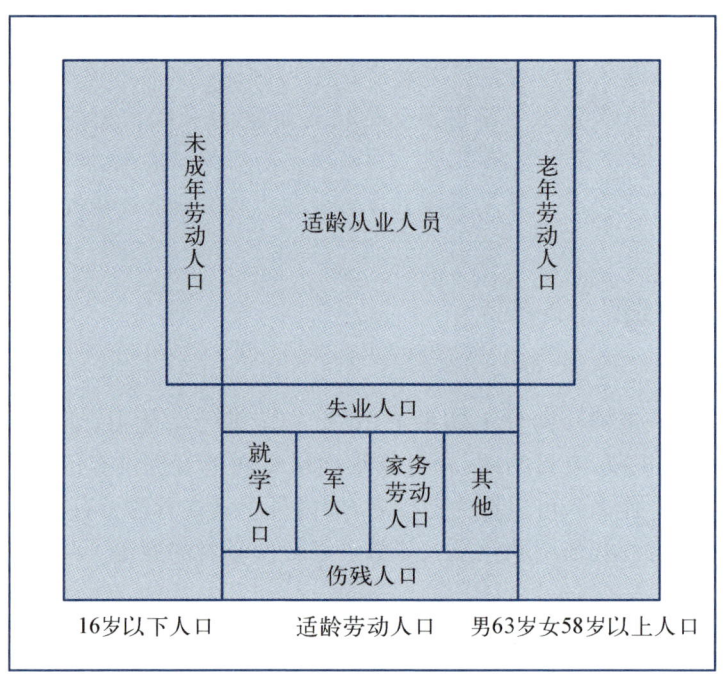

图 2-3 人力资源图

现实的劳动力资源 = 正在从事社会劳动人口 + 正在谋求职业的人口
潜在的劳动力资源 = 就学人口 + 从事家务劳动人口

劳动力资源不包括现役军人,在劳动年龄内的在押犯人和因病、残疾而丧失劳动能力的人口。我们通常所说的人力资源则比劳动力资源范围大,包括在一个国家或地区中,处于劳动年龄、未到劳动年龄和超过劳动年龄但具有劳动能力的人口。

(五) 我国劳动力市场现状

劳动力市场的完善和发展是经济持续稳定增长的重要基础。2021 年 5 月 11 日,国家统计局正式发布第七次全国人口普查主要数据情况,根据调查数据,结合历年《中国统计年鉴》的数据分析,中国劳动力市场呈现出这样一些现状和趋势(见表 2-2)。

表2-2 1999—2023年中国15~64岁劳动适龄人口规模和比重

年　份	规模/亿人	比重/%	年　份	规模/亿人	比重/%
1999	8.52	67.70	2012	10.04	74.15
2000	8.89	70.15	2013	10.06	73.92
2001	8.98	70.40	2014	10.05	73.45
2002	9.03	70.30	2015	10.04	73.01
2003	9.10	70.40	2016	10.03	72.51
2004	9.22	70.92	2017	9.98	71.82
2005	9.42	72.04	2018	9.94	71.20
2006	9.51	72.32	2019	9.89	70.65
2007	9.58	72.53	2020	9.68	68.55
2008	9.67	72.80	2021	9.65	68.29
2009	9.75	73.05	2022	9.62	68.16
2010	9.98	74.53	2023	9.62	68.22
2011	10.03	74.43			

（数据来源：2010年和2020年数据来自全国人口普查调查结果，其他年份数据来自各年份《中国统计年鉴》）

首先，劳动力人口规模减小，比重持续下降，但规模依然庞大。我国15~64岁劳动适龄人口的规模在2013年达到10.06亿人的峰值后开始负增长，2017年降至10亿人以下，2023年进一步降至9.62亿人，劳动适龄人口规模呈现持续缩减的态势。与此同时，自2010年起，劳动适龄人口比重也逐年下降。尽管目前我国劳动力人口处于规模减小、比重下降状态，但中国劳动力人口规模在世界各国中依然排名第一[①]。

其次，劳动力人口老龄化趋势加剧。劳动力人口中45~64岁的高龄劳动力占比呈现明显的上升趋势，从2011年的33.74%抬升至2023年的42.96%，增幅达9.22个百分点，如表2-3所示。

表2-3 2011—2023年中国不同年龄段劳动人口比重

年　份	15~24岁/%	25~44岁/%	45~64岁/%
2011	22.18	44.09	33.74
2012	21.07	44.38	34.55
2013	20.09	44.03	35.88
2014	18.83	44.21	36.96
2015	17.49	44.33	38.18

---

① 数据来源：世界银行数据库，https://data.worldbank.org.cn/indicator。

续　表

年　份	15~24岁/%	25~44岁/%	45~64岁/%
2016	16.76	43.99	39.25
2017	16.10	43.77	40.13
2018	15.51	43.14	41.35
2019	15.20	42.86	41.94
2020	15.28	42.24	42.47
2021	15.35	41.84	42.79
2022	15.56	41.66	42.78
2023	15.78	41.27	42.96

（数据来源：各年份《中国统计年鉴》）

劳动力的老龄化会对劳动效率的提升和经济社会发展的活力产生不利影响。

再次，就业形势将更加复杂。中国经济处在一个大的结构调整和转型期，产业的转型升级会对劳动力的结构提出挑战，结构性缺工问题将更突出，劳动岗位结构的转变速度赶不上劳动力市场的变化速度，导致"用工荒"和"招工难"问题并存，就业与经济增长的关系也日趋复杂，一些从事简单劳动的劳动力的就业竞争压力会加大，出现结构性失业问题。

最后，人力资本提升和效能发挥更显重要。从当前我国劳动力人口受教育程度、技能培训覆盖率来看，与发达国家相比仍存在明显差距，人力资本效能尚未得到充分挖掘。可见，未来我国在劳动力人口素质提升方面还有很大空间。世界发达国家的经济发展历程表明，人力资本是经济持续增长的关键因素，对正处于经济结构调整和经济发展模式转变中的中国而言，这个关键因素无疑是未来经济增长的"推进器"。

二、劳动者素质和劳动者社会化

（一）劳动者素质

劳动者素质是从事劳动或者能够从事劳动的人的体力、智力和思想品德的有机结合，主要由三方面的内容构成：

1. 劳动者的体力

体力是指人体活动时所能付出的力量，表现为人的筋骨肌肉力量、灵敏度和感官能力。

2. 劳动者的智力

智力是指人认识客观事物并运用知识解决实际问题的能力，通常表现为人的生产经验、思维能力、文化知识、专业知识、劳动技能等。

3. 劳动者的思想品德

劳动者的思想品德直接关系到劳动者的劳动热情和劳动积极性。

劳动者素质的三个方面互相联系、有机结合。其中，体力是劳动者从事劳动的物质基础，丧失了体力，智力就无从发挥。与此同时，体力的发挥总包含一定的智力内容。而劳动者的思想品德决定其体力和智力运用和发挥的方向和高度。现代化生产对劳动者的智力要求越来越高,劳动者在生产过程中的智力支出所起的作用越来越大,智力支出所占比例也越来越大。劳动者劳动能力的大小主要取决于他所掌握并能运用的科学技术知识的多少,因此,教育是提高劳动者素质的根本途径。

(二) 劳动者社会化

社会化是由自然人到社会人的转变过程,劳动者社会化是指社会将一个普通社会人转变成能够适应一定的社会和时代文化,掌握社会所需要的劳动技能和必要的劳动规范,适应工作环境的文化的劳动者的过程。劳动者社会化包含三个方面的内容:

第一,掌握一个职业角色所必需的知识和技能。要成为合格的劳动者,需要掌握一定的劳动技能,还必须经过一段时间的训练,把职业知识转化为实用的职业技能。

第二,了解工作环境的文化。劳动者在一定的社会分工体系下进行劳动,会受到一整套的习俗、惯例、公约、制度等的制约,这便是工作环境的文化。对于许多老职工来说,遵守劳动规范、顺应工作环境早已成了自觉的行动。但对于新到的劳动者来说,则有一个从了解、抵触、遵守到同化的过程。只有顺利地完成这个过程,才能成为一个合格的劳动者。

第三,完成身份的转变,使职业角色要求内化为个人的价值观。劳动者社会化的内容也包括心理性的内容。

劳动者社会化是一个循序渐进的过程,一般可分为预期社会化、初始社会化、基础社会化和继续社会化四个阶段。大学阶段要完成预期社会化的准备,在心理上认同希望加入的职业群体,在行为上也以该职业群体的角色规范要求自己,为扮演好未来工作中的真实角色作准备。如果缺乏预期社会化的准备,心理调节能力差,学习能力差,社会适应能力有限,不善于处理各种人际关系,在基础社会化阶段会出现严重问题,以致社会化失败。社会上出现的"啃老族""宅男宅女"就是最典型的例子。

三、人力资本开发

(一) 人力资本的概念

人力资本是一种与物质资本相对应的资本形式,它表现为能为个人带来永久性经济收入的能力和知识等。

和物质资本一样,人力资本也有数量和质量上的规定。通常可以根据社会或一个组织中的劳动力人数来确定其人力资本的数量,同时,也可以根据劳动者的个人能力和素质确定其所具有的人力资本的质量。

(二) 人力资本的特点

(1) 人力资本是寄寓在劳动者身上的一种生产能力。人力资本通常是以劳动者所具有的知识、技能、资历、工作经验与熟练程度表现出来的,即表现为劳动者的生产能力。这种生产能力和劳动者密不可分,它是以劳动者的生命和健康为基础的。

(2) 人力资本的所有权不具有可转让或继承的属性。由于人力资本与其所有者具有不可分性,这种生产能力永远寄寓在所有者身上,会在不断投资的基础上得到积累,无法转让和让他人继承。

以上两个特点决定了人力资本的价值不能像物质资本一样在静态下以货币形式加以计量，其价值只能在动态情况下，即在人力资本的使用过程中通过对劳动者的工作绩效的评估加以确定。

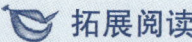 拓展阅读

复杂劳动与人力资本

农业文明与工业文明时代的劳动可以归结为一种旧式的劳动，劳动者从事以体力劳动为主的简单劳动或者使用简单的劳动工具进行物质资料的生产，简单劳动者占劳动人口的绝大多数。信息和知识文明时代，科学技术在生产过程中得到更为全面、深入的运用，劳动形态发生改变，劳动人口中的绝大多数由简单劳动者变为复杂劳动者，生产劳动中不再是以少数人的智力和知识作为生产工具，绝大多数人的智力和知识成为最主要的生产要素，成为物质生产过程中的主导力量。

复杂劳动的出现，使资本也改变了自己的形态。20世纪中叶，以物质资本原则为主导原则的经济学原理受到经济发展中出现的许多难解之谜的强烈挑战。比如个人收入分配差距缩小之谜、现代经济增长之谜、工人收入增长之谜、库兹涅茨之谜等。舒尔茨等人认为，以上这些谜绝不能仅仅用资金的投入，也不能用劳动工时和就业人数的增加来解释，而只能用劳动力素质的提高来解释。也就是说，高质量的劳动力、"知识、技术、有关工作机会的信息，以及移民方面的投资"的增加成为经济增长的一个重要来源，高质量的劳动力被舒尔茨等人称为人力资本。

那么高质量劳动力为何能比传统意义上的劳动力带来更高的经济收益和个人收入呢？一是同物质资本一样，人的知识、技能等质量因素的形成和维持都要花费成本，这一成本要高于维持普通劳动力生活所需的成本。二是同物质资本一样，人们在知识、技能等方面进行费用支出，是为了获得将来更大的收益，而放弃了眼前消费和眼前收入，这种投资具有投资周期长、风险大的特点，机会成本比较大。三是与物质资本一样，知识、技能、创造力等具有稀缺性，在劳动力市场上求大于供，可以获得较好的价格，与此相反，简单劳动力不具有稀缺性，且供大于求，在价格谈判过程中处于劣势地位。四是与物质资本一样，高质量劳动力具有较高的生产效率，能够创造较多的财富，因此，有得到较高的收入的基础，而简单劳动力生产效率低，获益低，因此收入也较少。

人力资本的理论能合理解释上述经济之谜。有研究显示：1929—1957年，美国经济增长中有20%来自教育的贡献，而工人收入的增长和个人收入分配差距缩小的根本原因也是人们受教育水平的普遍提高，是人力资本投资的结果。在教育对提高个人劳动生产率的作用方面，有研究显示，相对于未受教育的人来说，小学教育能将人的劳动生产率提高43%，中学教育能提高108%，大学教育能提高300%。换句话说，大学学历的劳动者的劳动生产率是未受过教育的劳动者的4倍，是受过中学教育的劳动者的约2倍，是受过小学教育的劳动者的约2.8倍。

(三) 人力资本投资

1. 人力资本投资的主要形式

凡是有利于形成与完善劳动力素质结构的费用与时间投入都是人力资本投资。此外，凡是有利于提高人力资本利用率的费用与时间投入也都属于人力资本投资的范畴。人力资本投资的主要形式有如下几种：

(1) 正规教育投资。

正规教育投资是人力资本投资中最重要的形式，它包括学前教育和小学、中学、大学等正规教育的费用支出。政府、社会团体、劳动者个人及其家庭等投资主体用于正规教育的费用均属于人力资本投资。

(2) 职业技术培训投资。

职业技术培训投资是人们为获得与发展从事某种职业所需要的知识、技能与技巧所发生的投资支出。其体现在人力资本构成中的"专业技术等级"方面。

(3) 健康保健投资。

健康保健投资主要包括劳动者营养、服装、住房、医疗保健和自我照管、锻炼、娱乐等所需的费用，它可以由"健康时间"，或者可以由用于工作、消费和闲暇活动的"无病时间"衡量。这方面的投资效果主要表现为人口预期寿命的提高、死亡率的降低。

(4) 劳动力流动。

劳动力流动本身并不能直接形成或增加人力资本存量，但是，通过劳动力的合理流动，宏观上，可以实现人力资本的优化配置，调节人力资本分布；微观上，可以使个人的人力资本实现最有效率和最能获利的使用。所以，它是实现和增加人力资本价值的必要条件。

2. 人力资本投资的特点

(1) 广泛性。

人力资本投资主体可以是国家（或社会）、企业或家庭（或个人）三方中的某一方，也可以是其中的两方或三方。但在收益获得方面，有时是三方同时获益，有时是两方或一方获益。比如，义务教育所需要的费用由国家支付，但受教育者能力的提高、知识的获取所带来的收益是三方共享的。

(2) 迟效性与长期性。

所谓迟效性，是指人力资本投资并非当时投资，当时就获益。物质资本投资往往很快见效，如新的设备调试安装完毕，即可发挥其生产效能，而人力资本投资在其投资过程中，并不会产生"通电即转"的效果。只有通过一定时期的学习，劳动者的知识、技能及工作经验得到不断积累和提高，达到一定的水平和标准后，投资才能发挥生产性作用。

所谓长期性，是指人力资本投资一旦发挥效用，就会在相当长的时间内不断形成收益，形成一个收益流，对劳动者个人来说，这种收益流甚至是延续终身的。

(3) 多方面性。

人力资本投资所带来的不仅仅是经济效益的提高，还有社会、文化等多方面的收益。如公共教育水平的提高对于减少贫困、维护社会秩序、提高社会道德水平、增进社会平等、增强人的自主性都有深刻的意义。

总结案例

从农民工到国家技能大师,"小巨人"巨晓林是如何做到的?

身高只有1.6米,他却是铁路接触网上公认的"小巨人"。只有高中学历,他却编写出了铁路一线工人的操作"宝典"。从农民工到高级技师,30多年艰辛,他历经行业变革,依然饱含深情。他就是享誉全国的知识型工人、农民工楷模巨晓林。

1987年,25岁的巨晓林走出了陕西岐山农村,进入中铁电气化局首批招收的农民工行列,成为中国第二代电气化工人。然而,身高只有1.6米的巨晓林,干铁路工作并不被大家看好。巨晓林说:"我个子有点小,一些铁家伙特别沉,可能拿不动。那时候心里经常犯嘀咕:这活我可能干不了。"

接触网是沿铁路线上空架设的、向电力机车供电的特殊形式的输电线路,是铁路电气化工程的主构架。作为一名铁路接触网工,施工图纸和复杂的接触网零部件,让只有高中文化的巨晓林很是摸不着头脑。爱好钻研的巨晓林没有气馁,白天跟着师傅学,晚上追着师傅问,从不懈怠,不仅琢磨出了很多解决问题的方法,还养成了记笔记的习惯。巨晓林在工作中记过的笔记,字数多达几十万。其中有不少提高工作效率、保障施工安全的方法,还有不少小发明创造,他也成为大家眼中的"小巨人"。

1998年,哈大线(哈尔滨至大连)正式开工。这是中国第一条引进德国技术和设备的电气化铁路。在这项工程中,巨晓林创新发明了"下部固定绳临时固定法",提高工效两倍以上,而且更加安全可靠。巨晓林说:"干工作,你不但要用心记事,还要有想法,要发挥你的智慧、才能。"

2002年底,因为中国铁路工程总公司、中国铁道建筑总公司等正式走向市场,巨晓林下岗了。回家种地?还当农民工?巨晓林不甘心,更不甘心自己十多年苦心记录的笔记就此作废。"冬天里,我把一个最美妙、最美妙的梦,种在你的心田。盼望着、盼望着发芽、开花……"这是巨晓林写给妻子的小诗《梦》。2003年4月,巨晓林终于等到了好消息,公司新项目开工,他得以回去上班。2009年,巨晓林把自己几十万字的笔记整理成册,编成了一本工具书。有人估算,这本只有62页的书里蕴含的内容创造了超过600万的经济效益。

2008年4月18日,被誉为世界上一次建设里程最长、具有世界先进水平的中国第一条具有自主知识产权的高速铁路京沪高铁开工建设。巨晓林提出,要像做瑞士手表一样精细地去建设京沪高铁。巨晓林说:"京沪高铁是我参与建设的第一条高速铁路,好多规范不一样,一定要精准施工,严格要求。"在短时间内,巨晓林和团队发明了新的测量尺,将误差精准控制在几毫米以内,在施工全线被推广使用。在多个系统的通力协作下,京沪高铁得以顺利建设完成,先导段更是创造了最高运行时速486.1公里的世界纪录。

参加工作的30多年里,巨晓林从一名农民工成长为国家级技能大师、全国劳动模范。2018年12月,巨晓林获得了"改革先锋"称号。

分析：

巨晓林从一个普通的农民工成长为国家级技能大师、全国劳动模范，所有的成长进步都源于他坚守"农民工也要学技术"的信念，30多年如一日，在平凡岗位上一步一个脚印地刻苦学习、勤奋工作，不断提高劳动素质，实现了从一名农民工到知识型新型工人的跨越。

 课堂活动

关于各国劳动年龄规定的调研

一、活动目标

了解各国对劳动年龄的规定，树立终身劳动的观念。

二、活动时间

30分钟。

三、活动流程

（1）学生选取世界主要国家，上网查找资料，了解各国对劳动年龄的规定，并列表。

（2）每名学生通过网络调研获取有代表性的国内外专家对提高劳动年龄上限的有关观点。

（3）教师将学生按照4～6人一组划分小组，组内讨论：如何扩大潜在劳动力资源？为什么各国劳动年龄上限普遍提高？超过劳动年龄以后，我们还能为社会提供哪些劳动？为什么有这种需要？

（4）组内头脑风暴后，将有关观点整理归纳，组内分工合作，写一篇1 500字左右的论文提交给教师。

（5）教师课后对各小组提交的论文进行审阅，并按照论文质量赋分。

模块三 劳动法律与劳动权益

📖 导读导学

近年来,我国相继颁布和修订了一批涉及劳动者权益的法律法规和规范性文件。到目前为止,我国劳动与社会保障法的体系庞大,除《中华人民共和国劳动法》《中华人民共和国劳动合同法》《中华人民共和国就业促进法》《中华人民共和国社会保险法》《中华人民共和国劳动争议调解仲裁法》,以及《工伤保险条例》等重要法律法规之外,还有一系列法律法规、司法解释、部门规章及司法意见在具体的劳动关系实践中起着重要的作用。这些法律法规及相关规范性文件在保护劳动关系中作为弱势一方的劳动者方面起着关键性的作用,同时也为和谐劳动关系的建立提供了法律上的依据,有助于规范和促进和谐劳动关系的发展。

劳动保护以保护劳动者在劳动过程中的安全和健康为宗旨,面对新形势,优化高质量就业和体面劳动、提高劳动待遇、保护劳动权益、保护劳动环境都成为劳动保护的应有之义。

本模块以劳动法律法规体系、劳动合同和权利保障、劳动安全和劳动保护三大部分为即将步入社会的学生普及劳动法律相关知识,并倡导其树立从业方面的法律风险意识,注意防范劳动法律风险,以便使自己今后走向社会时,能从容地应对职场法律风险,理性地维权,做一个知法、懂法、守法、用法的现代公民。

3.1 劳动法律法规体系

> ◇哲人隽语◇
>
> 法律就是秩序,有良好的法律才有好的秩序。
>
> ——[古希腊]亚里士多德

学习目标

1. 了解我国劳动法律法规体系,尤其是与个人紧密相关的具体规定。
2. 学会运用法律手段应对、解决自己作为劳动者在职场中所要面对的相关法律问题。
3. 培养学习相关法律法规知识的兴趣,并形成良好的法律风险防范意识。

> **引入案例**
>
> **应聘人员有权向用人单位了解哪些事项?**
>
> 白某是一名大学应届毕业生,缺乏求职择业的经验。他到一家从事网络教育的公司应聘时,在未深入了解的情况下,与该公司订立了劳动合同。劳动合同签订以后,白某才得知工作内容、劳动报酬等细节。他对劳动合同中规定的一些条件不满意,但又不想失去这份工作机会,便说服自己予以接受。那么劳动者到用人单位应聘时,究竟有权了解用人单位的哪些事项?
>
> (资料来源:刘纪伟、赵辰,《劳动合同法速查速用大全集》,中国法制出版社,2024,有改动)
>
> **分析:**
>
> 《劳动合同法》第八条明确规定,用人单位与劳动者之间负有互相告知义务。用人单位要如实地将工作内容、工作条件、工作地点、职业危害、安全生产状况、劳动报酬,以及劳动者要求了解的其他情况告诉劳动者;同样,劳动者也不能隐瞒学历、技能等相关个人信息。这是为了让劳动者和用人单位在签订劳动合同前能够更了解对方,以避免劳动纠纷的产生。

一、劳动法的概念

劳动法是一个有多种含义的概念。广义上的劳动法是指调整劳动关系及与劳动关系联系密切的其他社会关系的法律规范的总和,即法律体系中的劳动法律部分;狭义上的劳动法是指一个国家的劳动法典,如《中华人民共和国劳动法》(以下简称《劳动法》)。本书采用第一种概念。

《劳动法》第二条规定:"在中华人民共和国境内的企业、个体经济组织和与之形成劳动关系的劳动者,适用本法","国家机关、事业组织、社会团体和与之建立劳动合同关系的劳动者,依照本法执行"。这表明:① 劳动法的调整范围为企业、个体经济组织(即个体工商户)和与之建立劳动关系的劳动者。其中的"企业",包括各种法律形态、各种所有制形式、各种行业的企业。② 国家机关、事业组织、社会团体的劳动关系中,劳动法仅调整其劳动合同关系,包括国家机关、事业组织、社会团体的工勤人员,企业化事业组织的非工勤人员,以及其他与国家机关、事业组织、社会团体通过劳动合同(含聘用合同)确立劳动关系的劳动者的相关劳动合同关系。③ 国家机关、事业组织、社会团体中的公务员和依法参照公务员制度进行管理的劳动者的劳动关系(非劳动合同关系),农村农业劳动者、现役军人、家庭保姆等的劳动关系不属于劳动法的调整范围,其分别归相应的公务员法、农业法、军事法、民法等法律调整。

二、劳动法体系

劳动法体系是指一国全部劳动法律规范按照一定标准分类组合所形成的有机联系的统一整体,即按照一定标准所划分的若干项劳动法律制度所构成的有机整体;简单而言,是根据一定标准、原则所制定的同类劳动法律规范的总称。

我国现行劳动法体系的结构，如图3-1所示。

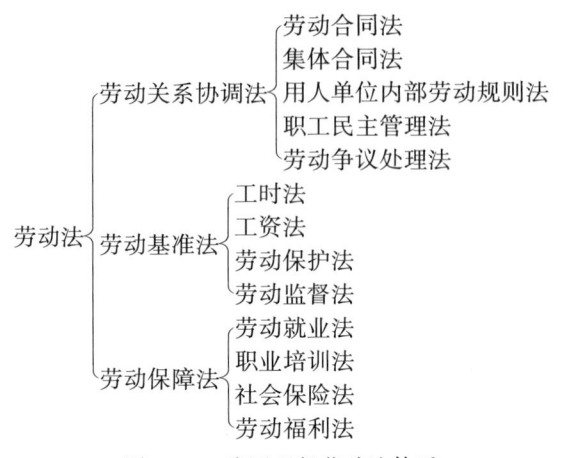

图3-1 我国现行劳动法体系

在上述框架中，劳动关系协调法主要包括以实现劳动关系运行协调化为基本职能的各项劳动法律制度；劳动基准法主要包括以实现劳动关系中劳动者权益基准化为基本职能的各项劳动法律制度；劳动保障法主要由包括以保障劳动者劳动权利和实现劳动关系正常运行为基本职能的各项劳动法律制度。

劳动法体系中的劳动法律制度主要有劳动合同法律制度、工作时间和休息时间法律制度、劳动报酬法律制度、劳动安全与卫生法律制度、女工与未成年工保护法律制度、社会保险与劳动保险法律制度、工会法律制度、劳动争议处理法律制度、劳动监督和检查法律制度等。

在我国，现行的劳动法律法规主要包括《劳动法》《劳动合同法》《中华人民共和国劳动争议调解仲裁法》(以下简称《劳动争议调解仲裁法》)、《中华人民共和国社会保险法》(以下简称《社会保险法》)、《中华人民共和国就业促进法》(以下简称《就业促进法》)、《工会法》《工作保险条例》等。

三、《劳动法》和《劳动合同法》

(一)《劳动法》

《劳动法》于1995年1月1日起施行，并分别于2009年和2018年进行了两次修订。其立法目的是保护劳动者的合法权益，调整劳动关系，建立和维护适应社会主义市场经济的劳动制度，促进经济发展和社会进步。该法共分为13章，包括总则、促进就业、劳动合同和集体合同、工作时间和休息休假、工资、劳动安全卫生、女职工和未成年工特殊保护、职业培训、社会保险和福利、劳动争议、监督检查、法律责任、附则。

劳动法的基本原则是指主导整个劳动法体系，集中体现劳动法的本质和基本精神，劳动法调整劳动领域的社会关系时所应遵循的基本准则。我国劳动法的基本原则如下：

1. 劳动既是公民权利又是公民义务原则

(1) 劳动是公民的权利。每个有劳动能力的公民都享有从事劳动的平等权利，即包括就业权、择业权在内的劳动权。公民有权依法选择适合自己特点的职业和用人单位,利用国家和社会所提供的各种就业保障条件提高自己的就业能力,增加就业机会。

(2) 劳动是公民的义务。现阶段,劳动是公民必要的谋生手段,公民不但可以积极争取国家和社会提供的就业机会,还可以通过自谋职业、自主创业等方式为自己创造就业机会,并在劳动岗位上诚信地履行各项义务,尤其是与用人单位建立劳动关系后,须遵守劳动纪律和完成劳动任务。

2. **保护劳动者合法权益原则**

(1) 偏重保护和优先保护。劳动法在立法上偏重保护作为弱势群体的劳动者,优先保护劳动者利益,在一定程度上体现劳动者的权利本位和用人单位的义务本位。

(2) 平等保护。劳动法平等地保护全体劳动者的合法权益,包括对各类劳动者的平等保护和对特殊劳动者群体,如妇女、未成年人等的特殊保护。

(3) 全面保护。劳动者的合法权益,从劳动关系成立之前到劳动关系终止后都被纳入保护范围之内。

(4) 基本保护。对劳动者基本权益的保护,属于最低限度保护,如对其社会保障权、劳动报酬权等的保护。

3. **劳动力资源合理配置原则**

劳动力资源的宏观配置是指主要通过劳动力市场对劳动力资源进行以市场配置机制为主,行政配置机制为辅的劳动力资源配置,即社会劳动力在全社会范围内各个用人单位之间的配置,其目的是更好地维护劳动力市场的运行秩序。劳动力资源的微观配置是指在用人单位内部对劳动者的劳动岗位、劳动时间和劳动任务的安排。其目的是达到人岗匹配,取得好的绩效。

(二)《劳动合同法》

《劳动合同法》自 2008 年 1 月 1 日起施行,适用于中华人民共和国境内的企业、个体经济组织、民办非企业,以及国家机关、事业单位、社会团体等组织。该法于 2012 年进行了一次修订,主要对劳务派遣的相关法律问题进一步进行了规定。

《劳动合同法》原本应该是《劳动法》的下位法,应该由人大常委会审议通过,但由于一些客观原因,《劳动合同法》是由全国人大会议表决通过的,在立法层次上,《劳动合同法》与《劳动法》同为法律。企业和劳动者常把《劳动合同法》称为"新劳动法",这种说法是不科学的。《劳动法》是劳动保障立法体系中的基准法,是《劳动合同法》的立法根据,可以说是《劳动合同法》的母法。

《劳动法》与《劳动合同法》是前法与后法、旧法与新法的关系,按照《中华人民共和国立法法》"新法优于旧法"的原则,前者与后者不一致的地方,以后者为准;《劳动合同法》没有规定而《劳动法》有规定的,则适用《劳动法》的相关规定。

《劳动合同法》的立法目的是更好地保障劳动者的合法权益,作为劳动者应加强对相关法律法规的学习,学会进行法律风险管控并增强维权意识。

案例 3-1

劳动者付出劳动就应当获得劳动报酬

张某一直以某教育培训有限公司的名义开展活动,林某于 2019 年 6 月开始为张某工作,岗位为初、高中学科辅导前台接待,双方未签订劳动合同,张某以其个人账户向林某支付工资。教育培训有限公司于 2021 年 5 月取得营业执照,法定代表人为张某。林某自述其于 2021 年 4 月 1 日办理了退休手续,但在教育培训有限公司一直工作到 2021 年 4 月 16 日才离职,这期间的工资未拿到手。双方因拖欠工资、未签订书面劳动合同应支付二倍工资等问题产生争议,林某于 2021 年 5 月 22 日向当地劳动人事争议仲裁委员会申请仲裁,该仲裁委员会认为林某的仲裁请求不属于劳动人事争议处理范围,林某不服,诉至法院。

教育培训有限公司认为,其一直未取得营业执照,因此不具有用工主体资格,无法建立劳动关系,林某不能获得基于劳动关系产生的任何权益。

一审法院判决:教育培训有限公司给付林某劳动报酬,驳回林某其他诉讼请求。林某不服一审判决提出上诉,二审法院判决:驳回上诉,维持原判。

(资料来源:贾云乔,《公司劳动争议案例精选与解析》,清华大学出版社,2021,有改动)

分析:

本案中,教育培训有限公司未获得营业执照,不具备合法经营资格,但林某已实际付出了劳动,且劳动付出是不可逆的,虽双方不存在劳动关系,但教育培训有限公司或者张某应当向其支付劳动报酬。同时由于双方不构成劳动关系,林某以劳动关系为由,主张教育培训有限公司因未签订书面劳动合同应支付二倍工资,人民法院无法支持。

四、《就业促进法》《社会保险法》和《劳动争议调解仲裁法》

(一)《就业促进法》

《就业促进法》是为促进就业、促进经济发展与扩大就业相协调、促进社会和谐稳定而制定的法律。该法于 2008 年 1 月 1 日开始实施,内容主要涉及政策支持、公平就业、就业服务和管理、职业教育和培训、就业援助等方面。

(二)《社会保险法》

《社会保险法》于 2011 年 7 月 1 日起施行。2018 年,第十三届全国人民代表大会常务委员会第七次会议决定对《社会保险法》部分条款进行修改。

《社会保险法》是一部着力保障和改善民生的法律。《社会保险法》第二条规定:"国家建立基本养老保险、基本医疗保险、工伤保险、失业保险、生育保险等社会保险制度,保障公民在年老、疾病、工伤、失业、生育等情况下依法从国家和社会获得物质帮助的权利。"

(三)《劳动争议调解仲裁法》

《劳动争议调解仲裁法》于 2008 年 5 月 1 日起实施。其立法目的是公正、及时地解决劳动争议,保护当事人合法权益,促进劳动关系和谐稳定。

《劳动争议调解仲裁法》第四、第五条规定"发生劳动争议,劳动者可以与用人单位协商,也可以请工会或者第三方共同与用人单位协商,达成和解协议","当事人不愿协商、协商不成或者达成和解协议后不履行的,可以向调解组织申请调解;不愿调解、调解不成或者达成调解协议后不履行的,可以向劳动争议仲裁委员会申请仲裁;对仲裁裁决不服的,除本法另有规定的外,可以向人民法院提起诉讼"。

《劳动争议调解仲裁法》第二十七条规定"劳动争议申请仲裁的时效期间为一年。仲裁时效期间从当事人知道或者应当知道其权利被侵害之日起计算"。第五十三条规定"劳动争议仲裁不收费。劳动争议仲裁委员会的经费由财政予以保障"。

由此可见,今后工作中遇到劳动纠纷,可以选择协商、调解、仲裁、诉讼等方式中的一种或多种去解决,但申请劳动仲裁必须在知道或者应当知道权利被侵害之日起一年内提出。劳动仲裁不收费。同时要注意,发生劳动争议,不能向法院直接提起诉讼,必须先行提起劳动仲裁,对劳动仲裁结果不服的,可以向法院提起诉讼。劳动仲裁具有准司法的属性,是提起劳动纠纷诉讼的前置性程序。

总结案例

劳动合同签收表能否证明已签署劳动合同?

王某于 2016 年 8 月 1 日入职某科技公司,双方先后于 2016 年 8 月 1 日和 2018 年 8 月 1 日签订两次 2 年期劳动合同。该两次劳动合同签署时科技公司均安排了员工在劳动合同签收表上签名,签收日期均晚于合同签订日期。2020 年 8 月 1 日,双方签订了无固定期限劳动合同,同样安排了员工在劳动合同签收表上签名。2022 年 8 月 31 日,王某从科技公司离职。王某离职后申请劳动仲裁,以科技公司未与其签订无固定期限劳动合同为由,要求科技公司支付 2020 年 8 月 1 日至 2022 年 8 月 31 日的双倍工资 20 万元。科技公司则主张 2020 年 8 月 1 日生效的无固定期限劳动合同已遗失,无法提供原件。但 2020 年 9 月 3 日王某曾在一份劳动合同签收表上签名,可以证明双方确实签过无固定期限劳动合同。王某则表示劳动合同签收表不能证明劳动合同已签,当时公司交付的是空白的劳动合同而非已盖章签字的版本。

(资料来源:洪桂彬,《HR 全流程法律指南企业劳动用工合规管理指引》,中国法制出版社,2023,有改动)

分析:

本案中,王某在签署前两次劳动合同时科技公司均安排了签收,且均系领走已盖章签字版本,故而根据公司惯常的流程,王某在第三次劳动合同签收表上签名,其实际领走已盖章签字版本具有高度盖然性,据此劳动争议仲裁委员会驳回了王某的诉请。科技公司在无法举证劳动合同原件的情况下之所以胜诉,很大程度上是因为公司一直坚持劳动合同签收并交付签收表的程序,最终避免了公司损失。当然公司站在合规管理的角度,应该妥善保管员工的劳动合同文本,否则可能会因举证不能从而给公司来带法律风险,承担不利的法律后果。

劳动法律法规知多少

一、活动目标

了解我国的劳动法律法规,知悉它们中有哪些内容是保护个人劳动权益的。

二、活动时间

20 分钟。

三、活动流程

(1) 所有学生提前通过各种途径整理个人认为重要的保护个人劳动权益的相关法律法规知识。

(2) 教师按照 4~6 人一组划分小组,并要求小组从组员整理的法律法规知识中经讨论挑选出 15~20 条小组认为十分重要的。

(3) 每个小组选出一名代表陈述本组整理的十分重要的法律法规知识,其他小组可以对其进行提问,小组内其他成员也可以回答提出的问题;通过问题交流,将这些法律法规知识都弄清楚。

(4) 教师引导学生灵活运用我国的劳动法律法规知识,并对各组整理的劳动法律法规知识进行分析、归纳、总结。

(5) 教师根据各组在研讨过程中的表现给予点评并赋分。

3.2 劳动合同和权利保障

◇ 哲人隽语 ◇

法者,天下之程式也,万事之仪表也。

——管子

学习目标

1. 了解《劳动合同法》中关于劳动者的劳动权利的基本内容。

2. 了解如何完成劳动合同的订立并规避主要风险,能灵活运用相关法律法规处理简单的劳动争议。

3. 了解劳动争议的处理程序,并能根据实际情况采取适当的措施来保护个人劳动权利。

> **引入案例**
>
> **试用期的陷阱**
>
> 某酒店在招聘员工时与新进的员工李某约定先试用6个月,试用期满且表现合格,酒店再与其订立为期3年的正式合同,为此双方订立了一份为期6个月的试用合同。在李某工作的第5个月,酒店认为李某不符合公司的录用条件,便通知李某解除试用期合同。李某不服酒店的决定,便申请劳动争议仲裁,要求酒店承担解除劳动合同的责任。
>
> **分析:**
>
> 用人单位与劳动者单独订立试用期合同的做法无效,应视为订立了为期6个月的劳动合同,工资不能按试用期工资标准支付,应按正式合同工资标准支付。《劳动合同法》明确规定:"试用期包含在劳动合同期限内,劳动合同仅约定试用期的,试用期不成立,该期限为劳动合同期限。"所以,用人单位的这种做法是错误的,劳动者应积极维权。

一、劳动合同

(一) 劳动合同的概念

劳动合同是劳动者与用人单位确立从属劳动的关系、明确双方权利和义务的协议。劳动合同的形式一般有书面和口头两种。劳动合同的内容即劳动合同条款。

(二) 劳动合同的订立

劳动关系的特殊性决定了劳动合同订立与劳动关系建立经常步调不一致,具体表现为三种情形,一是先用工后签劳动合同,二是先签劳动合同后用工,三是用工和签劳动合同同时进行,实践中二者常处于分离状态。为此,有必要从法律上进行识别,以便于对劳动者或用人单位进行权利救济。

1. 劳动合同订立的主体资格认定

(1) 劳动者主体资格的认定。

我国目前对劳动者还没有统一的明确的定义。一般而言,受雇于用人单位,在用人单位的管理和指挥下从事劳动,并从中获取劳动报酬的自然人,就可以认定为劳动者。对于自然人劳动合同缔约能力的判断标准,除了年龄标准外,还应该有健康标准和行为自由标准等。

① 年龄标准。根据《劳动法》和《劳动合同法》的立法精神,年满16周岁到依法可以享受基本养老保险年龄之间的自然人,都属于劳动者的范畴。

② 健康标准。各个岗位的职工,都不得患有本岗位所禁忌或不宜的特定疾病,这是疾病限制;完全丧失劳动能力的残疾人为无劳动行为能力人,部分丧失劳动能力的残疾人只能从事其残疾状况所允许从事的职业,这是残疾限制。

③ 智力标准。自然人要具备劳动主体资格必须具备一定智力,包括对自己行为的判

断能力和一定的文化、技能,特别是一些技术性较强的职业,具有一定的技术水平是从事该职业的必备条件,如驾驶员、电工、电焊工、超重工等特种作业人员,必须经技术考核合格并取得相应的证照等,方可从事该项工作。

④ 行为自由标准。行为自由是劳动关系得以产生的前提。公民的行为自由如果被依法剥夺或受到特定限制,就无法实现劳动力使用权的自由处分。如被判处刑罚的罪犯、在校学生、公务员、军人等,这些对象都不能成为劳动合同的主体。

⑤ 订立劳动合同的一般应是劳动者本人。未经过本人同意或授权代理,事后又不作追认的他人代签的劳动合同无效。

(2) 用人单位主体资格的认定。

《劳动合同法》第二条规定:"中华人民共和国境内的企业、个体经济组织、民办非企业单位等组织(以下称用人单位)与劳动者建立劳动关系,订立、履行、变更、解除或者终止劳动合同,适用本法。国家机关、事业单位、社会团体和与其建立劳动关系的劳动者,订立、履行、变更、解除或者终止劳动合同,依照本法执行。"

在《劳动合同法》中,用人单位的范畴是比较宽泛的,除了国家机关,其他组织或单位都可以被认定为劳动法上的用人单位。

未经登记的单位或没有用工资格的单位,不能与劳动者订立劳动合同。企业下属单位、车间,公司的分支机构,农户,除个体工商户外的公民个人等都不能独立与劳动者订立劳动合同,即使订立了劳动合同,也会因不具备法律规定的主体资格而归于无效。

需要特别注意的是,在实践中还常出现在劳动合同中将单位的人事部门作为合同一方当事人的错误做法。

(3) 劳动合同主体资格合法性的风险防范。

劳动合同主体资格不合法,会导致劳动合同无效。按照法律规定,劳动合同被确认无效,给对方造成损害的,有过错的一方应当承担赔偿责任,这就是法律成本,也是法律风险。故无论是企业的原因还是劳动者的原因造成的无效,都会给企业或劳动者带来损失。特别是由于企业的原因订立无效劳动合同或部分无效劳动合同,按法律规定,企业除了要向劳动者支付劳动报酬、经济补偿、赔偿金,给劳动者造成损害的,还应当承担赔偿责任。

为了避免订立无效劳动合同,企业和劳动者在订立劳动合同时要注意确保自己有订立劳动合同的主体资格,核实对方是否具有订立劳动合同的主体资格。

2. 劳动合同订立的时间及程序

(1) 劳动合同订立的时间。

① 劳动关系建立的标志。

《劳动合同法》第七条规定:"用人单位自用工之日起即与劳动者建立劳动关系,用人单位应当建立职工名册备查。"劳动关系建立的唯一标志就是用工。只要劳动者实际提供劳动,用人单位存在实际用工的事实,双方就建立了劳动关系,而不论双方是否订立了书面劳动合同。

② 劳动合同订立的时间。

实践中由于客观条件的限制,建立劳动关系和订立劳动合同往往不能同时完成,法律因此作出了比较宽松的规定。

一是先订立劳动合同,后建立劳动关系。目前我国法律并不限制用人单位在用工之前与劳动者订立书面的劳动合同,但劳动关系的建立仍以实际用工之日为标志。

二是建立劳动关系和订立劳动合同同时进行。在理论上,这是符合法律规定的一种理想状态,符合条件的部分用人单位可以做到。

三是先建立劳动关系,后订立劳动合同,即劳动关系的建立(用工)在前,书面劳动合同的订立在后,此种情形下双方应当在自用工之日起一个月内订立书面劳动合同。

(2) 订立劳动合同的程序。

劳动者和用人单位订立劳动合同,应遵循一定手续和步骤。订立劳动合同的程序一般包括:

① 提出订立劳动合同的意愿。在订立劳动合同前,用人单位通常会通过各种渠道发布招聘的需求,劳动者也会向用人单位提出求职需求。

② 双方协商。劳动者和用人单位就劳动合同的具体条款进行协商,在双方意思表示一致后,协商即告结束。

③ 双方签约。通常情况下劳动合同的文本由用人单位准备,双方当事人在签约之前应当认真审阅文本载明的内容与双方之前的约定是否一致。双方在劳动合同文本上签字或盖章生效。劳动合同文本由用人单位和劳动者各执一份。用人单位未将劳动合同文本交付劳动者的,按照《劳动合同法》的规定,由劳动行政部门责令改正;如果因未交付劳动合同文本给劳动者造成损害,还应当承担赔偿责任。

(3) 事实劳动关系。

事实劳动关系是指用人单位与劳动者没有订立书面劳动合同,但双方实际行使、履行了劳动权利、义务而形成的劳动关系。在现实生活中,可能出现各种原因导致没有订立书面劳动合同,但是已经存在实际用工行为的情况。例如,从用工起就没有订立劳动合同,原劳动合同期限届满却没有续订,或者劳动合同被确认为无效又没有重新订立,但仍维持用工状态等。前述情况下,劳动者接受用人单位的管理,为用人单位提供劳动,遵守用人单位的劳动纪律,获得用人单位支付的劳动报酬,受到用人单位的劳动保护。

事实劳动关系虽然缺乏书面劳动合同这一法律要件,但仍然受到法律的保护。因此,通过不订立劳动合同的方式来达到不受法律约束的目的是无法实现的。不过,没有劳动合同作为强有力的证据支持时,必须通过其他证据来证明事实劳动关系的存在,方可受到法律的保护。

(4) 未及时订立劳动合同的法律后果。

用人单位自用工之日起超过一个月、不满一年未与劳动者订立书面劳动合同的,应当每月向劳动者支付两倍的工资(起算时间为用工之日起满一个月的次日,截止时间为补订书面劳动合同的前一日,最长为11个月),并与劳动者补订书面劳动合同;劳动者不与用人单位订立书面劳动合同的,用人单位应当书面通知劳动者终止劳动关系,并依照法律规定支付经济补偿。

用人单位自用工之日起满一年未与劳动者订立书面劳动合同的,自用工之日起满一个月的次日至满一年的前一日应当每月向劳动者支付两倍的工资,并视为自用工之日起满一年的当日已经与劳动者订立无固定期限劳动合同,应当立即与劳动者补订书面劳动合同。

自用工之日起一个月内,经用人单位书面通知后,劳动者不与用人单位订立书面劳动合同的,用人单位应当书面通知劳动者终止劳动关系,无须向劳动者支付经济补偿,但是应当依法向劳动者支付其实际工作时间的劳动报酬。

3. 劳动合同的期限、种类及风险防范

(1) 劳动合同的期限。

劳动合同的期限是指劳动合同规定的双方当事人权利和义务的有效时间。劳动合同期限依法分为三种:一是固定期限;二是无固定期限;三是以完成一定工作任务为期限。据此,劳动合同可对应分为三种类型,即固定期限劳动合同、无固定期限劳动合同、以完成一定工作任务为期限的劳动合同。

(2) 劳动合同的种类。

① 固定期限劳动合同。固定期限劳动合同是指有固定的开始时间和终止时间的劳动合同。固定期限既有短期的,如半年、1年、2年,也有较长时间的,如5年、10年,甚至更长时间。

② 无固定期限劳动合同。无固定期限劳动合同是指用人单位与劳动者约定无确定终止时间的劳动合同。这里的"无确定",就是没有确定期限的长短,只要法定条件出现即可解除或者终止。

为鼓励我国劳动关系走向长期稳定,根据法律规定,无固定期限劳动合同的成立条件有三大类。一是协商成立。二是法定成立,有三种情形:劳动者在用人单位连续工作满10年的;用人单位初次实行劳动合同制度或国有企业改制重新订立劳动合同时,劳动者在该用人单位连续工作满10年且距法定退休年龄不足10年的;用人单位连续与劳动者订立2次固定期限劳动合同且不存在用人单位可以法定解除劳动合同的情形。三是视为成立,用人单位自用工之日起满一年不与劳动者订立书面劳动合同的,视为用人单位与劳动者已订立无固定期限劳动合同。

需要特别强调的是,订立无固定期限劳动合同不等于"铁饭碗""终身制"。有些用人单位因存在认知上的误区而不愿意与劳动者订立无固定期限劳动合同,认为一旦订立了,就要对劳动者长期、终身负责,如果劳动者偷懒,用人单位毫无办法;同样的,有的劳动者也认为订立无固定期限劳动合同就意味着被终身捆绑在企业中,丧失了自由选择的机会,这实际上也是误解。其实,即使订立了无固定期限劳动合同,只要出现《劳动合同法》规定的法定可以解除的情形,不管是用人单位还是劳动者,都有权依法解除劳动合同。订立无固定期限劳动合同相对而言更有利于促进劳动关系的稳定,这也体现了用人单位对社会责任的担当。

③ 以完成一定工作任务为期限的劳动合同。以完成一定工作任务为期限的劳动合同是指用人单位与劳动者约定把完成某一项工作或工程作为劳动合同终止的期限的合同,即某一项工作或工程的开始之日为合同开始之日,此项工作或工程完成,合同即告终止。

实践中,以完成单项工作任务为期限、以项目承包方式完成任务及季节性原因临时用工等情形下,常采用这种方式订立劳动合同。这种合同在工程建设方面比较多见,工程结束,合同的有效期也就结束了。

(3) 劳动者在劳动合同订立中的风险防范。

① 要明确用人单位不续签劳动合同的责任。用人单位不愿意与劳动者续签劳动合同的,或者是愿意续签劳动合同,但提供的劳动合同续签条件低于原劳动合同标准,导致劳动者不愿意续签的,用人单位需向劳动者支付经济补偿金。

② 出现劳动者符合订立无固定期限劳动合同的条件时,除非劳动者本人提出订立固定期限劳动合同,用人单位应与劳动者订立无固定期限劳动合同。如果用人单位找各种各样的不合法理由拒绝,劳动者应该勇于维权,要求用人单位承担不订立无固定期限劳动合同的法律责任。

③ 以完成一定工作任务为期限的劳动合同不存在续签的次数限制问题,用人单位可不与劳动者订立无固定期限劳动合同。

(三) 劳动合同的内容

劳动合同内容一般是指劳动合同条款,包括以下内容:

(1) 用人单位的名称、住所和法定代表人或者主要负责人;
(2) 劳动者的姓名、住址和居民身份证或者其他有效身份证件号码;
(3) 劳动合同期限;
(4) 工作内容和工作地点;
(5) 工作时间和休息休假;
(6) 劳动报酬;
(7) 社会保险;
(8) 劳动保护、劳动条件和职业危害防护;
(9) 法律、法规规定应当纳入劳动合同的其他事项。

以上是《劳动合同法》规定的劳动合同的必备条款,用人单位与劳动者还可以约定试用期、培训、保守秘密、补充保险和福利待遇等其他事项。因此,劳动合同内容可分为必备条款和约定条款两大类。

1. 劳动合同必备条款

劳动合同必备条款是法律规定的必须写进劳动合同的条款,包括以上所列明的九个方面的内容。

2. 劳动合同约定条款

劳动合同约定条款是指在必备条款之外,双方当事人根据具体情况,经双方协商,自主约定的内容,主要包括:

(1) 试用期。

试用期是指劳动合同双方当事人在合同中约定的相互考察、了解以确定是否继续履行劳动合同的一段时间,可视为考察期。试用期应当包含在劳动合同期内,用人单位应当为劳动者参加社会保险。试用期限有 1 个月、2 个月、6 个月三个标准,该期限长短与劳动合同期限相关,依据《劳动合同法》规定:"劳动合同期在 3 个月以上,不满 1 年的,试用期不得超过 1 个月;劳动合同期限 1 年以上,不满 3 年的,试用期不得超过 2 个月;3 年以上固定期限和无固定期限的劳动合同,试用期不得超过6个月。""劳动者在试用期的工资不得低于本单位相同岗位最低档工资或者劳动合同约定工资的80%,并不得低于用人单位所在地的最低工资标准。"试用期的次数有限制,同一用人单位与同一劳动者只能约定一次试用期。下列情形下均不得约定试用期:一是订立以完成一定工作任务为期限的劳动合同,二是订立不足3个月的定期劳动合同,三是非全日制用工。

综上,用人单位与劳动者可以在劳动合同中就试用期的期限和试用期的工资等事项作出约定,但不得违反《劳动合同法》有关试用期的规定。

(2) 培训。

培训是指用人单位为劳动者提供专项培训费用,对其进行的专业技术训练。在企业人力资源管理实践中,由于劳动者在用人单位出资提供专项培训后的违约现象比较严重,用人单位通常要求与劳动者在劳动合同中约定服务期条款或订立专项培训协议,就用人单位为劳动者支付的专项培训费用、培训后的服务期,以及劳动者违约解除劳动合同赔偿费的计算方法等事项进行约定。

(3) 保守商业秘密。

商业秘密是指不为公众所知悉,能给用人单位带来经济利益,被用人单位采取保密措施保护的技术、经济和管理信息。实践中,用人单位通常把保守商业秘密条款与竞业限制条款捆绑在一起,具体操作为:用人单位与负有保守用人单位商业秘密义务的劳动者在劳动合同或者保密协议中约定竞业限制条款,并约定在解除或者终止劳动合同后,在竞业限制期限内按月给予劳动者经济补偿。劳动者违反竞业限制约定时,应当按照约定向用人单位支付相应的违约金。

(4) 补充保险。

补充保险是指除依法参加基本社会保险外,用人单位与劳动者可以协商约定补充医疗、企业年金和人身意外伤害等条款。劳动者可以在基本社会保险待遇的基础上再享受补充保险待遇。补充保险由用人单位自愿实行,国家不作强制的统一规定,实践中通常依用人单位的经济承受能力而定。用人单位为劳动者购买补充保险必须在为其参加基本社会保险并按时足额缴纳基本保险费的前提下才能进行。

(5) 福利待遇。

福利待遇是指用人单位在法定义务之外为员工的生活提供的便利和优惠等待遇,如给员工提供住房、带薪年休假、托儿所、幼儿园等。用人单位和劳动者双方可以就福利待遇问题进行协商约定,但不得违反法律法规规定。

3. 劳动合同内容合法性的法律风险防范

(1) 在使用相关行政部门提供的劳动合同范本的基础上,用人单位要根据自己的具体情况进行补充。从用人单位角度,发生劳动纠纷后,为避免出现对劳动者送达相关文件时缺少有效的送达地址的情形,对劳动者信息中仅有"地址"项的,要注意增加"有效通信地址"或"有效送达地址"。

(2) 注意遵守《劳动合同法》对必备条款的强制性与禁止性规定。

① 试用期期限的约定一定要符合《劳动合同法》有关试用期的相关规定。实践中有些用人单位认为在劳动者转正前,自己可以随意找个理由单方解除劳动合同,这是个明显

的认知误区。其实,只要劳动者不存在不符合录用条件、严重违反规章制度的情形,用人单位在试用期内单方解除劳动合同同样存在向劳动者支付经济补偿的风险,这就是管理不规范的法律成本。

② 用人单位在与劳动者首次订立劳动合同时,从实务角度要综合考虑试用期长短、岗位特点和续签导致的无固定期限问题来确定首次订立劳动合同的期限。对于固定期限的劳动合同必须注意合同的起止时间,尽量避免出现低级错误,例如写错日期。以完成一定工作任务为期限的劳动合同必须明确约定工作任务完成的标志,避免日后不必要的纷争。

③ 工作地点要明确。"工作地点"是劳动合同的必备条款,《劳动合同法》的立法本意是要求用人单位对于工作地点的约定是明确的,否则可能面临法律风险。从实务的角度,对于工作地点的约定,用人单位至少要细化到城市,如果单位的工作地点在同一城市,可根据业务需要变更劳动者的具体工作地点。用人单位对工作地点作"根据具体情况决定"等类似的模糊约定,不但违反法律规定和立法本意,而且容易给用人单位的管理带来不利的法律风险。

(3) 注意《劳动法》与《劳动合同法》关于合同必备条款相冲突的规定,特别应注意劳动合同终止的条件条款。《劳动合同法》明确规定,用人单位不得在法律规定的情形之外与劳动者约定劳动合同的终止条件。

(4) 根据实际情况充分利用法律赋予用人单位的用工自主权。在具备法定必备条款的基础上充分利用约定条款的功能,即用人单位与劳动者可以约定培训、保守秘密、补充保险和福利待遇等其他事项。可以从用人单位的个性化要求出发,根据单位实际情况充分利用用工自主权这一法律赋予用人单位的重大权利,从而达到维护本单位利益、保障劳动关系正常存续的目的。劳动者在订立前述约定条款时也要懂得识别其风险点,从而更好地防范风险的发生,合法维权。

(四) 无效劳动合同

劳动合同的效力是指劳动法律赋予依法成立的劳动合同约束劳动合同当事人乃至第三人的强制力。劳动合同如果没有效力,就没有法律上的约束力与强制力。

劳动合同的生效时间,根据《劳动合同法》规定:"劳动合同由用人单位与劳动者协商一致,并经用人单位与劳动者在劳动合同文本上签字或者盖章生效。"

需要指出的是,劳动合同文本生效并不意味着劳动关系成立,劳动合同文本生效的,如果用人单位没有实际用工,该劳动合同文本仅具有合同的约束力,并不导致用人单位应承担劳动法上的义务。例如,企业与求职者订立了劳动合同,求职者在劳动合同文本上签字,企业在文本上盖了章,但是企业并没有用工,而是约定了在订立劳动合同后 20 天后求职者到企业工作。在劳动合同订立后的第三天,求职者生病了,需要住院治疗一段时间,在该求职者住院治疗期间,企业不需要发病假工资。

在现实生活中,并不是所有订立的劳动合同都具有法律效力,有的劳动合同无效。

1. 无效劳动合同的概念

无效劳动合同是指不符合法定条件,不能产生当事人预期的法律后果的劳动合同。

违反法律、行政法规规定的劳动合同,即使双方自愿,法律也不予保护。无效的劳动合同从订立的时候起就没有法律效力。

2. 无效劳动合同的类型

(1) 以欺诈、胁迫的手段或者乘人之危,使对方在违背真实意思的情况下订立或者变更劳动合同的。劳动合同是合同的一种,合同行为最本质的特点是当事人的意思表示一致,要真实,不能有瑕疵,否则会影响到合同的效力。

比如用人单位不真实或夸大介绍本单位的情况,或者劳动者学历、工作经历造假,诱使对方与自己订立劳动合同的,劳动合同无效;又比如一些用人单位在招工时,强迫劳动者交纳巨额集资款、押金、风险金等,胁迫劳动者与其订立所谓"伤亡自负"协议书,或者劳动者以死相威胁,要求用人单位订立劳动合同等,这些协议或合同都是无效的。

(2) 用人单位免除自己的法定责任、侵害劳动者权利的。有效的劳动合同,不仅主体适格,意思表示真实,而且内容要公平。内容不公平的"霸王条款"可能导致劳动合同无效或部分无效。这里的公平,是指权利、义务相一致。比如用人单位在订立合同时,要求应聘方接受合同中的"工伤概不负责"等逃避该承担的责任的条款,这些条款是无效的。

(3) 违反法律、行政法规强制性规定的。比如《劳动合同法》中对设定违约金的条件有明确的规定,用人单位在劳动合同中随意为劳动者设定的违约金条款为无效条款。

国家关于最低工资、工作时间、休息休假、社会保险等都有强制性的规定,如果劳动合同中的条款与这些强制性规定相冲突,也会导致这些条款无效。

3. 无效劳动合同的确认

《劳动合同法》第二十六条规定:"对劳动合同的无效或者部分无效有争议的,由劳动争议仲裁机构或者人民法院确认。"可见,无效劳动合同的确认机构有两个——劳动争议仲裁机构和人民法院,其他任何组织和个人均无权确认,劳动合同无效也不能由双方当事人认定。

按照我国现行"仲裁前置"的劳动争议解决机制,合同无效,应当首先由劳动争议仲裁委员会确认,不服劳动争议仲裁委员会确认的,可依法提起诉讼,由人民法院确认。

劳动合同的无效有两种情形,一是部分无效,二是全部无效。部分无效的劳动合同是指虽然合同的某些条款违反了法律、行政法规的强制性或禁止性规定,但并不影响其他条款的法律效力的劳动合同。劳动合同部分无效,不影响其他部分效力的,其他部分仍然有效。

4. 订立无效劳动合同的法律后果

根据《劳动合同法》的规定,订立无效劳动合同的法律后果主要有以下几个方面:

(1) 支付劳动报酬。《劳动合同法》规定:"劳动合同被确认无效,劳动者已付出劳动的,用人单位应当向劳动者支付劳动报酬。劳动报酬的数额,参照本单位相同或者相近岗位劳动者的劳动报酬确定。"由此可见,在劳动合同被确认无效的情况下,如果劳动者付出劳动后,劳动报酬还没有支付,企业应当向劳动者支付劳动报酬,标准按照用人单位同类或相近岗位的劳动者的劳动报酬确定。

(2) 解除劳动合同。根据《劳动合同法》的相关规定,用人单位或劳动者均可单方行使过错性解除权,即一方有重大过错或出现导致劳动合同无效情形的,另一方可以单方解除劳动合同。

(3) 赔偿损失。《劳动合同法》规定:"劳动合同依照本法第二十六条规定被确认无效,给对方造成损害的,有过错的一方应当承担赔偿责任。"具体的赔偿数额,需要根据过错方的过错大小和无过错方受损害的程度确定。

(五) 劳动合同的解除

劳动合同的解除是指在劳动合同期限届满之前,双方或单方提前终止劳动合同效力的法律行为,有两种类型,一是法定解除,二是协商解除。法定解除是指按照法律、法规规定提前终止劳动合同。协商解除是指双方经协商一致而提前终止劳动合同的法律效力。

1. 用人单位单方解除

(1) 过错性解除。根据《劳动合同法》规定,劳动者有下列情况之一的,用人单位可以解除劳动合同:一是在试用期中被证明不符合录用条件的;二是严重违反用人单位规章制度的;三是严重失职,营私舞弊,给用人单位造成重大损害的;四是同时与其他用人单位建立劳动关系,对完成本单位的工作任务造成严重影响,或者经用人单位提出,拒不改正的;五是欺诈、胁迫或者乘人之危,在违背用人单位真实意思的情况下与用人单位订立劳动合同的;六是被依法追究刑事责任的。

上述六种情况均是劳动者在主观上有严重过错,是其本身的原因造成的,因而法律赋予用人单位随时解除劳动合同的权利。过错性解除不受提前通知的限制,不受用人单位不得单方解除劳动合同的法律限制,且不用向劳动者支付经济补偿。

(2) 非过错性解除。根据《劳动合同法》的规定,劳动者有下列情形之一的,用人单位应当提前 30 日以书面形式通知劳动者本人或者额外支付劳动者 1 个月工资后解除劳动合同:一是劳动者患病或者非因工负伤,在规定的医疗期满后不能从事原工作,也不能从事由用人单位另行安排的工作的;二是劳动者不能胜任工作,经过培训或者调整工作岗位,仍不能胜任工作的;三是劳动合同订立时所依据的客观情况发生重大变化,致使劳动合同无法履行,用人单位与劳动者经协商,未能就变更劳动合同内容达成协议的。

(3) 经济性裁员。根据《劳动合同法》的规定,有下列情形之一,需要裁减人员 20 人以上或者裁减不足 20 人但占企业职工总数 10% 以上的,用人单位提前 30 日向工会或者全体职工说明情况,听取工会或者职工的意见后,经将裁减人员方案向劳动行政部门报告,可以裁减人员:一是依照企业破产法规定进行重整的;二是生产经营发生严重困难的;三是企业转产、重大技术革新或者调整经营方式,变更劳动合同后,仍需裁减人员的;四是其他劳动合同订立时所依据的客观经济情况发生重大变化,致使劳动合同无法履行的。

裁减人员时,应当优先留用下列人员:一是与本单位订立较长期限的固定期限劳动合同的;二是与本单位订立无固定期限劳动合同的;三是家庭中无其他就业人员,有需要扶养的老人或者未成年人的。用人单位在裁减人员后 6 个月内重新招用人员的,应当通知被裁减人员,并在同等条件下优先录用。

根据《劳动合同法》的规定,劳动者有下列情形之一的,用人单位不得解除劳动合同:一是从事接触职业病危害作业的劳动者未进行离岗前职业健康检查,或者疑似职业病病人在诊断或者医学观察期间的;二是在本单位患职业病或者因工负伤并被确认丧失或者部分丧失劳动能力的;三是患病或者非因工负伤,在规定的医疗期内的;四是女职工在孕期、产期、哺乳期的;五是在本单位连续工作满 15 年,且距法定退休年龄不足 5 年的;六是法律、行政法规规定的其他情形。

2. 劳动者单方解除

根据《劳动合同法》的相关规定,劳动者在以下两种情形下可单方解除劳动合同:

(1) 即时解除劳动合同。此种情形包括:一是用人单位未按照劳动合同约定提供劳动保护或者劳动条件的;二是用人单位未及时足额支付劳动报酬的;三是用人单位未依法为劳动者缴纳社会保险费的;四是用人单位的规章制度违反法律、法规的规定,损害劳动者权益的;五是劳动合同是在欺诈、胁迫或者乘人之危,违背当事人真实意思的情况下订立而无效的;六是法律、行政法规规定劳动者可以解除劳动合同的其他情形。

(2) 提前通知用人单位解除劳动合同。无上述即时解除劳动合同情形的,劳动者应当提前 30 日以书面形式通知用人单位解除劳动合同。如果在试用期内解除劳动合同,劳动者应提前 3 日通知用人单位。

3. 关于解除劳动合同后给予经济补偿及赔偿的规定

(1) 用人单位解除劳动合同的经济补偿和经济赔偿规定。用人单位依法解除劳动合同的,应向劳动者支付经济补偿金;用人单位违法解除劳动合同或者终止劳动合同,劳动者要求继续履行劳动合同的,用人单位应当继续履行,劳动者不要求继续履行劳动合同或者劳动合同已经不能继续履行的,应向劳动者支付赔偿金。

经济补偿金的支付标准,按劳动者在本单位工作的年限,以每满 1 年支付 1 个月工资的标准向劳动者支付。6 个月以上不满 1 年的,按 1 年计算;不满 6 个月的,向劳动者支付相当于半个月工资的经济补偿金。这里所说的月工资是指劳动者在劳动合同解除或者终止前 12 个月的平均工资。

用人单位违反法律规定解除或者终止劳动合同的,应当以经济补偿金标准的 2 倍向劳动者支付赔偿金。

劳动者月工资高于用人单位所在直辖市、设区的市级人民政府公布的本地区上年度职工月平均工资的 3 倍的,向其支付经济补偿金的标准为职工月平均工资的 3 倍,向其支付经济补偿金的年限最高不超过 12 年。

(2) 劳动者解除劳动合同的经济补偿和经济赔偿规定。劳动者违反法律规定解除劳动合同,对用人单位造成损失的,应当依法承担赔偿责任。赔偿的范围包括:① 用人单位招收、录用其所产生的费用;② 用人单位为其支付的培训费用,双方另有约定的按约定办理;③ 对生产、经营和工作造成的直接经济损失;④ 劳动合同约定的其他赔偿费用。劳动者违反劳动合同中约定的保密事项,对用人单位造成经济损失的,按《中华人民共和国反不正当竞争法》的规定向用人单位支付赔偿费用。

用人单位招用尚未解除劳动合同的劳动者,给原用人单位造成经济损失的,应当承担连带赔偿责任。

4. 劳动者违法解除劳动合同的法律责任及风险防范

(1) 劳动者违法解除劳动合同的主要表现有:① 自动离职;② 预告期未满离职;

③ 滥用推定解雇权；④ 服务期届满之前终止劳动合同。

（2）法律责任。主要表现为支付违约金、赔偿损失、继续履行。

（3）风险防范。一是依法定的条件和程序行使劳动合同解除权；二是主动辞职，在向用人单位提交辞职申请时，申请书上不要出现"请领导批准"字样，容易被认为是要跟用人单位协商解除劳动关系，故表达出个人书面单方面通知用人单位解除劳动合同的意思即可。

（六）劳动合同的终止与续订

1. 劳动合同的终止

劳动合同的终止是指合同期限届满，劳动合同规定的权利、义务即行消灭。劳动合同只能法定终止，违反法定终止情形的约定终止无效。劳动合同法定终止的情形包括：

（1）劳动合同期满的。

（2）劳动者开始依法享受基本养老保险待遇的。

（3）劳动者死亡，或者被人民法院宣告死亡或宣告失踪的。

（4）用人单位被依法宣告破产的。

（5）用人单位被吊销营业执照、责令关闭、撤销或者用人单位决定提前解散的。

（6）法律、行政法规规定的其他情形。

2. 劳动合同的续订

劳动合同经双方当事人协商一致，可以续订。从风险防控的角度来看，如果用人单位决定不再与劳动者续订劳动合同，用人单位需要依据《劳动合同法》的规定支付经济补偿金；劳动合同期限届满，用人单位决定续订劳动合同，如果劳动者在用人单位维持或提高劳动条件后仍不愿意续订，甚至劳动者本来就不愿意续订劳动合同的，用人单位无须向劳动者支付经济补偿金；如果用人单位和劳动者双方同意续订劳动合同，应当在原劳动合同届满之前完成劳动合同的续订。续订劳动合同不得约定试用期。

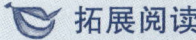拓展阅读

劳 务 派 遣

一、劳务派遣的含义

劳务派遣又称人才派遣、人才租赁、劳动派遣、劳动力租赁，是指由劳务派遣机构与派遣劳动者订立劳动合同，由要派企业（实际用工单位）向派遣劳动者给付劳务报酬的用工形式。劳动合同关系存在于劳务派遣机构与派遣劳动者之间，但劳动力给付的事实发生于派遣劳动者与要派企业（实际用工单位）之间。

劳务派遣有如下特征：一是"雇用"与"使用"相分离。这是劳务派遣最重要的特征。劳务派遣中存在派遣机构（用人单位）、派遣劳动者、要派企业（实际用工单位）三方关系。员工与派遣机构订立劳动合同，但不是为雇主工作，而是为雇主的客户工作。在实际工作中员工不是受雇主的指挥、监督，而是听从受派机构的指挥命

令。这与传统雇佣关系有着明显的不同。二是为劳务经济活动,即派遣机构以经营劳务派遣业务获取经营收入。

劳务派遣不同于劳务中介,其根本区别在于劳务派遣需要与劳动者订立劳动合同,建立劳动关系,而劳务中介主要是为单位和劳动者个人提供劳务信息服务,并收取一定的劳务中介费。劳动者与劳务中介组织之间不存在劳动关系,其相互关系不受劳动法的保护。

二、劳务派遣的岗位适用

劳务派遣用工是劳动用工形式的补充形式,只能在临时性、辅助性或者替代性的工作岗位上实施。临时性工作岗位是指存续时间不超过 6 个月的岗位;辅助性工作岗位是指为主营业务岗位提供服务的非主营业务岗位;替代性工作岗位是指用工单位的劳动者因脱产学习、休假等无法工作的一定期间,可以由其他劳动者替代工作的岗位(如图 3-2)。

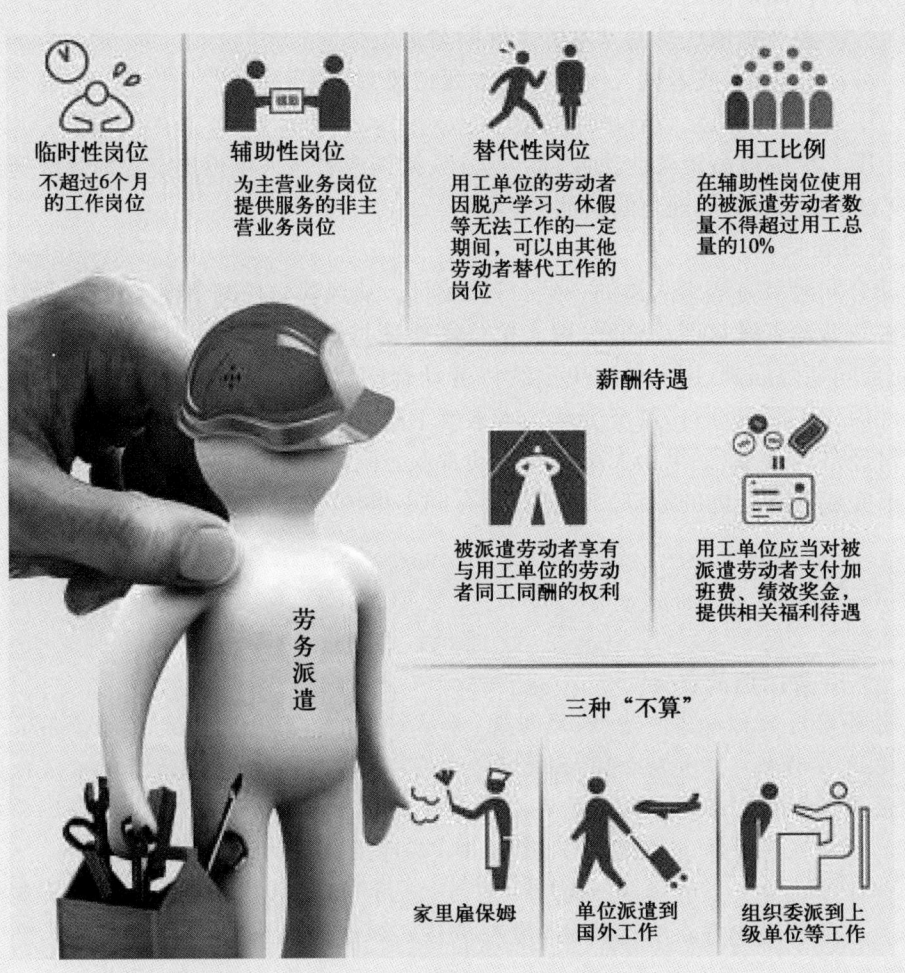

图 3-2 劳务派遣

二、劳动权利、劳动义务

劳动者同用人单位建立劳动法律关系后,作为用人单位的职工,依法并按约定享有劳动权利和承担劳动义务。

(一) 劳动权利

劳动者的劳动权利包括:

(1) 参加劳动的权利。劳动者有权参加用人单位所组织的劳动;有权请求用人单位按照法定或约定要求为其安排劳动岗位(工种),并提供必要的生产资料;有权拒绝各种形式的强迫劳动。

(2) 获取劳动报酬的权利。劳动者有权按自己提供劳动的数量和质量取得劳动报酬,女职工还有权要求实行男女同工同酬;有权获得最低工资保障、工资支付保障和实际工资保障。

(3) 休息的权利。劳动者有权在法定工作时间之外休息;有权在休假和休养期间享受规定的各项待遇;有权要求用人单位安排劳动任务不得超过法定最高工时和不得违法组织加班加点。

> **案例 3 - 2**
>
> **用人单位安排加班,员工同意的,是否还存在法律风险?**
>
> 某日,劳动保障监察机构接到某公司员工举报,反映某公司存在超时加班的行为。劳动保障监察机构迅速介入了解,经实地调查,发现该公司由于近期接到一笔大订单,临时增加了工作任务,要求全体员工每天的工作时间由原来的 8 小时延长至 10 小时,取消了周六、周日的正常休息,并要求员工在加班协议上签字,这种情况已经持续了两个月,虽然支付了加班工资,但是很多员工已无法承受这样的劳动强度。劳动保障监察机构遂向该公司下达了整改指令书,要求该公司及时改变现行的工时制度,足额支付劳动者加班工资,并对该公司处以 6 000 元罚款。
>
> (资料来源:廖德强,《最新劳动争议处理实务指引》,中国法律出版社,2015,有改动)
>
> **分析:**
>
> 现实中,有部分人认为,只要经员工同意,而且企业支付加班费,如何安排加班都是合法的,实际上这是对法律规定的一种误解。超过规定的时间上限,无论员工是否同意,都已经构成了对劳动法强制规定的违反。本案中某公司的超时加班行为是违法的,侵犯了劳动者休息的权利。

(4) 获得劳动安全卫生保护的权利。劳动者有权获得符合劳动安全卫生标准的劳动条件和接受劳动安全卫生知识的教育;有权拒绝用人单位提出的违章作业要求,在劳动过程中遇有严重危及生命安全的危险时有权采取紧急避险行为;有权要求进行定期健康检查;职业病禁忌者有权要求不从事所禁忌的工作,职业病患者有权要求调离原岗位并要求及时接受治疗。女工和未成年工在健康方面有权获得特殊保护。

(5) 享受社会保险的权利。劳动者有权要求用人单位为其办理失业、养老、工伤等项目的社会保险,并按规定缴纳保险费;有权要求社会保险经办机构和用人单位支付在劳动能力丧失或使用中断期间的社会保险费。

(6) 享受劳动福利的权利。劳动者有权享用社会公共福利设施和本单位集体福利设施;有权要求用人单位支付法定和约定的福利性津贴(补贴)。

(7) 接受职业培训的权利。劳动者有权利用用人单位提供的职业培训条件和参加用人单位组织的职业培训。

(8) 参加工会和职工民主管理的权利。劳动者有权组织和加入工会,参加工会所组织的各项活动;有权通过职工代表大会等形式参与本单位的民主管理;有权对本单位管理人员的违法违纪行为提出批评和控告。

(9) 决定劳动法律关系是否存续的权利。劳动者有权就劳动法律关系的延续、变更、解除等依法进行意思表示,包括单方决定和与用人单位协商两种形式。

(10) 保护合法权益不受侵犯的权利。劳动者有权在发生劳动争议时申请调解、仲裁和提起诉讼;在合法权益受到侵犯时有权请求有关国家机关、工会组织依法给予保护。

(二) 劳动义务

劳动者需要履行的劳动义务包括:

(1) 劳动给付义务,即必须按照劳动法规、集体合同、劳动合同和用人单位所要求的项目、时间、地点、方式、定额和质量等内容,亲自完成劳动任务。

(2) 忠实义务。基于劳动关系的人身性、隶属性和诚实信用原则,劳动者有忠于职守的义务,主要表现为:遵守用人单位的劳动纪律和其他规章制度;服从用人单位指挥和监督;保守在劳动中知悉的用人单位的商业秘密;向用人单位积极报告、上交劳动中所获得的应归用人单位所得的一切财产;学习和掌握胜任本岗位所必备的知识和技能。

(3) 派生义务,主要指由违反劳动给付义务、忠实义务所延伸出来的需要承担的义务,如因违反劳动纪律而承受纪律处分并弥补违纪行为对用人单位造成的财产损失;因违反劳动合同而承担违约责任。

三、劳动争议

(一) 劳动争议的概念

劳动争议,又称劳动纠纷、劳资纠纷、劳资争议,是指劳动者与用人单位之间基于劳动关系,因实现劳动权利和履行劳动义务而发生的纠纷。其中既有权利争议又有利益争议。权利争议(实现既定权利、义务的争议)是指因实现劳动法、集体合同和劳动合同所规定的权利和义务所发生的争议,如关于拖欠工资、违法解除劳动合同的争议;利益争议(确定权利、义务的争议)是指因主张有待确定的权利和义务所发生的争议,比如关于订立专项集体合同(工资福利待遇专项集体合同)、变更集体劳动合同的争议。利益争议在政府干预下由双方协商解决,一般不通过调解、仲裁、诉讼等方式解决。随着社会的不断发展和劳动法制的逐步健全,劳动争议处理已经成为一项法律制度,在调整劳动关系中发挥着至关重要的作用。

(二)劳动争议的范围

根据《劳动争议调解仲裁法》第二条规定,以下情形属于劳动争议的范围:(1)因确认劳动关系发生的争议;(2)因订立、履行、变更、解除和终止劳动合同发生的争议;(3)因除名、辞退和辞职、离职发生的争议;(4)因工作时间、休息休假、社会保险、福利、培训及劳动保护发生的争议;(5)因劳动报酬、工伤医疗费、经济补偿或者赔偿金等发生的争议;(6)法律、法规规定的其他劳动争议。

(三)劳动争议的处理方式

发生劳动争议后,劳动者可以与用人单位协商,也可以请工会或者第三方共同与用人单位协商,达成和解协议。我国的劳动争议强调多元化处理,包括协商、调解、仲裁与诉讼。其中,协商与调解是柔性措施,仲裁具有准司法性质,而诉讼是解决争议的最终程序。

1. 协商

劳动争议的协商是指劳动者与用人单位通过平等自愿、互谅互让的沟通商谈化解矛盾、达成共识的过程。这种双方当事人自主解决争议的方式是解决争议的首要途径,并贯穿争议处理的全过程。根据争议的具体情况,一般有如下协商方式:当事人之间直接协商、劳动者邀请工会组织或第三方共同与用人单位进行协商,以及当事人代表协商。

2. 调解

劳动争议的调解是指依据法律规范和道德规范,由第三方主持,劝说争议双方当事人,通过民主协商、互谅互让达成协议,从而消除争议的活动。这里面的第三方主要指的是社会基层调解组织,包括企业劳动争议调解委员会,在乡镇、街道设立的具有劳动争议调解职能的组织及依法设立的基层人民调解组织。这些基层调解组织在解决劳动争议的过程中,发挥着软组织、硬功夫的作用。

3. 仲裁

劳动争议仲裁是指经劳动争议当事人申请,由劳动争议仲裁机构主持,对双方当事人因劳动权利、义务等问题产生的争议进行评价、调解与裁决的处理争议的方式。该处理劳动争议的方式具有准司法性质。生效的仲裁裁决具有强制执行力。我国劳动争议仲裁体制为"仲裁前置,裁审衔接"。符合以下两类情形的劳动争议仲裁案件实行一裁终局,即仲裁的裁决为终局裁决,不能再到法院起诉:(1)小额案件,即追索劳动报酬、工伤医疗费、经济补偿或者赔偿金,不超过当地月最低工资标准12个月金额的争议;(2)劳动标准案件,即因执行国家的劳动标准在工作时间、休息休假、社会保险等方面发生的争议。需要注意的是,前述一裁终局仅对用人单位而言,劳动者不服该裁决的,可向法院起诉。劳动争议申请仲裁的时效为一年,从当事人知道或应当知道其权利被侵害之日起计算。

案例 3-3

谁提出了协商解除劳动合同

某公司因技术革新,需要裁减一批员工。公司贴出的公告上写明:本公告公布7日内,如员工愿意与公司协商解除劳动合同,公司将给予经济补偿金和额外经济补偿金。一员工知道这个情况后,在公告后第 10 日向公司提出协商解除劳动合同,公司同意与其解除劳动合同,但是不同意向其支付经济补偿金和额外经济补偿金,双方因此产生争议,该员工向劳动仲裁委员会申请仲裁。

(资料来源:肖胜方,《劳动合同法下的人力资源管理流程再造》,中国法制出版社 2013,有改动)

分析:

协商解除劳动合同是否支付经济补偿金的标准在于解除劳动合同的动议由谁先提出,用人单位先提出,需要支付经补偿金,劳动者先提出,用人单位可不支付经济补偿金。案件中公司提出协商解除劳动合同的动议是有有效期的,即公告发出后 7 日以内,超过该期限的答复显然对公司没有约束力。该员工在公告发出后的第 10 日才向公司提出协商解除劳动合同的请求,超过了公告的有效期,应视为劳动者另行提出了解除劳动合同的动议,即劳动者先行提出协商解除的动议,故用人单位无须支付经济补偿金。劳动仲裁委员会对该员工的仲裁请求不予支持。

4. 诉讼

根据《劳动法》规定,劳动争议当事人对仲裁裁决不服的,可以在收到仲裁裁决书之日起 15 日内向人民法院提起诉讼;一方当事人在法定期限内不起诉又不履行仲裁裁决的,另一方当事人可以申请人民法院强制执行。因此,当事人向人民法院提起劳动争议诉讼必须满足两个条件:一是劳动争议已经经过仲裁;二是向人民法院提起诉讼的时间为自收到仲裁裁决书之日起 15 日内。

目前法院由民事审判庭依据《中华人民共和国民事诉讼法》和《劳动争议调解仲裁法》的规定,对劳动争议案件进行审理,实行二审终审制,即如果劳动争议的当事人不服一审人民法院的判决,可向上一级人民法院上诉,后者的判决是二审判决,是生效的终审判决,当事人必须执行。

总结案例

劳动争议仲裁案件中,如何分配举证责任?

2021 年 11 月 25 日,常先生到芦荟公司工作,负责操作生产线主机控制台。在职期间,芦荟公司始终未给常先生缴纳社会保险。2023 年 6 月常先生就此提起劳动仲裁,仲裁期间双方就常先生月工资数额发生争议。常先生表示每月发工资时会就工资条进行签字,芦荟公司对此予以认可。仲裁庭要求芦荟公司提供常先生工资表,而芦荟公司却拒绝提供。

(资料来源:北京儒德律师事务所,《HR 的法律合规必修课》,中国人民大学出版社,2023,有改动)

分析:

根据《劳动争议调解仲裁法》第 6 条的规定,发生劳动争议,当事人对自己提出的主张,有责任提供证据。与争议事项有关的证据属于用人单位掌握管理的,用人单位应当提供,用人单位不提供的应当承担不利后果。本案中,对于工资构成产生争议,常先生有责任提供工资清单,但是常先生表示工资清单由芦荟公司掌握,芦荟公司应当提供却拒绝提供,应承担不利后果。

了解劳动合同中的培训服务期

一、活动目标

引导学生掌握劳动合同的相关知识,为未来进入职场订立劳动合同时规避风险做好准备。

二、活动时间

15 分钟。

三、活动流程

(1)教师出示以下阅读材料,并提问:你认为小李辞职需要赔偿巨额违约金吗?为什么?

劳动合同中的培训服务期

小李受聘于某酒店,担任销售部经理,酒店在为其提供 3 个月的培训之前,与其订立了服务期为 3 年的合同。1 年后,小李偶然发现,酒店并没有依照法律规定为他缴纳社会保险。小李找到酒店交涉,但是酒店的负责人无理呵斥,还威胁小李不要把事情闹大,不然后果自负。小李觉得自己受到欺骗,因此递交了辞职申请,但酒店以小李尚在服务期为由,要求小李赔偿巨额违约金。小李在强大压力下,向当地劳动行政部门申诉。

(2)教师按照 4~6 人一组将学生划分小组,通过小组内部讨论形成小组观点。

(3)每个小组选出一名代表陈述本组观点,其他小组可以对其进行提问,小组内其他成员也可以回答提出的问题;通过问题交流,将每一个需要研讨的问题都弄清楚。

(4)教师进行分析、归纳、总结。

(5)教师根据各组在研讨过程中的表现给予点评并赋分。

3.3 劳动安全和劳动保护

◇ 哲人隽语 ◇

只有劳动才可能使人在生活中强大。不论什么人,最终还是要崇尚那些能用双手创造生活的劳动者。如何对待劳动,这是人生最基本的课题。

——路遥

学习目标

1. 理解劳动安全、体面劳动、劳动工作环境和保护的内涵。
2. 理解和掌握保护劳动权益的相关内容。
3. 增强对体面劳动的全面认识,关注集体协商问题的解决方案,能充分利用集体协商机制保护相关劳动权益。

引入案例

四川自贡富顺西艾氟科技有限公司"5.3"较大爆炸事故

2024年5月3日13时18分许,位于四川富顺晨光经济开发区的四川西艾氟科技有限公司发生一起爆炸事故,造成3人死亡,直接经济损失约676.78万元。经自贡市人民政府决定,成立自贡富顺西艾氟科技有限公司"5·3"较大爆炸事故调查组。事故调查组邀请自贡市检察院参加事故调查,自贡市纪委监委同步成立追责问责审查调查组。省安委会对事故查处实行挂牌督办。经调查认定,四川西艾氟科技有限公司"5·3"爆炸事故是一起因企业擅自改变反应条件、异常工况处置不当、设备维护保养管理、安全风险及工艺辨识、作业人员管控不到位等原因引发的较大生产安全责任事故。

分析:

上述安全事故发生的原因可能有很多,但关键原因一是事故企业安全意识、法律意识淡薄;二是员工严重违反工艺等相关纪律,安全意识薄弱;三是政府有关部门监管责任履行不到位。该事件给政府相关职能部门、企业、劳动者及全社会敲响了警钟,安全生产无小事,必须依法依规进行生产和管理。

一、劳动安全

法律对劳动者的保护不限于经济利益的保护,还有对人身的保护,如法律规定用人单位有义务给劳动者提供安全的劳动环境,给劳动者提供健康的保护,对生理上处于弱势的劳动群体给予特殊保护。对所有劳动者而言,劳动环境安全,劳动对身体健康没有损害都是劳动的基本前提。

(一) 劳动安全卫生法律制度

劳动安全卫生法律制度,又称劳动保护法律制度,是对劳动者劳动过程中的生命安全和身体健康加以保护的法律制度。劳动者在劳动过程中有获得劳动保护的权利,用人单位有提供劳动保护的义务。

劳动安全卫生法律制度包括两层:一是劳动安全卫生技术规程,二是对劳动安全卫生的管理制度。前者以设立技术标准的形式避免和预防劳动过程中的伤亡事故和职业病的发生。后者是旨在预防和处理伤亡事故和职业病的管理制度。两者的作用都是预防、减少和消除对劳动者生命和健康的危害。基于规范劳动安全卫生的技术规程和管理制度对行业和领域的针对性,《中华人民共和国安全生产法》确立了"安全第一,预防为主,综合治理"的安全生产工作方针。

(二)劳动安全技术规程

劳动安全技术规程是防止劳动者在生产和工作过程中的伤亡事故,保障劳动者的安全和防止生产设备遭到破坏的各种技术要求和操作程序。其内容主要有:

(1)工厂安全技术规程,主要包括机器设备、电气设备、动力锅炉、压力容器和建筑物与通道等方面的安全技术规程;

(2)矿山安全技术规程,主要包括建立健全矿山安全生产责任制、矿山安全管理机构,加强安全教育和技术培训等方面的安全技术规程;

(3)建筑安装工程安全技术规程,主要包括施工现场、脚手架、土石方工程、机电设备、安装、拆除工程等方面的安全技术规程。

(三)劳动卫生规程

劳动卫生规程是防止、消除生产过程中的职业危害,保障劳动者健康的各种措施和办法。

劳动卫生规程的主要内容涉及防止粉尘、有害气体或液体的危害,防止噪声、强光的刺激和防暑防冻,个人防护用品的供应及职业病的防治等方面。其中职业病的防治是重要内容。

(四)用人单位的职责

《劳动法》规定,用人单位必须建立、健全劳动安全卫生制度,严格执行国家劳动安全卫生规程和标准,对劳动者进行劳动安全卫生教育,防止劳动过程中的事故,减少职业危害。结合其他相关规定,综合而言,用人单位有下面几个方面的劳动安全卫生职责:

(1)建立、健全劳动安全卫生制度。从用人单位角度来看,一是依法制定企业内部劳动安全卫生规章制度,并要求劳动者必须遵守这些规章制度和操作规范;二是对企业内部的劳动安全卫生规章制度的执行实施监督检查,纠正违章操作行为;三是对违反劳动安全卫生规章制度,并造成事故的劳动者给予纪律处罚。

(2)执行国家职业安全卫生操作规章和标准。

(3)对劳动者进行职业安全卫生教育。一是生产经营单位主要负责人和管理人员的安全生产资格培训;二是从业人员的"三级"(入厂、车间、班组)教育培训;三是特种作业人员的安全培训;四是转岗、变换工种和"四新"(新工艺、新材料、新设备、新产品)安全教育;五是复工教育;六是复训教育。

(4)依法安装、使用劳动安全卫生设施。安装、使用劳动安全卫生设施是防止事故发生、减少职业危害的一项重要措施,《劳动法》规定,劳动安全卫生设施必须符合国家规定的标准。新建、改建、扩建工程的劳动安全卫生设施必须与主体工程同时设计、同时施工、

(五) 劳动安全的法律风险防范

防止事故发生、保证劳动者人身安全是企业安全生产工作的重要组成部分。

(1) 加强安全风险意识防范。提高全员安全风险意识；加强劳动安全教育；强化劳动安全警示。

(2) 严格执行标准化作业制度。经验证明，采取安全措施可以有效规避风险或操作事故。综观大大小小的劳动生产安全事故导致的人身伤亡案例，绝大部分都是违章操作所致的。所以只要严格执行标准化作业制度，做好相关的安全措施，就完全有可能防止事故的发生，从而更有效地保障劳动者在生产过程中的生命安全与健康。

(3) 提供符合国家标准或者行业标准的劳动防护用品。

(4) 加强员工职业健康检查。对从事接触职业病危害作业的劳动者，不管是上岗前、在岗期间、还是离岗时，用人单位都要组织职业健康检查，并将检查结果书面告知劳动者。用人单位承担职业健康检查费用。

二、劳动保护

(一) 体面劳动

1. 体面劳动的概念

"体面劳动"的概念是时任国际劳工组织总干事胡安·索马维亚在国际劳工组织1999年6月举行的第87届国际劳工大会上提交的题为《体面的劳动》(*Decent Work*)的报告中提出的。通俗地说，体面劳动就是有尊严的劳动。体面劳动不仅在于有就业机会，还应在待遇和安全性等方面能够为劳动者所接受。政府应该通过促进就业，强化劳动者的社会保护，实施政府、资方和劳方三方协商对话等措施，充分保障劳动者合法劳动权益。实现体面劳动，也是尊重和保障人权，特别是劳动权的重要内容。

2. 体面劳动的特征

第一，体面劳动是以人为本的劳动；第二，体面劳动是关注弱势群体的劳动；第三，体面劳动是有尊严的劳动；第四，体面劳动是有回报的劳动；第五，体面劳动是有保障的劳动；第六，体面劳动是对话性的劳动。

3. 实现体面劳动的途径

第一，要使体面的、有尊严的劳动成为可能，劳动者素质必须有明显提高。

第二，更新观念，消除歧视，把灵活就业纳入经济和社会发展的国家规划。

第三，构建就业的法律援助通道，积极建立就业人员的工会组织。

第四，制定有益于就业的税收政策与财政政策。

第五，完善就业人员的社会保障制度。

第六，将体面劳动作为一种职业福利。

中国目前处于社会转型阶段，社会矛盾在短期内仍然会相当激烈，要妥善处理社会矛盾，建设和谐社会，就有必要在各行业逐渐深入地实行体面劳动，把体面劳动作为一种职业福利，使劳动者安于劳动、乐于劳动。

(二) 就业促进制度

1. 促进就业

(1) 就业与就业权利。

就业是指法定年龄内的劳动者所从事的为获取报酬进行的务工劳动。凡年满16周岁、具有劳动权利能力和劳动行为能力的公民都享有就业权利。

(2) 促进就业的途径。

国家促进就业的途径主要有：

① 由企业、事业单位及社会团体兴办产业或拓展经营，扩大就业机会，广泛吸收社会上富余的劳动力。

② 由劳动者自己组织起来兴办企业、合伙经营等，自己解决就业问题。

③ 鼓励劳动者从事个体经营。

(3) 保障公平就业。

国家旨在保障公平就业的规定主要有：

① 向劳动者提供平等的就业机会和公平的就业条件，不得进行就业歧视。

② 国家保障妇女享有与男子平等的劳动权利。除国家规定的不适合妇女的工种或者岗位外，不得以性别为由拒绝录用妇女或者提高对妇女的录用标准；在录用女职工时，不得在劳动合同中规定限制女职工结婚、生育的内容。

③ 各民族劳动者享有平等的劳动权利。

④ 国家保障残疾人的劳动权利，对残疾人就业进行统筹规划，为残疾人创造就业条件。用人单位招用人员时，不得歧视残疾人。

⑤ 用人单位招用人员时，不得以其是传染病病原携带者为由拒绝录用。但是，传染病病原携带者在经医学鉴定治愈前或者排除传染嫌疑前，不得从事法律、行政法规和国务院卫生行政部门规定禁止从事的易使传染病扩散的工作。

⑥ 农村劳动者进城就业时享有与城镇劳动者平等的劳动权利，不得对农村劳动者进城就业设置歧视性限制。

2. 就业服务

就业服务是指政府职能部门对于求职人员提供的各项帮助和服务。

(1) 就业服务机构。

我国目前最主要的就业服务机构主要有：

① 劳动服务机构，主要可分为两类：一是省（自治区、直辖市）、市、县、乡（镇）劳动服务机构，为劳动行政部门领导下的全民所有制事业单位；二是国有企业、事业单位建立的劳动服务机构，为主办单位领导下的集体所有制经济组织。

② 职业中介机构，主要可分为两类：一是劳动部门开办的职业介绍所，是有偿服务但不营利的事业单位；二是非劳动部门开办的职业介绍所，有营利性的和非营利性的两种。营利性的职业介绍所须取得劳动部门的许可证，再在工商部门办理工商登记后方可经营；非营利性的则只需取得许可证。

(2) 就业服务的内容。

① 职业介绍，是指为实现就业而提供的各类职业介绍服务，供求双方相互选择。

② 转业训练,是指旨在提高劳动者职业技术和就业能力的多层次、多形式的就业训练和转业训练服务。

③ 生产自救,是指组织劳动者开展生产自救和创业。

④ 失业救济,是指保障失业者基本生活和帮助其再就业、高质量就业。

3. 优化高质量就业

就业问题不仅是重大的经济问题、社会问题,也是重大的政治问题。就业不仅是劳动者生存的经济基础,也是其融入社会、共享发展成果的前提。就业是最大的民生。党的十九大明确提出要实现更高质量和更充分就业的新目标,提出实施就业优先战略和积极就业政策等一系列新举措,这是做好当前和今后一个时期就业工作的重要指引。

随着就业结构的进一步转型升级,越来越多的劳动者转移到新经济、新业态中就业,灵活就业人员也迅速增加。与此同时,他们的劳动保护问题也日渐突出。只有不断完善社会保障体制,创新劳动保护的方式方法,探索新形势下保障劳动者权益的方式方法,才能为更多的灵活就业人员撑起"保护伞"。

(三) 保护劳动权益

劳动权益是指劳动者在劳动法律关系中依法享有的,保障其在生产经营活动中生存和发展的一系列劳动权利和利益的组合,是体面劳动实现的基础。它包括劳动者的人身权益、经济权益和政治参与权益,因此劳动者的劳动权益保障必须从劳动者个人、国家经济和政治三个方面作出努力。

1. 提高劳动待遇

国家层面,《中共中央关于坚持和完善中国特色社会主义制度 推进国家治理体系和治理能力现代化若干重大问题的决定》提出增加劳动者,特别是一线劳动者的劳动报酬。这就为提高劳动者劳动待遇提供了政策依据。一是坚持按劳分配为主体、多种分配方式并存。坚持多劳多得,着重保护劳动所得,增加劳动者,特别是一线劳动者的劳动报酬,提高劳动报酬在初次分配中的比重。二是健全劳动、资本、土地、知识、技术、管理、数据等生产要素由市场评价贡献、按贡献决定报酬的机制。健全以税收、社会保障、转移支付等为主要手段的再分配调节机制,强化税收调节,完善直接税制度。完善相关制度和政策,合理调节城乡、区域、群体间分配关系。三是重视发挥第三次分配的作用,发展慈善等社会公益事业。鼓励勤劳致富,保护合法收入,增加低收入者收入,扩大中等收入群体,调节过高收入,清理规范隐性收入,取缔非法收入。

企业层面,为吸引劳动者,激发劳动者的积极性、主动性、创造性,让劳动者充分发挥主人翁精神,以提升劳动者对企业的忠诚度,企业也应该有相应的激励机制,提高劳动待遇就是其中一种。当企业利润不断增长,尤其是翻倍增加的时候,企业应该考虑增加劳动者的工资,如果企业不作为,劳动者可以通过集体协商的手段要求企业相应提高劳动者的劳动待遇。

工资是指用人单位根据国家有关规定或者劳动合同的约定,以货币形式直接支付给本单位劳动者的劳动报酬。劳动者的劳动报酬主要通过工资来体现,我国在工资制度方面有相应的法律规定。

(1) 工资的形式及分配原则。

① 工资的形式。

我国的工资形式主要有：第一，计时工资，即按单位时间工资率（计时工资标准）和工作时间向劳动者支付个人工资的一种形式，主要有月工资、日工资和小时工资三种；第二，计件工资，即按劳动者生产的合格产品数量和预先规定的计件单位计算工资的形式；第三，奖金，即支付给劳动者的超额劳动报酬和增收节支的劳动报酬，有月奖、季度奖和年度奖，经济性奖金和一次性奖金，综合奖和单项奖等；第四，津贴，即对劳动者在特殊条件下的额外劳动消耗或额外费用支出给予物质补偿的一种工资形式，主要有岗位津贴、保健性津贴、技术性津贴等。

② 工资的分配原则。

按劳分配原则，即多劳多得，少劳少得，等量劳动获取等量报酬，不劳不得。

同工同酬原则，即用人单位对所有劳动者提供的同等价值的劳动支付同等的劳动报酬，在经济发展的基础上逐步提高工资水平的原则。

工资总量宏观调控原则，即国家对工资分配中的不合理现象进行干预的法律调控。

(2) 工资总额的组成。

根据国家统计局公布的《关于工资总额组成的规定》，工资总额包括计时工资、计件工资、奖金、津贴和补贴、加班加点工资、特殊情况下支付的工资。

(3) 企业工资制度。

等级工资制，即根据劳动者的技术等级或职务等级划分工资级别，按等级发放工资的制度。

效益工资制，即企业的工资总额同企业经济效益挂钩的制度。

岗位技能工资制。岗位技能工资制包括岗位工资制和技能工资制。岗位工资制实行一岗一薪，易岗易薪。岗位工资由岗位的劳动繁重程度、劳动环境、工作责任大小等因素决定。技能工资根据劳动者的劳动技能和工作业绩来考核决定。

(4) 特殊情况下的工资。

① 依法参加社会活动期间的工资。劳动者在法定工作时间内参加社会活动，如参加人大代表选举、担任陪审员等，用人单位应向劳动者支付工资。

② 加班加点的工资。劳动者加班加点的，用人单位应按下列标准支付工资：安排劳动者延长工作时间的，支付不低于工资的150%的工资报酬；休息日（周六、日）安排劳动者工作的，支付不低于工资的200%的工资报酬；法定休假日安排劳动者工作的，支付不低于工资的300%的工资报酬。

③ 婚丧假期间的工资。劳动者本人结婚或其直系亲属死亡的婚丧假（包括路程假）期间，用人单位应向劳动者支付工资。

④ 年休假、探亲假期间的工资。劳动者依法享受年休假、探亲假的，用人单位应按劳动合同规定的标准支付工资。

⑤ 停工期间的工资。非因劳动者原因停工、停产在一个工资支付周期内的，用人单位应当按劳动合同规定的标准支付工资；超过一个工资支付周期的，若劳动者提供了正常

劳动,则支付劳动者的报酬不得低于当地的最低工资标准;若劳动者没有提供正常劳动,则按国家有关规定处理。

2. 工时制度与休息休假

(1) 工时制度。

工时是指劳动者根据法律规定,在一昼夜(工作日)或一周(工作周)之内用于完成本职工作的时间。我国的工作日种类主要有:

① 标准工作日。根据《国务院关于修改〈国务院关于职工工作时间的规定〉的决定》的规定,职工每日工作8小时,每周工作40小时;国家机关、事业单位实行统一的工作时间,星期六和星期日为周休息日,企业和不能实行上述规定的事业单位可根据实际情况灵活安排周休日。

② 缩短工作日。我国实际缩短工作日的情形有:夜班工作时间缩短1小时;从事矿山、井下、高山、低温、高温、严重有毒有害、特别繁重或过度紧张的劳动的,缩短为每天工作6或7小时;哺乳未满1周岁婴儿的女职工,每日可哺乳1小时;未满18岁的未成年工每天工作少于8小时。

③ 延长工作日。用人单位由于生产经营需要,与工会和劳动者协商后可以延长工作时间,一般每日不得超过1小时;因特殊原因需要延长工作时间的,在保障劳动者身体健康的条件下每日不得超过3小时,每月不得超过36小时。

有下列情形之一的,延长工作时间不受上述规定限制:发生自然灾害、事故或者有其他原因,威胁劳动者生命健康和财产安全,需要紧急处理的;生产设备、交通运输线路、公共设施发生故障,影响生产和公众利益,必须及时抢修的;法律、行政法规规定的其他情形。

④ 无定时工作日,即每天没有固定工作时数的工作日,如汽车司机、铁路道口看守人员、记者、森林巡查人员等的工作日。

⑤ 非全时工作日,即每日或每周工作时间少于标准工作日,由劳动者自由决定的工作时间,多适用于旅馆、饭店、商店或个体经营等服务性工作,劳动者多为学生、残疾人、老年人等。

(2) 休息休假。

① 工作日内的休息时间,即工作日内的间歇时间。一般在工作4小时后,应给予劳动者半小时的休息时间。

② 两个工作日间的休息时间。一般8小时工作时间以外的时间均为休息时间,两个工作日间的休息时间不得少于16小时。无特殊情况时应保证劳动者能连续使用。

③ 每周公休日,即劳动者工作满一个工作周一般可休息1~2天。从事特殊工种(如冶金、化工、有毒有害工种等)的劳动者,可享有比普通职工更多的每周公休日。

④ 每年法定节假日。根据国务院2024年11月修订的《全国年节及纪念日放假办法》的规定,我国全体公民的法定节假日如下:元旦(1月1日),放假1天;春节,放假4天,时间为农历除夕、正月初一至初三;清明节(农历清明当日),放假1天;劳动节,放假2天,为5月1日、2日;端午节(农历端午当日),放假1天;中秋节(农历中秋当日),放假1天;国庆节,放假3天,即10月1日至3日。

⑤ 探亲假。劳动者探望配偶,每年给假一次,假期为30天;未婚职工探望父母的,原

则上每年给假一次,假期 20 天,如因工作需要,当年不便休假或职工自愿的,可两年给假一次,假期为 45 天;已婚职工探望父母,每四年给假一次,假期 20 天;实行休假制度的职工(如教师),原则上不另行安排探亲假,但如果假期较短,则可由本单位适当安排,补足其探亲假的天数。

⑥ 带薪年休假。劳动者连续工作一年以上的,享受带薪年休假。年休假包括每周公休日,但不包括国家法定节假日,碰到法定节假日可以顺延。如某人休 7 天年休假时的第三天是 1 月 1 日,则第三天不算在年休假内,其实际休假 8 天。但如果遇到公休日则不适用这样的规定,公休日算在年休假内。

3. 女职工与未成年工的特殊保护

(1) 女职工的特殊保护。

在从事工种方面,劳动法规定了女工禁忌劳动范围:① 矿山井下作业;② 森林业伐木、归楞及流放作业;③ 国家规定的第四级劳动强度的作业;④ 建筑业脚手架的组装和拆除作业,以及电力、电信行业的高处架线作业;⑤ 连续负重每次超过 20 公斤(每小时负重 6 次以上),间断负重每次超过 25 公斤的作业。

对女工生理机能变化特殊过程中的保护主要有两方面。① 经期、孕期、产期、哺乳期的保护,如女工经期不从事高空、低温、冷水作业和国家规定的第三级劳动强度的劳动;对怀孕 7 个月以上的女工,一般不得延长工作时间和安排从事夜班工作;产假不得少于 90 天;对有不满 1 周岁婴儿的女职工,单位应在其劳动时间内给予两次哺乳时间,每次 30 分钟,并不得安排其从事国家规定的第三级体力劳动强度的劳动和哺乳期禁忌从事的劳动,不得延长其工作时间,一般不得安排夜班工作等。② 在女工较多的单位建立和完善女职工保护设施,如建立女职工卫生室、孕妇休息室、哺乳室、托儿所、幼儿园等。

(2) 未成年工的特殊保护。

未成年工在我国指年满 16 周岁、未满 18 周岁的少年工人。对其的特殊保护主要包括:

在从事的工种方面,不得安排其从事矿山井下劳动、有毒有害作业、国家规定的第四级体力劳动强度的劳动、其他禁忌从事的劳动。

用人单位应对未成年工定期体检,预防和避免未成年人患职业病或职业中毒。

法律禁止招用未满 16 周岁的儿童、少年做工、经商、当学徒。文艺、体育和特种工艺单位确需招用的,须报经县级以上劳动行政部门批准。

4. 社会保险与社会福利

(1) 社会保险。

社会保险制度是指劳动者因年老、患病、工伤、失业、生育等情况,丧失或暂时丧失劳动能力,或失去职业岗位时,国家和社会给予物质帮助和补偿的制度。

我国社会保险的险种主要有养老保险、失业保险、医疗保险、工伤保险、生育保险。我国劳动法没有规定死亡保险,但规定劳动者死亡后,其遗属依法享受遗属津贴。

① 养老保险。

养老保险是劳动者在退休、离休后,根据其年龄条件、劳动条件、工龄(或工作年限)条件和有关规定而获得物质帮助的一种社会保险。我国目前实行的是国家基本养老保险、企业补充养老保险和个人储蓄性养老保险相结合的制度。

目前我国主要采用社会统筹与个人账户相结合的养老保险制度。企业与个人分别按法定比例缴纳养老保险费用,个人所缴费用都进入其个人账户;企业缴费大部分进入基本养老统筹基金,部分进入个人账户。个人账户储存额只用于职工养老,不得提前支取;职工调动时,可随之转移;职工死亡的,则可由其继承人继承。

② 失业保险。

失业保险是指对失业人员失业期间的基本生活给予保障的一种社会保险。

失业保险待遇的享受条件具体包括:按照规定参加失业保险,所在单位和本人已按照规定履行缴费义务满1年;非因本人意愿中断就业;已办理失业登记,并有求职要求。

失业人员领取失业金期间有下列情形的,停止领取:重新就业的;应征服兵役的;移居境外的;享受基本养老保险待遇的;被判刑收监执行的;无正当理由拒不接受当地政府指定的部门或机构介绍的工作的;有法律、行政法规规定的其他情况的。

失业人员领取失业保险金的期限由累计缴费时间确定:累计缴费1年以上、不足5年的,为12个月;5年以上、不足10年的,为18个月;10年以上的,为24个月。

失业保险金的标准,按照低于当地最低工资标准、高于城市居民最低生活保障标准的水平,由省(区、市)政府确定。

③ 医疗保险。

医疗保险是指劳动者非因工患病、负伤并暂时丧失劳动能力时获得必要的医疗服务和物质保障的一种社会保险。

我国目前实行的是基本医疗保险统筹基金和个人账户相结合的制度。用人单位缴纳的基本医疗费用分为两部分:一部分建立统筹基金,另一部分划入个人账户。个人缴纳的则全部进入个人账户。

职工生病医疗期的长短与职工工龄长短有关。实际工作年限10年以下,在本单位工作年限5年以下的,为3个月;5年以上的为6个月。实际工作年限10年以上,在本单位工作5年以下的,为6个月;5年以上、10年以下的为9个月;10年以上、15年以下的为12个月;15年以上、20年以下的为18个月;20年以上的为24个月。

在医疗期间,用人单位不得解除劳动合同,职工的病假工资、医疗救济费等按国家有关规定支付。

④ 工伤保险。

工伤保险是指职工因工致伤、病残、死亡时,依法获得经济赔偿和物质帮助的一种社会保险。

根据我国《工伤保险条例》的规定,职工有下列情形之一的,应当认定为工伤:在工作时间和工作场所内,因工作原因受事故伤害的;工作时间前后在工作场所内,从事与工作有关的预备性或收尾性工作受到事故伤害的;在工作时间和工作场所内,因履行工作职能受到暴力等意外伤害的;患职业病的;因工外出期间,由于工作原因受到伤害或发生事故下落不明的;在上下班途中,受到非本人主要责任的交通事故或城市轨道交通、客运轮渡、火车事故伤害的;法律、行政法规规定应认定为工伤的其他情形。

职工有下列情形的,视同工伤:在工作时间和工作岗位突发疾病死亡,或在 48 小时内经抢救无效死亡的;在抢险救灾等维护国家利益、公共利益活动中受到伤害的;职工原在军队服役,因战、因公负伤致残,已取得革命伤残军人证,到用人单位后旧伤复发的。职工有第一、二种情形的,享受工伤待遇;有第三种情形的,享受除一次性伤残补助金以外的工伤保险待遇。

工伤待遇需要评定劳动功能障碍程度、生活自理障碍程度,因此职工发生工伤后,应进行劳动能力鉴定,其中劳动能力障碍分为 10 个等级(最重 1 级,最轻 10 级),生活自理能力障碍分为 3 个等级(生活完全、大部分、部分不能自理)。

工伤保险具有赔偿性质,待遇标准较高,工伤保险费由用人单位按照职工工资总额的一定比例缴纳,职工个人不需缴纳工伤保险费。

> **案例 3-4**
>
> **劳动者在工作中因违规操作导致受伤,是否可以被认定为工伤?**
>
> 王先生是西瓜模具厂的员工,2022 年 3 月 3 日下午 5 点左右,王先生在西瓜模具厂的挤压车间更换挤压机模具时,不慎被吊装钩与模具夹伤右手中指,经医院诊断为:右中指末节指骨骨折。后在 4 月 11 日,王先生向当地社保行政部门申请工伤认定,该部门受理后认定为工伤。对此,西瓜模具厂的相关负责人不服,提起行政诉讼,认为:工厂已经多次强调操作流程及注意事项,王先生的操作属于违规操作,进而导致自己受到伤害,不应认定为工伤,社保行政部门认定工伤不合理。
>
> (资料来源:北京儒德律师事务所,《HR 的法律合规必修课》,中国人民大学出版社,2023,有改动)
>
> **分析:**
>
> 在工作时间和工作场所内,因工作原因受到事故伤害的,应当认定为工伤。王先生违规操作,不属于《工伤保险条例》第 16 条规定的不得认定为工伤或者视同工伤的除外情形,不影响王先生在工作时间、工作地点、因工作原因受伤的事实认定,故王先生应当认定为工伤。应当注意的是劳动者有故意犯罪、醉酒或者吸毒、自残或者自杀的情形的,不得认定为工伤或者视同工伤。劳动者在工作中违章或者违规操作导致自己受到伤害不属于不得认定为工伤或者视同工伤的除外情形,因此违规操作与工伤认定无关,用人单位不可以此为由拒绝为劳动者申请工伤认定或者拒绝承认认定结果。

⑤ 生育保险。

生育保险是指女职工在生育期间获得必要的经济补偿和医疗保健的一种社会保险。

生育保险待遇的内容主要有:

产假。根据《女职工劳动保护特别规定》的规定,法定产假为 98 天,其中产前假 15 天,难产者增加 15 天,生育多胞胎的则每多生育一个婴儿增加 15 天。流产产假以怀孕时间长短区别,怀孕不满 4 个月流产者为 15 天,4 个月及以上者为 42 天。

生育津贴。法定产假期间停发工资,按月领取生育津贴,其标准为本单位上年度职工月平均工资。

生育医疗待遇。女职工因怀孕、分娩、流产所产生的检查费、接生费、手术费、住院费和药费,因生育引起疾病的医疗费,以及采取避孕措施控制生育的费用由生育保险基金支付。

女职工的生育医疗费用和生育津贴,在其用人单位已参加生育保险基金统筹的,由社会保险机构生育保险基金支付;否则,由用人单位支付。

(2) 社会福利。

福利是指为满足职工物质文化生活,保证职工及其亲属的一定生活质量而提供的工资收入以外的津贴、设施和服务。其具体可分为社会福利和集体福利。

社会福利由国家和社会团体兴办公益性事业来体现,如各居民小区内设的健身设施;集体福利由企业按工资总额和利润的一定比例来提取,用于医药费、集体福利设施、困难补助、福利性补贴等支出。

5. 集体协商

(1) 集体协商的概念。

集体协商在很多市场经济国家被称为"集体谈判"或"劳资谈判"。在我国,为了减轻"集体谈判"一词所包含的强烈对抗性,集体谈判被称为集体协商。集体协商是工会或职工代表代表职工与雇主或雇主组织围绕劳动条件和劳动标准等问题,为订立集体合同而进行商谈和交涉的过程。其主要特征是:

① 集体协商的主体是特定的,一方是代表企业的雇主或雇主组织,另一方是代表职工的工会或职工代表;

② 集体协商的内容是特定的,主要是与职工合法权益相关的劳动条件、劳动标准(报酬、工作时间、休息休假、劳动安全卫生)等;

③ 集体协商的目的是订立集体合同。

集体协商与订立集体合同不是一个概念,两者的关系是,集体协商是订立集体合同的前提,订立集体合同是集体协商的结果。

(2) 集体协商代表。

根据《集体合同规定》,集体协商代表是指按照法定程序产生并有权代表本方利益进行集体协商的人员。集体协商由集体协商代表进行。开展集体协商,首先要确定集体协商代表。根据《集体合同规定》,集体协商代表的产生和构成有以下几点要注意:

① 集体协商双方的代表人数应当对等,每方至少 3 人,并各确定 1 名首席代表。

② 职工一方的协商代表由本单位工会选派。未建立工会的,由本单位职工民主推荐,并经本单位半数以上职工同意。职工一方的首席代表由本单位工会主席担任。工会主席可以书面委托其他协商代表代理首席代表。工会主席空缺的,首席代表由工会主要负责人担任。未建立工会的,职工一方的首席代表从协商代表中民主推举产生。

用人单位一方的协商代表由用人单位法定代表人指派,首席代表由单位法定代表人担任或由其书面委托的其他管理人员担任。

集体协商中的双方首席代表可以书面委托本单位以外的专业人员作为本方协商代

表。委托人数不得超过本方代表人数的三分之一。首席代表不得由非本单位人员代理。用人单位协商代表与职工协商代表不得兼任。

(3) 集体协商的程序。

① 提出集体协商要求。

集体协商任何一方均可就订立集体合同或专项集体合同及相关事宜,以书面形式向对方提出进行集体协商的要求。另一方应当在收到集体协商要求之日起 20 日内以书面形式予以回应,无正当理由不得拒绝进行集体协商。

② 集体协商前的准备工作。

集体协商代表在集体协商前应进行下列准备工作:熟悉与集体协商内容有关的法律、法规、规章和制度;了解与集体协商内容有关的情况和资料,收集用人单位和职工对协商意向所持的意见;拟定集体协商议题,集体协商议题可由提出协商一方起草,也可由双方指派代表共同起草;确定集体协商的时间、地点等事项;共同确定一名非协商代表者担任集体协商记录员。记录员应保持中立、公正,并为集体协商双方保密。

③ 召开集体协商会议进行集体协商。

集体协商会议由双方首席代表轮流主持,并按下列程序进行:

宣布议程和会议纪律;

一方首席代表提出协商具体内容和要求,另一方首席代表就对方的要求作出回应;

集体协商双方就商谈事项发表各自意见,展开充分讨论;

双方首席代表归纳意见。集体协商达成一致的,由双方首席代表签字。未达成一致意见或出现事先未预料到的问题时,经双方同意,可以中止协商。

(4) 集体合同的订立程序。

① 集体协商,制订草案。

工会或职工代表与雇主或雇主组织集体协商,制订集体合同草案。

② 职工讨论,通过草案。

集体合同草案或专项集体合同草案应当提交职工代表大会或全体职工讨论。该讨论应当有三分之二以上职工代表或者职工出席,且须经全体职工代表半数以上或者全体职工半数以上同意,集体合同草案或专项集体合同草案方获通过。

③ 签字。

集体合同草案或专项集体合同草案经职工代表大会或者职工大会通过后,由集体协商双方首席代表签字。

④ 上报、审查备案。

集体合同或专项集体合同订立或变更后,应当在自双方首席代表签字之日起 10 日内,由用人单位一方将文本一式三份报送劳动保障行政部门审查。

⑤ 生效。

劳动保障行政部门自收到文本之日起 15 日内未提出异议的,集体合同或专项集体合同即行生效。

⑥ 公布。

生效的集体合同或专项集体合同应当自其生效之日起由协商代表及时以适当的形式

向本方全体人员公布。

(四) 保护劳动环境

劳动环境是指劳动者所在的劳动场所的外部环境,主要关注对劳动者身心健康产生影响的各种有害因素。通过对各种有害因素的危害程度的测定,可以对劳动环境作出评价。劳动环境不同,在相同时间内其他劳动因素不变,所需付出的劳动消耗量是不同的。在较差的条件下,就要支出更多的劳动。我国《劳动法》规定,用人单位应当为劳动者提供健康、安全的工作环境。特殊行业应当给予特殊健康保护。

由于现代工业对劳动环境的破坏,要使劳动有吸引力,就必须有一个愉快的劳动环境,防止粉尘、有害气体或液体的危害,防止噪声、强光的刺激和防暑防冻,进行个人防护用品的供应及职业病的防治等。因此安全的工作环境应避免极端恶劣的条件(高温、粉尘、噪声等),用人单位应提供安全的工作条件,防止工伤事故、伤害和职业病。

体面劳动意味着企业要改善工作环境、完善福利待遇等,让员工体会到自身对企业的重要性。

我国目前许多职业群体的工作状况令人担忧,如农民工群体在城市多半从事脏、乱、差的工作,工作环境极其恶劣,工作条件极为简陋,工作安全无法保障,克扣、拖欠工资现象严重,并且由于其工作性质,农民工群体在城市受到各种政策性、群体性歧视,严重影响这一群体融入城市。要实现社会和谐发展,就必须使劳动者实现体面劳动,并注意做好劳动环境的生态保护工作。

在我国社会的迅速转型中,最珍贵的财富就是自然生态环境。劳动环境的生态保护要求,在改造自然的同时,也讲究人与工作环境的有机融合。生态关怀、社会关怀、道德关怀和审美情趣必须紧密相关,把生态观放在文化大语境中去理解和进行全面的审视,对构建环保的劳动环境、构建和谐社会皆有裨益。

近年来,我国的环境保护战略位置日显突出,我国在大力推进生态文明建设的同时,积极探索环境保护新思路。尤其是在当前,我国经济社会发展进入新常态。在经济新常态下,生态文明建设和环境保护也进入新常态。劳动环境保护是生态文明和环境保护的组成部分,我们同样要大力推进劳动环境的生态文明建设,积极探索劳动环境保护的新路。

总结案例

补缴社会保险纠纷,人民法院是否受理?

甲公司因补缴社会保险分别与五名员工发生纠纷,具体情况为:

员工A,2016年3月进入公司,2018年1月公司开始为其缴纳社会保险至今,A要求公司补缴2016年3月至2017年12月期间的社会保险。

员工B,2015年11月进入公司,但当时未与原单位解除劳动合同,由原单位缴纳社会保险至2018年12月,之后自己在个人流动窗口缴纳社会保险至今。B要求公司将其社会保险转入单位窗口,且自己在个人流动窗口缴纳的社会保险费用由公司承担。

员工C,2016年1月进入公司任部门经理,月工资为5 000元以上,但公司只按当年的社会平均工资为其缴纳社会保险。由于缴纳基数低于本人实际工资,C要求公司按实际工资补缴社会保险。

员工D,2019年3月进入公司,由于一直没有完整提供个人资料,公司一直没有为其缴纳社会保险,D要求公司为其补缴2019年3月至今的社会保险。

员工E与其他单位存在劳动关系,由于甲公司发生工伤概率较大,而原单位缴的社会保险不适用于甲公司,E要求公司按规定单独为其缴纳工伤保险。

(资料来源:段宇海、廖能,《人力资源全流程法律风险管理手册》,中国法制出版社,2015)

分析:

(1) 他们能否以公司未依法缴纳社会保险为由解除劳动合同,要求经济补偿?

综合上述案情,根据现在的司法实践,他们的请求一般不会被支持,原因如下:

第一,员工A,根据只能补缴纠纷发生之日两年内的社会保险费的规定,其要求补缴2016年3月至2017年12月期间社会保险费的请求已过时效。而2018年1月公司开始为其缴纳社会保险,即在纠纷发生之日前两年内,公司不存在未依法缴纳社会保险的情形,员工A自然不能以公司未依法缴纳社会保险为由解除劳动合同,要求经济补偿。

第二,员工B,一般情况下,劳动者在同一地区无法缴纳两份保险,因此公司未为其缴纳社会保险费,过错完全在员工B自己。

第三,根据规定,用人单位按照劳动者的实际工资为基数缴纳社会保险费,在员工C案例中,公司未按照其实际工资,只按当年的社会平均工资为基数为其缴纳社会保险。由于缴纳基数低于本人实际工资,员工C有权要求公司按实际工资为基数补缴纠纷发生之日两年内的社会保险费用。但是,在现在的司法实践中,用人单位未足额缴纳社会保险费,一般不会认定为《劳动合同法》规定的"未依法为劳动者缴纳社会保险费",劳动者以此为由解除劳动合同的,法院一般不会支持其经济补偿的请求。

第四,依法缴纳社会保险,不但是用人单位的法定义务,也是劳动者的法定义务,所以作为劳动者有义务配合用人单位办理社会保险。员工D案例中,公司未为其缴纳社会保险费,是其没有完整提供个人资料导致的,过错完全在员工D。

第五,员工E与其他单位存在劳动关系,该单位已经为其办理社会保险,由于在同一地区,劳动者无法缴纳两份社会保险,公司没有过错。

(2) 如果五名员工同时申请劳动仲裁,他们补缴社会保险的要求是否会得到支持?

根据前述分析,员工A要求补缴2016年3月至2017年12月期间的社会保险费的请求已过时效,不会得到支持;员工B和E的要求,由于在同一地区劳动者无法缴纳两份保险,也不会获得支持;员工C的请求会得到支持;员工D如果提供完整的个人资料给公司,其补缴社会保险的要求会得到支持。

课堂活动

设计集体协商方案

一、活动目标

通过设计规范的集体协商方案,深刻理解集体协商在维护劳动者权益中的重要作用。

二、活动时间

40 分钟。

三、活动流程

(1) 教师按照 4~6 人一组把学生分为几组,每组成员分工合作,根据给定的背景材料和任务,查找相关信息。

2024 年初,某企业 600 多名职工要求订立集体合同。由于尚未组建工会,部分职工委托 5 名职工及当地商会的刘某作为代表,进行集体协商。3 月 2 日,各方代表就集体合同的具体约定进行协商。商会的刘某和 5 名职工作为职工方的代表,公司一位副总经理、人事部门经理和律师 3 人作为企业代表。双方经讨论协商,基本达成一致。刘某作为职工方的首席代表,在集体合同草案上签了字;副总经理作为企业方的首席代表,也签字表示认可。随后,刘某等职工代表将集体合同草案向全体职工做了公布。但一些职工对合同协商内容及刘某的代表资格表示不满,因此发生争议。

任务:

① 请你分析双方集体协商过程中有哪些不规范的地方。

② 请为某企业设计一个规范的集体协商方案。

(2) 小组成员集体进行头脑风暴,通过小组内部讨论形成小组观点,共同制定本组的集体协商方案。

(3) 每个小组选出一名代表陈述本组的集体协商方案,其他小组可以对其进行提问,小组内其他成员也可以回答提出的问题;通过问题交流,将每一个需要研讨的问题都弄清楚。

(4) 教师进行分析、归纳、总结。

(5) 教师根据各组在研讨过程中的表现给予点评并赋分。

模块四 劳动情感与劳动态度

导读导学

在 2025 劳模表彰大会上,劳模精神、劳动精神、工匠精神再次成为凝聚奋斗力量的核心精神指引。习近平总书记曾深刻指出,劳模精神、劳动精神、工匠精神是以爱国主义为核心的民族精神和以改革创新为核心的时代精神的生动体现,是鼓舞全党全国各族人民风雨无阻、勇敢前进的强大精神动力。

秉持正确的劳动精神,遵守基本的劳动伦理,是对一名合格的社会主义劳动者的基本要求。劳动精神是劳动者精神风貌的体现。随着时代的发展,劳动精神的内涵不断丰富,新时代的劳动精神主要表现为"崇尚劳动、热爱劳动、辛勤劳动、诚实劳动"。要遵守基本的劳动伦理,以敬业精神、主动劳动、诚信劳动践行新时代的劳动观。

在劳动中锻造工匠精神,是一名优秀的社会主义建设者的奋斗目标。工匠精神是指不仅具有高超的技能和精湛的技艺,而且有"执着专注、精益求精、一丝不苟、追求卓越"的工作态度,以及对职业的认同感、责任感、使命感、自豪感等可贵品质。新时代青年人积极传承工匠精神,实现技能成才,是推动中国制造向中国创造转变、中国速度向中国质量转变、中国产品向中国品牌转变的重要方式。

在劳动中追寻和践行劳模精神,是一名杰出的、卓越的社会主义建设者和接班人的执着追求。青年人应把劳模精神作为勇往直前的精神力量,树立辛勤劳动、诚实劳动、创造性劳动的理念,进而体验劳动快乐、劳动幸福。

本模块主要介绍了劳动精神、工匠精神、劳模精神及相关概念。我们应通过学习知悉提升个人劳动素养的意义和方法、途径,理解经济新常态下呼唤三种精神的缘由和三种精神对于高职学生的意义和价值,在学习和实践中制定好技能成才规划,并为之付出努力和实践,在未来平凡的岗位中体现不平凡的人生价值,收获精彩人生。

4.1 劳动精神和劳动伦理

◇哲人隽语◇

知识是从劳动中得来的,任何成就都是刻苦劳动的结晶。

——宋庆龄

学习目标

1. 了解劳动精神概念和新时代劳动精神的核心内涵。
2. 了解劳动伦理的基本内涵,知晓劳动者的基本义务。
3. 理解敬业精神、诚信劳动的重要性。

> **劳动最光荣**
> ——全国五一劳动奖章获得者曾国苍
>
> 曾国苍，南通万达锅炉有限公司容器制造部手工焊组班长，2019年全国五一劳动奖章获得者。
>
> 曾国苍是焊工队伍中的优秀代表，是节能员工的缩影。他勤学苦练，不断进取，熟练掌握多种焊接操作技能，曾获得南通市职工职业技能大赛第一名，第四届全国职工职业大赛第五名，第三届北京"嘉克杯"国际性焊接技能大赛"优秀选手"称号。他"焊"艺卓绝，在公司技术创新、重大项目难点攻克、关键工序应用研发方面做出了突出贡献，先后荣获"全国技术能手""中央企业青年岗位能手""南通市劳动模范"等荣誉称号。
>
> 分析：
>
> 曾国苍是一名普通焊工，他立足岗位做贡献、扎实工作求发展，在自己的岗位上踏实工作，在平凡的工作中做出了不平凡的业绩。他是千千万万工人的代表，用勤劳的双手描绘了美好的图画，也为无数职业院校学生树立了榜样。他告诉我们，劳动是最光荣、最崇高、最伟大、最美丽的。

一、劳动精神

（一）劳动精神的概念

劳动精神是指劳动者在劳动过程中秉持的劳动态度、劳动理念及展现出的劳动精神风貌。在不同的社会形态下，由于对劳动的理解不同，劳动精神的具体内涵与体现也有差异。在以马克思主义理论为指导，建设中国特色社会主义伟大工程，实现中国梦的历程中，劳动精神体现为崇尚劳动、热爱劳动、辛勤劳动、诚实劳动。

新时代是崇尚劳动的时代，青年人应理解劳动，热爱劳动，通过辛勤劳动、诚实劳动、创造性劳动，在每一个平凡的岗位上创造出不平凡的业绩，弘扬伟大奋斗精神，创造多彩幸福人生。

（二）新时代劳动精神的核心内涵

进入新时代，劳动精神的内涵日渐丰富，一方面发展了马克思主义劳动价值观，传承并弘扬了中华民族优秀的传统劳动观念，另一方面形成了"辛勤劳动、诚实劳动、创造性劳动"的新理念与"劳动光荣、技能宝贵、创造伟大"的新风尚。

1. 在劳动品格上倡导尊重劳动

首先，新时代劳动精神的核心要义之一是尊重劳动。尊重劳动，进而尊重每一位平凡的劳动者，在全社会营造崇尚劳动的新风尚，是时代精神的重要体现。其次，尊重劳动者创造的价值。我们每个人在享用他人劳动成果的同时，作为劳动者本身也在为他人创造劳动成果。对自己和他人辛勤劳动的肯定与尊重，会聚成对劳动者创造价值的肯定与尊重。最后，维护劳动者的尊严。努力创设更舒适、更安全、更有尊严的劳动环境，维护劳动者合法权益,让劳动者心情舒畅,在工作中体会到劳动的快乐和收获的幸福。

2. 在劳动实践中倡导劳动创造

中华民族是勤于劳动、善于创造的民族。正是因为劳动创造,我们拥有了历史的辉煌;也正是因为劳动创造,我们拥有了今天的成就。新时代,实现中华民族伟大复兴,需要秉持创新驱动发展战略,坚持走中国特色的自主创新发展道路,以劳动创造推动创新发展。首先,培养诚实劳动的精神品质。一步一个脚印,不投机取巧,循序渐进、精工细作,通过经验的积累提高自身的技术技能水平,用辛勤劳动创造价值,收获成绩,收获快乐、幸福。其次,秉持科学劳动的原则。掌握劳动规律,按照生产力发展规律去劳动,不违背规律蛮干,不急功近利,不好高骛远,不好大喜功。最后,在劳动中推陈出新,开展创造性劳动。全面建成小康社会,进而将我国建设成富强、民主、文明、和谐的社会主义现代化国家,根本上靠劳动、靠劳动者。

3. 在劳动成就时倡导劳动光荣

新时代,"劳动光荣"不再是一个简单的口号,其内涵与实质体现了新时代对劳动创造的尊崇与肯定。每一位劳动者,通过自己的辛勤劳动,或是高质量完成了工作任务,或是实现了发明创造,或是换取了丰厚的报酬,所收获的都必将是满足与尊严。就个人意义而言,劳动可以发挥自身的积极性与创造性,追求个体幸福,享受劳动尊严,磨砺意志,培养勤劳勇敢、坚韧不拔等精神品质。当个人看似平凡的劳动,融入民族复兴的伟大工程之中时,便是书写了一份不凡。

劳动光荣

> **拓展阅读**
>
> ### 全国五一劳动奖状和奖章
>
> 全国五一劳动奖状和全国五一劳动奖章(图4-1)是中华全国总工会授予在中国特色社会主义建设中做出突出贡献的劳动者和企事业单位、机关团体的荣誉,是中国工人阶级的最高奖项之一。
>
> 全国五一劳动奖状是中华全国总工会设立的授予先进集体的荣誉,授予在中国境内依法注册或登记的非跨地区的企业、事业、机关、社会组织及其他组织,以及驻外机构。除召开全国劳模表彰大会的年份外,全国五一劳动奖状每年评选颁发一次。对在国际国内有重大影响的事件中、国家经济建设和国防建设中、抢险救灾等危急情况下,以及在中华全国总工会书记处批准的全国示范性劳动竞赛中做出突出贡献的先进集体,可授予全国五一劳动奖状。
>
> 全国五一劳动奖章是中华全国总工会为奖励在社会主义各项建设事业中做出突出贡献的职工而颁发的荣誉奖章。
>
>
> 图4-1 全国五一劳动奖章

(三) 大学生劳动精神培养的现实意义

劳动精神的培养有利于大学生的综合素质提升,对培养正确的世界观、人生观、价值观具有重要作用,是大学生健康成长的内在需要,是促进职业发展的有效途径,是增强感恩意识的重要方式。

1. 劳动精神培养是学生健康成长的内在需要

新时代青年大学生成长成才的重要标准之一是德智体美劳全面、均衡发展。青年人劳动精神的培养与劳动素养的提升,有助于其在更好地认识劳动精神内涵的同时,更好地接纳劳动、自觉参与劳动,通过劳动强身健体、锤炼意志,勇于攻坚克难,同时也有助于其更好地理解他人,锻造自身健康的体格与人格,利于青年人身心健康、成长成才。

2. 劳动精神培养是促进专业发展的有效途径

高职教育的培养目标是培养适应区域经济发展需要和满足行业发展需求的高素质技术技能专门人才,专业发展是高职教育的核心目标,技术技能水平的提高又是专业发展的重要内容。青年人通过劳动精神的培养与劳动实践的锻炼,可以较好地提高操作和动手能力,提高专业能力与职业素养水平,能更好地促进教育目标的实现。

3. 劳动精神培养是增强感恩意识的重要方式

随着全面小康社会的逐步建成,社会生活水平迅猛提升,当代青年人大多享受着高速发展的社会和经济带来的便利和丰富的物质文化生活,"谁知盘中餐,粒粒皆辛苦",很多青年人无法体会到基层劳动者的艰辛,对于美好生活的来之不易缺乏深刻的理解与认知,感恩意识日渐淡薄。通过劳动精神的培养与劳动实践,青年人可以更加真切地体悟到劳动创造的艰辛,更能理解劳动成果的珍贵。只有获得切身的体验,才能有更加深刻的感悟,怀着一颗感恩的心,用自己的辛勤劳动报答父母、回报社会。

"三牛"精神

二、劳动伦理

(一) 伦理和劳动伦理的概念

伦理就是人伦道理,是关于人与人之间、人与社会之间、人与自然之间的关系的基本道德规范和法则。劳动伦理是在伦理的基本框架内,在劳动中应当遵守的基本道德规范和法则。例如保护生态环境、构建和谐劳动关系、追求人的自由发展。人类和人类社会必须以劳动作为生存和发展的基础,在劳动活动中既要处理好人与自然、人与社会之间的关系,又要处理好人与自身发展之间的关系。

(二) 履行劳动者义务

我国《劳动法》规定,劳动者的义务包括五个方面的内容,即完成劳动任务、提高职业技能、执行劳动安全卫生规程、遵守劳动纪律、遵守职业道德。劳动者应按照法律规定和劳动合同约定,接受用人单位的安排,努力完成劳动任务,履行劳动义务。

1. 职业道德:对劳动者义务的具体化

职业道德的内涵是与时俱进的,但是不管是在人类社会发展的哪一个阶段,职业道德均与所在时期的社会道德标准紧密相连,进入新时代,职业道德的基本规范包括:

(1) 爱岗敬业。干一行爱一行,热爱自己的工作岗位,把工作当事业,立足岗位,争先创优。

(2) 诚实守信。在工作中脚踏实地,勤恳耕耘,履职尽责,追求质量,不作假。

(3) 办事公道。安排工作、处理问题以公平公正为基本准则,按照统一标准和统一原则办事,遇事要从客观实际出发,作出客观、公正的判断和处理。

(4) 热情服务。坚持以为人民服务为宗旨,并且在服务过程中做到热情周到、满足需要。

(5) 奉献社会。全心全意为社会、为人民服务。奉献社会要把社会利益、公众利益摆在第一。

新时代,社会层面更多地关注以诚信敬业为核心的职业道德。在当今社会,用人单位选人用人时,专业技能水平高低已不再是首要的考量因素,而放在首位、重点考虑的越来越趋向于踏实程度、对企业的忠诚度,以及是否吃苦耐劳、是否积极向上。这说明,职业道德已成为当今社会衡量人才水平的极为重要的标准,劳动者的核心竞争力已经从单一的技术技能,发展为职业道德与技术技能并重。大学阶段是青年人走向社会的重要过渡期,青年学生在校期间应注重道德修养,以信立身,以德待人接物,培养敬业、诚信、忠诚、正直、仁义、友善、守法的道德品质;走上工作岗位之后,秉持勤勉工作、诚恳待人、积极进取、精益求精、团结互助的职业操守,便能在工作中取得长足发展,不断向自己的职业理想稳步迈进。

2. **敬业精神:对劳动者义务的深化**

敬业精神是劳动者对所从事的职业的敬重态度,是以对工作高度的责任意识为基础的,通过忘我的投入、不懈的追求,在高质量完成工作任务的同时,寻求创新、追求卓越,以维护集体荣誉为己任,勇于担当、维护大局的精神。

敬业精神可以具体化为三个层次的内容。第一个层次是对所负责的工作具有强烈的责任感、尽职尽责的态度。劳动者以强烈的责任意识,恪尽职守,以高昂的热情、辛勤的劳动,忘我地投入到工作当中,不计较个人利益得失,展现出良好的职业品质。第二个层次是对所从事工作的精益求精、追求卓越的进取精神。劳动者不满足于按一般要求完成工作任务,自觉以高质量完成单位交办的工作任务为目标,积极钻研,寻求创新,追求卓越,力求使本职工作更加完善,取得更好的效果、更高的效率。许多工艺创新、发明创造均来源于此。第三个层次是以强烈的大局意识,自觉维护所在单位的集体荣誉,自觉为集体荣誉而不懈奋斗。这是劳动者自觉承担对社会和公众利益的责任的体现,是敬业精神的核心要求。在竞技比赛的团体项目中,经常可以看到有的运动员能表现出较其在个人项目中更高的竞技水平,这正是他们以集体荣誉为己任而忘我奋斗的结果。

古往今来,成就大事业,皆离不开强烈的事业心和责任感,离不开锲而不舍的勤奋和努力,要言之,离不开敬业精神。

3. **热爱劳动:对劳动者义务的升华**

热爱劳动是劳动者义务的升华,是新时代一个重要的道德规范。热爱劳动,不仅是在情感上饱含对劳动的热爱之情,还要不断提升自身的劳动素质、技术技能水平,以技术的力量、科学的力量,推动社会生产力的发展;热爱劳动,要不断提高自己劳动产品的质量,不断提升产品的竞争力;热爱劳动,要坚持在工作实践中充分地发挥主动性和创造性,要以"舍我其谁"的勇气与信心,勇于创新,不断提高劳动生产率;热爱劳动,要自觉遵守劳动纪律,服从统一指挥,遵守技术操作和安全规程,这是生产劳动的客观要求;热爱劳动,还要不断增强主人翁精神,高标准、高质量地完成劳动任务,劳动者的积极性、主动性和创造性是事业发展的灵魂。

> **案例 4-1**
>
> ### 勇担"苦差事"的彭祥华
>
> 对于一些难度大或者比较烦琐的任务,即所谓的"苦差事",有些人选择将其留给队友,也有些人不计较、不抱怨,主动接受"苦差事",并克服困难,高质量地完成任务。从事隧道爆破的"大国工匠"彭祥华就属于后者。2015年,他参建川藏铁路拉林段,他所在的标段是其中最难的一段,路段地质非常复杂,生态环境脆弱,施工要求非常高。一次地质勘探,技工需要沿绳索从五六十米高的悬崖上顺势而下,脚下就是波涛汹涌的雅鲁藏布江。不少工友都不愿去接这份"苦差事",彭祥华却挺身而出,独自一人"飞舞"于悬崖峭壁之上,顺利完成了勘探任务。正是凭借在川藏铁路拉林段做出的突出贡献,2017年,彭祥华获得了中华全国铁路总工会颁发的"火车头奖章",并获得中国铁路工程集团有限公司"十大专家型工人"的称号。
>
> **分析:**
>
> 彭祥华完成了高难度的劳动任务,既证明了自己的能力和专业实力,又得到了同事们的尊重和认可。总有些苦是必须要吃的,今天不苦学,少了精神的滋养,注定了明天的空虚;今天不苦练,少了技能的支撑,注定了明天的贫穷。因此,换个角度,"苦差事"也是考验和锻炼自己的机会。

(三)诚实劳动

诚实劳动是指在劳动的过程中以诚为先,以诚为重,遵守劳动纪律、不投机取巧、不耍奸溜滑。爱岗敬业、诚实守信是中华民族优良的道德传统,所谓人无信不立,市无信不兴,诚实劳动是为人行事的基本准则,是社会兴旺发达的基本保障。改革开放所创造的"中国奇迹",正是广大劳动者用诚实劳动缔造出来的,共和国的坚实大厦,正是广大劳动者用一砖一瓦砌成的。

1. 诚实劳动是立身之本

诚实是劳动者的基本道德品格,是衡量一个人道德素质的重要尺度。不可否认,改革开放以来,社会上曾经有过个别人因为"运气"、因为投机取巧而获得了短暂的成功,但那是极个别的现象,进入新时代,社会法制日益健全,经济秩序日益成熟,靠"运气"、靠投机取巧已经无法获得真正的成功,相反只会让自己变得浮躁,让自己遭受更多的挫折。只有在思想上确立诚实劳动的正确理念,脚踏实地,依靠自己的双手,奋力打拼,才能得到他人的尊重,才能得到单位的认可。

2. 诚实劳动是立业之基

事业的发展需要以优秀的业绩作为支撑,尽职尽责、积极努力地诚实劳动,既是顺利完成工作任务的基本保证,更是打破常规,突破瓶颈,实现创新创造的重要基础。在工作中,首先要对自己从事的职业所必备的知识、技能等有正确的认识,对自我劳动素质有理性判断,并作出合理的自我定位;其次,要立足岗位辛勤劳动,扎实工作;最后,要融入发展新理念,在新时代,诚实劳动的一个新要求,就是在忠于职守的基础上不断推陈出新、创新创造。以诚实劳动追求新目标、寻求新突破、力求新发展,把自己的职业、事业发展不断推向一个又一个高峰。

> **案例 4-2**
>
> **徐文华:守住"诚实劳动"的准线**
>
> 2007年,徐文华戴上了自己的第一枚劳动奖章——天津市劳动模范奖章。此时的他,已经在环卫工岗位上默默坚守了18年,每天专注的都是怎样干好这份工作。
>
> 因为这枚劳动奖章,更多人重新认识了环卫工,认识了徐文华。一次,徐文华戴着奖章跟市里的劳模宣讲团进学校宣讲,一名学生问他:"有的人看不起环卫工,您怎样看待?"
>
> "我认为,让人看不起的,是那些既瞧不起环卫工人,又乱扔垃圾的人。他们扔下去的是什么?我们捡回来的又是什么?"徐文华回答。
>
> 多年来,徐文华一直把自己的工作当成一项事业,他相信平凡中孕育着伟大。
>
> 2013年"五一"前夕,徐文华来到北京领取自己的又一枚奖章——全国五一劳动奖章。这次表彰大会让他记忆深刻。领奖当天,习近平总书记来到中华全国总工会机关同劳动模范代表座谈,他也是劳模代表之一。
>
> 这次座谈会上,总书记与徐文华握了两次手。让徐文华深刻铭记的,还有总书记说的那段话:人世间的美好梦想,只有通过诚实劳动才能实现;发展中的各种难题,只有通过诚实劳动才能破解;生命里的一切辉煌,只有通过诚实劳动才能铸就。
>
> 在徐文华的环卫工生涯中,他一直在用行动默默诠释着诚实劳动的含义。他说,环卫工作是一个良心活儿,在马路上多扫一下还是少扫一下,虽然别人看不出来,自己良心上却有一条卡得死死的准线。
>
> 当他每天穿着防护服清扫垃圾时,两枚珍贵的劳动奖章静静地"躺"在家里的书橱里,更"躺"在他的心里。徐文华告诉《中国工人》记者:"劳动奖章改变了我的命运,劳动改变了我的人生。"
>
> **分析:**
>
> 诚实劳动让普通劳动者收获成功,让成功者砥砺行远。诚实劳动不分行业、不分时代,是立身之本、立业之基。

(四) 珍惜劳动成果

劳动成果是劳动者以勤劳和智慧创造出来的物质财富和精神财富,劳动成果形式丰富,有形的如工人在生产车间生产出来的产品、农民辛苦耕种后收获的农作物、文学家和艺术家创作出的文艺作品、环卫工人清洁过的美好环境等,无形的如新技术等。劳动成果没有高低贵贱之分,对一切劳动成果都应该给予尊重,充分珍惜。李大钊曾说过:"我觉得人生求乐的方法,最好莫过于尊重劳动。"尊重、珍惜劳动成果,即是对劳动的尊重与珍惜。珍惜他人的劳动成果,是个人良好修养的体现。

正如职业没有高低贵贱之分一样,劳动成果也同样没有高低贵贱之分,每一份工作都有不同的艰辛,每一个劳动成果都凝结着劳动者的汗水与心血,每一个人的诚实劳动都值得被尊重,每一个劳动成果都值得被珍惜。

总结案例

蔡凤辉:劳动实现美好梦想

蔡凤辉,女,中共党员,现任北京环卫集团环卫服务有限公司天安门人工保洁班班长。蔡凤辉曾先后荣获全国五一劳动奖章全国巾帼建功标兵、北京市"三八"红旗奖章等荣誉称号。"在天安门广场工作,既光荣、又责任重大。"2012年至今,蔡凤辉带领天安门保洁班先后承担了"纪念中国人民抗日战争暨世界反法西斯战争胜利70周年""新中国成立70周年"等重大环卫保障任务,用辛勤劳动扮靓了大国"颜面",以无悔付出赢得了人们的尊重。工作中,她积极创新改革作业工艺,将电动捡拾三轮车引进广场保洁工作,员工作业效率提升80%;通过发明"口香糖刷",在不伤害大理石材质地面情况下,清除了天安门广场上多年顽疾"口香糖污渍",使整个广场地面焕然一新。

分析:

劳模蔡凤辉充分发挥团队精神,凭着一股子干劲、闯劲、钻劲,带领大家在平凡的工作中做出了不平凡的业绩。劳动没有高低贵贱之分,任何一份职业都很光荣。

课堂活动

出租车:让出生命的通道的故事

一、活动目标

理解遵守劳动义务的重要性,倡导遵纪守法,提升个人劳动素养。

二、活动时间

20分钟。

三、活动流程

(1)教师出示以下材料,并提问:① 如果你也遇到这种情况会怎么处理?② 如果大家都破坏秩序,可能会发生什么?

出租车:让出生命的通道

某日,河北唐山一男子在工地不慎受伤急需就医,交警接到求助电话后立即展开紧急护送。在通过十字路口时,送医车辆遇到红灯被堵住,前方的三辆出租车集体"闯红灯",让出了一条生命通道。

很快,从医院传来好消息,因救治及时,这名患者并无大碍。

有惊无险后,参与让路的出租司机给交警打来电话询问:"民警同志,我在给你们让道的时候,车子闯了红灯,好像被监控设备拍了,会不会受到处罚?"交警明确回复:"不会处罚!"

交警表示,大家在路上开车的时候遇到后方有执行任务的紧急车辆,是有义务让行的。在高速公路上,为警车、救护车、消防车等紧急车辆让行导致交通违法的行为,并不会被处罚。民警表示,万一有个别司机朋友收到相关罚单,可以到窗口说明情况,申请撤销处罚。

(2) 教师将学生按照 4~6 人一组划分小组,通过小组内部讨论形成小组观点。

(3) 每个小组选出一名代表陈述本组观点,其他小组可以对其进行提问,小组内其他成员也可以回答提出的问题;通过问题交流,将每一个需要研讨的问题都弄清楚。

(4) 教师进行分析、归纳、总结。

(5) 教师根据各组在研讨过程中的表现给予点评、赋分。

4.2　工匠精神和技能成才

◇哲人隽语◇

在劳力上劳心,是一切发明之母。事事在劳力上劳心,便可得事物之真理。

——陶行知

学习目标

1. 了解工匠精神的概念。
2. 了解新时代工匠精神的内涵。
3. 传承工匠精神,实现技能成才。

引入案例

为什么重提"工匠精神"?

2015 年,"工匠精神"首次被写入政府工作报告,工匠精神这一在中国扎根了五千年的匠人情怀再次走进大众的视线,再度得到社会的重视。而在当下经济全球化的时代,中国为什么重提工匠精神?工匠精神于当下的中国发展,到底有着怎样的意义?

> 其实工匠精神在中国古已有之,工匠却历来不被社会所尊重,如果说,承载工匠精神的工匠本身都得不到社会的认可和尊重,那么工匠精神的价值又如何体现?同样,如果工匠得不到社会的认可,那么谁又能踏踏实实地去做一个工匠,去花费大量人力、物力、时间成本打磨一件作品?因此,在中国大力弘扬工匠精神,本质上就是让全社会都认可工匠的价值,只有工匠得到社会的尊重,工匠的价值得到应有的体现,工匠精神才能有其依附的载体,只有这样,工匠精神才有生命力。
>
> 时至今日,随着经济的飞速发展,已经不缺能发现商机的商人,而缺发展商机的"匠人"。所以,面对假冒伪劣的产品问题,面对急功近利的社会风气,面对昙花一现的商机周期,重提工匠精神,无疑一针见血地暴露出了当下中国社会的弊病。整个社会都被浮躁笼罩,相当一部分商人过分逐利,甚至急功近利,而缺乏精雕细琢、坚守品质的匠人。
>
> 不同于西方国家已经走过了300多年的工业化历程,中国的工业化进程最早只能追溯到洋务运动时期,而真正开始大规模的工业化,还是在新中国成立以后,特别是改革开放以来。重提工匠精神,推动供给侧改革,目的就是从"以量取胜"向"以质取胜"转变。工匠精神作为中国制造的灵魂,是解决粗制滥造难题的核心,倡导培育工匠精神好比一剂"清心剂",提醒人们静下心,多钻研,专注当下,投入工作。只有培育各行各业的"工匠",才能真正使中国制造得到质的飞跃。
>
> 进入新时代,工匠的价值将越来越被社会所认可。
>
> **分析:**
> 个人的成长、企业的发展、国家综合国力的提升、人类文明的进步,都离不开工匠精神。工匠精神对推动我国由"中国制造"向"中国创造"转变,真正实现中华民族的伟大复兴有巨大的现实意义。因此,我们每个人都应该为个人的发展、国家综合国力的提升、人类文明的进步贡献自己的力量。

一、工匠精神

(一)工匠精神概述

什么是工匠精神

工匠精神的核心内涵是敬业、精益、专注、创新。工匠精神是劳动者基于基本的职业道德要求,不断锤炼、提升自身的职业能力,在职业发展的道路上执着追求的精神力量。在设计上追求独具匠心、质量上追求卓越品质、技艺上追求精益求精、服务上追求尽善尽美的精神,集中体现了新时代劳动者的职业价值取向。

新时代工匠精神可以概括为执着专注、精益求精、一丝不苟、追求卓越。其中,执着专注是工匠精神的灵魂。执着,是不轻言放弃,坚守初心,勇于追求;专注,是全神贯注,心无旁骛,不达目的不罢休。对工作最好的尊重就是有一颗心无旁骛、精益求精的匠心;工于匠心,臻于卓越,是新时代劳动者不懈的追求。

> **拓展阅读**
>
> **全国人大代表游弋建议：**
> **大力弘扬工匠精神　加强高技能人才培养**
>
> 　　工匠人才是破解发展难题、支撑制造强国、赢得国际主动的战略资源。大力弘扬工匠精神，培养更多的大国工匠高技能人才，对于提升我国在关键核心技术上的攻坚攻关能力具有重要的意义。全国人大代表、河南能源集团永煤公司车集煤矿机电一队电工班班长游弋在接受中国矿业报记者采访时表示。从一名初中未毕业，只会拧螺丝、剪电线的普通劳务工，成长为玩转机电设备的矿井"技能大师"，再到成立个人工作室、探索出煤矿井下防晃电技术等各类应用创新100多项、为企业累计创收超亿元……在生产一线摸爬滚打20余年的游弋，深感技能人才的重要性，也更加理解工匠精神的意义所在。他说，产业工人是实施创新驱动发展战略、加快建设制造强国的骨干力量。面对新一轮科技革命和产业变革，我们仍存在总量不足、结构不优等矛盾，迫切需要持续加强由工匠示范引领的高素质技能人才梯队建设，夯实发展新质生产力、实现国家富强、民族复兴的人才基础。
>
> 　　游弋认为，创新已成为国际战略博弈的主要战场。工匠人才在各自工作岗位上发挥着关键性作用，在企业内起到了引领性效应，在社会上产生了示范性影响。游弋建议：一是强化基础教育阶段的工匠精神启蒙，将工匠精神纳入中小学教材，通过编写生动有趣、贴合学生认知的教材内容，让学生从小接触和了解工匠精神，为其长远发展奠定基础。二是加大宣传推广力度。把工匠精益求精的生动实践通过各种宣传途径广泛传播。持续开展工匠人才走进企业、社区、校园活动，通过现场分享、互动交流等形式，让更多人近距离感受工匠的风采和精神，激发大众对工匠精神的认同和追求。三是完善技能人才培养体系，构建从基础教育到高等教育、再到继续教育的全链条技能人才培养体系。四是建立健全激励机制，设立工匠荣誉称号和奖励制度，对在各自领域表现突出的工匠人才给予表彰和奖励，提高工匠的社会地位和经济待遇。企业内部可建立技能人才晋升通道，对获得相关技能证书或在技能竞赛中取得优异成绩的员工给予物质奖励和职业发展机会。五是营造良好社会氛围。政府、企业和社会各界应共同努力，通过举办技能竞赛、工匠评选等活动，营造尊重劳动、崇尚技能、鼓励创新的良好社会氛围。加强舆论引导，宣传工匠精神的重要意义和价值，让工匠精神深入人心，成为全社会的价值追求。
>
> 　　（资料来源：中国矿业报）

（二）新时代工匠精神的内涵

　　2020年11月，习近平总书记在全国劳动模范和先进工作者表彰大会上的讲话中提出，要大力弘扬劳模精神、劳动精神、工匠精神。在长期实践中，我们培育形成了执着专注、精益求精、一丝不苟、追求卓越的工匠精神。

1. 执着专注的职业精神

职业精神的第一个重要体现就是"爱岗",怀着对职业的崇敬和热爱,长久甚至一生从事自己所选择的事业,专注于自己设定的奋斗目标,以一种全身心投入的认真、尽职的职业精神状态,投身于职业、献身于事业。

2. 精益求精的品质精神

精益求精是匠心的灵魂,对于工作、产品、作品的质量、品质,锲而不舍地追求,不满足于现有标准和成就,要求进一步提升质量,投入时间和精力,反复改进,以期达到尽善尽美。

3. 一丝不苟的敬业精神

敬业,就是对职业、工作高度负责的态度。荀子说,"道虽迩,不行不至;事虽小,不为不成"。对于小事、细节精益求精,才能成就对于卓越的追求。

4. 追求卓越的创新精神

工于匠心,臻于卓越,是新时代劳动者不懈的追求。对于任何一种工艺、技术、品质的追求,到达一定高度的时候,总会遇到难以突破的瓶颈。所谓追求卓越,就是内心笃信没有最好,只有更好,永不停步,勇于创新,不断超越,这是所有"大国工匠"所必须具备的精神。

案例 4-3

新时代中国工匠精神代表人物——胡双钱

新时代中国工匠精神代表人物胡双钱(如图 4-2),中国商飞上海飞机制造有限公司数控机加工车间钳工组组长。

图 4-2 "航空手艺人"胡双钱

胡双钱技校毕业后进入上飞公司。在大型客机产业这个处于现代工业体系顶端的产业里,他的工作就是对飞机重要的零件进行最后的细微调整——打磨、钻孔、抛光,将精度做到精密机床也无法达到的标准。一架飞机有数百万个零件,当它们组合到一起时,飞机就有了生命。而只要其中的一个零件出了哪怕是一丝差错,就有可能付出生命的代价。为此,"我每天睡前都喜欢'放电影',想想今天做了什么,有没有做好,能不能做到更好"。这是胡双钱对自己三十多年工作心得的简单总结。但在这个最简单的总结背后,是他自己构建的一道道确保零件质量万无一失的"防火墙":不管在他看来多么简单的一个加工,他都要在干活前看透图纸,熟知零件在飞机上所起的作用;在接收待加工的零件时,他必定对照图纸要求,检查上道工序是否符合技术标准和工艺规范;自己加工时,从画线开始,他就采用自创的"对比复查""反向验证"法校验自己的工艺步骤是否规范、标准、精确。航空工业,要的就是精细活。大飞机零件加工的精度,要求达到十分之一毫米级别。

分析:

《荀子·劝学》有云"君子博学而日参省乎己,则知明而行无过矣",胡双钱所谓的"放电影",就是对自己工作的不断反思、反省,不断地追求极致和完美。正是靠着这股执着的劲头,靠着这种工匠精神,他才成为制造领域的顶级人才,成为新时代中国工匠精神的代表性人物。

(三) 新时代工匠精神的价值

1. 有助于践行社会主义核心价值观

党的二十大报告提出,广泛践行社会主义核心价值观。社会主义核心价值观是凝聚人心、汇聚民力的强大力量。弘扬以伟大建党精神为源头的中国共产党人精神谱系,用好红色资源,深入开展社会主义核心价值观宣传教育,深化爱国主义、集体主义、社会主义教育,着力培养担当民族复兴大任的时代新人。

2019年9月,习近平总书记指出:"要在全社会弘扬精益求精的工匠精神,激励广大青年走技能成才、技能报国之路。"

我国正处在大发展、大变革、大调整时期,各种价值观念和社会思潮纷繁复杂。社会主义核心价值观的提出,为我们民族精神层面的发展指明了方向,而工匠精神的实质与社会主义核心价值观一脉相承。

践行社会主义核心价值观,需要弘扬工匠精神。中华民族素来有敬业乐群、忠于职守的传统美德。孔子云"执事敬""事思敬""修己以敬"。今天,敬业是社会主义核心价值观的重要内容,而工匠精神就是敬业的体现。

2. 有助于中国制造迈向高端

工匠通过在追求技艺与制作产品方面的精益求精,将"精业"与"敬业"相结合,从而达到一种"道技合一"的理想状态。在现代工业中,这种工匠精神仍然具有广泛而现实的指导意义。

"科学家脑中产生想法,工程师用图纸实现工程化,工人制造出产品",三者缺一不可。今天,"机器换人"的风潮越刮越猛,"无人工厂"已经出现。但我们相信,无论技术发展到什么水平，生产都离不开人这一最核心的要素。例如，在高度自动化、智能化的飞机制造行业，许多飞机零件仍然无法用机器加工到位，而是需要具备高超技术水平的工人加工。因此，在世界著名飞机制造公司波音公司和空客公司内，仍然保留有一批技能水平相当高的人员从事手工劳动。

工人作为将设计转化为实物产品的执行者至关重要，他们的作用是机器不可替代的。虽然一些复杂结构的产品也可以用机器来加工，但在面临更复杂的情况时，只有人才可以发挥创造力来解决。机器再先进，终归只是人的能力的延伸，只能按照程序重复运作，而人却能够不断实现改造和创新。

因此，无论技术发展到什么阶段，高技能水平的工匠都不可或缺。事实上，拥有工匠精神的劳动者能够在制造中不断改进工艺，在改造中努力突破极限，既承担制造的功能，也具备创造的能力。

工匠精神代表着一个时代的气质，即坚定、踏实、精益求精及对完美品质的恒久追求。中国制造正在摆脱低端竞争的格局，努力向中高端迈进，而工匠精神正是中国制造由大变强、由粗变精、由外及里的强身健体的"精神之钙"。引进、消化、吸收、发展，中国的制造企业就是靠着一代又一代技术工人的摸索、创新得以跨越式发展的。

二、技能人才

（一）技能人才的概念

技能人才是指掌握专门知识和技术，具备一定的操作技能，并能够在工作实践中运用自己的技术和能力进行实际操作的人员，是我国人才队伍的重要组成部分，是技术人员队伍的骨干。

近年来我国关于技能成才、技能报国的社会环境不断优化。党的十八大以来，以习近平同志为核心的党中央对职业教育重视的程度之高前所未有，推动职业教育改革发展的力度之大前所未有，我国职业教育迎来了前所未有的发展机遇。加快形成具有中国特色、世界水平的现代职业教育体系，培养更多高技能人才和大国工匠，为促进经济社会发展和提高国家竞争力提供优质人才资源。

2020年12月，第一届中华人民共和国职业技能大赛（简称全国职业技能大赛）在广东省广州市开幕。习近平总书记致信祝贺，并强调技术工人队伍是支撑中国制造、中国创造的重要力量。2025年9月，第三届中华人民共和国职业技能大赛将在河南省郑州市举办。

今后，高技能人才与专业技术人才职业发展将进一步贯通。为进一步破除束缚人才发展的体制机制障碍，继2018年印发《人力资源社会保障部关于在工程技术领域实现高技能人才与工程技术人才职业发展贯通的意见（试行）》（人社部发〔2018〕74号）之后，2020年国家出台《人力资源社会保障部关于进一步加强高技能人才与专业技术人才职业发展贯通的实施意见》（人社部发〔2020〕96号），进一步扩大高技能人才与专业技术人才贯通领域，在技术技能融合程度较高的领域实现应通尽通、能通尽通，改变人才发展独木桥、天花板现象，促进两类人才融合发展。

(二)"中华技能大奖"和"全国技术能手"评选表彰制度

为加速培养大批具有优秀品质和高超技艺的技术工人,引导广大工人钻研技术业务,走岗位成才之路,加强宣传优秀技术工人和能工巧匠的先进事迹,表彰他们为企业、为国家做出的突出贡献,人力资源和社会保障部(原劳动部)从1995年开始,会同46个行业主管部门和各省(区、市)建立了"中华技能大奖"(以下简称"大奖")和"全国技术能手"(以下简称"能手")评选表彰制度。"大奖"和"能手"评选表彰制度是对全国优秀技术技能人才的奖励制度。人力资源和社会保障部设全国技能人才评选表彰办公室,负责"大奖"和"能手"评选表彰的具体组织管理工作。"大奖"和"能手"评选的职业(工种)范围为国家职业标准中设有高级(国家职业技能等级三级)以上等级的职业(工种)。全国范围的评选表彰活动每两年开展一次。"大奖"的奖杯如图4-3所示。

图4-3 "大奖"的奖杯

(三) 走向世界的中国技能

改革开放以来,我国经济发展取得了举世瞩目的伟大成就,已成为一个制造大国,但还没有成为制造强国,其中一个非常重要的制约因素就是技能人才,特别是高技能人才的匮乏。为此,中央政府和各地方政府采取了一系列举措,意在从根本上夯实中国制造的根基,培养大批具有现代科技意识的"大国工匠",让中国技能伴随中国制造走向世界,使我国成为一个技能强国。

2010年,我国正式加入世界技能组织。2011年,在第41届世界技能大赛上,中国首次参赛即实现了奖牌零的突破,标志着中国技能正式登上世界舞台。从2013年到2024年,中国在世界技能大赛上都取得了优异成绩,2024年更是位列金牌榜、奖牌榜、团体总分第一名。

作为世界第二大经济体和重要的发展中国家,在职业技能方面,中国的国际地位日益重要。

> **拓展阅读**
>
> ### 让技能报国成为新时代风尚
> ——第47届世界技能大赛中国代表团凯旋
>
> 2024年9月17日下午,第47届世界技能大赛中国代表团自巴黎抵达广州。在广州白云机场到达大厅,技工院校师生们手持鲜花、横幅等候接机,欢迎青年技能选手凯旋。
>
> 世界技能大赛是最高层级的世界性职业技能赛事,由世界技能组织举办,被誉为"世界技能奥林匹克",每两年举办一届,以促进青年人和培训师职业技能水平提升为目标,截至2024年年底,已举办47届。在第47届世界技能大赛上,我国青年技能选手勇夺36枚金牌、9枚银牌、4枚铜牌和8个优胜奖,位居金牌榜、奖牌榜和团体总分世界第一,再次荣膺"阿尔伯特·维达"大奖,实现了技能竞技和展示交流双丰收。
>
> 中国代表团的青年技能选手在世界技能大赛上敢于拼搏、奋勇争先的优异表现,向全世界展现了中国青年精益求精、积极进取的精神风貌,书写了中国技能勇立世界潮头的崭新篇章,也极大地激发了广大青年的学习技能的热情,促进了青少年对技能的兴趣和热爱。
>
> (资料来源:人社部官网)

三、传承工匠精神,实现技能成才

(一)传承工匠精神,以民族复兴为己任

中华民族艰苦奋斗、坚韧不拔、追求卓越的民族气质,是工匠精神的重要内容。一部中华文明史凝聚着历朝历代工匠们的智慧和创造,如同诸子百家造就了中华民族思想天空中的群星灿烂,工匠精神也曾造就中华民族的百业兴旺、空前繁荣。制造业是国民经济的主体,是立国之本、兴国之器、强国之基。精益求精、质量至上的工匠精神是制造业的灵魂,必须把工匠精神与创新精神作为强国战略的两大支柱。唯有如此,才能实现中国制造向中国创造的转变、中国速度向中国质量的转变、中国产品向中国品牌的转变,才能完成中国制造由大变强的战略任务。

(二)自觉融入德技并修的竞赛文化氛围

当前职业院校都在积极贯彻落实教育部等部门关于职业教育活动的要求,每年定期开展院级职业技能大赛活动,参照国赛赛项设置各类竞赛,建立学院、省(区、市)、国家三级人才选拔机制,为参加选拔储备了有潜质的"种子"选手,实现了职业技能大赛的广泛化、常态化、制度化,营造了德技并修的竞赛文化氛围。大学生要积极参与各类竞赛,自觉融入校园竞赛文化氛围。

大学生工匠精神培养指标,如表4-1所示。

表 4-1 大学生工匠精神培养指标

分类	素质层级		指标提取
显性素质	知识技能		具备所学专业或学科的技能知识
	行为习惯		自觉遵守操作规范/踏实肯练,不浮躁,不投机取巧/精益求精,不打折扣,不急功近利/坚持写好学习和实训日志,及时总结和反思/思维活跃,主动创新/在团队中主动沟通合作
隐性素质	价值观		对职业敬畏与热爱/有责任担当意识和使命感/个人价值与社会价值一致
	自我认知		自尊/自爱/自信/乐观
	特质	个性品质	遵守规则/守时守约/诚实守信/责任心强/严谨,一丝不苟/求真务实/有毅力、有恒心,坚忍执着/谦恭自省/开放包容/彰显个性/善于沟通合作,具有团队精神
		艺术修养	艺术感受力强,细腻/艺术表达欲望强烈/趣味高雅/有一定的人文底蕴/注重文化传承
		工艺追求	符合技术标准规范/精益求精,追求卓越/善于发现问题、解决问题/有原创意识,敢于挑战与创新
	动机		对所学专业领域和技艺表现出兴趣和热情/享受产品不断完善的过程/追求尽善尽美的境界/渴求在未来相关领域的职业成功和成就

(三)积极参与创新创业活动

伴随着我国"大众创业、万众创新"等一系列利好政策的出台,大学生应积极响应国家号召,积极参与创新创业活动。大学生在夯实理论知识基础、加强实践技能的同时,应提高对实践环节的重视程度,在现有课堂学习的基础上,充分利用现有的实践环节,让自己走出课堂,多参加创新创业实践活动,只有通过实践亲身去体验,才能不断提升自身的创新创业能力。

(四)技能成才,匠心筑梦

技能人才是国家的宝贵资源,技能成才是一条宽广的人生道路,青年技能人才在国家富强、民族复兴的宏伟事业中大有作为。当前,"劳动光荣、技能宝贵、创造伟大"的社会环境已逐渐形成,大学生一方面要加强专业理论与专业技能的学习,另一方面要通过学校提供的产教融合、企业实践、顶岗实习的宝贵机会,主动体验职场环境、职场压力,按照正式企业员工的标准来要求、规范自己,感受企业文化,提升自身技术技能水平,提高职业素养,使自己成为适应真实岗位需求的"来则能用、用则有效"的高素质青年技能人才。

青年技能人才要大力弘扬工匠精神,依靠传承和专注,以"板凳甘坐十年冷"的态度,练出真本领,增长实才干,在技能成才、技能报国的道路上取得更大成绩,做出更大贡献。

总结案例

技能成才之路
——阿尔伯特大奖获得者宋彪的故事

宋彪(如图4-4),时为江苏省常州技师学院在籍学生。在2017年第44届世界技能大赛上,19岁的宋彪以所有项目最高分捧回被称为"金牌中的金牌"的阿尔伯特大奖,实现了我国选手参赛以来的历史性突破,成为我们高职院校学生的榜样。

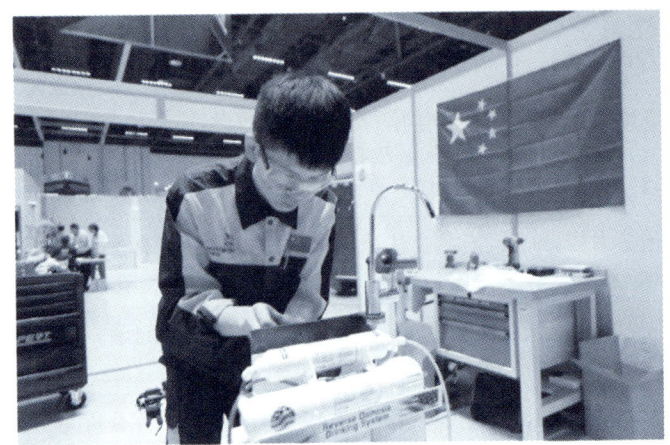

图4-4 宋彪和他获得的阿尔伯特大奖奖杯

根据世界技能大赛的赛程安排,前三天的比赛任务是焊接、机械加工、电气预防性维护和脚踏式水净化器的制作,这三天宋彪发挥正常。比赛进行到第四天,首席专家忽然对宋彪说,前一天计时出了点问题,中国选手第三天的比赛少计了半小时。听到这消息,宋彪懵了:"我的计时是没有任何问题的,但又没证据反驳,只能听从首席专家的指令。"就这样,宋彪的计划被打乱了,但他知道着急不是办法,要平静下来,重新制定计划。最终,宋彪顺利地完成比赛,他不仅获得了一枚金牌,而且一举夺得全场唯一的阿尔伯特大奖。身披五星红旗登上领奖台的宋彪,赛出了中国青年的时代风采。

宋彪回忆自己的成长经历说,中考成绩出来时,他分数不理想。后来,家人决定让宋彪到江苏省常州技师学院学一门技术。他下定决心,自己选择的路,就要努力走好。2016年6月,宋彪代表学校参加第44届世界技能大赛江苏省选拔赛,最终以第一名的成绩获得代表江苏省参加全国选拔赛的机会。在全国选拔赛中,宋彪获得第三名,顺利进入国家集训队,全身心地投入备战。在阿布扎比拿到世界技能大赛金牌时,宋彪说:"我一直记着《雷锋日记》中的一句话,'青春属于永远力争上游的人们'。"

2018年1月,江苏省政府为他记个人一等功、授予他"江苏大工匠"称号;江苏省人社厅认定宋彪具有副高级专业技术职称、晋升高级技师职业资格,宋彪成为江苏最年轻的副高级专业技术职称获得者。2019年,宋彪获"中国青年五四奖章",2020年作为高技能人才享受政府津贴。

如今,宋彪选择了留校任教,上课时,宋彪一直强调工匠精神,要求学生把工匠精神渗入每个产品、每道工序,杜绝"差不多就行"的心态。宋彪说:"工匠精神,往大了说,它的内涵是精益求精、一丝不苟;往小了说,就是把日常中每一件事情做好。"

分析:
宋彪用勤奋执着、刻苦钻研、精益求精的态度书写着自己的成长履历,他用自己的实际行动诠释了工匠精神。如今,在他的带动和引领下,越来越多的职业院校的学生正在成为技能工匠的道路上砥砺奋进,将新时代工匠精神接续传递。

课堂活动

认识钢轨探伤"女神探"关改玉

一、活动目标

理解工匠精神是如何培养的及工匠精神养成的意义。

二、活动时间

15分钟。

三、活动流程

(1) 教师出示以下阅读材料,并提问:① 你从关改玉身上学到了什么?② 如果关改玉不发挥一丝不苟,精益求精的精神,可能会产生什么后果?

钢轨探伤"女神探"关改玉

高铁建设中,钢轨要用自动焊接机一根根焊接在一起。关改玉的工作就是用专用的超声探测仪,检查每一处钢轨焊接口是否合格。关改玉说,这个工作的第一步就是除锈,就是用专门的钢丝刷,将铁轨接缝处及周围的锈迹刷掉,再用毛刷将上面的细屑、灰土,以及旁边的沙粒、碎石清理干净。第二步是涂抹机油,这就是铁轨探伤用的耦合剂。第三步就是用探头检测钢轨的轨底、轨腰、轨头等部位,确认每个焊接口没有伤损,不会给行车安全留下隐患。

能够探到伤损,是探伤工的价值所在。但现在钢轨无缝焊接技术已经非常成熟,常常一条线路几百公里走下来,没有一个伤损出现。关改玉说,现在碰到的伤损越来越少,自己的压力反而越来越大,因为枯燥的工作很容易让人疲劳、分心,万一有一个伤损没有被探出,那留下的隐患可能是致命的。所以,尽管检测出伤损的概率很小,但必须要求自己对每个焊接口的检测都按照规程严格执行,这样就可以杜绝侥幸心理的出现,保证每个焊接口的检测过程都符合技术要求,得出的最后结果都科学可靠。

(2) 教师将学生按照4~6人一组划分小组,通过小组内部讨论形成小组观点。

(3) 每个小组选出一个代表陈述本组观点,其他小组可以对其进行提问,小组内其他成员也可以回答提出的问题;通过问题交流,将每一个需要研讨的问题都弄清楚。

(4) 教师进行分析、归纳、总结。

(5) 教师根据各组在研讨过程中的表现给予点评、赋分。

4.3　劳模精神和劳动幸福

◇ 哲人隽语 ◇

美德在劳动中产生。

——[古希腊] 欧里庇得斯

学习目标

1. 认识劳动模范，了解劳模精神。
2. 崇尚劳模，自觉培养劳模精神。
3. 了解马克思的劳动幸福观，体会新时代的劳动幸福感。

引入案例

光荣属于劳动者，榜样来自我南华

杨文娟，广东南华工商职业学院2011级烹饪工艺与营养专业学生，"广东省五一劳动奖章"获得者。杨文娟自毕业后，一直深耕于烹饪领域。她曾在星级酒店工作，积累了丰富的实践经验，后加入大埔县田家炳高级职业学校，担任烹饪教师。作为一名中式面点高级技师，杨文娟在第五届粤港澳大湾区"粤菜师傅"技能大赛中，荣获名厨组中式面点（客家菜）一等奖、名厨组中式面点预制菜单项（客家菜）优胜奖，并被授予"广东省技术能手"称号。

2024年10月，杨文娟以"星光不问赶路人，时光不负有心人"回到母校作分享，听完她的成长故事，同学们纷纷表示，在将来的学习和实践中，要以劳模精神、劳动精神、工匠精神为引领，开拓进取，勇于创新，在新征程上奋勇前进。

分析：

杨文娟从一名普通的高职学院毕业生、一名厨师，成长为能够独当一面的烹饪教师，成为技术过硬、人人敬佩的劳模，说明了只要坚持不懈地学习钻研，忘我拼搏，一个普通的人也能发挥出巨大的潜能，最终获得成功。

一、劳模精神

劳动模范简称"劳模"，是在我国社会主义建设事业中成绩卓著的劳动者。长期以来，广大劳模以高度的主人翁责任感、卓越的劳动创造、忘我的拼搏奉献，谱写出一曲曲可歌可泣的动人赞歌，为全国人民树立了光辉的学习榜样。每个时期的劳模，都是时代的精神符号和力量化身。

（一）劳模精神的概念

劳模精神是指爱岗敬业、争创一流、艰苦奋斗、勇于创新、淡泊名利、甘于奉献的精神，是伟大时代精神的生动体现。劳模精神是劳模在平凡岗位上做出不平凡业绩，所坚持、坚守、坚定的基本信念、价值追求、人生境界及展现出的整体精神风貌。其中，爱岗敬业是本分，争创一流是追求，艰苦奋斗是作风，勇于创新是使命，淡泊名利是境界，甘于奉献是修为。做一个守本分、有追求、讲作风、担使命、有境界、有修为的人，是每一位劳模的精神风范，更是每一位劳动者应该追求的目标。

（二）新时代劳模精神的内涵

回顾不同时期劳模群体的时代特征，可以看出社会对劳动价值的评判，正在从"出大力，流大汗"向知识型，向创造社会效益、经济效益方向转变。

新时代的劳模精神

新时代劳模精神是工人阶级先进性的集中体现，是工人阶级主人翁意识的集中凸显，是社会主义核心价值观的生动诠释，是时代精神的生动体现，是民族精神的重要组成部分，是劳动精神的积极呈现，是培育时代新人的重要手段，是文化自信的重要支撑，是实现中华民族伟大复兴中国梦的重要力量。

> **案例 4-4**
>
> **全国劳模杨德将回母校宣讲"三种精神"**
>
> "知识改变命运，技能成就人生"，"一个人可以没有学历，但不能没有学习的能力"。一句句朴实又铿锵有力的话语，不时引发师生的阵阵掌声。2020 年 12 月 1 日，全国劳动模范杨德将回到母校——山东省烟台工程职业技术学院，为全体师生宣讲劳动精神、劳模精神、工匠精神，在全校掀起一股学习"三种精神"热潮。
>
> 在报告中，杨德将回顾了自己从一名普通管道学徒工，成长为一名业务骨干的经历，从"我对梦想的选择""我对出身和自我价值的理解""家人、老师和同学""我对自己将来的憧憬"和"对责任的理解"几个方面向师生分享了自己的体会。
>
> 杨德将说，他从小只是一个普通的孩子，像其他孩子一样，承载了父母的期望，学习成绩一般、天分一般，但是在职业院校找到了自己的爱好和兴趣，将有限的生活费节省下来买学习资料，在技能精进的道路上不断钻研。毕业后，他被分配到烟台中集来福士海洋工程公司，从学徒工做起，吃了不知多少苦，咬牙啃下不知多少技术难题，一心扑在工作上，放弃了许多和家人相处的时间……正是这样的付出成就了今天的他。他希望同学们以"英雄不问出处"的老话来鼓励自己，相信自己的努力，不断钻研，奋斗出自己的未来。
>
> 杨德将回忆了 2020 年 11 月 24 日在北京参加全国劳动模范和先进工作者表彰大会（如图 4-5）的经过，谈了自己对劳动精神、劳模精神、工匠精神的理解。他说，这些精神用更通俗的话来讲就是能吃苦、能奉献的精神，是用许多年干好一项工作

的坚持。现在不少学生缺乏的就是吃苦耐劳的精神。人要有不服输的精神,要通过实实在在地干赢得别人的尊重。同学们要对自己有清晰的定位,知道自己应该做什么;要有尊师重道的精神,师傅才会乐意将技术传授给你。

图4-5　杨德将参加全国劳动模范和先进工作者表彰大会

为更好地弘扬工匠精神,传承工匠之魂,学院聘任杨德将为学院"首席工匠导师",并为杨德将颁发"杰出校友"荣誉证书。

杨德将的报告带给师生很大震动,师生们对劳动精神、劳模精神、工匠精神有了更加深入的理解和体会。同学们表示,努力履行好自己的职责,就会发现自己的价值所在。

分析:

其实劳模并不是传说,离我们也并不遥远。劳模精神更是遍布于我们身边每一个刻苦钻研、忘我奋斗与无私奉献的角落里,甚至就在我们每一个年轻人自己身上。学习并弘扬劳模精神,感受并践行劳模精神,我们将无悔于我们的青春。

(三) 弘扬劳模精神的途径

1. 培养社会主义劳动者主人翁的精神风貌

劳模们因为自觉的、强烈的主人翁责任感,为理想、为事业舍我其谁的使命担当,忘我奋斗的职业精神,敢为人先的创新精神,充分发挥"干劲、闯劲、钻劲",艰苦奋斗、淡泊名利、甘于奉献,自觉把人生理想、家庭幸福融入国家富强、民族复兴的伟业之中,最终建构起个人与集体、个人梦与中国梦、小家与国家融合统一的发展共同体和命运共同体。

2. 仰望星空,脚踏实地

劳模的故事告诉人们,在每一个平凡的岗位上,都能成就不平凡的事业。在当代中国,广大劳动者始终是推动我国经济社会发展、维护社会安定团结的根本力量,每一个工作岗位,都是民族复兴征途上不可或缺的一环。青年人都有崇高的理想,都喜欢仰望璀璨的星空,但只有脚踏实地、一步一个脚印地稳步前行,梦想才不会落空;无限风光在险峰,通往险峰的路途不会平坦,或陡峭,或崎岖,或艰险,只有不畏艰险、坚韧不拔、勇于攀登,才能实现理想。

3. 开拓奋进,建功立业

劳模精神生动体现了中华民族具有的伟大创造精神、伟大奋斗精神、伟大团结精神、伟大梦想精神,为青年人树立了光辉的学习榜样,是宝贵的精神财富和强大的精神力量。社会主义是干出来的,新时代是奋斗出来的。新时代的青年人要争当有理想守信念、懂技术会创新、敢担当讲奉献的社会主义新青年,辛勤劳动、诚实劳动、创造性劳动,勤于创造、勇于奋斗、众志成城、团结一心,汇聚起共同奋斗的强大力量,在社会主义新时代建功立业。

二、劳动幸福

幸福是人类永恒的追求和发展的不竭动力。以尊重劳动、参与劳动、享受劳动为主要内容的马克思的劳动幸福观应该成为当代青年形成正确幸福观的指导思想。马克思一生致力于人类的解放事业,尤其是强调"劳动解放",其主旨就在于把人的异化劳动还原为人的真正自由自觉的活动,使劳动真正成为自我的存在形式和生活方式,每个人都能通过劳动实现自我价值、获得幸福。马克思的劳动幸福观体现着对幸福的深刻思考,蕴含着深刻的内涵,是一种鲜明的劳动幸福观。

(一) 马克思的劳动幸福观

1. 劳动将幸福置于现实生活世界之中,实现个人幸福与社会幸福的统一

劳动是人类特有的基本的社会实践活动,是人类凭借工具改造自然物,使之适合自己需要,同时改造人自身的有目的的活动。劳动是人的生命存在和全部社会生活的基础和源泉。人是存在于社会中的,社会的不断发展为个人的生存、发展及幸福的获得提供了基础和环境,没有社会的整体幸福,个人幸福是无法实现的。因此,个人幸福的获得是以社会幸福的实现为前提和基础的,只有个人利益与社会和集体利益相一致,才能实现真正的个人幸福,两者是统一的。

马克思通过劳动将幸福置于人的现实生活世界之中,将个人幸福与社会幸福统一起来。他认为幸福不是感觉主义的,更不是心理主义和先验主义的,而是现实生活中的。在马克思看来,幸福是人对自身现实生活的良好感受和愉悦体验,是来自劳动实践的满足感和愉悦感。因此,人的幸福只能现实生成于人的生活世界中,人对幸福的追求只能在人的劳动实践活动中展开并实现;人怎样进行劳动实践和怎样理解劳动实践,关乎人怎样理解幸福和怎样获得幸福。幸福总是在积极的劳动和有意义的生活中实现。

2. 劳动是人的本质力量的体现,是实现幸福的基础和前提

在马克思看来,劳动过程是人的本质力量的实现、展开的过程。人的类本质是一种"自由自觉的活动",即"改造对象世界"的劳动。从事自由自觉的劳动是人的最本质的需要。幸福是通过人的劳动实践获得的。这种劳动不仅成为人类维持自身生存的需要,而且体现了人的本质。马克思认为,自由自觉的创造性劳动是人的类本质,也是人的幸福最深刻的发源地。"生产劳动给每一个人提供全面发展和表现自己的全部能力即体能和智能

的机会,这样,生产劳动就不再是奴役人的手段,而成了解放人的手段,因此,生产劳动就从一种负担变成一种快乐。"从这一意义上说,劳动本身就是最高意义上的享受。

在马克思看来,劳动本来就是人的本质,是人类特有的创造活动,是人的自由的生命表现,是生活的乐趣,也是人们满足需要、获得幸福的方式。马克思认为,劳动成为幸福的现实前提和源泉,是在我们从事自愿劳动的基础上,而非在强制条件下的。人只有在自由自觉的劳动中才能真正实现劳动的价值,并体会到劳动所带来的幸福。

3. 劳动创造了物质财富和精神财富,是人获得幸福的基本方式和保障

幸福的内容和表现形式是复杂多样的,具体而言,人的需要可分为物质需要和精神需要。马克思从人的需要出发,反对传统理性主义者片面重视精神生活的禁欲主义,也反对传统感性主义者只重视物质生活的享乐主义。他强调人们可以享受适当的物质生活,物质生活是幸福的基础,是人们生存发展的前提条件,人们首先必须解决吃、喝、住、穿方面的问题,然后才能从事政治、哲学、文化等方面的工作,他说:"忧心忡忡的穷人甚至对最美丽的景色都没有什么感觉。"但马克思也认为,物质生活的满足和享受绝不是幸福的唯一内容,而且相对于精神生活的满足和享受而言,它是较为低级的满足和享受。人为了满足自身的物质和精神需要必须劳动,因此,人对幸福的追求是在劳动实践中展开和实现的。人不仅通过劳动创造满足自己的物质需要,而且在劳动的过程中通过使用劳动资料对劳动对象产生作用改变着自己的思想。人在劳动的过程中肯定了自己存在的价值,增加了自身的精神财富。因此,人的需要不仅指向能够满足其需要的物质财富和精神财富,而且指向生产这些物质财富和精神财富的劳动本身。人通过劳动不断改造客观世界和主观世界,认识到自己存在的意义和价值,在创造财富的同时为自己创造着幸福,产生了进一步追求幸福的动力,也形成了进一步追求幸福的能力。

总之,幸福不是既定的存在,不是人们的凭空想象,而是现实的劳动创造,是实实在在存在于人类生活中的事物。按照马克思的观点,劳动对人的意义已经不仅是人同自然界进行物质交换来满足人的生存需要,而是在这个基础上通过创造性的实践活动,使人的自由潜能不断地发挥出来。在劳动的过程中,人创造了生活世界和意义世界,进而享受到了生活的乐趣和美好。享受劳动成果是一种幸福,改造世界、创造新的幸福也是一种幸福。也就是说,人在劳动过程中不断地积累物质财富和精神财富,满足自身的生活需要,释放自身的潜能,体验着自身的存在,彰显着生命的意义。幸福要通过劳动创造活动才能实现,只有通过劳动实践,人们才能获得持久稳定的幸福。

(二) 消除错误幸福观

幸福对普通民众,特别是对青年来说,是一个充满诱惑力的名词,是不断努力追求的目标。追求幸福是一个动态的过程,青年对幸福的不同理解与追求,是他们的幸福观在现实社会的体现。然而,劳动创造价值、劳动产生幸福并未成为青年广泛接受和推崇的观念,相当一部分青年陷入价值观的误区,出现价值主体上的个人主义倾向、价值标准上的拜金主义倾向、价值取向上的享乐主义倾向等。

1. 消除个人主义幸福观

崇尚个性张扬的青年错误地认为,每个人都是一个独立的个体,幸福是个人的私事。

在这种观念下,一些青年对自己应尽的责任和义务缺乏足够的认识,认为别人的幸福与自己无关,有时为了追求个人幸福不惜牺牲他人或社会的利益。恩格斯曾精辟地指出:"如果一个人只同自己打交道,他追求幸福的欲望只有在非常罕见的情况下才能得到满足,而且绝不会对己对人都有利。"幸福不是纯粹的个人需要的满足,而应建立在有利于自己且无害于他人的基础上,即个人幸福的获得不能以损害他人和社会幸福为代价。从个人主义出发追求幸福是片面的,事实上也是行不通的。

2. 消除拜金主义幸福观

"有钱就有幸福"的观念在当代青年中有着相当大的市场。他们认为没有金钱就没有幸福,金钱才是幸福的首要构成。当然,幸福不是纯粹的主观感受,的确需要一定的经济基础,马克思的劳动幸福观从来不否认物质财富对于幸福的基础性地位,幸福的生活离不开相应的物质财富,但物质与精神的统一才是幸福的精髓所在,幸福不是能够用金钱来简单衡量的,更不是用金钱就能够购买的。

3. 消除享乐主义幸福观

崇尚享乐的人可能认为只有物质上的享乐才是幸福,他们对获得理智的高度幸福无能为力,就只有沉迷在声色犬马中,任意挥霍,求得片刻的感官享受。这种幸福观往往忽视理性、精神、理想对人生意义的作用,把无度的物质消费和贪婪的享乐看成人生追求的唯一目标和人生幸福的体现。他们有的追求感官享乐,不求将来;有的以不劳而获、奢侈浪费为幸福;有的把个人享受作为衡量个人幸福的标准。这些并没有给青年带来真正的幸福,相反,它们使人备受精神空虚、信仰丧失的折磨,从而陷入意志消沉、缺乏进取精神的状态。

(三)新时代的劳动幸福观

当今时代是崇尚劳动、尊重劳动的时代。劳动者通过辛勤劳动、诚实劳动在社会生活中安身立命,通过创造性劳动为社会主义现代化建设建功立业。劳动是一切幸福的源泉,在劳动创造的过程中,劳动者既为社会创造了物质财富与精神财富,自身的物质生活、精神境界也得到不断的提升。在劳动创造的过程中,个人的才华、价值得以彰显,得到社会的肯定与赞赏,成就感、幸福感得到不断的提升。树立以辛勤劳动为荣、以好逸恶劳为耻的劳动观,成长为热爱劳动、勤于劳动、善于劳动的高素质劳动者,是当代青年人的使命与担当。

案例 4-5

蓝靛染就幸福路:黎凤珍用指尖劳动绣出白裤瑶的千年新生

在广西壮族自治区南丹县,生活着一支仅有 4 万多人的瑶族支系——白裤瑶,因其保留着原始、古朴、神秘的民族文化,被誉为"人类文明的活化石"。其最显著的特色是被称为"两片瑶"的白裤瑶服饰,要历经织、染、画、绣、裁等 30 多道手工制作工序,被认定为国家级非物质文化遗产代表性项目。如今,在白裤瑶妇女黎凤珍的带动下,白裤瑶服饰从深山走向国际,成为售价高达上万元的艺术品。

"白裤瑶服饰是我们民族历史文化的代表和载体。"已过天命之年的黎凤珍,从8岁开始跟随祖母和母亲学习白裤瑶服饰制作技艺,逐渐熟练掌握了染料采集制作、纺纱织布、浸染、粘膏画、刺绣、缝制等工序。她的手指和指甲都泛着蓝色,这是长期浸染蓝靛染料而留下的岁月痕迹。2019年,黎凤珍被认定为"瑶族服饰"自治区级代表性传承人。

白裤瑶服饰制作工艺复杂,一件手工盛装要耗费近2年时间才能完成,对制作者的耐心和技艺要求极高,因而能制作白裤瑶服饰的人越来越少。"祖祖辈辈的手艺,一定要世世代代传承下去。"怀着这样的使命感,黎凤珍在白裤瑶服饰传承之路上坚定前行,并想方设法扩大传承面、壮大传承队伍。黎凤珍不仅引导丈夫、女儿、女婿等家人投身白裤瑶服饰制作,还发动白裤瑶群众参与,在自己的工坊组织大家学习浸染技术,手把手地教,实打实地带。她走进博物馆和中小学校开展瑶族服饰刺绣技艺普及,还多次带队到全国各地的展会上展示白裤瑶服饰文化……如今,越来越多的年轻人关注白裤瑶服饰文化和技艺传承,跟着黎凤珍学习白裤瑶服饰制作的有1600多人。

传统技艺需要在时光的打磨中不断更新,黎凤珍坚信这一点,在普及的同时不断琢磨如何改进技艺。以瑶族服饰传统制作技艺为基础,黎凤珍在布料浸染技术、手工图案刺绣等方面大胆创新,利用自制的蕨菜灰、瑶家酒和蓝靛等原材料,使布料颜色更均匀持久,穿着也更加舒适。

2024年,黎凤珍的白裤瑶民族服饰产业楼在南丹县八圩瑶族乡团结社区建成,这标志着她在传承和发展瑶族服饰的道路上又上了一个新台阶。2025年4月底,黎凤珍荣获"全国劳动模范"称号,成为白裤瑶中首位获此殊荣的劳动者。"我希望把这个产业越做越大,让更多人了解白裤瑶文化,也让更多的白裤瑶群众从中获得收益。"踏上新征程,黎凤珍信心满满。

(资料来源:光明网)

分析:
黎凤珍以指尖劳动诠释劳动幸福的深层内涵:她将个人对民族技艺的热爱融入白裤瑶服饰制作,用30余道工序的匠心坚守,让千年非遗从深山走向国际,实现自我价值与文化传承的统一。其劳动幸福既体现在染蓝指尖的技艺沉淀中,更彰显于带动1600余人学艺、建成民族服饰产业楼的实践里——她以劳动创造经济价值,让4万白裤瑶群众共享文化产业红利,用双手绣出"劳动创造幸福"的鲜活注脚,印证了劳动作为文化传承载体与民生改善纽带的双重意义。

(四) 树立正确的劳动幸福观

1. 树立尊重劳动的观念

马克思的劳动幸福观主张把尊重劳动就在首位。劳动是幸福的源泉,唯有劳动实践才是走向幸福的正确途径,只要有劳动的付出,都应该得到尊重。马克思认为,劳动者在劳动中获得幸福感的一个重要前提是对所从事劳动本身的认同,即肯定自己的劳动能够促成自身价值的实现。没有劳动就不会创造价值,就不会对他人和社会有所贡献,更不会得到他人和社会的尊重。因此,只有劳动才能实现自身的价值,才能获得真正的幸福。

尊重劳动展现了社会主义的本质。习近平同志指出:"幸福不会从天而降,梦想不会自动成真。实现我们的奋斗目标,开创我们的美好未来,必须紧紧依靠人民、始终为了人民,必须依靠辛勤劳动、诚实劳动、创造性劳动。"不论是体力劳动还是脑力劳动,不论是简单劳动还是复杂劳动,一切为中国特色社会主义现代化建设做出贡献的劳动都是平等的。劳动面前,人人平等,一切劳动都可以为人们带来幸福。要尊重一切劳动,尊重一切劳动成果,尊重从事不同劳动的一切劳动者。

2. 树立参与劳动的观念

马克思认为,劳动是人的本质活动,只有劳动才能不断使人实现自己的价值和本质。不劳动将使人失去实现其本质的机会,也使幸福遥不可及。

幸福是需要用劳动去创造的,一个人付出越多,幸福就离他越近。劳动创造能使人获得幸福,在劳动创造过程中,人们可以不断地使自身得到完善和发展。青年人要在劳动奉献中体会快乐和生命的意义,实现自己的人生价值,体悟到幸福的真正内涵。

3. 树立享受劳动的观念

人类不同于其他动物的一个基本特征是人类能够进行创造性活动。在劳动是自由自愿的前提下,劳动本身就是一种享受,当一个人在劳动中是主动的、可以自我控制的时候,他就能够在劳动过程中体会到与他人交往的乐趣,获得共同体安全的保障,受到其他社会成员的尊重。自由自主的劳动让人幸福,它能使人的创造性本质得到真正体现。如果劳动仅仅是人谋生的手段,而不是实现自我价值和本质的一种方式,那么,劳动者就不能感受到劳动对象化的主体性力量的存在,更无法切实体会主体实践性的快乐和实现自我价值的幸福。

在当前的中国特色社会主义现代化建设中,社会经济有了较快发展,人们的生活水平有了较大提高,劳动的强制性、生存目的性越来越淡化,青年一代有越来越多的机会和可能享受劳动、享受生活。青年人不应再局限于为生存、谋生的目的而劳动,而应该更好地享受劳动,让劳动成为实现自我、创造价值的手段。如此,劳动就不会成为负担,而会成为快乐的源泉和生命的乐趣,使人在劳动过程中,在创造"物"的过程中,实现"人"的主体力量的增强。这样,劳动在自由的条件下便会成为人的渴望,成为人的目标行为。这时,劳动便不再是单调的、重复的活动,而是让人感到幸福的丰富多彩的活动;劳动不再是为了实现资本的增殖,而是为了实现个人的全面发展。因为,只有"人"才是劳动的目的,人的劳动要服从于人的意志和目的,而非屈从于资本逻辑。财富的增长和资本的增殖只是实现人的幸福的手段,而不是人的发展目的本身。只有树立享受劳动的观念,人的劳动热情和劳动创造性才能得到最大限度的发挥,人们才能真正占有自己的劳动和劳动成果,在劳动中真正体会到快乐和幸福。

总结案例

有一种工作境界叫作全国劳模

在中国,有一群从工作精神到工作本领都非常厉害的人——全国劳动模范。

干什么工作,能成为全国劳模?

新中国成立之初,我国就开始表彰先进劳模了。新中国第一代劳模知名度很高,大庆铁人王进喜、淘粪工人时传祥、杂交水稻之父袁隆平、纺织工人赵梦桃、农业劳模申纪兰……在二十世纪五六十年代,如果你是工人、农民,会惊喜地发现,这些全国劳模绝大多数都跟你是同行。

改革开放以来,更多行业的能人走上劳模领奖台。科教文卫体,各行各业辛勤工作的劳动者都可以有个当劳模的梦想。你要是个搞科研的知识分子,还能看到自己最仰慕的同行当上劳模,比如陈景润、蒋筑英。

2005年,全国劳模评选名单上第一次出现了30多位私营企业家和23位农民工。

到了2015年,你要是个"码农",或者美妆带货员,也有机会评上全国劳模。比如网络语音架构师贾磊、在商场销售化妆品的龚定玲。

几十年来,全国劳模的结构越来越多元,有基层劳动者,也有高学历技术人才,有理科生、工科生,也有文科生。劳模结构变化,是因为中国在变。中国靠着劳动发展起来,劳动又在发展中获得越来越丰富的内涵。

看劳模的故事,你会觉得非常神奇

明明都是些那么普通的人,干着那么普通的工作,却能干到极致,让人叹为观止。

2015年的全国劳模冯冰是大同市公共交通总公司的一名驾驶员。每天,冯冰都坚持早来晚走,对车辆认真细致地检查、保养和擦拭,交车从不交有毛病的故障车和卫生不合格的脏乱车。在车辆拐弯时,他提醒乘客们站稳、扶好;在遇到复杂情况时,他总是提前减速、慢慢行进,避免急刹车;在车辆进站时平稳进站、规范停靠;在雨雪天气,总要把车停在没有积水和冰的地方,为的是不让乘客涉水履冰。冬天,他自费做了"暖心坐垫";夏天,给车厢内挂上了窗帘;他还在车厢右前方的车壁上悬挂"百宝袋",内有针线包、旅游图、创可贴和日常药品。对一些高龄老人和残疾人,他主动搀扶,背他们上下车,帮忙找座位。冯冰2014年度完成运营31 586公里,车辆完好率100%,工作车率100%。

这就是全国劳模的本事。他们干的工作很普通,但他们能把每个细节都做得精致完美,每个环节都干出故事。"这活儿居然还能这么干啊,牛!"对人家来说,工作追求的就是一种境界。

今天,我们要继续向全国劳模学习

我们不但学他们的精神,也要学他们的工作方法,学他们看待工作的视角。我们可以跟他们学习怎么专注于细节,怎么在枯燥重复的任务里开出与众不同的"脑洞",怎么在困境中杀出重围,并乐在其中。

全国劳模身后是数以亿计的中国劳动者。中国因他们而强大。一个崇敬劳模的时代,一定充满活力。一个把劳模当宝贝的国家,一定很有希望,因为人人可以通过劳动找到上升的途径。一个把广大劳动群众当主人的社会制度,一定很有优势,因为大家都自带使命感和责任感,劳动不光为了糊口,也为了实现自我、报答社会。

分析:

"境界"是一个很有意思的词,近代著名学者王国维引用古代的诗词名句,归纳出人生的三种境界,第一种是"昨夜西风凋碧树。独上高楼,望尽天涯路",讲的是人生要有明确的奋斗目标与发展方向,并为之执着追求;第二种是"衣带渐宽终不悔,为伊消得人憔悴",讲的是为理想为事业孜孜以求,不畏艰难险阻;第三种是"众里寻他千百度,蓦然回首,那人却在,灯火阑珊处",讲的是反复追寻,忘我精研,最终收获成功,并收获淡然而悠远的幸福。王国维的境界观与劳模的工作境界是相契合的。劳模的身份与岗位多数是普通的,劳模的信念与境界同样是触手可及的。对于青年人而言,奋发有为的青春是最美丽的。

劳模人物访谈

一、活动目标

通过访谈,了解劳模的事迹和劳模精神,帮助自己提升劳动素养。

二、活动时间

90 分钟。

三、活动流程

(1) 教师将学生按照 8~10 人为一组划分小组,并进行小组分工。

(2) 确定三个不同行业的劳模作为访谈对象,可以从小组成员周围的群体中确定,并准备好相应的访谈提纲。

(3) 小组成员分工合作对劳模进行访谈,了解其劳动事迹、工作岗位和工作感悟。

(4) 组内运用头脑风暴法收集访谈感悟,并总结该如何进一步提升个人劳动素养。

(5) 每个小组选派一名代表进行分享,以便其他组同学能了解更多的劳模事迹,感悟劳模精神。

(6) 教师进行分析、归纳、总结,并根据每组代表在分享过程中的表现给予点评和赋分。

模块五 劳动素养与劳动能力

导读导学

当今社会的高速发展下,劳动者面临着巨大的考验。特别是随着科学技术在生产、生活中日益广泛而深入的应用,要很好地完成劳动任务,仅有良好的劳动态度是不够的,劳动者的专业性越来越强,故而具备相应的劳动能力更为重要。从人的自由全面发展的视角来看,提高学生的劳动素养,是劳动教育的最终目标。

本模块主要介绍培养劳动习惯、养成劳动能力与提升劳动素养等相关内容,旨在使学生通过学习知识掌握提升个人劳动素养与能力的意义和方法、途径,从而在未来的岗位上体现不平凡的人生价值,收获精彩人生。

5.1 培养劳动习惯

◇哲人隽语◇

总以某种固定方式行事,人便能养成习惯。

——[古希腊]亚里士多德

学习目标

1. 理解习惯和劳动习惯的基本概念、相关知识。
2. 具备较好的劳动习惯。
3. 了解劳动习惯的培养途径。

引入案例

顺德区大良一心志愿者协会

在顺德区大良,一心志愿者协会犹如一颗璀璨的明星,闪耀在社区服务的天空。例如,在老旧社区改造项目中,协会组织了数十名志愿者深入社区。他们帮助清理卫生死角,铲除楼道小广告,搬运废旧物品。

其中,专职志愿者梁铭娴的成长历程令人动容。她幼年因手术失去左眼视力,在普通学校饱受异样眼光、同学孤立等不平等对待,性格变得胆小怕事。2016年,一心志愿者与她相遇,热情邀请其参加"听涛追梦"项目,真诚终获她信任。此后,她在活动中感受到视障伙伴的热情与志愿者的贴心,逐渐融入。2017年,她注册成为志愿者,不仅带领视障伙伴参与香港盲人观星营活动,还以文艺志愿者身份深入敬老院、社区义演,实现从服务对象到服务者的华丽转身。2021年,她进入协会秘书处,努力考取社工证,成为专业公益从业者。

在关爱弱势群体方面,协会也成绩斐然。11年来推出"音画影院——视障人士无障碍服务项目""跨越障碍•画出未来——听障人士增能服务计划""暖心伴你行地铁志愿服务计划"等11个品牌项目。2024年,协会推出"友爱无碍•助人自助——残障人士互助项目",旨在强化残障人士社会功能,助力其融入社会,培养活动统筹策划能力。项目成功在众多优秀项目中脱颖而出,入围了2024众创共善计划•同行善板块,由顺德区慈善会资助。此后,在大良慈善会、伍时就公益基金会的大力支持与资助下,项目如虎添翼,向着既定目标稳步迈进。项目根据44名视障、肢体障碍服务对象能力和需求,分成外出交流、技能培训、文化艺术、重大节日活动筹备、同类型服务对象帮扶5个功能小组,从被服务过程到增能,从增能到反哺社会,切实让残疾人服务对象提升自信心,在社会服务中寻找到获得感、幸福感,帮助他们真正融入社会。

协会长期投身助残、扶老、帮青、爱幼、志愿者培育、文化体育、大型社会活动等志愿服务,赢得各界赞誉。截至2024年12月,协会会员人数达1 975人,年均开展各类志愿服务938场次;2024年带动志愿者2 554人次参与服务;2024年服务时数达46 170.82小时,总计服务时数达375 817.62小时。2024年志愿者活跃度达85.37%,平均每名志愿者参与服务18.08小时。其次是骨干参与度高:49名骨干,成立以来人均服务时数2 600多小时。

分析:

志愿服务是一种高阶的劳动习惯。一心志愿者协会应社会所需,为社会提供多样的义务服务,志愿者们坚持为民信念,影响和带动了一批又一批的志愿者参与其中,为社会做出了巨大的贡献。十几年的坚守形成了一种群体式的高尚劳动习惯。

一、习惯

习惯是指长久养成的生活方式。《现代汉语词典》解释:习惯是在长期的过程中逐渐养成的、一时不容易改变的行为、倾向或社会风尚。心理学认为,习惯是人在一定情景下自动地去进行某些活动的特殊倾向。有些习惯是无意识多次重复的结果,还有许多习惯是通过自己有意识地反复实践而形成的。

良好的行为习惯是一个人成功的基础。亚里士多德说过,人类的美德分为两类:一是理智的,二是道德的。理智的美德由教学产生,道德的美德由行为习惯而来。

古今中外,人们对于习惯的认识一直深刻而久远。"少成若天性,习惯如自然"出自《汉书》。叶圣陶提到在日常生活中"坐要端正,站要挺直,每天做事要有头有尾,这些都是一个人的起码习惯,有了这些习惯,身体才能保持起码的健康"。关于习惯养成的重要性,人们有很多真知灼见,如"积千累万,不如养成个好习惯""习惯影响性格,性格决定命运"。

案例 5-1

竺可桢锻炼身体的好习惯

竺可桢小学毕业时,他的成绩在同龄人中是很棒的。然而,他的个子很瘦小。有一天,在教室的走廊里,几个同学迎面走过来,其中一个人大声挖苦竺可桢道:"这副小身材,一遇台风就要被吹上天。"另一个则大声说:"好一个可笑的小矮子,估计他活不过 20 岁。"听到这些话,竺可桢十分气恼,可转念一想:谁叫自己长了一副单薄的身子骨呢。要想将来成为一个对国家、对社会有用的人,首先就得有一个好身体。

竺可桢连夜制订了一套详细锻炼身体的计划,还写了六个大字"言必信,行必果",贴在明显的地方,便于时时提醒自己。

从那以后,竺可桢每天天一亮就到校园里跑步、舞剑、做操,即使遇到大雨天,也不间断。

竺可桢凭着勤奋与好学,凭着坚强的意志与精神,在知识的道路上越走越远……

分析:

竺可桢从小养成的锻炼身体的好习惯,为他成长为我国著名的教育家,当代闻名的科学家、地理学家和气象学家奠定了坚实的基础。

二、劳动习惯

(一)劳动习惯的概念

劳动习惯是经过人们长期的劳动练习或重复而被巩固下来,并且成为个人需要的一种劳动行为方式。劳动习惯是后天养成的,并且具有一定稳定性,通过教育培养劳动习惯具有极强的可行性。随着生活环境的变化,个体自身素质不断提升,便会逐渐形成特定的劳动模式。

劳动习惯是一个人劳动态度和劳动精神的外在体现,使学生养成良好的劳动习惯是劳动教育的重要目标。

案例 5-2

开国元勋们的责任田

红军初创时期,朱德给农家挑水,被老婆婆当成伙夫。延安大生产时缺种子,任弼时拿出一个小布包,里面全是从太行山带来的辣椒、茄子、萝卜、白菜等菜种。那时候,毛泽东一再坚持,他自己也分了一亩多责任田,一有空闲必定和警卫战士一起侍弄庄稼。

分析:

毛泽东、朱德等老一辈无产阶级革命家有良好的劳动习惯,保持劳动人民本色,受到全国人民的无限尊敬、爱戴和怀念。

（二）培养劳动习惯的意义

教育的基本目标在于培养具有综合素质的劳动者。因此，加强劳动教育，培养劳动习惯，弘扬劳动精神，有助于引导学生崇尚劳动、尊重劳动，进而促进其综合素质的养成，其意义重大。

从小培养良好的劳动习惯和品质

（1）劳动是具有一定生产经验和劳动技能的劳动者使用劳动工具进行的有目的的生产活动，是生产的最基本内容。劳动是专属于人和人类社会的范畴，是对人类本身、自然界与社会关系的积极改造。劳动是人类生存的方式，同时也是生命价值的至高体现，合理地加以教育、培养，人们才可形成良好的劳动习惯，进而借助习惯本身的巨大力量描绘未来蓝图，缔造美好生活，掌控人生。

（2）劳动具有工具性、社会性和实践性的特点。形成良好的劳动习惯，有助于培养良好的劳动素养，认识到劳动的重要性，感受到劳动的趣味性，从而增强劳动的积极性。

（3）劳动可以激发兴趣，增进认识。劳动创造财富，劳动改变一切，劳动让人聪明。当人们享受到成功的快乐，更能够激发劳动的兴趣，形成良性循环。如果我们每个人都能让劳动成为兴趣，每个人都以愉快的心情去劳动，激发自己的潜能，创造性劳动，我们的中国梦就会加快实现。

中华民族一直是勤于劳动、善于创造的民族。从横卧崇山峻岭之间的万里长城，到驯服洪水骇浪的都江堰，从横贯大洋的港珠澳大桥，到窥探宇宙的"天眼"望远镜，这些伟大成就都凝聚了劳动人民的血汗，展示着劳动人民的智慧与创造，昭示着劳动对于国家、民族，乃至世界的重要意义。习近平总书记说过："新时代属于每一个人，每一个人都是新时代的见证者、开创者、建设者。"让我们从生活的细微之处做起，养成热爱劳动、艰苦奋斗的习惯，准备为实现中华民族的伟大复兴贡献自己的力量。养成良好的劳动习惯将使我们终身受益。

新时代高校的劳动教育应当重视培养学生良好的劳动习惯，使他们能够主动参与到劳动中去，将其内化为固定的、自动化的行为倾向。大学生养成良好的劳动习惯，不仅有利于提高自身生活和学习质量，而且能促进自身全面发展。

（三）培养劳动习惯的途径

培养劳动习惯，不仅是为了掌握一些简单的劳动技能，更重要的是培养劳动光荣、不劳而获可耻的观念和勤劳俭朴的品质。可以从受教育者外部和自身两个方面来引导大学生培养劳动习惯。

大学生培养良好的劳动习惯的基本途径

1. 外部引导

（1）树立大学生奋斗劳动观。

社会作为大学生接受劳动观教育最主要的外部环境，直接影响着大学生劳动价值观的形成。在青年修身思想的引导下树立大学生奋斗劳动观，可以确保社会科学劳动观念的正确导向。在大学生劳动观的培养上，全社会应以习近平总书记的青年修身思想为基本理论引导。可以通过勤工助学等工作岗位为学生拓宽思政教育的实施路径；通过开讲座邀请劳动模范进校园宣讲艰苦奋斗、向上向善的劳动故事，营造正能量的校园文化，增强思想政治教育的吸引力。

(2) 强化融入劳动教育的校园文化建设。

融入劳动教育的文化建设有着特殊的文化氛围,积极向上的校园文化能够净化学生的精神世界,激发兴趣,陶冶情操,培养学生的劳动情怀。大学生的校园生活,除了专业知识学习,最重要的是参与各色校园文化活动。可以以劳动相关的重大节日为契机进行劳动观教育,让学生真正体验劳动的快乐。大学生在参与活动后,能够真切感受到劳动的价值,提高对劳动教育的关注度,并能在生活中进行劳动体验,更好地树立科学的劳动观。传统劳动教育中好的做法也要坚持。动员学生积极参加校内的勤工助学、助学助研、校园种植,校外的公益劳动、志愿服务、实习实训、社会实践、社会调查等活动也是校园文化建设的内容之一。

(3) 完善劳动教育的考核评价体系。

如今,高校教育的评价标准更侧重德、智、体三方面,"三好"就是评价大学生是否优秀的价值尺度,忽视了劳育的考核标准。同时,在劳动教育的过程中缺乏对教师的教学态度和教学能力进行监督和评价的体系,并未明确制定相关的奖惩细则,学校的劳动教育考核机制尚未完善都是新时代大学生出现劳动观问题的原因。对于劳动实践的考核形式无统一要求,学校可以结合学生的劳动成果,自主设计考核内容,客观公正地评价大学生劳动教育状况,帮助其认清自身问题,及时完善劳动价值理念,树立科学的劳动观。

(4) 发挥家长的劳动示范作用。

家长像镜子一样,他们的一举一动潜移默化、深远持久地影响着子女的劳动观念。家长是孩子的第一任老师,在日常生活中,家长要转变家庭劳动教育理念,要以严格标准要求自己,为孩子做出表率,努力营造"劳动伟大、劳动光荣、我爱劳动、我要参与劳动"的家庭氛围。家长要为子女制定合理的劳动计划,每天为孩子分派家务,把家务劳动作为锻炼孩子劳动能力的主要途径,从小事、细节入手。

2. 自我培养

(1) 自我服务。

自己的事情自己做。形成自己铺床叠被、做饭、打扫卫生等劳动习惯。对每一件事情,都要先清醒地认识到自己是责任人,然后持续去做,直到形成习惯。做到日常生活自理、自己的事情自己做,不仅能培养劳动观念,还能培养独立生活的能力,更能促进独立性的形成和发展,及早摆脱对家长和家庭的过分依赖,成为一个独立的社会成员。

(2) 做家务劳动。

做力所能及的家务劳动。例如,定期采购生活必需品,每天或周末准备餐食、整理餐桌(择菜、洗菜、摆碗筷、收拾碗筷等),定期打扫居室卫生(扫地、擦地、擦桌椅等)。做家务劳动不但可以增强个人对家庭的责任心和使命感,更能密切家庭成员间的关系,增进家庭和谐氛围。

(3) 参加公益劳动。

个人或跟随集体参加公益劳动是培养劳动习惯的一个途径。可以参加社区组织的公益劳动,例如春天的植树、夏天的灭蚊蝇、秋天的除草、冬天的扫雪等;也可以主动参加社区组织的照顾孤寡老人、军烈家属、困难家庭的活动;还可以为需要帮助的人做力所能及的事,如分发报纸、取牛奶、照顾小朋友等。

(4) 制定劳动规则。

规则是要遵守的生活规范和行为准则,常常是一种无声的命令,有潜在的强大教育力量。制定明确、合理、可行的劳动规则,可以约束自己,帮助自身形成良好的行为习惯。劳动规则应条理一清二楚,写得明明白白,如每天起床后必须叠好被子、整理房间等。劳动规则也可随着成长进步而作调整和改变。劳动规则可以保障主观监督自身做力所能及的事情,担当责任,履行职责,在劳动习惯的养成中日益成熟。

总结案例

佛山职业技术学院青年志愿者协会:种志愿之花,护候鸟成长

因为热爱,他们一起加入了青年志愿者协会,他们努力组织并开展了"小候鸟守护计划"活动;他们共同希望在完成学业的同时,能够通过参加志愿活动,进行社会实践,努力锻炼成长,丰富课外生活。他们就是佛山职业技术学院青年志愿者协会的志愿者们。

十几年前,佛山市三水区乐平镇的外来务工子女迎来了一批可爱的哥哥姐姐,他们不仅带来了关爱,还和小朋友们一起成长,更扮演起了他们的小老师。他们一批接着一批,前辈带后辈,一直传承着佛山职业技术学院青年志愿者协会的服务宗旨与精神,常态化、长期化为"小候鸟"带来陪伴与温暖。

"老师,晚上好!"特殊时期,"小候鸟守护计划"活动依旧持续开展,以独特新颖的方式展开服务。每晚19时30分左右,"候鸟快乐营"线上第二课堂微信群便热闹起来,学生、家长纷纷上线,向"补习老师"们"求救"。这些"补习老师"是佛山职业技术学院青年志愿者协会的志愿者们,他们利用课余时间为乐平镇的小朋友提供课后辅导,在线上为他们解答功课中遇到的问题。

"我的爸爸妈妈都去外面挣钱了,我的愿望是爸爸妈妈能多陪陪我。"近年来三水区外来务工人员不断增多,每年,外来务工人员的子女像候鸟迁徙一样,千里奔波来到父母工作的城市,寻找属于他们的亲情,但由于父母忙于生计,他们面临着"再留守"的状况。

"小候鸟守护计划"的安全教育主题活动如约而至,志愿者们与乐平镇的小朋友们又要再次见面了。学生志愿者们扮演起了小老师的角色,以"童言童语"进行宣讲,以通俗易懂的方式让小朋友们了解安全教育的重要性,采用答题互动、情景模拟、角色扮演、小游戏等方式让小朋友们积极参与到互动当中。志愿者们一边和小朋友们做游戏,一边就"居家安全""交通安全""反诈骗、防拐卖""安全教育小剧场""卫生健康教育""安全知识竞赛"六个模块对小朋友们展开了多方面的教育,小朋友们积极举手,跃跃欲试。在轻松快乐的氛围中他们不仅能和小朋友们建立起浓厚的感情,让小朋友们了解基本的居家安全常识,发挥政府机构和学校联动的教育效果,而且能营造安全氛围,让小朋友们树立安全意识,从我做起,避免不安全行为发生,让安全之花开放在他们的快乐成长当中。

志愿者们在志愿心得中写道:"眼里有光,前程明亮,不忘初心,砥砺前行。"作为一

名当代大学生,作为一名志愿者,他们正是在用行动彰显青春力量,用肩膀扛起责任担当,践行"有一分热,发一分光"的理念,奋力书写青年一代的精彩篇章。愿志愿者们能实现每个热血的愿望,不辜负青春赋予的能量,相信梦不在远方,永远在心上绽放万丈光芒!

(资料来源:佛山职业技术学院官网,有改动)

分析:

大学生是新时期的优秀人群,他们具有年轻、有活力、勇敢、进取的优秀品质。他们参与社会实践,努力锻炼成长,他们有理想、守信念、讲奉献,像佛山职业技术学院青年志愿者协会这样的新时代大学生志愿服务团队,具有无私奉献、吃苦耐劳的劳动精神和劳动习惯,是新时代社会可以依靠的有生力量。

大学生作为中国未来的职业人和社会主义事业的建设者,不仅要热爱劳动,成为自食其力的劳动者,而且要成为优秀的劳动者,甚至成为广大劳动者群体中的佼佼者和大家学习的榜样。

课堂活动

劳动习惯养成的故事

一、活动目标

通过采集故事,理解劳动习惯的养成特点,进一步树立正确的劳动观,形成良好的劳动习惯。

二、活动时间

20分钟。

三、活动流程

(1)所有学生按5~8人一组组成学习小组,提前收集劳动习惯养成的故事。

(2)教师随机选取1~2组学生讲述采集的故事。

(3)教师随机选取2~3名学生提问:是哪些方面的劳动习惯打动了你?并使其阐述理由。

(4)教师进行归纳分析,引导学生树立正确的劳动习惯。

5.2 养成劳动能力

◇哲人隽语◇

教育会生产劳动能力。

——[德]马克思

学习目标

1. 了解能力和劳动能力的概念，了解提升劳动能力的途径和方法。
2. 树立苦学知识、勤练技能的人生态度。
3. 了解关键能力的概念和提升关键能力的途径。

引入案例

你会用瑞士军刀吗？

张华是某高职院校新生，父母非常宠爱她，家里的活她几乎没有动过手。父母怕她离开家，不适应大学的集体生活，有可能出现某些日常用品或者学习用具损坏不会修的问题，就给她买了一把瑞士军刀。有一天中午，张华的床架晃动得比较厉害，原来是床架上的几个螺丝松了，学校的物业管理人员又恰巧不在。张华想起父母在她临行前塞给她一把瑞士军刀，说是万用刀，上面有许多工具。她找出这把瑞士军刀，可无论如何也找不出一字改锥。这把瑞士军刀上其实有十余种工具，只是她不认识，也不会正确使用。那天中午张华忙活了半天，同宿舍的女生也纷纷过来帮忙，可还是没能把这摇晃的床架修好。后来，还是宿舍管理员在巡查时发现本应午休的学生都还没有休息，进屋后在这把瑞士军刀上找到一字改锥，才将床架上的螺丝拧紧。

分析：

有些学生不认识、不会使用基本劳动工具，优越的家庭条件使他们习惯于享受别人的劳动成果。劳动不仅需要态度，还需要具备能力。缺乏必要的劳动知识、技能和计划能力，即使有主动、积极劳动的想法，也难以完成劳动任务。劳动能力的形成需要在实践中反复锻炼。

一、能力与劳动能力

（一）能力的概念

能力是完成一个任务时所体现出来的综合素质，是直接影响活动效率，并使活动顺利完成的素质。能力总是和一定的实践联系在一起，离开了具体实践，既不能表现人的能力，也不能发展人的能力。能力包括掌握和运用知识技能所需的心理特征，也包括达成一个目的所具备的条件和水平。

（二）劳动能力的概念

劳动能力从一般意义上来说，是指人认识自然和改造自然的能力，是人的体力和智力的总和。人的体力指的是人体所具有的自然力；人的智力指的是人的精神方面的生产能力，包括人的劳动技能、生产经验和科学文化知识。

在人的能力的全面发展中，劳动能力的发展是主要和基本的。从现代意义上来说，发展人的劳动能力,培养、训练和提高人的劳动能力,除身体锻炼以外,主要是指开发人的智力,提高人的科学文化水平,用现代化的科学技术武装劳动者,增强人的生产能力,发展人的脑力劳动能力。

从法律意义上讲,劳动能力是劳动者以自己的行为依法行使劳动权利和履行劳动义务的能力(即劳动行为能力)。劳动行为能力丧失意味着不再具有劳动能力。在法医学实践中常需要对工伤事故、交通事故及伤害案件中的受伤者,患有精神障碍者进行劳动能力的评定。我国已有较为完善的各类评定标准,例如《劳动能力鉴定职工工伤与职业病致残等级》《职工非因工伤致残或因病丧失劳动能力程度鉴定标准(试行)》《人体损伤致残程度分级》等,均包含关于身体、智力和精神伤残所致的劳动能力丧失的标准。劳动能力丧失程度的鉴定是根据鉴定对象完成公益性劳动的可能性来进行的。

二、劳动需要知识和技能

随着现代劳动的复杂化,知识已经成为人类劳动的基础条件,技能也成为提升劳动质量的关键因素。劳动需要与时代发展相适应的知识和技能。

(一) 知识是人类劳动的基础条件

现代社会产业已高度发展,知识成为劳动的重要基础,要充分重视知识对劳动的重要作用。20 世纪后半叶人类已进入知识经济社会,社会中各行各业的劳动者都需要基于基础知识和专业知识开展劳动。例如,如果对家用智能电器标识的含义和电子屏幕的概念不理解,就不能完成煮饭这样简单的劳动。这种情况日后会更加普遍。5G 网络时代,智能家居已逐渐成为潮流。

现代的劳动工具十分复杂和智能化,对人的知识要求也更高。比如日常使用的电动牙刷包含了复杂的电路和电机原件,使用者除了要掌握正确的刷牙姿势,还需要掌握基本的充电技能和使用技巧。智能手机已经普及,以前的功能型手机,拨打电话或者发送短信仅需要简单的按键操作,使用智能手机则需要使用者触屏翻阅,识别屏幕上的各种指示图标。

如今,社会知识系统已经相当庞大,劳动创造财富,但离不开基础知识的支撑。社会劳动要求劳动者掌握基本知识图谱的内容和结构。人文、艺术知识,生物、物理、化学、数学等科学知识,各行各业的专业性技术知识和经验,都是劳动的基础知识。

(二) 技能是提升劳动质量的关键因素

劳动者除了应具备知识基础,还需要掌握相应的技能。个体通过练习获得的一定的活动方式(动作方式或智力活动方式)称为技能。技能包括初级技能和技巧性技能。前者是借助有关的知识和过去的经验,经过练习和模仿而达到"会做"某事或"能够"完成某种工作的水平。后者则要经过反复练习,完成一套操作程序并达到自动化的程度。

技能按其性质和特点的不同,可分为动作技能、智力技能。两者的区别在于动作技能主要表现为外显的肌肉、骨骼的操作活动的娴熟,如游泳、骑自行车、织毛衣;智力技能主要表现为内隐的认知操作活动的高度自动化,如心算、写作构思、程序设计。二者又有密切的联系,智力技能是动作技能的组成成分和调节者,而动作技能是智力技能的体现者。

在进行较复杂的活动时,这两种技能都是需要的。劳动技能就是动作技能和智力技能的统一体。但对于不同职业和不同任务来说,对这两者的要求有所侧重。高水平的技能是人们进行创造性活动的重要条件。职业教育的任何一个教学科目都不仅要教给学生系统的知识,同时还要使其形成一定的技能。

案例 5-3

从银行"小白"到技能能手,"90后"工行人的厚积薄发

"卓敏静30秒蒙面手动点钞202张,成绩有效,恭喜卓敏静创造一项新的吉尼斯世界纪录。"在央视《挑战不可能》的舞台上,吉尼斯世界纪录认证官将奖牌颁发给了中国工商银行温州分行员工卓敏静。她以202张的成绩打破了"30秒蒙眼点钞"项目178张的纪录,成功创造了新的吉尼斯世界纪录。

"数钱数到手抽筋"是大多数人的梦想,而对银行员工来说,"数钱"是一项基本技能。2019年除夕,央视《挑战不可能》节目组请来了四大行的点钞高手现场展示点钞技能。"单指单张""扇面法""弹琵琶"……各种点钞大法让观众们看得眼花缭乱,直呼过瘾。赛中,四位选手蒙住眼睛,花式点钞。"刷刷刷刷",现场百元大钞翻动的声音刺激着观众的感官。30秒过后,成绩见分晓。在揭示了前三位选手的成绩后,工作人员揭开了卓敏静的答题板,上书"202张",主持人惊呼"这是目前为止出现的最大的数字"。

站在舞台上,卓敏静(图5-1)是4位选手中体格最娇小的一位。比赛开始前,大概谁也没想到打破"30秒蒙面手动点钞"吉尼斯世界纪录的会是她。镜头记录

图 5-1 卓敏静获颁"30秒蒙面手动点钞"吉尼斯纪录

下了这位"90后"选手的"无影手",却没有突出她那与年龄不符的手指。她的手上不仅有弯曲的指甲,还长满了厚茧,而这也成为她夺冠的最好注脚。

卓敏静2011年于浙江金融学院毕业,加入工行大家庭。入行前她有一定的手工点钞功底,入行后坚持勤学苦练,先后多次参加省市各级各类技能比武,均获得好名次。她曾是当时新员工中最早独立上岗的员工;2015年,因表现突出,她转岗为大堂经理;2017年转岗为个人客户经理。虽然岗位不断在变,但对于点钞技能的训练,她从未间断。每天早上6点,卓敏静都要进行一个小时晨练,晚上入睡前,她还要晚练半小时,这一机械动作在卓敏静的生活里从未缺席。年纪轻轻的她手中握着的荣誉证书早已是厚厚一沓。而2019年的除夕一战,又为她在吉尼斯世界纪录上加冕。

分析:

卓敏静是中国工商银行乃至金融系统的技能尖子,她先后多次参加省市各级各类技能比武,均获得好成绩。成绩的取得正是源于职业知识的积累、职业技能的打磨,精益求精、专业专注、锲而不舍的精神,使她从一名普通员工成长为点钞能手。

1. 动作技能的形成

动作技能需要通过练习逐渐形成,一般要经过以下阶段:

(1) 认知定向阶段,这一阶段学习有关知识和原理,并对正确的动作模式形成鲜明的视觉表象。在此基础上,能基本完成单个动作,但呆板、不协调,不能形成连贯系统的动作。

(2) 动作系统初步形成阶段。这一阶段开始掌握连贯动作,注意力从认知转向运动,从个别动作转向动作的协调与组织。

(3) 协调完善阶段。这一阶段已在时间和空间上形成连贯稳定的动作系统,速度和准确性提高,紧张感及多余动作消失。更重要的是,这一阶段意识对动作的控制减弱,达到自动化水平,调节动作的方式由视觉控制转化为动觉控制。这样,动作的完成就摆脱了对视觉及整个意识的依赖,使其有更好的条件去处理其他的信息(如一边看稿子一边打字),更顺利地完成更复杂的任务,利于根据不断变化的情况灵活地运用技能。

技能的水平是随练习的次数与时间增加而提高的,主要表现为动作错误次数减少和动作速度提升。技能水平随时间增加的变化趋势有以下两种。① 持续上升。先快速上升,随后上升变缓,或上升速度先慢后快等。② 高原现象,即在练习中期,技能水平的上升发生停顿,此后又继续上升,不少技能的形成都表现为水平迅速上升—逐渐停顿—再上升—再停顿的波浪式前进过程。高原现象同练习中的疲劳有关,也可能是因为技能进一步提高,要求旧有的技能结构发生改变,这些都是培养技能时应注意的。有效的练习应遵循学习规律,如确立明确详细的练习目标、给予充分和及时的反馈、适当分散练习时间以防疲劳、注意循序渐进等,并根据动作特点决定采取分解练习还是整体练习方式。练习还应同原理掌握、示范动作的表象建立相结合。

2. 智力技能的形成

根据心理学的研究,智力技能的形成有一个从外部物质活动转向内部心理活动的过程。这个过程可分为五个阶段。

（1）活动定向阶段。这是准备阶段。所谓定向就是在头脑中形成关于智力活动和活动结果的表象。

（2）物质活动或物质化活动阶段。物质活动指利用实物进行智力活动；物质化活动指利用实物的图片、模型、示意图等进行智力活动。此阶段通过外部物质或物质化的活动促进智力活动发展，既帮助理解学习内容，又保证形成新的智力活动方式。如以学习进位加法为例，可采用小木棒进行比画，来完成运算。

（3）有声言语阶段。运用有声言语对智力活动做精确的练习，使智力活动不再直接依赖实物。仍以学习进位加法为例，本阶段在形式上发生了本质变化，以"数位对齐、个位对个位"等运算法则言语来表达实物运算动作，使智力活动离开实物的直接依据，而以言语为依据，这些言语活动是按物质活动反映而建立的。本阶段的特点是智力活动向言语方面转化，这不仅意味着用言语来表达活动，还意味着在言语中完成智力活动。

（4）外部言语阶段。本阶段从出声言语活动向内部转化开始，以内部不出声的言语自由叙述结束。仍以学习进位加法为例，与前一阶段的区别是，本阶段只默不出声地复述法则。

（5）内部言语阶段。这是智力技能形成的最后阶段。本阶段的主要特点是压缩和自动化。智力技能发展到这个阶段，就具有了压缩、简化的新形式。运算进位加法时，不再默念法则，而是只在脑中出现个别关键词。自动化是与简化机制相联系的。智力技能开始形成，动作转化到内部，几乎都在头脑里进行，并且呈现自动化特点，好像无意识似的。其实意识还是存在的，只是不再与动作相联系，为人所觉察不到，在他意识中产生的是活动的产物。如掌握进位加法运算技能的人进行运算时，运算过程自动化了，他没有觉察，而所觉察的是运算结果。

技能是提升劳动质量的关键因素。例如，未经训练的学生叠被子一般需要数分钟，但通过学校军训的强化训练后，不到一分钟就能够完成，且完成效果更好。同样是一线技能工作者，员工是否经过职业培训，生产效率完全不同。在第一次世界大战前，美国的制造业远落后于德国，但其后迅速赶上，其中一个重要原因就是美国召集了大批心理学家、教育学家和管理学家，深入研究一线中的技能、操作，广泛开展职业教育与职业培训。

三、劳动需要关键能力

在知识经济时代背景下，劳动者很难靠某一项专业技能在某一固定岗位上工作。劳动具有的创新性、不固定性、相关知识更新周期短及手段智能化等特征决定了劳动者必须不断适应新技术变革，而且一生中将多次更换职业，经常变换岗位。所有劳动者都需要培养跨职业的关键能力。关键能力是指超越具体职业的非专业能力或跨专业能力，具体可分为社会能力和方法能力。正因为关键能力具有普遍的适应性和广泛的可迁移性，其影响辐射到整个行业通用能力和职业特定能力领域。关键能力对社会运行起着关键作用，能够打开通向未来的大门，因此，开发和培育关键能力，将为劳动者提供最广泛的从业机会和终身发展的基础,是帮助劳动者进入日益复杂和不可预测的世界的工具,是促进社会变革的一种重要策略。关键能力主要表现为与学习相关的自我管理能力、时间管理能力、沟通能力、计划能力等。

(一) 自我管理能力

自我管理又称自我控制,是个体有意识地运用认知及行为策略,对自身的思想、情感、行为及所处环境等进行目标管理的过程。在人们的日常劳动实践中,任何事情都离不开自我管理,缺乏自我管理能力的人容易混淆任务的关键点,分不清事情的轻重缓急,容易被非重要因素所吸引,往往比别人需要更多的直接监督。自我管理是个体提高工作效率、实现健康生活的重要方式。

(二) 时间管理能力

时间作为一种抽象的客观存在,是一种特殊的资源。时间有其独特性:一是供给毫无弹性;二是无法积蓄;三是无法取代;四是无法失而复得。

人们虽然不能创造时间,但可以创造性地使用时间,使时间价值最大化。改掉无效的工作、学习习惯,提高时间的使用效率。

(三) 沟通能力

人是一切社会关系的总和。一个人的发展取决于和他直接或间接进行交往的其他一切人的发展。因此,沟通能力是一个人生存与发展的必备能力,也是一个人成功的必要条件。

在日常生活中,人们所说的沟通主要是指言语沟通,这是个体最为熟知,也是最主要的沟通形式,可以分为口头沟通和书面沟通两种。但实际上,人们往往意识不到自己在传递着一些非言语信号。非言语沟通在人际交往、沟通中起着更重要的作用,可以比言语沟通传递更多的信息。非言语信号包括辅助语言,包括语速、声调、响度、悦耳程度;形体动作,包括象征性动作、说明性动作、情感表露和调适性动作;空间和距离,包括亲密距离、人际距离、社会距离和公共距离;个体的服装、形体修饰、眼神信息、吸引力、接触;等等。不同的文化会给予其不同的解释和规则。

(四) 计划能力

智能化时代,劳动工具日益复杂,劳动活动也变得更加复杂。缺乏计划的复杂劳动通常是盲目与无效的,做好计划是完成复杂劳动的前提,劳动者需要重视计划能力的培养。

计划能力是指为开展劳动而设定目标、方法、安排与保障等内容的能力。正如马克思指出的,蜘蛛的活动与织工的活动相似,蜜蜂建筑蜂房的本领使许多建筑师感到惭愧,但是最蹩脚的建筑师从一开始就比最灵巧的蜜蜂高明的地方,是他在建筑房屋以前已经在自己的头脑中把它建成了。

案例 5-4

未来社会的劳动

人类是否会被机器人取代是近年来的一个热议话题。在BBC（英国广播公司）进行的一项研究中，其所统计的30多个职业里，电话推销员被机器人取代的概率最大，接近100%。可以想象，即使没有机器人的出现，这样一个单调、重复、恼人又毫无效率可言的工种也是迟早要消亡的。绝大多数第一产业和第二产业的工作都被BBC的研究人员列为濒危职业，瓦匠、园丁、清洁工、司机、木匠、水管工等第一、第二产业中人员的被取代率为60%~80%。一个令人稍感安慰的数据是，BBC研究人员预计程序员、记者、编辑的职业被人工智能取代的概率仅为8.4%。另外，在美国和英国的调查结果同样不容乐观，未来20年内美国50%的工作者有被机器人取代的风险，英国则为35%。

如果你所从事的工作有以下三类技能要求，那么你被机器人取代的可能性非常小：

(1) 社交能力、协商能力及人情练达的艺术；
(2) 同情心及对他人真心实意的扶助和关切；
(3) 创意和审美。

高取代率的职业有其自身特点，如果你的工作符合以下特征，那么你被机器人取代的可能性非常大：

(1) 不需要天赋，经由培训即可掌握相关技能；
(2) 大量的重复性劳动；
(3) 工作空间狭小，不闻天下事。

过去常将劳动简单地分为体力劳动与脑力劳动，但在人工智能的背景下，劳动将进一步分为四种类型。一是规则性体力劳动，重复单一，动作不需智能。二是规则性脑力劳动，如计算、填写报表等。三是非规则性智能劳动，包括专业性思考、复杂性对话、综合性平衡、原创性创新。四是非规则性体力劳动，既包括篮球、足球等复杂运动，也包括便利店值守等简单劳动。将来人类最有前途的劳动领域是非规则性智能劳动和非规则性体力劳动。

从目前的技术研究进展来看，若想人工智能获得更进一步的发展，不仅要解决技术方面的问题，更要解决法律、伦理及利益格局重组等方面的问题。但同时，人们对于"人可能被人工智能取代"发自内心的恐慌等多种因素也会对人工智能劳动研究产生深刻影响。目前，还没有足够的证据证明人工智能技术的进步对劳动力需求产生了重大的影响，目前人工智能更多地只是被用来帮助人们更好地完成工作，而不是替代人们完成工作。目前的研究表明，在人工智能时代，并没有大量新职业会被创造出来，而原有的大量职业或岗位会借助人工智能进行升级、细分与改造。

（资料来源：许远，《未来的职场 职业教育准备好了吗？——兼论职业核心能力培养对于未来职场的重要性》，《中国培训》，2017年第24期，有改动）

分析：

低取代率的职业特点是在校大学生应对未来就业必须学习和领悟的，对高取代率的职业，在将来选择职业时要尽量避免。同时，在校大学生要以良好的心态迎接未来社会的劳动。

四、劳动能力的重要外显特征是使用劳动工具

人类劳动的发展与工具的演化密切相关。在远古时代，人类的衣食住行所需都来源于自然界，比如人类的工具来自自然界的石头或动植物，主要劳动技术包括各种石器的打制方法，以及制作桦树皮器具的方法等。这些工具又反过来提高了劳动的生产效率和质量。

案例 5-5

认识家居常用工具

不同类型的劳动需要不同的工具。在家居生活中，经常会使用到以下工具（见表 5-1）。

表 5-1 家居常用工具

工具图片与名称	工具特点	工具功能	使用技巧/注意事项
电动螺丝刀	(1) 相对手动螺丝刀来说，使用起来不太费力；(2) 体积不大，但能伸能缩，在狭小的空间里也能运用自如	(1) 组装玩具；(2) 维修家电；(3) 安装家具	(1) 使用正确握姿，垂直对准操作对象；(2) 按压力度适中
多功能老虎钳	(1) 集合了老虎钳、螺丝刀、小手锯、小刀和起瓶器的功能；(2) 符合人体工程学设计要求	(1) 剪电缆线或者其他金属线；(2) 装卸螺丝；(3) 户外骑行时修自行车；(4) 开罐头	(1) 注意避免夹伤虎口皮肤；(2) 使用时要施加一定的握力，防止操作对象打滑
羊角锤	(1) 锤子的一种，一头是圆的，一头扁平、向下弯曲并且开 V 字口；(2) 应用杠杆原理，省力；(3) 把手包裹塑胶，起到防滑作用	(1) 钉钉子；(2) 撬开其他工具和设备；(3) 去鳞片；(4) 开瓶盖	钉子应顺直地钉入木材内

续 表

工具图片与名称	工 具 特 点	工 具 功 能	使用技巧/注意事项
多功能扳手	(1) 集合了多种型号的扳手; (2) 轻便耐用	(1) 拆卸面盆下水器和水龙头起泡器; (2) 安装淋浴花洒龙头; (3) 安装厨房龙头、阀芯压盖、常用4分接口软管等	(1) 所选用的扭矩扳手的开口尺寸必须与螺栓或者螺母的尺寸符合,避免损坏螺件六角; (2) 按照操作螺件的松紧要求选择正确转向
多功能曲线锯	(1) 轻便小巧; (2) 加力方便,易锁紧,锯条利用率高	(1) 切割木块; (2) 切割箱体; (3) 切割小型金属	(1) 根据切割的材质选择不同的锯片; (2) 一般沿着直线切割物体,有曲线切割等特殊需要时,要避免刀片碎裂造成伤害
家用电子缝纫机	(1) 采取"电动+脚踏"的驱动方式; (2) 线迹种类多,如直线迹、曲线迹、花样线迹、暗缝线迹等; (3) 人工操作方便,工作效率高	(1) 缝衣服; (2) 缝被子; (3) 缝布料	(1) 按照机器使用说明安装针线,避免线条打结,卡住机器。把机针插到针杆孔的深处,确保牢固; (2) 缝纫机机针应针身光滑,无尖刺、锈斑,针尖的钝度适宜; (3) 缝制时勿拉拽布料,进行手工缝制时注意遵循说明,以免导致机针断裂
搅蒜器	(1) 采用手拉绳的方式搅碎; (2) 刀片锋利,拉绳耐磨,省时省力,方便使用和清洗,卫生安全	打碎蒜泥	(1) 将蒜放入容器后盖好盖子,轻轻拉几下完成搅拌; (2) 不要用太大的力气,避免绳子断开

续表

工具图片与名称	工具特点	工具功能	使用技巧/注意事项
家用包饺子器	(1) 人性化设计，操作快捷简单； (2) 厚实耐用，人工抛光，表面光滑，易清洗	包饺子	(1) 将饺子皮和馅放在上面，一压即可成型； (2) 馅料不可放太多，避免饺子没办法封口

分析：

人类创造了工具，只有认识并会正确使用不同的工具，才能提升人们的劳动效率。

五、提升劳动能力的途径

劳动能力是在劳动实践中培养出来的，需要家庭、学校、社会各方面都行动起来，齐抓共管、协同实施。在劳动教育中，家庭要发挥基础作用，树立崇尚劳动的良好家风，让孩子从小养成爱劳动的好习惯。学校要发挥主导作用，承担实施劳动教育的主体责任，强化劳动观念、劳动技能和劳动品质的系统培养。社会要发挥支持作用，充分利用各方面资源，为劳动教育提供条件、保障。根据教育目标任务，针对不同学段、类型的学生特点，有目的、有计划地组织学生参加日常生活劳动、生产劳动和服务性劳动，让学生动手实践、出力出汗、接受锻炼、磨炼意志，教育引导学生尊重劳动、热爱劳动、崇尚劳动，提高创造性劳动能力。

（一）参与家庭劳动

大学生应经常参与制作食物、打扫卫生、清洗衣服、修理家具等家庭劳动。良好的劳动习惯、劳动品质的形成，往往从家庭生活劳动开始。家长是孩子的第一位老师。个人最先接受的是家庭教育，然后才逐步进入社会。

（二）参与社会劳动

参与社会劳动，如打扫卫生、美化环境、整理设备等，是大学生提升劳动素质的重要途径。大学生要深切地理解和掌握理论知识，能够运用、发展乃至创造理论，就离不开参加社会劳动，离不开理论与实践的结合。通过参与社会劳动，大学生可以更加深入地了解社会，培养技能，增长才干，锻炼动手能力，培养劳动习惯。

（三）参与学校劳动

参与学校劳动，能够让大学生体验不同劳动的艰辛，校园中众多的劳动者可以让大学生一边劳动一边观察，并自觉养成文明好习惯，还能增强主人翁心态。

总结案例

"知识工人"邓建军：由一名普通工人成为技术总监

邓建军（图5-2），毕业于常州轻工业学校（今常州工业职业技术学院），江苏黑牡丹（集团）股份有限公司技术总监。从一名中专毕业的普通工人到高级工程师，邓建军在学习与创新中接续奋斗30年，被誉为"知识型产业工人领跑者"。在2013年召开的全国劳模代表座谈会上，习近平总书记在讲话中称其为"知识工人"。

图5-2 全国劳模邓建军

1988年，邓建军初入职就立志要在岗位实践中自学成才，不断提升学习能力，需要什么就学什么，他坚持每晚必看一个半小时的技术类书籍和有关资料。1992年，企业从国外引进了一批剑杆织机，他每天蹲在机器边14个小时以上，从最基本的制图做起，最终"驯服"了这些机器。1999年，公司从比利时进口了一批喷气织机。这些机器中一个关键的部位是张力传感器，安装时外国厂商拒绝提供相关技术资料，出现故障后难以维修。结果邓建军从市场上找到了只要1分钱的替代配件。之后，邓建军解决的问题不局限在电气和机械领域，开始涉及工艺流程。染整行业一直是我国的薄弱行业，主要被色差、缩水率等问题所困扰。邓建军熬过了上百个不眠之夜，将预缩率精度稳定控制在了2.5%以内，优于3%的国际标准。黑牡丹的产品从此畅销国外市场。2005年，邓建军带领团队，用了100天的时间，成功改进染浆联合机，降低了停机造成的纱线损失，解决了世界性难题。接着，他们一口气开发出"在线染料组分自动控制系统""在线染液控制系统""在线流量控制系统""自动浆液控制系统"和"染料组分分析计算控制系统"五项成套技术,每一项都是业内首创,黑牡丹染色质量从此达到世界领先水平。

分析:

通过不断学习,邓建军从一名普通中专毕业生、一名普通的技术工人,成为高级工程师,直至成长为集团公司技术总监,成为道德高尚、技术过硬、人人敬佩的全国劳模。只要坚持不懈地学文化、学技术,一个普通人就能发挥出巨大的潜能,就能最终获得成功。

课堂活动

"大学生动手能力差"痛点在哪?

一、活动目标

通过探讨了解,面对纷繁复杂的社会变化,如何才能够在快速发展的经济社会中占有一席之地,以及自己对于推动社会经济发展、维护社会稳定所能做的贡献。

二、活动时间

30 分钟。

三、活动流程

(1) 所有学生按 5~8 人一组组成学习小组,提前采集关于"大学生动手能力差"的阅读材料。

(2) 教师随机选取 2~3 组学生介绍采集的材料。

(3) 教师随机选取 1~2 名学生提问:是哪些方面的原因造成了此种现象?

(4) 教师随机选取 1~2 名学生提问:消除此种现象的对策是什么?

(5) 教师进行归纳分析,引导学生树立提升劳动能力的观念。

5.3　提升劳动素养

◇**哲人隽语**◇

　　劳动不仅是一些实际技能和技巧,而首先是一种智力发展,是一种思维和言语的素养。

——[苏] 苏霍姆林斯基

学习目标

1. 理解劳动素养的概念及相关理论知识。

2. 积极通过各种锻炼途径,提升劳动素养。
3. 了解高校培育学生劳动素质的举措。

> **引入案例**
>
> ### 李超:由普通工人成长起来的发明家
>
> 李超(图5-3),鞍钢股份公司冷轧厂4号线设备作业区作业长,鞍山钢铁集团公司特级技师,鞍钢技术专家,长期从事生产一线设备改造、设备保障及研发工作。他充分发挥自己在机械方面的技术特长,紧跟鞍钢技改和调品步伐,通过发明创新解决各种设备和技术难题,为企业产品升级、技术进步做出了突出贡献,为身边的同事起到了榜样示范作用。
>
>
>
> 图5-3 李超在现场与团队成员交流工作体会
>
> 刚进厂时,李超学历不高,仅是技校毕业。在其后8年的漫长时间里,他将几乎所有业余时间都用在补习高中课程、进修成人教育课程上,最终取得冶金机械专业大学本科文凭。参加工作以来,李超先后解决生产难题260多个,获得国家科技进步二等奖1项,国际、国家发明展览会金奖2项,辽宁省及鞍山市自然科学学术成果奖各1项,获国家发明专利7项,专有技术4项,65项成果获鞍钢集团和厂以上奖励,创造经济效益1.5亿元,被鞍钢公司聘任为特级技师。在第八届中国发明创业奖评选中,他被授予"当代发明家"称号。他曾荣获全国劳动模范、全国优秀共产党员、全国时代楷模、鞍山市劳动模范、鞍钢集团劳动模范、鞍钢集团十大杰出青年及鞍钢集团青工技能大赛状元等20多个荣誉称号,并获得全国五一劳动奖章、辽宁省五一劳动奖章。
>
> **分析:**
>
> 通过不断学习,李超从一名普通的钳工成长为负责设备运行维护的技术专家,成为人人佩服的发明家。这说明只有坚持不懈地学文化、学技术,才能最终获得成功。

一、劳动素养的概念

素养是指人在特定情境中综合运用知识、技能和态度解决问题的高级能力。2016 年 9 月,由教育部委托北京师范大学完成的《中国学生发展核心素养》研究成果在北京发布,成果对学生发展核心素养的内涵、表现、落实途径等做了详细阐释,将中国学生核心素养分为文化基础、自主发展、社会参与三个方面,提出了人文底蕴、科学精神、学会学习、健康生活、责任担当、实践创新六大核心素养及十八个基本要点。

该成果在最后的实践创新核心素养部分中指出,劳动意识的重点是尊重劳动,具有积极的劳动态度和良好的劳动习惯;具有动手操作能力,掌握一定的劳动技能;主动参加家务劳动、生产劳动、公益活动和社会实践,具有改进和创新劳动方式、提高劳动效率的意识;具有通过诚实合法劳动创造成功生活的意识和行为。

劳动素养是劳动者在劳动过程中的劳动心态和劳动技能的综合,是处于社会实践活动中的实践主体在掌握一定知识储备和劳动技能基础上开展实践活动,特别是劳动实践时所展现的优良品质的集合,包括劳动意识、劳动精神、劳动能力、知识储备和创新精神等。劳动素养是衡量劳动者能否完成某对应性工作的最根本、最直接的工作能力指标。劳动素养中的劳动心态包括对待工作的态度、帮助客户的心态、对客户心智的解读、对客户需求的认知等。劳动技能是指岗位在生产过程中对劳动者素质方面的要求,主要反映为岗位对劳动者智能水平的要求。

对大学生而言,具备劳动素养是指在掌握扎实专业知识的同时,具有积极主动的劳动意识、良好的热爱劳动的心态,尊重他人劳动成果,不仅能够扎实开展学习、生活、工作中的脑力与体力实践活动,而且能够根据条件变化创造性地开展活动。

二、提升劳动素养的途径

(一)加强劳动思想教育

做高素质的劳动者

加强劳动思想教育,让"劳动最光荣、劳动最崇高、劳动最伟大、劳动最美丽"的观念内化于心、外化于行。大学生要加强思想政治学习、专业学习,提高参加劳动实践、接受劳动锻炼的自觉性和主动性。

习近平总书记多次强调,"劳动最光荣、劳动最崇高、劳动最伟大、劳动最美丽",这是对新时代劳动价值观的明确定位。大学生要充分认识"人民创造历史,劳动开创未来。劳动是推动人类社会进步的根本力量"的意义,真正明白"劳动是财富的源泉,也是幸福的源泉"的道理,真切体验在劳动创造中把自己的理想同祖国的前途、把自己的人生同民族的命运紧密联系在一起。

(二)加强劳动品德修养

加强劳动品德修养,以"大国工匠"和劳动模范为榜样。劳动品德体现了劳动的伦理要求,是指人们在劳动过程中所表现出来的对他人和社会的稳定的心理特征或倾向。艰苦奋斗,不贪图安逸,不惧怕困难,不怨天尤人,这是中国人自古秉承的劳动信念,在新时代依然熠熠生辉,是新时代大学生需要发扬的美德。

(三) 加强劳动技能学习

加强劳动技能学习,用系统的科学知识为劳动素养的提升奠定坚实基础。大学生应通过专业课学习、专业实习、毕业实习等加强劳动技能学习,用系统的科学知识为提升劳动素养奠定坚实基础。

素质是立身之基,技能是立业之本。应该说,大学各专业知识的学习本身就是一种劳动知识学习,大学生的专业实习、毕业实习也都是明确被列入教学计划的劳动技能训练,必须抓紧抓好,除各门专业课程中的劳动知识技能学习,大学生还应结合未来的劳动、工作、职业发展需要,加强劳动人权、劳动伦理、劳动关系、劳动条件、社会保障、职工福利、职业安全与卫生、劳动法与社会保障法等知识的学习。

(四) 加强劳动实践锻炼

加强劳动实践锻炼,养成良好的劳动习惯,要让真抓实干、埋头苦干成为基本的生活方式。大学生要在实践中体会劳动素养提升与自身健康成长、全面发展的内在联系,积极参加家庭劳动、学校组织的劳动教育和劳动锻炼,并积极寻找社会实践、公益劳动、勤工助学、校外实习等劳动机会,在劳动过程中增强劳动技能,形成热爱劳动的良好品德,锻炼吃苦耐劳的意志品质,全面提高劳动素养。

2018年5月2日,在与北京大学师生座谈会上的讲话中,习近平总书记谆谆教诲广大青年"要力行,知行合一,做实干家","不论学习还是工作,都要面向实际、深入实践,实践出真知;都要严谨务实,一分耕耘一分收获,苦干实干"。新时代高校劳动教育要回到全面的、本源的劳动观上,把劳动看成人类创造世界、改造世界的实践活动,让"真抓实干、埋头苦干"成为新时代大学生学习、工作、做人、做事的基本行为方式。

三、高校培育学生劳动素质的举措

劳动教育是大学生成人成才的基础,提高人的劳动素养是劳动教育的最终目标。高校是大学生培育劳动精神、提升劳动素养的重要场所,因此高校应全面贯彻党的教育方针,把劳动教育纳入人才培养方案,贯穿人才培养全过程,教育、引导学生崇尚劳动、尊重劳动,形成对劳动的敬畏心,从以下方面不懈努力。

(一) 提升全体教师推进劳动教育的意识与能力

劳动教育是师生共同生成与提升劳动素养的过程,教师作为劳动教育的组织者、引导者,对劳动教育的对象、过程、结果具有重要影响。因此,提升劳动教育师资水平,对提高劳动教育的质量具有决定性作用。加强劳动教育,必须唤醒教师培养学生劳动素养的意识,丰富劳动教育方法和手段,提升劳动教育能力,以此为基础打造优秀教师团队,这样才能全面推进劳动教育,提高劳动教育效益。为此,可以采取如下措施。

第一,鼓励广大教师参与劳动教育研究,涵养自身劳动素养。在学习、研究的过程中,引导广大教师不断明晰劳动教育培养劳动素养的价值所在,唤醒教育自觉,使其形成主动发展自身劳动教育思想与能力的意识。

第二,在教师培训方面,要围绕劳动教育的目标、内容、形式、组织办法、评价标准等建设教师教育课程,组织教师学习高品质的劳动教育经验与成果,使其开阔劳动教育的视野,提升劳动教育的能力。

第三,成立劳动教育课题研究和课程开发小组,组建劳动教育教师共同体,通过经验传授、讨论研发、优化创造等方式丰富劳动教育内容与形式,提升集体效能感,强化协作服务精神,以此保障劳动教育质量的不断提高。

第四,改革劳动教育管理和评价机制,建立多元化的劳动教育体系,促进教师发挥创造活力,激励教师开发和举行各类提升学生劳动素养的活动,在课程开发的过程中,不断开阔视野、开阔思路,发展自身的劳动教育意识与能力。

(二) 精心设计和开发劳动教育课程体系

校本课程是以学校为本位,依据学校办学理念、教学条件、资源特色,由学校教育人员或校外教育组织开发,为达到学校教育目的而设计开发的具有学校特色的课程。校本课程与活动平台是劳动教育的主阵地和主渠道,是培育劳动素养的基本方式。有效开发劳动校本课程,是落实劳动教育、培养学生"观、知、情、志、能"五位一体劳动素养的重要保障。只有不断丰富劳动教育内容、创设劳动教学情景、挖掘劳动教育资源、建立劳动教育课程体系,才能满足新时代劳动教育的核心诉求。要实现上述目标,需要着力强化以下方面。

第一,将劳动教育相关理论与知识融入课堂教学,对学生进行劳动观念、劳动意识、劳动态度的教育;加强对马克思劳动价值观的解读,扭转异化了的劳动价值判断。在具体方式上,可以通过引导学生观看相关视频与资料,感受、体悟各行业劳动模范身上爱岗敬业、艰苦奋斗、甘于奉献的劳动品质,弘扬、学习劳模精神与工匠精神。

第二,开设劳技教育课程,提高学生的技术意识和基础技术素养。通过丰富活动内容与形式,如设计制作工艺品、模型、生活用品等手工劳动,合作策划数字作品,发明机器人,创排音乐、舞蹈、话剧节目,拍摄制作微视频等创新劳动,培养学生"动脑想、动手做"的创新思维与实践能力,提高学生的技术操作水平,激发其劳动热情。

第三,开展劳动主题教育活动。组织义务劳动,如开展清洁美化校园、垃圾分类处理、自行车摆放活动等;引导学生参与志愿者服务活动,以自己的劳动满足他人的需求,在劳动实践中磨砺奉献精神,养成良好的生活习惯和劳动习惯,体会劳动创造的价值与劳动之美。

(三) 释放综合实践活动教育价值

综合实践活动是从学生的真实生活和发展需要出发,从生活情境中发现问题,并将其转化为活动主题,通过探究、服务、制作、体验等方式,培养学生综合素质的跨学科实践性活动。教育与社会实践、生产劳动紧密相连,综合实践活动能促使劳动教育走进生活与自然,是培养学生劳动素养的重要方式。学生通过各种实践活动能感受到劳动与生活的密切联系,能在其中增强自己的社会责任感,在合作交流、互动的过程中,不断提升劳动热情,获得克服困难的意志体验。学校可将劳动教育融入综合实践活动课程,发挥综合实践活动的有机能量。

第一,按照"读万卷书,行万里路"的教育理念,融入中华传统文化主题,开展研学活动。热爱劳动是中华民族的传统美德,学校可结合当地人文特色资源,组织学生参观各类文化遗址博物馆、文化礼堂、科技博物馆、纪念馆等,引导学生展开有关劳动的研究性学习,使其在实地观察、记录、思考的过程中,强化劳动认同,感受劳动对于中华传统文化的重大影响,体悟劳动之美,以此传承中华民族的文化之魂;融入社会生活类主题,指导学生深入社会生活进行研究、学习,通过了解社会劳动分工及其生产特点,考察劳动实践对社会发展的意义,引导学生树立正确的劳动观念。

第二,创设职业情境或加强与企业的合作,为学生提供职业体验的平台,让学生在实际工作岗位或模拟情境中实习见习,体验劳动职业角色,获得对职业生活的真切感受与理解,在"动手做,做中学"的劳动过程中,体验工匠精神,学习劳模精神,磨炼吃苦耐劳的劳动品质,进而不断提高劳动素养。

总结案例

白求恩自制"卢沟桥"

1938年1月,白求恩来到中国,就立刻赶往抗日前线的战地医院。当时,战斗激烈,条件艰苦,前线医院缺乏药品和医疗器械。

夜深人静,白求恩伏在他那张简陋的工作台上反复思考:医疗队的药物和手术器械要由牲口驮运,怎样才能使药瓶子不会撞碎或者打翻呢?他为此熬了好几个通宵,最后画出草图,和工人们一起制作。

白求恩说:"一个战地医生,就应学会木工和铁匠的手艺,才能根据伤员的需要改善医疗设备。"很快,一种特制的简易药架子制成了,它被搭在马背上,一头装药品,一头装器械。因为形状像一座桥,白求恩诙谐地称它为"卢沟桥"(图5-4)。

图5-4 白求恩自制医疗器械

> 1939年夏，白求恩在晋察冀卫生学校讲授野战外科示范课。刚一上课，白求恩先对护士说，把"卢沟桥"打开。护士把"卢沟桥"搬下来，拿出东西，不一会，手术台、换药台、器械筒、药瓶车、洗手盆等一一就绪，医生、护士、司药、担架员、记录员各就各位，简易手术室就布置好了。下一步是示范伤员进入手术的过程，抬入、搬动、解绷带、检查伤情、换药、包扎或手术都井然有序。第三步是手术室的撤收，全部用品有条不紊地归位，最后把"卢沟桥"驮到马背上。
>
> 毛泽东写道：一个外国人，以毫不利己的动机，把中国人的解放事业当作他自己的事业，这是国际主义精神和共产主义精神的体现。白求恩同志毫不利己、专门利人的精神，体现出他对工作的极端负责，对同志、对人民的极端的热忱。
>
> **分析：**
> 白求恩爱学习、爱劳动，这让他拥有了更多的技能和劳动经验、更高的劳动素养，能够更好地救治伤员，进而领悟出劳动的乐趣。

课堂活动

大学生劳动素质问卷调查

一、活动目标

通过调查了解大学生劳动素质的情况。

二、活动时间

25分钟。

三、活动流程

（1）在10分钟之内填写完成如下问卷，不记名。

大学生劳动素质调查问卷

1. 劳动观情况

① 你认为只有靠自己劳动生活才能幸福吗？（ ）

　A. 是的　　　　　B. 不是

② 你对年轻人啃老怎么看？（ ）

　A. 很正常　　　　B. 没办法　　　　　C. 不应该

③ 你认为劳动有高低贵贱吗？（ ）

　A. 有　　　　　　B. 没有

④ 你羡慕"富二代"的生活吗？（ ）

　A. 羡慕　　　　　B. 不羡慕

⑤ 你认为提倡"劳动最光荣"有意义吗？（ ）

　A. 有　　　　　　B. 没有

2. 劳动技能情况

① 你会做饭吗？（ ）

A. 会　　　　　　　B. 不会
② 你会洗衣服吗？（　　）
A. 会　　　　　　　B. 只会用洗衣机洗　　C. 不会
③ 你会缝衣服或钉扣子吗？（　　）
A. 会　　　　　　　B. 不会
④ 如果家里的灯不亮了，你会自己修吗？（　　）
A. 会　　　　　　　B. 不会
⑤ 你或者你们家有日常修理用的工具或工具箱吗？（　　）
A. 有　　　　　　　B. 不确定　　　　　C. 没有

3. 接受劳动教育情况
① 你接受过劳动教育吗？（　　）
A. 接受过　　　　　B. 不确定　　　　　C. 没接受过
② 你最早是从哪里接受劳动教育的？（　　）
A. 家庭　　　　　　B. 学校　　　　　　C. 社会
③ 你从谁那里接受的劳动教育？（　　）
A. 父亲　　　　　　B. 母亲　　　　　　C. 社会　　　　　D. 教师
E. 同伴　　　　　　F. 不记得
④ 你觉得有必要开展劳动教育吗？（　　）
A. 有　　　　　　　B. 没有
⑤ 你觉得开展劳动教育对你今后的个人成长有帮助吗？（　　）
A. 有　　　　　　　B. 没有

4. 如何对待他人的劳动成果
① 你觉得公共卫生的保持与你个人有关系吗？（　　）
A. 有　　　　　　　B. 没有
② 你对物业人员的服务工作是什么态度？（　　）
A. 尽量协助
B. 尽量自己做，不会给物业人员增加负担
C. 能推给物业人员做的就不自己做
③ 别人乱扔垃圾杂物时你会如何做？（　　）
A. 上前制止　　　　B. 自己捡起垃圾　　C. 无所谓，与我无关
④ 别人将环境卫生清扫干净后，你会不会继续保持？（　　）
A. 会，并且会持续清扫
B. 尽力保持
C. 不会，反正有人清扫
⑤ 参加完大型活动，你会顺便清理和带走周围的垃圾吗？（　　）
A. 不会
B. 别人清理就跟着清理
C. 会自觉主动清理

（2）把问卷收齐,然后让学生自由组合成为5～6人一组的活动小组。

（3）每组选派一名代表进行数据录入,数据录入完毕后,将整理好的数据发给各小组。

（4）各小组进行数据分析,每个小组的代表选择一个发现项进行阐述。

（5）教师进行总结和点评,并引导学生提升劳动素养。

第二部分
投身劳动实践

模块六　学校劳动实践
模块七　家庭劳动实践
模块八　社会劳动实践
模块九　职场劳动实践

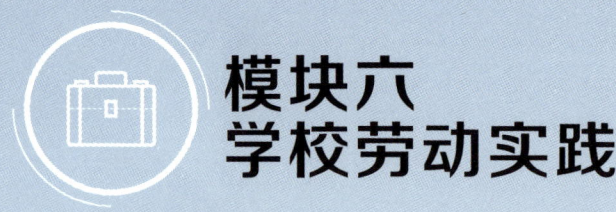

模块六 学校劳动实践

📖 导读导学

在历史长河中,人类的每一次成长进步都离不开劳动。劳动让人直立行走,劳动让人的双手更灵活,劳动推动了语言的产生与发展,劳动促进了人脑的形成,劳动让人类形成了特有的抽象思维能力,在劳动中人类形成了社会关系,出现了社会分工。生产劳动贯穿于人类社会的始终,对人类的生存与发展有着极大的意义。人类在生产劳动中不断创造自身所需的生产资料和生活资料,为自身创造生存和发展的物质条件。没有生产劳动,就没有人类的延续和发展,没有生产劳动,就没有人类恒河沙数的物质财富和灿若星河的精神财富。

在科技飞速发展的当代社会,新知识、新技术、新工艺、新方法层出不穷,只有过硬的劳动技能才能使青年人有"干一行,爱一行"的担当,将爱国、爱校精神发扬光大。劳动教育不是孤立存在的,要和德育、智育、体育、美育互相交织、有机联系,形成促进人的全面发展的现代人才培养体系。学生在成长成才的过程中不仅需要具备专业知识与技能,还需要具有高尚的道德感,具有深厚的劳动情感和正确的劳动价值观,所以学校劳动实践非常重要,它可以培养学生的集体荣誉感和高度的责任感,培养其热爱劳动、珍惜劳动成果的优良品质和良好的卫生习惯,可以帮助学生积极有效地适应未来社会的挑战,使其学会生存、学会生活、学会学习。

本模块包括校园清洁、美化和环保行动,义务劳动和勤工助学,专业服务和创造性劳动三部分,围绕平时开展的实践劳动作充分准备,增强学生的劳动素养。

6.1 校园清洁、美化和环保行动

◇ 哲人隽语 ◇

做事,不止是人家要我做才做,而是人家没要我做也争着去做。这样,才做得有趣味,也就会有收获。

——谢觉哉

学习目标

1. 了解校园清洁、美化和环保行动的内容。
2. 掌握校园清洁的规范要求与操作流程,能独立进行清洁,并实现垃圾分类。
3. 积极参加校园清洁和环保行动,养成环保意识,树立崇尚劳动的观念。

> **引入案例**
>
> **一起动手打扫校园**
>
> 2024年初,受天气影响,多地宣布延迟开学。
>
> 某高职学院的学生小明返校领取技能竞赛材料,却被一股腐烂的气味熏得掩鼻屏息、一路小跑。原来保洁人员还未返校,昔日整洁的校园到处堆满垃圾。这可让他分外着急,因为接下来的2周,他要和9位同学一起备战全国职业院校创新创业技能大赛。在这样的环境中怎么能安心备赛?小明跟辅导员商量,号召班内已返校同学一起动手打扫校园。在辅导员和小明的动员下,同学们都动起来了,通过全天劳动大扫除,往日干净整洁的校园又回来了。
>
> **分析:**
>
> 一屋不扫,何以扫天下?学校是全体师生的家园,在干净的校园中,学生们才能拥有舒心惬意的学习氛围。大学生应掌握必要的保洁技能,采取积极行动,用双手改变校园环境。

一、校园清洁

校园是学生学习、生活的场所,对校园中的一草一木,都有责任爱护。校园环境的好坏直接影响到老师和同学们的工作、学习与生活,同时,校园环境的清洁卫生是校园精神文化的体现之一,反映出一个学校的文明程度。

(一) 校园清洁的卫生规范

校园美丽靠大家,保持校园清洁须从每位成员做起,从细节做起。校园清洁的卫生规范按照清洁范围主要分为公共场所卫生规范、个人卫生和宿舍内务卫生规范及食堂卫生规范。

1. 公共场所卫生规范

校园的公共场所卫生一般由学校的专职卫生保洁员负责,除此之外,也需要师生共同努力维护。维护校园公共场所的卫生,可以按照以下规范去做:

(1) 楼道、楼梯、扶手处,做到每天清洁、擦拭,确保无积尘,无痰迹,无纸屑,无污水。

(2) 卫生间,做到地面清洁,及时冲洗小便池、蹲便器,保持隔板板面干净,墙面干净,上下水畅通,无跑冒滴漏,水池内外干净、无污物、不堵塞。

(3) 公共门窗,做到干净、明亮,窗台、窗框、门框完好、无积尘。

(4) 楼内墙壁、顶棚,做到无污迹、无蛛网。

(5) 爱护公物,节约水电,卫生工具妥善保管、谨慎使用。

(6) 垃圾要倒入垃圾桶(箱)内,不能随意丢弃,杜绝焚烧垃圾、树叶等。

(7) 爱护环卫设施,养成良好卫生习惯。

2. 个人卫生和宿舍内务卫生规范

保持良好的个人卫生有利于形成良好的个人生活习惯。宿舍是学生每天生活的场所，良好的宿舍卫生有利于身心健康。在保持好个人卫生的同时，也要和舍友一起维护好宿舍卫生。

（1）养成良好的个人卫生习惯，勤洗澡、勤洗衣。

（2）不随地吐痰，不乱扔纸屑、果皮等，不向窗外倒水和乱扔杂物。

（3）宿舍的地面、墙壁、门窗整洁明亮，不粘贴杂物，不乱写乱画，保证墙面干净，无污迹、无灰尘、蛛网等。

（4）室内空气新鲜，无异味，无蚊蝇，无蟑螂。

（5）床铺、书桌、板凳、书架等整齐、干净。

3. 食堂卫生规范

营造清洁舒适的就餐环境，不仅关系着日常生活，而且直接体现了学校的整体形象。食堂的清洁卫生依赖所有人的共同努力，因此要做到以下两点：

（1）不随地吐痰、乱扔餐巾纸和食物残渣。

（2）爱护餐厅的设施，不蹬踏桌凳，不乱涂，不乱刻，不损坏电器、灯具等设备，维护公共卫生安全。

（二）校园清洁的基本操作流程

1. 教室清洁的基本操作流程

（1）检查。进入室内，先查看有无损坏的物品及异常现象。如发现异常，应向学校有关部门或老师报告后再清洁。

（2）推尘。推尘要按照先里后外、先上后下、先窗后门、先桌面后地面的顺序，先清扫天花板、墙角的蜘蛛网和灰尘，接着抹窗户、门上的灰尘，实验器材等设备挪动后要按原位摆好。

（3）擦抹。擦抹应从门口开始，依次擦抹室内桌椅、柜子、讲台和墙壁等。擦拭每一件物品时，应由高到低、先里后外。擦墙壁时，也要擦拭门窗。大片墙面、天花板等的清洁应定期进行（如每周清洁一次）。

（4）整理归置。讲台、桌面、实验台上的主要用品，如粉笔盒、粉笔擦、实验器具等抹净后，按照原位摆放整齐。

（5）垃圾清倒。按照垃圾分类方法，收集垃圾，并清倒室内的纸篓、垃圾桶，及时更换垃圾袋。

（6）清洁结束。参与清洁的人员退至门口，环视室内，确认清扫质量，然后关窗、关电、锁门。

2. 休闲空间和走廊清洁的基本操作流程

（1）检查。进入休闲空间后，先查看是否有异常现象、有无已损坏的物品。如发现异常，应先向有关部门或老师报告，再进行清洁。

（2）清扫。先用扫把对地面进行清洁，采用推尘法，收集地面垃圾和灰尘。

（3）擦抹。将扶手、消火栓、防火门等抹干净，保持清洁无尘。

(4) 整理归置。桌椅、柜子等抹净后,按照原位摆放整齐。

(5) 拖洗地面。及时打扫并拖洗地面,保持休闲空间和走廊整体干净。

(6) 垃圾清倒。按照垃圾分类方法收集垃圾,并及时更换垃圾袋。

3. 公共卫生间清洁的基本操作流程

(1) 天花板清理。用长柄扫把清扫天花板、墙面、墙角等的蜘蛛网和灰尘。

(2) 门窗、镜面及墙面清理。用湿抹布清洁门窗、镜面和墙面上的污迹。

(3) 便池清理。池内四周表面及外部表面均要清洗,检查冲水是否正常,有没有堵塞。

(4) 隔板清理。用湿毛巾配合便池刷清洁卫生间隔板上的污迹、乱涂乱画的字迹等。

(5) 洗手盆清理。用清洁剂和百洁布擦洗洗手盆,水龙头也要清洗干净,保持光亮。

(6) 垃圾清倒。按照垃圾分类方法收集垃圾,并及时更换垃圾袋。

4. 道路清洁的基本操作流程

清扫各种垃圾、树叶,清捡树枝和废弃物,清拔路沿石缝中的杂草,清除人行道边上绿化带中的树叶、杂草,清扫道路上的灰尘等。

(1) 分组、分路段、分区域明确清扫范围,合理安排清理垃圾等任务。

(2) 每天分时段收集沿路垃圾,做到定时清扫、及时堆放、及时运送,做到不慢收、漏收。

(3) 利用竹扫把,对校园道路进行全面清扫,要做到"六不""三净"。"六不"即不花扫、漏扫,不见积水,不见树叶、纸屑、烟头,不漏收堆,不乱倒垃圾,不随便焚烧垃圾。"三净"为路面净、路尾净、人行道净。

(4) 垃圾收集应及时,严禁将垃圾倒在道路两侧的绿化带里或随便乱倒,严禁焚烧垃圾。

(5) 校园路面清扫保洁要做到晴天与雨天一个样,主干道与人行道一个样,检查与不检查一个样。

5. 广场、操场、台阶、水沟等清洁的基本操作流程

清扫垃圾、树叶,清扫或者清洗灰尘,清理水沟内的各种垃圾和杂草。

(1) 对广场、操场、停车场、台阶和楼房周边的水沟进行检查,先用扫把或垃圾夹清理表面上的垃圾、树枝、树叶等。

(2) 对广场、操场、台阶周边的杂草进行清除。

(3) 用小扫把对广场、操场、停车场等的台阶、地面进行清尘处理。清扫要有次序,如清扫操场应该先洒水再扫地,有风的时候应该顺风扫;扫楼梯时,应该从上往下扫。

(4) 清理垃圾,运送到学校的垃圾中转站。不能把垃圾和树叶倒到道路两边的绿化带中,更不能就地焚烧。

校园劳动创造
不一样的"我"

> **案例 6-1**
>
> 清洁校园齐参与
>
> 沐浴晨光,用手中的扫帚扫走落叶,使道路干净整洁。劳动让我们享受着鸟语花香的校园、窗明几净的教室、新鲜热乎的饭菜……
>
> 很多高校为营造良好校园环境,建设美好校园环境,都会举行志愿清洁活动(图6-1)。活动后有同学分享说:"经过一番努力后看到了自己的成果,一时觉得文明离我们那么近,只是举手之劳,为别人服务的同时也净化了自己。"也有同学说道:"劳动虽然辛苦,收获的却是满满的成就感与幸福感。能为校园美化出一份自己的力量,我感到非常高兴。"
>
>
>
> 图 6-1 大学生志愿者在打扫校园
>
> **分析:**
>
> 校园环境是一所学校的窗口,是师生精神风貌的集中体现。通过校园清洁劳动不仅为全校师生提供了一个温馨、干净、清洁的校园环境,认识到校园环境建设的重要性,在劳动中增强了保护环境、清洁校园的意识,还增强了劳动能力,为"美化环境、美好生活"打下了坚实基础。

二、校园美化

为营造安全、文明、卫生的校园环境,提高校园卫生管理工作水平,还应做好校园环境的美化工作。校园美化包括物质美化和精神美化两方面,物质美化有校园建筑的设计(设立环保小标语、警示牌、个性垃圾箱)、绿植的栽培、校园清洁等;精神美化主要是通过文化建设来美化校园环境。教室和宿舍美化是校园美化的重要方面。

(一) 教室美化

教室是教师向学生传授课业的场所。教室是文化的物质载体之一,对学生的个人发展起着隐性的教育作用。可根据老师、学生的意愿,设计、布置出理想的教室。教室美化可以从两方面开展。

1. 教室物质环境创设

教室物质环境创设泛指与教室内教学环境有关的师生活动。师生可通过共同劳动,使教室达到以下四方面的环境要求。"美"指室内环境优美。"净"指室内干净整齐。"敬"指室内的环境让人肃然起敬。"静"指室内布置安静温馨。学生是教室的主人,教室是学生的教室,学生应在班主任、辅导员的带领下,用自己的智慧和双手来布置教室,使教室的文化功能、教育功能得到体现。教室物质环境创设的法则是干净、整洁,力求朴素、大方,符合学生特点,突出专业特征,凸显学校特色。

(1) 教室布置。心理学研究表明:良好的外部学习环境,对学生的发展有着积极的作用。教室布置中,可以在前后黑板设置公告栏、荣誉栏、学习园地等;两侧的墙壁可张贴一些名言警句、名人画像等;教室的四个角落,可以根据年级的不同、时间的变化,安排成图书角、自然角、科技角、书法角等;后面的黑板报可由学生排版、策划,定期更换;教室前面黑板的上方可以是校训、班训或悬挂国旗、祖国地图等;教室的整体布置应凸显其教育价值,做到和谐统一。

(2) 教室卫生保持。干净的教室不是打扫出来的,而是保持出来的。每个人都须树立主人翁的责任感,当看到桌椅板凳摆放不整齐、地上有纸屑时应主动将桌椅摆放好,将纸屑捡起,小黑板、扫帚、水桶等也应该整理整齐,可以开展无扫除日、无扫除周、环保志愿者等活动,确保教室的干净卫生。

2. 教室精神环境创设

教室精神环境创设,是在教室美化中把教育的意向、教育的目标等通过具体物化的环境设计和布置充分表现出来的活动。教室文化建设有助于实现教育人、培养人、熏陶人的目的。教室文化是一种隐性文化,包括制度文化、观念文化和行为文化等。

(1) 制度文化创设。可以考虑设计班歌、班徽、班旗等,作为班级的特色标志,增强大家对班级的认同感和自豪感。也可以将校规校纪、班规班章、课堂规范等做成醒目的提示,布置在教室内,设计荣誉栏、学习园地等,让大家形成比、赶、超的学习劲头,不断完善班级制度文化。

(2) 观念文化创设。实践至上,理念先行。积极健康的观念是无声的命令,它能使大家自觉地约束自己的思想、言行,抵制不符合班级利益的各种行为,班集体由此焕发出无穷的力量和生机。

(3) 行为文化创设。行为文化主要体现在大家的言谈举止和精神面貌上。行为文化创设是整个文化环境创设的核心部分。如果每位同学都有着良好的行为习惯和道德品质,都能做好自身言行举止的管理,能做到爱集体、爱祖国,教室美化的成效会更加显著。

(二) 宿舍美化

宿舍是大学生交流最频繁的场所之一。除上课外,同学们大部分时间是在宿舍度过的,积极、健康、向上的宿舍文化对大学生成长成才有着举足轻重的作用。宿舍美化可以从学生宿舍的室内美化创设、文明行为创设及宿舍制度创设等方面开展。

1. 室内美化创设

干净整洁的宿舍会创造一个良好的生活、休息的环境,有利于身心健康。室内美化创设应做到:宿舍布置整洁、大方;协调统一,有美感,装饰不奢华;能展示宿舍成员的动手能力;有一定的生活品位,有文化内涵;主题鲜明,能体现校园特色、专业特色。

2. 文明行为创设

宿舍成员互相监督提醒,注意文明行为习惯的养成与保持,树立当代大学生良好的精神文明形象。每位同学都要把宿舍当成自己的家,在宿舍不乱扔垃圾,认真做好值日;保持个人卫生,不给他人带来麻烦;相互关心,团结友爱。

3. 宿舍制度创设

宿舍排出值日表并张贴;根据宿舍情况,选取室名、拟定室训、选定室歌,依据宿舍文明公约及学校通知精神制定并张贴室规;做到宿舍整体学习氛围浓厚,生活作息健康有序。

案例 6-2

"寓"见美好,展现新风貌

为丰富青年学生公寓社区文化生活,倡导和树立良好的公寓文化,弘扬大学生健康向上的文化主旋律,四川某高校开展了大学生公寓文化节。

活动以寝室为单位,开展了如短视频比赛、公寓游园会等形式的安全教育、思政教育、大学生心理健康和行为习惯养成相关活动。

在一站式学生社区的推动下,公寓文化节以打造学生住宿环境整洁、宿舍氛围和谐、学习氛围浓厚为基础,建立健康型、友好型、学习型宿舍为目标,充分展现当代大学生德智体美劳全面发展的新风貌。

分析:

宿舍文化是一种以学生群体为主体,以学生宿舍为载体,以宿舍成员的课余活动为主要内容,以校园文化为主要特征的相对稳定的群体文化。宿舍文化以物质意识、制度为内容,对提高大学生素质,提高大学生思想伦理及道德修养水平,规范大学生的学习与生活,营造积极、健康、向上的学风起到了重要的促进作用,并产生了深远的影响。

三、校园环保行动

环保行动主要指环境保护行动,是人类为解决现实或潜在的环境问题,协调人类与环境的关系而采取的各种行动的总称。学生是祖国的希望、民族的未来,培养环保意识,开展校园环保行动,意义重大而深远。

(一) 校园环保行动的目标

《全国环境宣传教育行动纲要》在1996年首次提出了"绿色校园"概念,它将环保意识和行动贯穿于学校的管理、教育、教学和建设的整体性活动中,让青少年在受教育、学知识、长身体的同时,树立热爱大自然、保护地球家园的高尚情操和对环境负责任的精神。具体目标有:

(1) 掌握基本的环境科学知识,树立人与自然和谐相处的基本理念。

(2) 学会从自己开始,从身边的小事做起,积极参与保护环境的行动。

(3) 学会从关心学校环境到关心周围环境、关心社会、关心国家、关心世界,并积极实践。

环保行动不仅是我国学校实施素质教育的重要载体,而且逐渐成为新形势下环境教育的一种有效方式。

(二) 校园环保行动的注意事项

校园环保行动不仅能使教师和学生的素质得以提高,学校环境得到改善,还可以使学校的校园文化水平、校园品质得以提高,并带动全社会更广泛地参与保护环境的行动。创建绿色学校在可持续发展实践中具有重要意义。

在开展校园环保行动时应注意:

(1) 加强环保内容的学习,认识到环保的重要性;

(2) 从身边事去关注环保,认识到环保与自身的关系,重视身边的环保;

(3) 强化环保意识的养成,以多种方式展开环保行动。

(三) 垃圾分类

在我国城市和广大农村实行垃圾分类,对改善人们的生活环境、推动绿色生态发展、建设美丽中国有重要意义,而高校推行垃圾分类,对于培养高素质的社会人才,创建文明、和谐、生态、美丽校园等具有十分重要的意义。

1. 垃圾的种类

从国内外各城市对生活垃圾分类的方法来看,其大致都是根据垃圾的构成、产生量,结合本地垃圾的资源利用和处理方式来进行分类的,如图6-2所示。

2. 学校的垃圾分类

在学校中,垃圾分类既是培养高素质人才的需要,也是创建文明、生态校园的需要,是利在当代、功在千秋的事业。

(1) 分类模式。

根据学校实际情况,按照当地规定的可回收物、厨余垃圾、有害垃圾、其他垃圾等类别进行生活垃圾分类。校园施工产生的建筑垃圾、绿化垃圾及实验室危险废弃物等按照相关规定进行处置,严禁混入生活垃圾投放。

(2) 分类收集流程。

学校和个人应当按照规定的时间、地点,用符合要求的垃圾袋或者容器分类投放生活垃圾,不得随意抛弃、倾倒、堆放生活垃圾。

可回收物							
		玻璃类	牛奶盒	金属类	塑料类	废纸类	织物类
厨余垃圾							
		骨骼内脏	菜梗菜叶	果皮	茶叶渣	残枝落叶	剩菜剩饭
有害垃圾							
		废电池	废墨盒	废油漆桶	过期药品	废灯管	杀虫剂
其他垃圾							
		宠物粪便	烟头	污染纸张	破旧陶瓷品	灰土	一次性餐具

图 6-2 垃圾分类

① 学生公寓宿舍分类收集流程。将厨余垃圾滤出水分后装袋投放至室外厨余垃圾桶;其他类别垃圾分类装入相应垃圾袋中,并就近投放到室外相对应的分类桶内。后勤负责将厨余垃圾桶内的垃圾在规定时间运至固定的垃圾集中装运点,分类收集清运。

② 教学楼分类收集流程。学院于劳动周安排学生清扫,将垃圾按类分别投放到固定的垃圾桶中。

③ 校园公共区域及学院垃圾分类收集流程。公共区域按片区划分,由负责日常打扫的学生收集垃圾,并由保洁人员将垃圾箱中的其他垃圾、可回收物及有害垃圾通过分类收集车进行收集,运送到固定垃圾堆放点进行分类投放,后勤安排车辆分类清运。

总结案例

生态文明教育"校"先行

近年来,"绿水青山就是金山银山"的理念深入人心,全国各地各校深入开展生态文明教育,引导广大学生养成生态环保的良好习惯,学习绿色低碳生活方式,推动美丽中国的种子在心中生根发芽。

浙江省在中小学要求开展森林、河湖、土地、水、粮食等资源的基本国情教育,普及"林长制""河长制"等知识内容,因地制宜开发校本课程;北京市将垃圾分类与生态文明教育相结合,纳入学校生态文明宣传教育实施方案,从课程、活动、管理等方面提出具体工作要求……"课堂有生态、生态进校园"的格局在多地校园加快形成。
（资料来源：人民日报，有改动）

分析：
绿水青山既是自然财富、生态财富，又是社会财富、经济财富。保护绿水青山就是保护我们的美好家园。我们每一个人都是生态环境的保护者、建设者、受益者，要从自身做起、从小事做起，切实把生态文明建设转变为自觉行动和生动实践。

校园垃圾分类我先行

一、活动目标

践行垃圾分类新风尚，为校园垃圾箱制作醒目的垃圾分类标志，主动将校园垃圾分类投放，引导校园内师生投放垃圾时主动将垃圾进行分类，培养垃圾分类好习惯，提高团队合作意识。

二、活动时间

4~6个小时。

三、活动流程

（1）教师先给学生集中展示垃圾分类方法，让学生熟悉日常生活垃圾的分类方法，动员学生参与校园垃圾分类实践。

（2）教师将学生按照6~8人一组进行分组，每组选出一名组长，教师引导学生确定垃圾分类的目标及进行垃圾分类行动的区域。

（3）以小组为单位制定校园垃圾分类行动计划，制作垃圾分类小标志。

（4）学生分组行动，组长带领组员将制作的垃圾分类标志张贴到各垃圾投放点的垃圾桶上，并引导校园内的师生在投放垃圾时主动进行分类。

（5）各组展示活动成果，总结、分享劳动收获。每组选派一名代表与教师一起对劳动成果进行评比，教师根据评比结果进行点评。

6.2　义务劳动和勤工助学

◇哲人隽语◇

人的生命是有限的，可是，为人民服务是无限的，我要把有限的生命，投入到无限的为人民服务之中去。

——雷锋

学习目标

1. 理解义务劳动和勤工助学的概念、意义,能阐述勤工助学的内涵。
2. 联系义务劳动和勤工助学的要求,参加力所能及的劳动。
3. 与他人交流关于对义务劳动和勤工助学的认知,提升自己的劳动能力。

引入案例

彭水有位乡村理发师,义务理发40余载

在彭水县鞍子镇干田村四组,有这样一位已届古稀之龄的老人,坚持义务理发40余载,他就是乡亲邻里交口称赞的好人,鞍子镇干田村李向荣。

时间回到1976年,25岁的李向荣凭借自身兴趣爱好学习了理发技艺。刚开始,只是受身边的朋友所托帮忙理发,没想到后来上门理发的人越来越多,但他也从不拒绝,甚至一直坚持着不收一分钱的原则,默默无闻地为乡亲们奉献爱心,帮助困难群众。

每一次理发他都需要侧身、弯腰、屈腿,一个姿势保持十来分钟,对于73岁高龄的李向荣来说已不轻松,同时他自身还带有残疾,左眼二级残疾且耳朵听力也受损严重,然而他却从未想过放弃,一把剪刀、一块围布、一个推子,几十年如一日,公益理发始终是他多年来不变的坚持。

68岁的谢崇扬是李向荣的"老顾客"了,提到李向荣,他第一个竖起了大拇指。"李师傅的理发技术很好,我头发长了都是找他,而且不收一分钱,真的很感谢他,这一份善举帮了我的大忙。"

李向荣坚持的理由很简单,他说:"我本身也有残疾,一路走来也受到了不少人的帮助,而且现在社会发展好了,各种普惠政策涉及生活的方方面面,就算老了也还有养老金拿,因此我回馈社会一点小小的义务劳动难道不应该吗?"

谈到对未来的打算,李向荣则目光坚定地说:"只要大家需要,我身体还能坚持,就会一直做下去!"

(资料来源:人民网)

分析:

李向荣义务理发40余载的案例,彰显了平凡个体的精神力量与社会价值。从行为动机看,他因自身受助而选择回馈社会,形成"受助—助人"的良性循环,印证了善意传递的感染力。四十多年来,他仅凭"一把剪刀、一块围布、一个推子",以无数次重复的弯腰屈膝,生动诠释着"奉献"二字的千钧重量。

从社会意义而言,他的善举不仅解决了乡村老人理发难的实际问题,更以持续行动为乡村注入温暖,成为邻里互助的鲜活样本。这种"只要能做就不停歇"的坚守,超越了功利性,为当代社会提供了关于责任与坚持的深刻启示。

一、义务劳动

（一）义务劳动的概念

义务劳动，也称志愿劳动，是指不计定额、不要报酬、自觉自愿地为社会劳动的行为。《中华人民共和国劳动法》第六条首句就是："国家提倡劳动者参加社会义务劳动。"《现代汉语词典》将"义务劳动"表述为"自愿参加的无报酬的劳动"。"社会义务劳动"是指社会公益活动，具体一点，就是有关卫生环保、抢险救灾、帮贫扶弱等群众性福利事业的义务劳动。社会义务劳动完全建立在劳动者的主动性、自觉性的基础上，体现的是劳动者崇高的社会责任感和高尚的品德。它与劳动者在劳动关系范围内的法定劳动不同。对于社会义务劳动，《中华人民共和国劳动法》在其规定中也只是提倡，并没有强制性要求。

（二）义务劳动的意义

义务劳动涉及方方面面，大至国家，小至家庭。中华民族的伟大复兴及中国梦的实现需要奉献精神，新时代目标任务的实现需要奉献精神，社会和经济发展需要全体人民发扬奉献精神，做一个品德高尚的人需要奉献精神。义务劳动作为一种精神文化的行为表现，具有不可转让性。

1. 提升劳动素质

素质是立身之基，技能是立业之本。参加义务劳动，可以提高人们的文明素质和道德水平，培育"民生在勤，勤则不匮"的精神和责任意识，引导人们树立正确的世界观、人生观、价值观，从而促进自身的全面发展，是一个知行合一的过程。

2. 促进个人全面发展

义务劳动能使人们的肌体充满活力；义务劳动需要具备顽强的毅力，可以培养人们良好的思想品质；义务劳动可以让人们认识到劳动没有贵贱之分，帮助人们树立劳动光荣的观念；义务劳动有利于培养创造意识和创新精神，在义务劳动中既要动手，又要动脑，义务劳动是一种创造性活动。

总之，义务劳动在培养实践技能、促进智力和体力发展、培育创新精神等方面发挥着重要的作用。

（三）新时代下义务劳动的要求

1. 义务劳动教育应成为一种价值召唤

在观念层面，全社会要大力提倡义务劳动精神，让其成为一种价值召唤。义务劳动并不狭义地指体力劳动、志愿服务或直接的生产劳动，而是基于志愿服务、体力劳动与物质生产劳动的实践活动，在家庭生活之中体现为自理、自立的独立生活活动，在职业生活中体现为通过自己力所能及的各种劳动获取物质生活资料的活动，在社会生活中体现为丰富多样的为社会做出应有贡献的公益性活动，在学校学习中体现为与具体的学科知识相联系的实践和动手操作的、能够化知识为能力与智慧的活动。义务劳动教育是社会、学校和家庭等渠道相互配合、有机联系的教育。

2. 义务劳动是一种积极的生存方式

在实践层面，要强化激励性与基础性，让义务劳动成为一种积极的生存方式。义务劳动应该是依存于劳动者自觉的意识和行为的,而且要渗透到生活、学习、工作的各个环节和方面,成为一种生存方式。

社会义务劳动的主要目的并不是创造物质财富,而是营造精神氛围,这对于社会发展而言是更有意义的。一个国家,需要人民自主自发地奉献,需要人民自愿地为国家劳动。

3. 义务劳动是德育实践的主要形式之一

学校是培养社会主义建设者和接班人的殿堂,劳动是财富的源泉、幸福的源泉。当代大学生应积极参加义务劳动,并在实践中提升自己,学校也应大力宣传义务劳动事迹,营造良好的氛围。学校开展义务劳动是贯彻党的教育方针和对学生进行德育的重要内容之一,它有利于增强学生的劳动观念、集体主义观念,有利于培养学生爱护公共财产的意识,有利于促进班级、校园文明建设。

> **案例 6-3**
> **义务劳动成为武汉长江职业学院学生必修课**
>
> 武汉长江职业学院在全校各班推出劳动课,并计入学分。
>
> 根据该校劳动课要求,每个班每学期应利用课余时间参加一次校园义务劳动,美化校园环境。任务由后勤集团安排,主要是打扫学校的卫生死角。每个班的辅导员、班委、团支部成员根据劳动情况给每名学生打分,每名学生大学3年间应劳动不少于5次,劳动课合格的记入2个素质学分,不合格的由学校另行分配任务。毕业前拿不到劳动课学分的不予毕业。
>
> "劳动课纳入素质学分,本意不在打扫卫生,而在培养大学生的劳动意识",负责此项工作的老师说,重拾劳动课在一定程度上可以弥补大学生劳动素质教育的短板,锻炼大学生的精神、体魄及劳动韧劲。
>
> 该校领导表示,重拾劳动光荣的优良传统,有利于构建新时期大学生的价值认同体系。具有劳动观念的大学生将有更强的适应能力、抗压能力、生活能力和生存能力。
>
> **分析:**
> 一部分大学生存在独立意识弱、生存能力欠缺等方面的不足,如何才能培养他们的责任担当和耐挫折能力?高校以劳动必修课的形式,让大学生切身体会劳动的艰辛,这样能够帮助他们树立扎根基层的奋斗意识,改变以自我为中心的认知方式。

二、勤工助学

(一) 勤工助学的概念

勤工助学是指在校大学生经学校或有关单位和部门的组织,利用课余时间,在学校内外通过合法劳动取得合理报酬的一种社会实践活动。在我国,勤工助学是贯彻教育与生产劳动相结合原则的一种教育经济活动,勤工助学对于推进素质教育、构建新的人才培养模式、促进学生成长成才有着重要意义。

(二)勤工助学的内涵

勤工助学中的"助学"有两重意义：一是"资助学习"；二是"帮助学习"。

勤工助学是资助家庭经济困难的学生完成学业的有效途径，也是进行大学生素质教育的重要举措。

(三)勤工助学的特点

(1) 功能上由单纯解困向助困育人发展。目前，社会对复合型人才的需求越来越大，大学生的价值观念也在发生变化，勤工助学的育人功能显得尤为突出。

(2) 对象上由贫困学生向全体学生发展。勤工助学活动已经逐渐被大学生普遍认同，一些非贫困学生也主动加入勤工助学活动。因此，勤工助学的参与者也逐渐变为由贫困学生和非贫困学生共同组成。

(3) 类型上由普通型向专业型发展。学校在勤工助学活动中，要将专业学习、能力培养和经济资助紧密结合，注重学生的专业特长，与人才培养有机统一，勤工助学的岗位也需要从简单的、事务性的岗位向更高层次转变。

(4) 形式上由个体自发向集体组织发展。学校需要设置勤工助学管理机构，建立规范的运行机制，保护学生的合法权益不受侵害，努力为学生创造良好的环境。

(四)勤工助学的意义

勤工助学是大学生社会实践的一个重要形式。勤工助学不仅可以帮助解决学生的经济困难，而且具有重要的育人意义。

1. 促进大学生思想政治素质的提高

大学生处在世界观形成的关键时期，通过勤工助学的社会实践方式，大学生能够更加全面地认识社会的变迁，深入了解我国的基本国情，深入了解国家改革发展的伟大成就，增强社会责任感和爱国情怀。

2. 促进大学生业务素质的提高

勤工助学的过程，是大学生提高能力、增长知识的过程。这主要体现在三个方面：一是知识结构的补充；二是知识领域的拓展；三是知识层次的提升。

学校教育不能涵盖所有的内容。最新、最生动的知识往往会随着社会的发展及时更替，勤工助学可以使大学生有机会从丰富的现实生活中学习、体验真知，实现知识和能力的提升。

勤工助学的岗位能够为大学生提供一个提升业务素质的舞台，其工作内容一般与学生所学的专业相关，从而促进理论与实践相结合，促进校园与社会相结合。

3. 促进大学生自立能力的培养

勤工助学活动不仅可以增强大学生的劳动观念，还可以使他们在劳动中养成吃苦耐劳、勤俭节约的生活习惯，提高自我管理和独立生活的能力，逐渐形成独立思考问题、分析问题和解决问题的习惯。

4. 促进大学生心理健康的发展

勤工助学可以有效减轻学生因为经济困难而产生的心理压力，成为促进学生心理健康发展的有效途径。具体来说，勤工助学可以提高学生的自立自强意识和心理承受能力，帮助学生正确认识自我,提高人际交往能力,提高社会适应能力和学习能力,形成积极向上的态度,消除自我封闭、偏激和焦虑的心理。

5. 促进大学生的社会化

大学生通过勤工助学活动,进一步扩大人际交往面,可以接触到社会的各个层面,有利于正确认识自我,加速社会化进程。

6. 促进大学生求职竞争力的提高

大学生通过勤工助学活动可以提前了解社会对人才的需求,找出自身的不足,可以采取针对性的措施,提高求职竞争力,为毕业后的工作打好基础。

(五)勤工助学的原则

1. 合法合规的原则

大学生在勤工助学活动中,要服从学校管理,遵守有关法律、法规和学校的规章制度,不能影响学校的正常秩序,要自尊自重,诚实劳动。学生要经过学校的管理部门,通过合法途径申请岗位,并确认相关单位的合法性。

学校支持勤工助学,依法保护学生的合理收入,但不提倡参与经商。学校的勤工助学管理部门和学生要保持足够的警惕,对非法传销等违法活动要坚决抵制。

2. 学习第一的原则

大学生在校期间的第一任务是学习。因此,参加勤工助学,勤工是手段,助学是目的,最终是要实现知识和能力的发展。因此,《高等学校学生勤工助学管理办法(2018年修订)》规定:"勤工助学岗位既要满足学生需求,又要保证学生不因参加勤工助学而影响学习。学生参加勤工助学的时间原则上每周不超过8小时,每月不超过40小时。寒暑假勤工助学时间可根据学校的具体情况适当延长。"

勤工助学要坚持和学习相结合。一是在内容上,优先选择与自己专业相关的工作。例如,师范专业的学生选择做家教,市场营销专业的学生选择做销售员、营销员,土木工程专业的学生选择做建筑设计、施工管理等工作,通过理论联系实际的形式,提高专业技能水平。二是在时间上,要保证不能影响正常的课堂学习。不能"勤工误学",更不能影响毕业和学位的获取。

3. 结合实际的原则

大学生要结合自身能力和水平,选择合适的勤工助学岗位。进入高校初期,可以选择校内简单的工作,没有必要强求与专业相关,毕竟专业对口的勤工助学岗位并不会随时出现。大学生可以先积累经验,等到掌握一定的专业知识以后,再选择一些与自己专业相关的岗位。

(六)勤工助学岗位设置

校内岗位包括学校各类行政、后勤、教学等部门的助理、干事岗位及学生组织的岗位。校外岗位主要包括展会翻译、商场导购、销售员等。家教岗位提供家教兼职机会,包括学生家教、成人家教等。

《高等学校学生勤工助学管理办法(2018年修订)》要求勤工助学活动必须坚持"立足校园、服务社会"的原则,勤工助学要达到既向学生提供经济资助,又锻炼学生实践能力的目标。勤工助学的主要目的是帮助学生顺利完成学习任务,使学生通过自己的劳动获得合理的报酬。

(七) 勤工助学的相关政策要求

1. 活动管理

学生在学有余力的前提下,向学校提出勤工助学的申请,一般应在经过岗前培训后进行勤工助学活动。

2. 时间安排

学生参加勤工助学活动,在不影响正常学习的前提下,根据有关规定,一般每周不超过 8 小时,每月不超过 40 小时。

3. 劳动报酬

学生参加学校的勤工助学活动,其劳动报酬由学校按月或按小时计算,一般不低于当地政府或有关部门制定的最低工资标准或居民最低生活保障标准,可以适当上下浮动。学生参加校外勤工助学的酬金标准不低于学校所在地政府或有关部门规定的最低工资标准,具体数额由用人单位、学校与学生协商确定。

4. 权益保护

勤工助学活动开展前,学生应当与校内有关部门、校外有关单位签订协议,保护自己的合法权益。协议书应当明确各方的权利和义务,保险缴纳、意外伤害事故的处理办法及争议解决方法。

总结案例

西南交通大学常态化开展劳动教育

2024 年 5 月 4 日,西南交通大学位于犀浦校区东门附近的"开心农场"春意盎然、欣欣向荣,各学院组织同学们在这里翻土、除草、播种……正值学校春季集体劳动日期间,学校师生来到劳动现场和师生们一起参加了集体种植义务劳动。学校组织学生自主选择种植品种,在后勤专业工作人员的指导下,开展瓜果、蔬菜、花卉种植,让学生在春耕秋收中,体味劳动艰辛、收获劳动快乐、理解劳动内涵、共享劳动成果。

学校把劳动育人纳入人才培养整体规划,将教育引导学生在创新实践过程中勤于思考、勇于创造、吃苦耐劳、崇尚劳动、尊重劳动作为学校人才培养的重要环节。同时,将劳动教育与勤工俭学相结合,组织受资助学生志愿走进图书馆、食堂等,开展图书整理、卫生清洁等义务劳动,培养学生自立自强品格。

通过"五育并举"育人体系建设,聚焦学生兴趣爱好,利用集体劳动日和周末课余时间常态化组织学生开展特色鲜明、形式多样、载体丰富的校内外义务劳动,引导学生快乐劳动、拥抱生活,组织学生动手实践、出力流汗,接受锻炼、磨砺意志,赋能学生全面成长。

分析:

该校高度重视劳动育人工作,主要体现在三个结合,即人才培养规划和劳动教育相结合,勤工助学和义务劳动相结合,学校集中组织劳动和学生分散开展劳动相结合。通过统筹谋划、精准实施,提升了劳动教育规范化系统化水平。

> **课堂活动**

走进儿童福利院

一、活动目标

弘扬"奉献、友爱、互助、进步"的志愿者精神,关注儿童,传递爱心,培养社会责任感。

二、活动时间

4~6 小时。

三、活动流程

(1) 以小组为单位,为孩子们准备自制的小礼品。

(2) 选出有文艺特长的同学,准备节目表演,为孩子们带去欢乐。

(3) 开展校园募捐活动,为孩子们筹集图书、学习用品。

(4) 学生按照学校或教师安排到达指定的儿童福利院,为孩子们送上小礼品和募捐的物品。

(5) 学生按照事先的排练,与福利院的孩子一起开展联欢会,送上丰富多彩的节目。

(6) 服务结束后,教师将学生按照 6~8 人一组划分小组,组内开展头脑风暴讨论自己的感悟和收获,并齐心协力写一份心得体会。

(7) 每组选派一名代表分享小组的心得体会,其他小组成员可以对其进行提问,小组内其他成员也可以回答提出的问题;通过问题交流,将每一个需要研讨的问题都弄清楚。

(8) 教师进行分析、归纳、总结,并根据各组在整个活动过程中的表现予以赋分。

6.3 专业服务和创造性劳动

◇ 哲人隽语 ◇

没有年轻一代的教育和生产劳动的结合,未来社会的理想是不能想象的;无论是脱离生产劳动的教学和教育,或是没有同时进行教学和教育的生产劳动,都不能达到现代技术水平和科学知识现状所要求的高度。

——[苏]列宁

学习目标

1. 理解专业服务、创造性劳动与学业的关系。
2. 能够结合个人专业知识和技能,参与专业服务、创造性劳动。
3. 理解创造性劳动的意义,了解进行创造性劳动的方法与策略。

> **引入案例**
>
> **高校后勤工作中的专业服务**
>
> 新时代背景下,劳动教育课程已纳入基础教育至高等教育的必修课程体系,各院校以日常生活劳动、生产劳动和服务性劳动融合推进,将劳动教育贯穿人才培养全过程,大中小学劳动育人实施成效逐步显现。
>
> 在高校后勤工作之中,存在大量的生活劳动、生产劳动机会,例如教学区与宿舍区的卫生保洁、餐饮服务等,其超越了专门课程,完全可用于锻炼学生的生活自理能力,培养他们为集体服务的社会责任感,而学校超市运营、建筑维修、园林绿化等,更能为相关专业的学生提供专业实习实训机会。
>
> 这正契合了中共中央、国务院印发的《关于全面加强新时代大中小学劳动教育的意见》对高等学校"结合学科和专业积极开展实习实训、专业服务、社会实践、勤工助学等,重视新知识、新技术、新工艺、新方法应用,创造性地解决实际问题,使学生增强诚实劳动意识,积累职业经验,提升就业创业能力"的要求。
>
> 然而,随着高校后勤社会化的推进,一些原本可以由学生完成的后勤事务开始由物业公司负责。这导致劳动与劳动教育在高校的被淡化程度比在中小学还要高。例如,我国中小学生要负责所在班级的教室清洁,每个班级还都有公共卫生区,但是这种做法在高校很少见——似乎大学生的劳动能力已经很强,已经无须培养,抑或劳动并不是大学生应该做的事情,他们只需要负责学习。即使存在打扫教室卫生等活动,亦变成了专门为贫困学生提供的勤工助学机会。久而久之,大学生无须劳动渐渐成为传统,劳动与劳动教育也离大学越来越远。
>
> **分析:**
>
> 学校应始终坚持"劳动教育是学校教育的一个不可分割的部分"的理念,利用自身所拥有的一切服务于学生发展。参与高校的后勤工作应当成为学生发展的重要途径或手段。高校后勤管理者应从服务学校和学生发展的角度去考虑,发挥我国"教育与生产劳动相结合"的优良传统,发挥后勤工作的育人优势,培养学生自律和吃苦耐劳的品格,以及责任感和服务社会的意识。

一、专业服务

(一)专业服务的概念

专业服务是指某个组织或个人,应用某些方面的专业知识,为客户在某一领域内提供特殊服务的活动。其知识、科技含量很高,是具备巨大发展潜力的行业。

根据世界贸易组织规定,专业服务属于职业服务,包括以下内容:法律服务;会计、审计和簿记服务;税收服务;建筑服务;工程服务;集中工程服务;城市规划和风景建筑服务;医疗和牙医服务;兽医服务;助产士、护士、理疗师和护理员提供的服务;其他专业服务。

(二)专业服务的特征

(1) 专业性。专业服务是某一专业领域的特殊服务。
(2) 特殊性。专业服务的知识和科技含量都很高,是少数专业人士提供的特殊服务。
(3) 技术性。专业服务具有技术化、知识化的特征。

(三)专业服务的意义

大学期间学习的通用知识的优势在于广度,有助于开阔视野,可以广泛应用于各种社会活动中,如计算机基础、语言表达、文字书写、逻辑计算知识等。而专业知识的优势在于深度和精度,有助于深化认识,一般只有在特定的工作或活动中才能发挥,如茶艺、美发、汽车维修、金融等。大学生通过积极参与专业服务,不仅能够更多地了解社会和国情,锻炼意志,增强家国情怀和责任意识,还可以深化对专业知识的理解,进一步增强专业思维,提高专业水平,并将其转化为职业发展能力。

在校大学生应当明确职业发展目标,扎实掌握专业技能,主动提升与自身职业发展相关的专业技能,利用好学校和社会提供的平台,结合专业开展生产劳动和服务性劳动,重视新知识、新技术、新工艺、新方法的应用,不断积累职业经验。

> **案例6-4**
>
> **"专业技能服务校园"主题活动**
>
> 重庆城市管理职业技术学院为激发同学们劳动的内在需求和动力,引导同学们形成马克思主义劳动观,以园林专业技能为依托,开展了"专业技能服务校园"劳动实践日志愿服务主题活动。
>
> 同学们在学校的素质拓展中心广场,将鲜花、绿植、包装纸、园艺土、园艺工具等材料准备好,用所学的专业知识为同学们讲解园艺知识,比如,如何给绿植换土,如何进行多肉养护、花束包扎。谈起自己的专业知识,同学们都讲得头头是道。
>
> 活动中,参与的同学还挑选了喜欢的鲜花,跟着示范学习花束包扎。喜欢植物盆栽的同学,在园林专业志愿者的带领下,学着给绿植换土、铺面。参与志愿服务的同学们通过此次活动,在劳动实践中加深了对专业知识的认识,同时也使参与活动的其他同学了解了园艺的相关知识。
>
> (资料来源:重庆城市管理职业技术学院官网,有改动)
>
> **分析:**
>
> 大学生的专业特点突出,在校期间都接受了全面系统的专业教育,学校也有良好的学习资源和师资力量,这些都为专业服务的开展奠定了专业基础。专业技能服务方面的劳动实践增强了同学们的动手能力与合作精神,提升了其专业素养和专业技能,使其体会到劳动的美好与光荣。

二、创造性劳动

马克思说:"劳动是积极的、创造性的活动。"人类社会的发展历史,实质上就是人类创造性劳动的壮丽史诗。大约六十万年以前,人类用创造性劳动制造生产工具,开启了历史纪元。人类从愚昧到文明的变化,从手工制作到智力密集型的产业变革,再到现代信息技术的广泛运用,这一切都源于劳动,是劳动锻炼了人的大脑,是人脑的创造力造就了世界文明史。

(一)创造性劳动的概念与特征

创造性劳动是指通过人的脑力劳动产生技术、知识、思维的创新,从而大幅提升劳动效率、产生出社会财富或成果的劳动。创造性劳动的基础是开放性思维和挑战性实践,要以扎实的学识和技能作为支点。创造性劳动就是一种"巧干",在生产实践中能产生以一当十的经济效益。

创造性劳动的主要特征有:一是新颖性,其产品(包括知识与技术)过去从来没有被公开使用过或者以其他方式为公众所知;二是价值性,在创造价值上,与一般性劳动相比,创造性劳动对产品价值的贡献要大得多;三是风险性,创造性劳动中有挑战和风险,创新与风险相伴而生。

(二)创造性劳动的价值

通过创造性劳动,一个人存在的价值才会得到社会的承认。一个人不去创造和劳动,只占有别人创造的财富,就不能通过创造性的活动来发挥自己的本质力量,就不会有对自己的力量和智慧之美的体验,不会领会作为创造者的幸福——真正意义上人的幸福,由此他也就丧失了一个人存在的真正价值。人的创造性劳动使人类社会得以存在、发展。也正是在创造性的劳动中,人的体力和脑力才得到全面和谐的发展。人在创造活动中感受到自己本质力量体现的美,体验到发挥创造力的美妙,体会到生活的充实。

创新创业劳动

1. 创造性劳动是人类进化的决定因素

人的劳动是有意识的、具有创造性的活动;动物的行为则是无意识的、条件反射的活动。因此,人有不断发展的前景,动物只有变化的可能。近代以来,创造性劳动构成了社会生产力进步的核心内容,并促进了经济和社会关系的变化。

2. 创造性劳动是经济社会发展的主要动力

近代以来,创造性劳动的质和量出现大幅提升,引发科技革命,导致社会分工迅速发展,又引起了社会经济生活的一系列变化。现在,有价值的创造发明比货币资本更关键。我国提出自主创新、建设创新型国家战略,大力发展创造性劳动,推进科学技术发展,目的就是提高国家的经济竞争力,避免国家经济在高速增长后出现停滞或衰退。

3. 创造性劳动是个体发展的本质追求

从客观层面来看,劳动始终是人类生存的手段;但从主观层面上看,人们还把它当作自己生活中不可缺少的一种活动。人类社会在发展中必然以机械化程度的不断提高替代体力劳动,到那个时候,劳动不再是简单的谋生手段,而是寻求幸福与自由的第一需要。

(三)创造性劳动的过程

心理学家华莱士的四个阶段理论较为科学地描绘了创造性活动的过程,四个阶段即准备阶段、酝酿阶段、顿悟阶段和验证阶段。

1. 准备阶段

准备阶段主要是找出问题的本质,抓住主要矛盾,找出问题的关键。人类社会生活中总是存在各种问题,但并不是每个人都能发现问题,这取决于社会的需要、个体活动的积极性、个体的求知欲和个体的知识水平等条件。

2. 酝酿阶段

酝酿阶段需要对准备阶段的成果进行消化吸收,明确问题的核心,并提出解决问题的各种假设和方案。酝酿阶段的持续时间差异很大,它可能只需要几分钟,也可能需要几天、几个月甚至几年。

3. 顿悟阶段

经过对问题的长时间思考,创新的点子或想法可能会突然出现,这种所谓的"顿悟"主要通过视觉上的幻象表达出来,而且是突然的、完整的、强烈的,甚至会脱口喊出。合理假设的提出取决于两个因素,一是对问题的明确程度,二是主体已有的知识、经验。

4. 验证阶段

验证阶段是对此前创造过程的反思阶段,以使创造成果建立在科学的理论基础之上,并物化为能被他人所理解和接受的形式。这种检验和反思后,有时方案得到确认,有时方案得到改进,有时方案完全被否定,再回到酝酿阶段。检验假设有两种方法,一种是实际行动,即按照假设去具体解决问题;二是智力活动,即进行推演。

(四) 创造性劳动的方法

创造性劳动可以借鉴一些创新技法,如智力激励法、列举法、组合法、设问法、类比法等。

1. 智力激励法

智力激励法也称头脑风暴法、自由思考法、诸葛亮会议法等,是指通过会议的形式,所有参与者在自由、舒畅、平等的氛围中交换想法,各种设想在碰撞中激起创新风暴,从而产生大量新设想。例如针对革新一种加压工具的问题,可以提出"请大家考虑一种能提供压力的方案"的问题,参与者可能联想到机械加压、液压、电磁等技术。

2. 列举法

列举法是指以列举的方式把问题展开,用科学的分析寻找创新的目标和途径。列举法的主要作用是帮助人们克服感知不足的障碍,迫使人们将事物的各个特性细节统统列举出来,迫使人们挖掘熟悉事物的各种缺陷,迫使人们思考希望达到的具体目标。比如针对杯子、手机或者汽车等进行创新设计时,可以分别从它的造型、功能、材料、颜色、制造方法等方面进行思考。

3. 组合法

组合法是指把多种貌似不相关的事物、思想或观念的部分或全部通过想象加以联系,进行有机的组合、变革,使之变成彼此不可分割的、新颖的、有价值的整体。组合的最基本要求是,整体的各组成部分之间必须建立某种紧密关系,成为一个新生事物。组合现象在生活中普遍存在,几乎覆盖各个领域,随处可见,比如军事领域的航空母舰,日常用品中的智能手机、多色笔、超声波牙刷等。组合法包括同类组合、异类组合、主体加附体组合、重组组合等方式。

4. 设问法

设问法是指提供一张提问的单子,针对需解决的问题,逐项对照检查,并从各个角度比较全面、系统地进行思考,以求提出最好的创新方案。比如针对瓷砖的创新开发,可以提出"是否可以变形,是否可以扩大或缩小,是否可以调整或替代,是否可以组合,是否可以他用"等问题进行思考。

5. 类比法

类比法是指用大家普遍知晓的事例来比喻说明某些难懂的事物或概念。这种方法的特点在于用相似而且易懂的事例作类比。结合专业知识,可以运用类比法思考一些问题,比如由比萨的烤制想到新型建筑材料的制作。

总结案例

中国 LED 在创新思维中再出发

21 世纪,LED(发光二极管)应用领域得到了前所未有的拓展,包括照明、显示屏、背光、仪器面板等。到了今天的互联网时代,LED 由于其半导体特性,在智能应用方面有得天独厚的优势。有大量公司就此创新求变,取得很大突破。

转:深圳某散热器公司,原做电脑散热器,后转而做 LED 照明产品散热装置,以国内市场为基础,逐步拓展到国际市场,短短几年时间,就做到国内最大。江苏某企业抓住转瞬即逝的机会,把用于 LED 的照明散热技术延伸到用于笔记本电脑散热。

跟:一家传统企业,在确定转型做 LED 照明之后,现在的 LED 照明产品比例已经达到 70%,无论是门店销售还是电商销售都做得风生水起。

变:比如常见的平板灯,以前一直是利用导光板技术将侧面光导向正面的"侧发光式",后转为光源发光方向与整灯出光方向一致的"直下式",而且可以做到不用一颗螺丝,直接以卡扣连接。其 LED 光源更是多样化,具有小功率、中功率、大功率几种,同时可设置高色温、低色温,以及变换出各种场景等。

加:四川成都的某照明企业把景观照明、文化照明和功能性照明相结合,开发出独具特色的文化路灯。比如成都人民南路的玉兰灯俨然成为成都城市形象的窗口,实现了文化和 LED 照明的创新融合。

玩:LED 是点光源,体积小,亮度高,可在红、绿、蓝三基色上变化各种颜色,再加上防水性、耐用性,给照明设计带来了无限的想象空间。带有时尚标记的 LED 照明可以催生粉丝经济,比如小米的随手灯等,可以带来新的启迪。

连:连接是互联网时代的最大特点。德国宝马汽车公司发布了路灯+充电桩系统,部署在德国慕尼黑宝马总部。谷歌发布的 LED 隐形眼镜可测量血糖值,为糖尿病人带来福音。LED 以其半导体的特性成为未来智能生活的主角,一切皆可连接。

(资料来源:李虹,《创新思维案例》,西南财经大学出版社,2018,有改动)

> **分析：**
> 对于企业和个人来说，拥有创造性思维无疑具有重要的实际意义。想要拥有创新思维，需要从不同的角度出发，全方位、立体化地扩展思维方式，突破固有思维的束缚。

 **课堂活动**

专业义务服务进校园

一、活动目标

能正确认识所学专业可提供的专业服务方向，理解辛勤劳动和创造性劳动的重要性，找到个人努力的目标。

二、活动时间

建议利用课余时间，可持续一个月或两个月。

三、活动流程

（1）教师要求学生根据专业特点，搜集相关资料，列出可提供的服务项目，例如电气专业可以义务维修小电器，计算机专业可以免费修图等。

（2）班内组织大讨论，根据可操作性、服务人群的特点和准备工作的难易程度确定具体的服务项目。

（3）教师将学生按照6~8人一组划分小组，每组选择合适的服务项目。

（4）各小组组成义务服务小分队，利用课余时间在校园内开展义务服务活动。

（5）活动结束后各小组总结经验，找出其中的问题，并列出问题清单。

（6）教师帮助各组学生解决问题，并根据各组在整个活动中的表现给予点评和赋分。

模块七 家庭劳动实践

导读导学

人是漂泊的航船,家是宁静的港湾。一个和谐的家庭,各成员应互相关爱,充满温情。疲惫时,家庭让你休憩;失落时,家庭为你赋能。家庭的温暖,更多体现在点滴的琐事中,体现在家务劳动中,体现在为家人做一顿可口的饭菜,甚至煲一碗汤中。可以说,一个人对待家务的态度,就是对待家庭的态度。通过做家务,我们不仅可以提升生活技能,还能切身体验家务的琐碎和不易,懂得感恩和尊重。

未来的社会中,除了比拼智商、情商外,体质的好坏和劳动意识的强弱,将是一个人能否取得成功的关键所在。一个人的劳动观念、劳动态度、劳动习惯、劳动能力、能否理解劳动中自己所扮演的角色与人际关系,以及工作是否勤奋、是否肯动脑动手等,在很大程度上与自我服务水平和是否参与家务劳动密切相关。家庭是培养个人自理能力和劳动习惯的第一实践场所,所以,每个人从幼年起都应根据年龄和能力适度参与家庭劳动。

本模块主要介绍了自我服务劳动、日常家务劳动和其他生活劳动等内容,希望通过学习,我们能明白一个道理:一个家庭就是一个小团队,家庭的幸福需要团队成员彼此分工、共同努力。希望通过本模块的学习,我们能提升自己的生活能力,学会做家务劳动,增强个人独立性和责任感,塑造正确的世界观、人生观、价值观。

7.1 自我服务劳动

◇哲人隽语◇

滴自己的汗,吃自己的饭,自己的事自己干。靠人、靠天、靠祖上,不算是好汉。

——陶行知

学习目标

1. 了解自我服务劳动需要的具体劳动技能,找到自己技能方面的不足,不断弥补、完善。
2. 了解建立自我服务劳动意识的意义,积极养成自我服务和自我管理的习惯。
3. 掌握提升自我服务劳动能力的途径和方法,增强自立、自主性。

> **引入案例**
>
> "大学生生活指南"课火了
>
> 2024年秋季学期开学，南京传媒学院为学生开设"大学生生活指南"公共课的新闻引发社会关注，二十余万人点赞，《光明日报》《中国青年报》《半月谈》等权威媒体跟进报道。
>
> 据悉，这门公选课涵盖医院看病流程、如何使用医保、如何使用交通工具、租房注意事项、学生证的作用、做饭的基本逻辑、商品选择、消费权益等35大类知识，包含生活中的方方面面，课程学分为2学分，每周2课时。据授课老师介绍，开设这门课旨在帮助大学生掌握必要的生活技能和社会常识，培养大学生独立生活能力，为未来的职业生涯打下基础。不少网友表示："这个是真的需要！"也有不少大学生表示："赶紧出网课！"
>
> 这则新闻从侧面也反映一个现象，许多中小学生甚至大学生缺乏生活自理能力。父母帮他们包办了衣食住行，让他们一心读书学习，不想让生活琐事耽误孩子的学习时间，以致一些学生走进大学后，缺乏生活常识和自理能力，他们也渴望通过相关课程的学习，提升生活自理能力。
>
> 《三联生活周刊》2024年第2期刊载了杨璐的文章《"高中化"的大学里，晚熟的大学生们》，文中提及大学生存在宿舍卫生差、缺乏生活自理能力、不善人际交往等现象。每年开学季，关于大学生不会洗衣服、缺乏生活自理能力等新闻常见诸报端，甚至还有某名牌高校新生因缺乏生活自理能力而最终退学，这些都提醒广大家长和学生，加强学生自我服务劳动能力培养，杜绝培养"巨婴"，必须高度重视、必须从小抓起。
>
> **分析：**
>
> 每个人都需要一定的生活自理能力，这些能力的缺失会对个人未来的发展不利。因为父母的包办，有些学生衣来伸手，饭来张口，在成长过程中缺乏基础的自我服务劳动能力，一旦离开父母怀抱，往往难以适应，这种现象必须引起社会的重视。须知，家长放手越晚，对孩子的起飞时间和速度影响就越大。

一、自我服务劳动的概念

自我服务劳动是指料理自己生活所做的各种劳动，如整理床铺、打扫房间、洗涤缝补、洗碗抹桌等。自我服务劳动是最简单的日常劳动，不管将来从事何种职业，都要把自我服务劳动当作自己的义务，并养成习惯。

南宋学者、理学家朱熹在《童蒙须知》开篇写道："夫童蒙之学，始于衣服冠履，次及言语步趋，次及洒扫涓洁……"意思是说蒙学阶段的教育要从培养儿童穿衣戴帽、洒扫清洁等生活习惯开始。现代教育也普遍重视培养个人生活自理能力。

劳动首先要从自我服务开始，从小做起，从自己做起，从小事做起，在自己的事情自己做的同时为他人、为集体服务，逐渐培养自己的责任感和社会适应能力。

> **拓展阅读**
>
> **衣服沾上油渍怎么清洗?**
>
> 逢年过节,走亲访友、家庭聚餐时,衣服容易沾上油渍,特别难以清洗,甚至多次清洗后油渍依然存在,一件新衣服从此被压在箱底,让人惋惜。有什么好办法清理油渍呢?下面分享五个妙招。
>
> 一是用胡萝卜。当衣服刚沾上油渍的时候,如果身边有胡萝卜,可切几片,在衣服上轻轻揉搓,不一会,油渍就慢慢消失了。
>
> 二是用牙膏。衣服沾上油渍,挤点牙膏抹在油渍上,然后轻轻揉搓,直到上面的油渍融化消失。油渍消失后,及时把衣服脱下来用清水漂洗一下,否则会留下很难看的牙膏印记。
>
> 三是用酒精或白酒擦拭。皮革类衣服沾上油渍,可以用酒精和棉签慢慢擦拭,直到油渍消失。如果手边没有酒精,也可用白酒代替,效果相差不大。
>
> 四是用面包。衣服沾上油渍时,如果有面包片,取一片在油渍处轻轻擦拭,油渍会慢慢消失。
>
> 五是用风油精。风油精不仅能用于防治蚊虫叮咬、缓解皮肤瘙痒,还能去除衣服上的油渍。在油渍处滴上几滴风油精,然后轻轻揉搓衣服,不一会儿,油渍就会消失。风油精对于去除汽油之类的油渍,效果更为明显。

二、自我服务劳动的意义

具备劳动意识是当代学生不可或缺的核心素养之一,是一个学生全面发展、成长成才的前提条件和必然要求。一个人首先要学会料理自己的生活,才能从事生产劳动。自我服务劳动是培养劳动意识、技能的必要手段和基本途径,为一个人成长为合格公民、诚实合法劳动、创造成功生活奠定基础。

(一) 有利于培养劳动意识和劳动能力

劳动意识是指热爱劳动、主动参与劳动的思想观念。具备劳动能力是指会劳动,掌握劳动的基本技能、技巧。热爱劳动是中华民族的传统美德。对于学生而言,学习和劳动同样重要,大学时期是成长的关键期,因而尤其要重视自我服务劳动意识和能力的培养。

积极参与各种自我服务劳动教育,能够克服自身懒惰的毛病。现在很多学生从小娇生惯养,四体不勤,不仅缺乏劳动意识,还缺乏必备的自我服务劳动能力,衣来伸手、饭来张口,轻视劳动,不尊重劳动者和劳动成果,这些都会直接影响个人的身心发展。

> **案例 7-1**
>
> **大学生寄脏衣服回家洗,你怎么看?**
>
> 随着快递业的发展,投递越来越便捷,有些大学生把积攒的脏衣服寄回家交给父母洗,再通过快递寄回来,形成了快递的一种新业务。

> 晓东从小就受到家人百般宠爱,所有家务事均不沾手。他考上大学后,每隔两个月,便会将脏衣服快递回家,让母亲清洗。据晓东的母亲梁女士介绍,晓东自出生后,"但凡家务事,不管大小,都从没让他沾过手。"梁女士回忆,儿子第一次邮寄脏衣服回家是在大一军训的时候。那天晚上,儿子给她打了个"求助"电话,抱怨军训太热太累,实在是不想洗衣服。他把脏衣服打包快递回家洗,此后便成惯例,两个月往返一次,从没间断过,到孩子大三时,快递费已过千元。
>
> **分析:**
> 按理说,大学生已经成年,洗洗自己的衣服本不是什么困难的事,然而这名学生三年中一直"千里寄脏衣",匪夷所思。好在据调查,邮寄脏衣服回家洗在高校只是个别现象。"千里寄脏衣"虽然是个案,却也提醒我们必须重视自我服务劳动,必须提高生活自理能力,必须学会自立自强,学会独立自主,而不是永远生活在父母的庇护之下。

(二) 有利于提升个人觉悟、发展自身智力

就人类发展而言,劳动促进了手的进化,使人学会了制造和使用工具;劳动促进了语言的产生,加速了信息的生产和传播;劳动促进了大脑的进化,加速了信息的积累与处理,发展了人类的智力。所以说劳动不仅创造了社会,也创造了人类本身。

对大学生而言,通过做好自我服务劳动,既能在自我服务劳动中不断总结经验,提高劳动能力,发展自身智力,又能提高个人觉悟。

(三) 有利于培养个人对劳动人民的思想感情

一个人只有付出了辛勤劳动,才会懂得珍惜劳动成果。一个人吃着自己做出的饭菜时,一定会格外爱惜粮食,不会随意浪费。他知道,做好这顿饭不容易,买菜、清洗、烹制,得花多少时间,吃完还得洗碗刷锅,才算结束。通过做饭他会明白,自己只是偶尔做一顿饭,父母这么多年来为自己做了多少顿饭,得要花多少精力?而且父母把自己养这么大,所吃的苦又何止是做饭这么一件事?他对父母的感恩之情会自然而然地加深。通过这样的自我服务劳动,孩子不仅培养了对父母的感恩之情,而且推而广之,他对天下跟自己父母一样辛勤的劳动人民的感情会进一步加深。

(四) 有利于促进个人意志品质的形成

当下,不少成年人还在"啃老",仿佛永远长不大的"巨婴",他们对劳动,尤其是体力劳动带有厌烦情绪,找各种理由逃避,择业时挑肥拣瘦,没干几天就承受不了工作压力,或消极怠工,或干脆辞职,家成了他们避世的堡垒,父母成了他们的提款机。这与他们孩提时期自我服务劳动的缺失有关。

劳动习惯形成的过程也是意志形成的过程。例如,每天早晨起来自己叠被并打扫卧室,能培养坚持不懈、持之以恒的品质;自己的衣服、鞋袜自己洗,能培养不怕脏、不怕累的品格。因此,要树立正确的劳动观念,培养劳动意识,通过自我服务劳动锻炼动手能力,培

养坚韧不拔的品格和百折不挠的意志。

> **拓展阅读**
>
> **你会正确洗手吗？**
>
> 我们每天都用手做很多事情，人的一只手上大约附着有40万个细菌，因此，正确洗手可以预防、减少疾病的传播。那么，怎样的洗手方式才是正确的呢？
>
> （1）洗手掌。以流水湿润双手，涂抹洗手液或肥皂，双手掌心相向，用力搓洗。
>
> （2）洗手背。一只手的掌心对着另一只手的手背进行搓洗，洗完一只手再换另一只手。
>
> （3）洗手指之间。双手交叉放置，然后用力搓洗。
>
> （4）洗指背。五指并拢，将指背放到另一只手的掌心进行搓洗，洗完一只手再换另一只手。
>
> （5）洗大拇指。伸出一只大拇指，另一只手握住大拇指旋转搓洗，洗完再换另一只手。
>
> （6）洗手指尖。五指并拢放到另一只手的掌心进行搓洗，洗完一只手再换另一只手。
>
> （7）洗手腕。一只手握住另外一只手的手腕旋转搓洗，洗完再换另一只手。
>
> 此外，还要注意，每次洗手应洗够30秒。洗手时应先将手上的饰品摘掉，戴戒指、手表和其他装饰品的部位尤其要注意清洗，有条件的也应清洗戒指、手表等饰品。

三、自我服务劳动能力的提升途径

提升自我服务劳动能力是提升我们生存能力、竞争能力和自我发展能力的基础。自我服务劳动能力不是与生俱来的，需要后天有意识地加以培养，需要循序渐进，通过一件件小事来实现。

（一）尊重劳动者

劳动是人类社会进步的根本动力，没有一代代劳动人民的辛勤劳动，就没有社会的发展和进步，"人民创造历史，劳动开创未来"。正是因为一代代劳动者的付出，整个社会才能有条不紊地运转和前进。劳动者的社会分工各不相同，有的从事简单劳动，有的从事复杂劳动，但每一位劳动者在人格上都是平等的，每一位劳动者的劳动都是值得尊重的。那些普通劳动者，按照世俗的眼光看，他们的社会贡献没有科学家等社会精英的贡献大，但是他们辛勤劳动、默默奉献，是推动社会前行的宝贵力量。所以，要从情感上尊重所有劳动者，让尊重劳动者成为广泛的社会共识，让维护劳动者的尊严成为每个人的自觉行动。

(二)用好双手

陶行知说"人生两个宝,双手和大脑",既要用好双手,也要用好大脑,在自我服务劳动中,要多学多做,坚持自己的事自己干,不能由旁人包办,坚决摒弃"只要学习好就行了,劳动是家长的事"等错误观点。

(三)循序渐进

在老师和家长的帮助下制定科学的自我服务劳动计划,根据自己的情况提出不同的自我劳动要求,逐渐提高自己能够独立完成的自我服务劳动的难度。

(四)勤学多练

要想培养自我服务劳动的技能,首先需要给自己安排一个劳动任务,反复训练,直至熟能生巧。特别是要多参与社会实践,以此锻炼自我劳动服务能力。在学校积极参与相关讲座,观看自我服务劳动视频;在家里要主动跟家长学习自我服务劳动的方法,要求家长多给予指导。

遇到自我服务劳动方面的问题,首先要自己想办法解决,锻炼自己处理事务和应对突发情况的能力;还可以与同学交流,锻炼人际交往能力;也可以向师长求助。

总结案例

"断舍离"的杂物管理方法

"断舍离"是日本作家山下英子的《断舍离》一书提出的杂物管理方法,当"断"则断,当"舍"则舍,当"离"则离。"断舍离"的管理方法有如下几个原则。

(1)从时间角度看待物品。用当下的眼光看家中物品,思考一下,现在这个东西是否还适合自己、还有没有用,若不适合、没有用,即丢弃。

(2)舍物原则。对于不需要的物品,可以扔、卖。如果不想扔掉某样东西,但是自己已经用不着,可送给需要的人。

(3)相称原则。物品是自我的投射,要相信自己配得上所选择的物品。选择物品时不一定越贵越好,也不是只要便宜就必须买。要善于自我提升。

(4)七五一原则。物品摆放时要注意,看不见的收纳空间放七成,看得见的收纳空间放五成,装饰性的空间放一成。

(5)替换原则。当你要购置新的物件,比如要买一台新洗衣机时,请把旧洗衣机替换掉(或卖,或送人),这样你会觉得现在所用的一直都是最好的东西。

分析:

可以把这个方法应用到自我服务劳动中,尤其是个人物品和家庭物品的管理上,学着按照科学的方法进行筛选,这有助于提升个人的生活质量。

> **课堂活动**

自我服务劳动成果展示——美化卧室

一、活动目标

周末抽空打扫、美化自己的卧室,用短视频的方式展示劳动过程和结果,培养热爱劳动的好习惯。

二、活动时间

1 小时。

三、活动流程

(1) 学生周末抽空打扫、美化自己的卧室,可以在家长的指导下,也可以独立完成,包括打扫卫生、铺床叠被、收拾书桌、整理学习用品等。如果都是住校生,则可以宿舍为单位,开展美化宿舍成果评比。

(2) 每名学生把自己的劳动过程和劳动成果用手机摄制为 2 分钟以内的短视频。

(3) 教师将学生按照 4～6 人一组划分小组,小组成员观看组内成员的视频,并选出最佳劳动成果。

(4) 将每个小组选出的最佳劳动成果视频向全班同学播放,并邀请这几名同学分享个人劳动的经验和体会。

(5) 教师对分享者的经验和体会进行归纳、分析和总结。

(6) 教师对展示的几项最佳劳动成果进行点评并赋分。

7.2 日常家务劳动

◇哲人隽语◇

劳动是人类的命运。

——[古希腊]荷马

学习目标

1. 了解日常家务劳动的概念和内容,认识到日常家务劳动的重要性。
2. 学会做日常家务劳动,培养日常家务劳动能力,养成劳动习惯。
3. 愿意参与日常家务劳动,形成家庭责任感。

引入案例

姑娘在酒店长住两月，逼酒店报警

一个十来平方米的房间里，堆满了生活垃圾和凌乱的衣物；一张双人床上，半张床上是方便面盒、吃剩的外卖、穿过的衣服；床头柜上，几个空饮料罐叠放在一起，一个开启的牛奶盒已经发黑霉变……

房间里弥漫着一股辣眼睛的馊臭味，派出所民警走进去的时候，也禁不住头皮发麻。

这可不是什么犯罪现场，而是该派出所辖区一家酒店的客房。

敲门时，一个长相甜美、穿着打扮得体的姑娘来开了门，但随后，民警就看到了她背后凌乱不堪的房间。姑娘称她有个怪癖，不喜欢别人碰她的东西，但是自己又懒得收拾，平时只要有一个床角睡觉就可以了。

分析：

长期居住在脏乱的环境中，不但不利于健康，也存在极大安全隐患。日常家务劳动对于我们的健康有着重要的影响，做家务的人能学到生活所需的基本技能，能提高生活自理、自立的能力，同时也可以培养对生活的积极态度，使自己更加热爱生活。"一屋不扫，何以扫天下？"一个人要想获得成功，一定要注重自身修养。

一、日常家务劳动的概念

日常家务劳动是指每位家庭成员在日常生活中必须从事的一种无报酬劳动，它为家庭的经济活动创造便利条件，也能促进家庭成员的个人发展。

日常生活劳动

日常家务劳动是人们在处理家庭事务时所付出的劳动，是一种特殊的劳动，它与其他劳动都具有使用价值。在家庭范围内，劳动满足了家庭成员的生活需求；在社会范围内，劳动保障了劳动力再生产，并促进了价值的产生。在资本主义社会，家庭是资本家的雇佣劳动力的再生产基地，而在社会主义社会，日常家务劳动担负着劳动力再生产的很大一部分功能，日常家务劳动状况的好坏直接影响到劳动力的质量，从而直接影响到各部门，乃至整个社会经济的发展。

积极参与日常家务劳动，对树立家庭责任意识，形成遵守社会公德、对自身行为负责的品质等都是至关重要的。

案例 7-2

好的家庭，一起做家务

一位职场妈妈，平时不仅要工作，还要做家务活和照顾孩子，丈夫只管上班，对她经常说的一句话就是："洗衣服有洗衣机，做饭有天然气灶，扫地有吸尘器，你做家务能有多累？"

受爸爸影响，孩子也不体谅妈妈的劳累，更不珍惜她的劳动成果。当妈妈忙着做饭,爸爸和孩子在一旁玩着手机、看着电视,想着脏衣服没洗、地没拖,这位妈妈何来幸福感?

分析:

一个家庭,其实就是一个小团队。家庭的幸福需要彼此分工,共同努力。家的温暖,不仅体现在亲密的言谈举止中,更体现在琐碎的家务劳动中,对待家务的态度,就是对待家庭的态度。家务是家庭幸福的润滑剂,在一起做家务中,所有人都能切身体验到家务的琐碎和不易,学会体贴家人、关爱家人,更懂得了感恩和尊重。

二、日常家务劳动的内容

日常家务劳动是社会劳动的一个重要组成部分,直接影响生产劳动和其他劳动的质量。19世纪,机器大工业把妇女卷入社会化大生产行列,使日常家务劳动从家庭中分离。20世纪下半叶,以商业、服务业为主的第三产业高度发展,一些产业由于自身的特殊性,对女性劳动力的需求更是大大增加。在这样的前提下,妇女走出家门,迈入社会化大生产,日常家务劳动社会化的需求应运而生。

随着社会经济的快速发展、人口老龄化,以及三孩政策的放开,越来越多的家庭需要购买社会化家政服务,家政服务领域形成了巨大的市场需求。传统的简单家务型家政服务市场不断细分,有知识技能型家政服务,如育婴、家教、护理等,有专家管理型家政服务,如理财、管家等,这些服务正在快速发展。由社会专业机构、社区机构、非营利组织、家政服务公司来承担日常家务劳动,提高家庭生活质量,成为日常家务劳动发展的大趋势。从劳动的频率来看,日常家务劳动内容主要包括家居保洁、衣物洗涤、物品收纳、家庭餐制作和绿植养护五方面。

案例 7-3

日常家务劳动的补偿

张某(男)与赵某(女)相爱,最终携手走进婚姻殿堂。婚后,两人生育一子一女,赵某放弃升职加薪机会,将主要精力放在照护子女及老人上面,在日常生活中,赵某负责做饭、照看孩子、清洁卫生、照顾老人等,让张某在工作上无后顾之忧。婚后的第十五年,两人感情出现裂痕,争吵不断,张某提出离婚,赵某同样难以忍受婚姻的惨淡。

离婚时,赵某能否以承担较多日常家务劳动为由要求张某进行经济补偿或者多分财产?

分析:

《中华人民共和国民法典》第一千零八十八条规定,夫妻一方因抚育子女、照料老年人、协助另一方工作等负担较多义务的,离婚时有权向另一方请求补偿,另一方应当给予补偿。具体办法由双方协议;协议不成的,由人民法院判决。日常家务劳动虽无薪酬,但其对社会生产具有重要意义,不容忽视。赵某承担较多家庭义务,为家庭付出大量时间和精力,因此,离婚时,赵某以承担较多日常家务劳动为由要求张某进行经济补偿或者多分财产的理由成立,赵某能要求张某进行经济补偿或者多分财产。

三、日常家务劳动的操作

(一) 家居保洁

(1) 清场。将影响家居保洁的家具、用品等集中分类,放置到合适位置。垃圾清扫后转移到室外或倒进室内垃圾桶。

(2) 清洁墙面。掸去墙面浮尘。

(3) 清洁窗框。先湿抹,再铲除多余物,最后用干净的清洁布擦净。

(4) 清洁窗户玻璃。可用擦窗器擦洗,也可用水刮法和搓纸法清洁。

(5) 清洁窗槽和窗台。首先用吸尘器吸出窗槽污垢,不易吸出的污物,用铲刀或平口工具配合润湿的清洁布清理,之后将窗台擦净。

(6) 清洁纱窗。可用水冲洗纱网,再擦干净纱窗窗框,晾干后安装。

(7) 清洁卧室、客厅、餐厅、书房、阳台。主要对地面、墙面等进行清洁,包括细节处,如开关、插座、供暖设施、家具的表面。

(8) 清洁厨房。依次清洁顶面、墙面、橱柜内部、橱柜外部、台面、地面。

(9) 清洁卫生间。依次清洁顶面、附属设施、墙面、台面、洁具。

(10) 清洁踢脚线。对踢脚线上沿进行吸尘,然后擦净。

(11) 清洁门体。依次清洁门头、门套、门框、门扇、门锁。

(二) 衣物洗涤

(1) 衣物分类。不同颜色,不同面料、材质的衣物,在清洗时要求不同,水压和翻洗要求也不同。

(2) 阅读衣服上的洗涤说明标签。洗涤说明标签会标示这件衣服的面料、洗涤方法、晾干步骤。有些衣服需要干洗或手洗。

(3) 选择合适的水温。洗衣机有不同的温度设置。在清洗时,不同面料、不同颜色的衣服需要不同的水温才能彻底清洗干净。

(4) 选择洗衣档位。根据要洗的衣服的数量选择正确的档位。要把多余的衣服放到下一批洗,否则会把洗衣机卡住或者弄坏。

(5) 选择清洗模式。不同的衣服对清洗有不同的要求,因此要用不同类型的清洗模式。

(6) 加入正确的洗衣液,关上洗衣机盖。洗衣液包括洗涤剂、漂白剂和纺织物软化剂。可以先放入衣服再倒入洗衣液。

(7) 烘干。把适合烘干的衣物放入烘干机中,选择正确的模式,放入干燥纸,关上烘干机机盖。

(三) 物品收纳

(1) 物品整理。把家中物品分为"需要""不需要"等几类,正确处置,并确保所有物品都被有效利用;然后将物品按照使用的方法、使用的频率、机能、特性等分类;最后决定放置的场所。

(2) 衣柜的收纳。衣柜一般放置当季正穿的衣服。建议用收纳盒、裤夹等收纳衣物。

(3) 梳妆台、床头柜收纳。将首饰、护肤用品等分门别类地摆放在抽屉中或台面上。

(4) 门后空间利用。巧用门后空间放置小件物品,门后挂一个置物袋,或者安装小型置物架,可以用来存放常用物品。

(5) 鞋柜收纳。根据使用频率将鞋子分开放置,利用鞋盒巧妙增加鞋柜空间,鞋柜上方摆放常穿的鞋子,下方摆放出门要换的鞋子。鞋柜上方的墙面可以挂一排挂钩,放置衣服、雨伞、钥匙等。

(6) 厨房橱柜收纳。橱柜上方放置不常用的器具,如高脚杯等。下方的橱柜用于储存常用物品,如各种调料、米、面等。

(7) 浴室收纳。浴室可以安装收纳架,或者利用门后空间,将挂钩和收纳篮巧妙收纳。

(8) 小物品收纳。衣柜里的袜子、领带、内衣裤等,可以用多小格专用收纳盒进行收纳。

(四) 家庭餐制作

1. 蒸米饭的做法

蒸米饭的基本做法很简单,分为两步:

(1) 将米洗干净,放入要用来蒸米饭的锅中,加入适量清水。

(2) 将锅盖上盖后,放在火上或插上电即可。

制作蒸米饭的注意事项有以下四点:

(1) 洗米不要超过 3 次,这样蒸出来的米饭香味十足。

(2) 先把米在冷水里浸泡半个小时,使米粒充分吸收水分,这样蒸出来的米饭会粒粒饱满。

(3) 控制米和水的比例。蒸米饭时,米和水的比例应该是 1∶1.2。

(4) 陈米也可以蒸出新米的味道。可以在经过前三道工序后,在锅里加入少量精盐或烧熟、晾凉的花生油。

2. 常见菜的做法

(1) 炒青菜。

材料:青菜。

调料:食用油、味精、盐、大蒜。

做法:

① 将青菜、大蒜分别洗净,切好备用。

② 热锅中倒一点油,把切好的大蒜倒入油中。

③ 闻到蒜香后,将切好的青菜倒入。
④ 加一点水,盖上锅盖,大火焖3分钟后,放入盐、味精,翻炒均匀。
⑤ 大火收汁后,立即出锅。

(2) 麻婆豆腐。

材料:豆腐、牛肉。

调料:食用油、豆瓣酱、盐、酒、干辣椒、大蒜、姜、花椒粉、水淀粉、酱油、糖、味精。

做法:

① 牛肉、干辣椒、大蒜、姜切末,锅内加少许油,油热后依次加入豆瓣酱、盐、干辣椒、大蒜、姜、花椒粉、牛肉末,也可将牛肉末用上述调料腌好后一并加入,炒香。
② 加入切成小块的豆腐。改小火,煮沸。
③ 改大火,加入由水淀粉、糖、酒、味精、酱油调好的芡汁。待芡汁附着均匀后,关火,撒上花椒粉,出锅。

(3) 可乐鸡翅。

材料:鸡翅中、可乐。

调料:食用油、葱、盐、大蒜、辣椒粉、孜然。

做法:

① 葱、大蒜切末,锅里放水,等水烧开后下鸡翅,鸡翅煮至七成熟即可,滤干水备用。
② 用葱花和大蒜爆锅,下鸡翅,放入孜然和辣椒粉,大火炒炸。
③ 加可乐、盐、味精,可乐快烧干的时候,小火收汁。
④ 出锅。

(4) 宫保鸡丁。

材料:黄瓜、胡萝卜、鸡胸肉、炸花生、蛋清。

调料:食用油、豆瓣酱、花椒、淀粉、香油、酱油、料酒、香醋、盐、糖、味精、大蒜、干辣椒、葱花。

做法:

① 黄瓜、胡萝卜及鸡胸肉切成小块,在鸡胸肉里面加入蛋清、料酒及淀粉,搅拌均匀后腌制一段时间。
② 大蒜切末,在锅中倒油,开火加热之后放入花椒、蒜末、豆瓣酱等调料爆炒,然后加入腌制好的鸡胸肉翻炒。
③ 鸡胸肉变色后依次加入胡萝卜丁和黄瓜丁及炸花生,一起均匀翻炒,出锅装盘时在上面撒上一些葱花装饰,这样一碗色香味俱全的宫保鸡丁就做好了。

(5) 鱼香肉丝。

材料:瘦肉、木耳、胡萝卜。

调料:食用油、葱、姜、大蒜、水淀粉、酱油、高汤、香醋、盐、糖、味精、泡椒末。

做法:

① 将瘦肉洗净,切成粗丝,盛于碗内,加盐和水淀粉调匀。
② 葱、姜、蒜洗净切丝备用。
③ 木耳和胡萝卜切丝备用。

④ 用糖、酱油、香醋、盐、葱花、姜末、蒜末、高汤、味精等调成鱼香汁。

⑤ 锅内放油,烧至五成热时倒入肉丝,炒散后下入泡椒末,待炒出色时,将木耳、胡萝卜丝和鱼香汁倒入,急炒几下即可。

(五) 常见绿植养护

生活中常见的绿植有绿萝、常青藤、吊兰、芦荟、平安树、龙须树等吸附灰尘和有毒气体能力比较强的绿色植物,这些植物容易养活,但养护中仍需注意。

（1）绿萝。绿萝喜欢湿热、荫蔽的环境,最好放置在有散光的地方,一周浇透一次水。冬天温度较低时,适当增加光照的次数和时间。

（2）常青藤。常青藤喜阴凉、有散光、湿润的地方,如放在卫生间,既能生长旺盛,也能吸附卫生间的异味,每十至十五天浇透一次水,如果放置的地方不湿润,最好每天朝叶面喷一次清水。

（3）吊兰。吊兰喜欢温暖、湿润、半阴的环境,放置在阳光充足,但是太阳光不能直射到的地方,早晨或傍晚喷一次清水,十天浇透一次水,一周转一次盆。

（4）芦荟。芦荟喜欢疏松、肥沃、排水畅通的土壤,较好的容器是泥盆,其生性喜热不喜冷,最好放到阳光充足的地方,夏天避免太阳光直射。半个月以上浇透一次水。浇水的最直观依据是芦荟叶尖有点内卷,干尖,这是缺水的最直接表现。

（5）平安树。平安树应放置在有散光的地方,通风很重要,偶尔搬到阳光下接受太阳光照射,一周浇透一次水,两三天朝叶片喷一次清水。发现叶片,尤其是底部叶片有发黄、掉落的迹象时,及时朝根部浇一点白醋,调节盆土的酸碱性,因为平安树喜欢偏酸的土壤,很快黄叶现象即可消失。

（6）龙须树。龙须树喜欢疏松肥沃、通透性好的基质,既喜阳,也能耐阴。长时间置于过于荫蔽的环境,也会导致叶片褪色。可以放置在阴凉干燥处,十天浇透一次水,发现下面的叶子有发黑、发黄的现象时,及时将其去掉。

总结案例

魏书生：千万别小看做家务劳动这件事

魏书生是我国著名教育家,他的很多教育理念深刻地影响着教育界。如他要求学生每天做七件事,这被他总结为"七个一分钟"。其中第一条就是要求学生每天都做家务,至少一分钟。

"孩子回家需要做家务劳动,有时间多做,没时间少做,但不能停下来。一分钟也要做,半个小时那就更好了。"1997—2010年任辽宁省盘锦市教育局局长期间,魏书生首先研究的不是分数,不是考试,不是升学率,而是家务劳动。

在他看来,孩子做家务劳动,是用实际行动承担家庭责任,是爱父母的表现。"一个孩子从小知道心疼父母,长大了自然会心疼老百姓,关心集体和国家。这是很简单的常识。"魏书生说。

近年来,青少年中出现了不珍惜劳动成果、不想劳动、不会劳动的现象,劳动的独特育人价值在一定程度上被忽视。"很多家长认为孩子的第一任务是学习,害怕让孩子劳动会耽误学习,其实这种观念是错误的。让孩子适当地劳动,做自己力所能及的事,不仅不会影响学习,还会帮助孩子更全面地发展。"魏书生说。

当今的青少年普遍出生在物质生活比较丰富的时代,容易养成大手大脚的习惯,滋生攀比、享乐心理。魏书生认为,厉行勤俭必须从青少年抓起。针对青少年普遍缺乏对艰苦生活的感受、缺少对节约观念的认知的现象,家庭、学校应该把勤俭精神的培育和践行融入劳动教育中,引导青少年树立健康文明的生活和消费观念。

分析:

学习与劳动对于学生来说具有同等重要的意义,人类在不断劳动、创造中走向文明。魏书生总结道:"人的幸福感更多地是在心疼别人、关心别人、为别人做事中产生的!"高尚的人性和人道主义精神的形成就是劳动教育的结果。要让孩子在劳动中形成好思想、好品行、好习惯,消除自私自利的价值观,使青少年乐于付出、甘于奉献。我们相信,正是由于参加了劳动,受教育者对学习才更加认真和自觉。让我们共同树立劳动最光荣的理念,在做好身边每一件小事中培养艰苦奋斗的精神,为社会发展贡献我们的力量。

课堂活动

花 艺 大 比 拼

一、活动目标

帮助学生学会花材识别、懂得造型设计、掌握操作步骤、尝试作品制作,引导学生从对作品的直观欣赏深入到对其文化内涵的理解,在掌握一种技能的同时,提升审美情趣和人际交往的能力,也为今后的就业拓宽渠道。

二、活动时间

30分钟。

三、活动流程

(1) 学生了解花语、插花基础知识,亲手制作一份插花,拍成照片上传到班级群里,并且给作品取好名字,说明作品的创作意图、造型特点、制作步骤。

(2) 教师将学生按照5~6人一组划分小组,小组成员通过头脑风暴确定评比标准,并绘制评比表。

(3) 各组按照评比表对本组成员的作品照片进行打分并排名,个人可在组员打分前进行补充说明。

(4) 每个小组得分最高的学生代表本小组向其他组汇报本组的评比标准和评比结果,并展示个人作品。

(5) 教师进行分析、归纳、总结，并根据各组表现给予评价、赋分。

7.3　其他生活劳动

◇ 哲人隽语 ◇

　　劳动永远是人类生活的基础，是创造人类幸福生活和文明的基础。

——[苏]马卡连柯

学习目标

1. 了解家庭照护、家庭护理、家庭清洁和家庭消毒的基本内容。
2. 积极参与生活劳动，养成为家人及他人服务的良好习惯。
3. 掌握家庭照护、家庭护理、家庭清洁和家庭消毒的技能，提升生活劳动水平。

引入案例

自信永不言弃　踔厉向阳而生

　　雷娇娇是西安交通大学2020级学生，她出生在陕西省商洛市镇安县农村，幼年时，父亲外出打工，因交通事故导致瘫痪。由于奶奶年事已高，年幼的雷娇娇协助奶奶承担起照顾父亲的重担。6岁的雷娇娇就学会了烧火、煮饭。初三那年，奶奶去世，雷娇娇顶着中考的压力咬牙坚持，做起了家里的顶梁柱。去镇安县城读高一时，雷娇娇便带着父亲在学校附近租了一间房子，她一边读书，一边照顾父亲。

　　雷娇娇如愿考上了西安交通大学城市学院后，学校第一时间对她展开了帮助，圆了她"带着父亲上大学"这一想法。起床做饭、照顾父亲、努力读书……这是雷娇娇大学时代的生活日常，寒来暑往，一直风雨无阻。她通过班级服务和志愿服务、勤工俭学，表达对学校对社会的感激，正是靠着励志奉献的精神，雷娇娇获得2020—2021年度"陕西省大学生自强之星"荣誉称号。

　　2024年，雷娇娇大学毕业，入职西安某企业会计岗位。从小到大，虽一路坎坷，但雷娇娇始终坚信：一路风雨又何妨，向阳而生我自强！

分析：

　　雷娇娇说："我每天都能见着父亲，我觉得非常幸福，因为只有爸爸在，我才有家啊！"父亲在，家就在。再苦再难，也绝不放弃，一定要扛下去。雷娇娇用瘦弱的身板扛下了这份苦难和煎熬，照顾父亲的同时，还要勤工俭学，却没有荒废过一天学业。

> 多数学生不会遭受雷娇娇这样的逆境,但谁家都会有家人生病或年老体弱需要照顾等情况,作为家庭一分子,应尽可能抽出时间照顾他们,这就需要掌握一定的家庭照护知识。

一、家庭照护

家庭照护包括对家庭中的慢性病患者、病危者或行动不便者的照料和护理,也是老年人照护的首要形式。家庭照护的内容包括基本的老年照料、住院陪护等。

(一)老年照料

"乌鸦反哺""羊羔跪乳"是大家津津乐道的孝亲敬老典故。孝亲敬老是中华民族的传统美德。孝亲是一个由个体到整体,由修身、齐家到治国、平天下的逐步延展、提高的文化价值体系。孝亲敬老就是要求晚辈尊敬长辈,子女孝敬父母,爱护、照顾、赡养父母,使父母能颐养天年,享受天伦之乐,这种精神无论何时都具有普遍的社会意义。因此,掌握一定的老年照料的常识,是很有必要的。

1. 老年人的身心特征

根据世界卫生组织的定义,60周岁以上的人为老人。进入老年期以后,人的身心等方面都会发生一系列的变化。

(1)身体方面的变化。须发渐白、稀疏,眼睑下垂,面部皱纹增多,额头、眼角出现抬头纹、鱼尾纹,牙齿脱落。皮肤松弛,出现色素沉着、褐色斑。记忆衰退,视力下降,身体机能衰弱,步履蹒跚,有的还患有老年病、慢性病等。老人常有睡眠减少、睡眠浅、多梦、早醒等睡眠障碍。

(2)心理方面的变化。孤独感加重,做事信心不足,事事依赖别人。焦虑心理会使老人变得心胸狭窄、吝啬、固执、急躁,久而久之则会引起神经内分泌失调。思想渐趋保守,固执己见,不容易适应新的环境和变化。

只有了解老人的这些身心特征,才能更好地照护老人,让老人安享晚年、乐享晚年。

2. 老年照料的内容

中低龄的老人生活能自理,照料的重点是满足他们的精神需求,比如满足他们安全的需要、爱和归属的需要、尊重的需要等。

75岁以上的中高龄老人,年事渐高,可能有高血压、糖尿病、心脏病等慢性病,生理机能和生活自理能力逐步下降,除了要满足他们的精神需求外,照料的重点要向生活服务方面倾斜,具体来说,包括以下方面:

(1)个人清洁卫生服务,包括协助洗脸、洗手、洗头、洗脚,协助整理个人物品,清洁、平整床铺,更换床单等。

(2)衣着服务,包括协助穿脱衣裤、扣扣子、更换衣裤、整理衣物等。

(3)修饰服务,包括协助梳头、化妆、剪指甲、理发、修面等。

(4)饮食服务,包括协助用膳、饮水,或喂饭、喂水、管饲等。

(5)如厕服务,包括定时提醒老人如厕,协助如厕,帮助使用便盆、尿壶等。

(6)口腔清洁护理服务,包括协助刷牙、漱口、清洁口腔、清洁、保养假牙等。

(7)皮肤清洁护理服务,包括协助擦浴、沐浴等。

(8)压疮预防服务,包括保持床单干燥、清洁、平整;协助定时翻身、更换卧位,防止局部受压过久,为受压部位按摩,促进血液循环;保持皮肤干燥、清洁,防止皮肤受伤等。

(9)便溺护理服务,包括更换、清洗尿布等。

对中高龄老人的照料最能体现我们的耐心、孝心和感恩之心。当家中有老人共同生活时,我们应该竭尽所能地关心、照料他们。

(二)住院陪护

家人生病住院时,我们在学习之余可以提供一些力所能及的服务,为家人分忧解难,如承担部分陪护工作。想要成为一名合格的陪护者,首先需要了解一些陪护常识。

家庭急救常识

(1)带齐个人生活用品。现在医院一般都提供床单、被褥、热水瓶等住宿用品,病人和陪护者只需携带个人用品,如衣物、水杯、洗漱用品(肥皂、牙刷、牙膏、脸盆、毛巾)、餐具、纸巾、拖鞋等。

(2)协助办好各种手续,如挂号、缴费、办理住院等。

(3)协助病人做好各项检查。病人住院后,医院会安排各种检查,各种检查都有相关要求,有的需要空腹,有的需要提前注射等,陪护者要做好相应的提醒,协助病人排队、检查等。

(4)关注病情。要密切关注病人的身体状态、情绪和精神变化,协助医护人员观察体温、脉搏、面色、呼吸、血压和大小便等。如病人感觉不适,如发热和心跳快等,应向医生、护士报告。在医护人员的指导下,照顾好病人的饮食起居。

(5)关注用药情况。病人住院期间,一般都会进行点滴注射,作为陪护者要检查、核对所用药物名称和注射卡上所写药物是否一致,要关注输液情况,快要输完时,要及时联系护士。

(6)经常与管床医生沟通。及时汇报病人康复情况,了解治疗效果、治疗中的难点,了解病人预后情况及日常护理注意事项。

(7)协助病人做康复训练。如果病人接受了手术,根据手术的大小和术后的病情,在经过医生准许后,协助病人争取早点下床活动,做些康复训练。如是腹部手术,等病人麻醉清醒后即可协助其下床活动或做床上活动,防止腹胀和肠粘连;如果病人较肥胖,则要协助病人多活动四肢,防止形成静脉血栓。

(8)保存好病历及各种检查材料。要妥善保管各类检查的文字或影像资料,便于后期治疗使用;打印好发票,便于报销。

案例 7-4

照料病人的日常起居

家庭成员生病住院,在办理好各种手续、已正常治疗的情况下,作为陪护者,需要重点照料好病人的日常起居,具体来说,包括以下方面:

(1) 协助病人起床、洗脸、洗手、刷牙、漱口、梳头等。
(2) 协助病人进餐、饮水等。
(3) 清洗病人使用过的餐具。
(4) 协助病人排泄大小便。
(5) 晚上睡觉前为病人洗脚,并协助其入睡。
(6) 协助医护人员观察病人病情。
(7) 协助病人按时、按量服药。
(8) 协助病人下床活动或散步。
(9) 陪送病人做各种检查。
(10) 对病人进行必要的心理疏导。
(11) 整理病床、床头桌的卫生。
(12) 清洁病人个人用品和衣物。掌握清洁、消毒方法,对衣物和便器等用品进行清洁、消毒,并妥善保管。

二、家庭护理

(一) 生命体征测量

生命体征包括体温、脉搏、呼吸、血压,它是生命活动是否存在与质量的重要征象,是评估身体健康状况的重要项目之一。家庭护理需要掌握基础的生命体征测量方法。

1. 测量体温

协助被测人解开衣物,有汗时应擦干腋下,将体温计水银端放置于其腋窝深处,贴紧皮肤,使其屈臂过胸夹紧,10 分钟以后取出体温计。

2. 测量脉搏

协助被测人手臂放松,要求其手臂向上,然后将自己的食指、中指、无名指的指端放在其桡动脉表面,计数 30 秒。正常成人的脉搏为 60~100 次/分,老年人可慢至 55~75 次/分。

3. 测量呼吸

把手按在被测人的手腕上,观察其腹部或胸部的起伏,一呼一吸为一次,计数 30 秒。

4. 测量血压

遵循"三个固定"和"一个 5 分 15 秒"原则。"三个固定"包括:第一,测量时间固定,建议为上午 9 时、下午 15 时和晚上 20 时,可以稍微提前或延后;第二,测量姿势固定,建议采取坐位;第三,测量手臂固定,建议左手。"一个 5 分 15 秒"指在测量血压前休息 5~10 分钟,绑好血压的袖带后,停顿 10~15 秒,再按启动键,如此测量的血压才是有效、合格的血压,之后做好记录,便于复诊。

除了坐位测量,还可卧位测量。需要注意,在测血压的时候,目测时,视线一定要跟水银柱平行。量 3 次以后得到的平均值,是血压的比较准确的数值。

血压高于 140/90 mmHg 时,可以诊断为高血压;低于 90/60 mmHg 时,可以诊断为低血压;在两个区间中间的就是正常的血压值。

(二) 心肺复苏急救

2020年8月31日下午,一位老人在某医院门口突然倒地,身体抽搐,意识模糊,危急之下,该院两名保安第一时间联系医院急诊科,同时立即采用医院教授的心肺复苏措施轮番对老人进行急救,直到急诊科大夫赶来将老人送至急诊抢救室进行抢救。在医院急诊科医护人员的抢救下,老人心跳恢复并出现自主呼吸,生命体征逐渐平稳。据该院医生介绍,老人的情况属于心源性猝死,如果两名保安没有第一时间施救,后果不堪设想。

一旦发生心脏骤停,如不进行及时的抢救复苏,4~6分钟后会造成患者脑和其他重要器官、组织的不可逆的损害,因此这4~6分钟被称为"黄金抢救时间",在"黄金抢救时间"内必须现场施行心肺复苏。

那么如何实施心肺复苏呢?

第一步:拨打120。发现有人晕倒,首先拨打120,说清楚时间、地点。

第二步:呼叫病人。专业术语叫"呼唤,触摸颈动脉、股动脉,听呼吸"。如果发现有人晕倒,上前呼叫无反应,就可以考虑进行心肺复苏。

第三步:胸外心脏按压。将被施救者放在坚硬平整的地面或者木板上(接下来要使劲地按压,地面不平整会带来二次损伤,不坚硬则使不上劲),松解被施救者衣领及裤带,施救者用左手掌根紧贴病人两乳头连线中点(胸骨中下1/3处),左手向前伸直,亮出手掌心,五指分开,右手放在左手手背上,扣住左手手掌,双臂伸直,用上身力量用力按压30次,按压频率至少100次/分,按压深度5~6厘米。

第四步:开放气道。将被施救者的脖子转到一边,清除口里的异物,如假牙、食物。将被施救者的头摆正,右手抬起其下颚,左手在其额头往下压,用口完全包裹住被施救者的嘴,用左手的拇指和食指捏住其鼻孔吹气2次,每次送气400~600毫升,频率10~12次/分,要看到其胸廓明显起伏。

接着,继续胸外按压30次,开放气道吹气2次,如此5个循环,触摸一下其颈动脉,看有没有跳动,看一看瞳孔是否缩小。如果以上都没有,证明复苏无效,再来5个循环,如此往复,直到被施救者苏醒或者医护人员到来。

心肺复苏有效的体征有:

(1) 观察颈动脉搏动,如救治有效,每次按压后可触到一次搏动。若停止按压后搏动停止,表明应继续进行按压。如停止按压后搏动继续存在,说明被施救者自主心搏已恢复,可以停止胸外心脏按压。

(2) 若被施救者无自主呼吸,或自主呼吸很微弱,仍应坚持人工呼吸。

(3) 如果复苏有效,可见被施救者有眼球活动,口唇、甲床转红,甚至手脚可动,其瞳孔由大变小,并有对光反射。

应终止抢救的情况有:

(1) 心肺复苏持续30分钟以上,被施救者仍无心搏及自主呼吸,现场又无进一步救治和送治条件,可考虑终止复苏;

(2) 脑死亡,如被施救者深度昏迷,瞳孔固定,角膜反射消失,将被施救者的头向两侧

转动时,眼球在原来位置不变等,如无进一步救治和送治条件,可考虑终止复苏;

(3) 现场危险,威胁到抢救人员安全,或医学专业人员认为被施救者死亡。

溺水、触电、外伤、异物吸入、疾病发作、煤气中毒、药物过敏等意外均可导致心脏骤停或窒息,并发生猝死。掌握心肺复苏法,可在几分钟内直接挽救生命,减少不幸的发生。

三、家庭清洁

(一) 厨房清洁

一尘不染的台面和橱柜、簇新锃亮的不锈钢水龙头和水池、清爽的抽油烟机……这是人们向往的厨房。但实际上,作为家庭油烟重地,好多人家的厨房油腻腻的,令人头疼。油垢之所以产生,是因为烹饪过程中所产生的油烟或油渍遇热氧化,氧化后的油分子会产生黏性,如果不及时清除,冷却后就会变成油垢,日积月累,就成了令人伤脑筋的顽垢。

1. 厨房油污清除

要让厨房干干净净,发现油污就要立刻清除。刚形成的油污,用吸水性强且干净的抹布擦拭即可清除。目前市面上用无纺布做成的去除油垢抹布除污效果佳,且不需使用清洁剂,安全环保。

对于形成时间较长的顽垢,可利用油遇热氧化的特性清除,具体做法是先在顽垢上喷上油污专用的清洁剂,然后铺上一层保鲜膜,用吹风机在距离油污 10 厘米的地方加热,2分钟后,再用抹布擦拭,即可清除。特别需要提醒的是,此法不适用于遇热会变形或变色的物体。

2. 墙壁、地板油垢清除

保持墙壁与地板洁净的第一原则是勤擦拭。将酒精稀释至 75% 的浓度,可用来擦拭油污,还有杀菌效果,而且比清水擦拭更能防霉。

3. 炉具污垢清除

将自来水槽的流水口封住,往水槽中倒入 40～50 摄氏度的温水,然后往水中加入 120 克厨房专用含氧漂白剂,再倒入 2 小匙厨房油污清洁剂。将炉头、炉架取下,放在水槽中浸泡 15～20 分钟,再将炉具取出,用抹布轻拭,即可轻松清理污垢。为避免伤害水槽的表面,放置炉具前,可先在水槽底部铺上抹布。

4. 洗碗槽异味清除

洗碗槽异味源于残留在水管中的食物、油渍被细菌分解而产生的气体。除臭方法是,将一小杯小苏打粉倒入排水口,再用清水冲洗。如果排水管既有异味又堵塞,把一杯小苏打粉倒入排水口后,再倒入滚烫的水,便可解决。此外,市面上销售的厨房专用含氧漂白剂因含有杀菌成分,与小苏打一样具有清洁的效果,而且可杀菌,能彻底除去异味。

(二) 家电清洁

1. 电视机

液晶屏是液晶电视的核心部分,是电视机清洁的重点。清洁液晶屏时,要使用柔软的布,蘸少许玻璃清洁剂轻轻地将灰尘擦去。注意擦拭时力度要小,否则屏幕会因此而短路损坏;只能使用玻璃清洁剂,不能用酒精一类的化学溶液,也不能用硬质毛巾或纸类擦洗屏幕表面,以免将屏幕表面擦起毛或留下刮痕,从而影响显示效果。平时不开电视时,应切断电源(不要仅限于遥控器关闭的状态),以防止灰尘堆积。另外,平时不要用指尖或尖锐物体在屏幕上滑动,以免划伤表面。还要保持使用环境的干燥,远离化学药品。

2. 电冰箱

要正确放置电冰箱。第一,不能放在距火炉、暖气片等热源较近的地方,也不能放在阳光直接照射的地方,这样不利于散热;第二,不能放在潮湿的地方,潮湿的环境会对冰箱的铁质部件产生腐蚀作用,日久生锈,会造成管路泄漏;第三,冰箱的背部应离墙10厘米以上,顶部应有30厘米以上的高度空间,冰箱四周不应该放置过多的杂物;第四,冰箱应摆放在地面平坦的地方,否则当压缩机启动时会产生振动并发出很大的噪声,长期如此会缩短电冰箱的使用寿命;第五,冰箱上方不应该摆放重物或过多杂物,特别是不能摆放其他电器。此外,电冰箱需安排单独电源线路和使用专用插座,尤其不能与多个其他电器合用同一插座,否则可能会造成事故。

清洗冰箱前,先要切断冰箱电源,再将冰箱内的食物全部取出,腾空冰箱;要把冰箱内所有的抽屉、托盘都拿出来清洗一遍,一般来说,用温水加洗涤剂可以清除常见污渍(如碰到顽固污垢可使用牙膏清洗),要用抹布蘸上洗涤剂把冰箱内部有污垢的地方全部擦干净,不要使用味道太重的洗涤剂;另外,冰箱门上的储藏空间也要清洗;此外,冰箱门上的气垫,可以用清水混合醋来擦洗。

3. 洗衣机

一般来说,洗衣机每3个月就要清洗一次(新买的洗衣机在使用6个月后开始清洗)。清洁洗衣机时,可以先在一条干毛巾上倒上200毫升米醋;然后把沾满米醋的毛巾放到洗衣机里;盖上洗衣机的盖子,按下电源键,调成甩干,再按下启动键。一会儿,桶的内部会均匀地沾上米醋,保留1个小时,这样可以软化污垢。往小苏打里倒入适量的清水,把小苏打溶解;洗衣机里加满水,把小苏打水倒进洗衣机里,泡2个小时;2个小时以后,盖上洗衣机盖子漂洗两次。另外要注意,平时不用洗衣机的时候,最好经常打开洗衣机的盖子,让洗衣机内部保持干燥状态。

4. 空调

清洗空调时,可用柔软的布蘸少量中性洗涤剂擦拭,清洗时水温应低于40摄氏度,以免引起外壳、面板收缩或变形;空调的室内进风过滤网应每隔20天清洗一次,室外机组也应定期除尘。

(三) 家庭消毒

消毒是指杀灭或清除传播媒介上的病原微生物,使其达到无害化的处理方法。通常以物理或化学方法发挥杀灭作用,达到切断传播途径、阻止或控制病原微生物侵入人体而致病的目的,正确的家庭消毒是预防疾病传播的有效方式之一。

1. 消毒剂的选择

家庭消毒应以清洁为主,消毒为辅。消毒并非必须用消毒剂,居家优先使用阳光暴晒、热力等物理消毒方法。一般只需选择最常见的75%酒精或者500 mg/L的含氯消毒液(如84消毒液、次氯酸钠等),即可满足大多数情况的家庭消毒使用场景。手、皮肤消毒可选择碘伏或速干手消毒剂。

2. 家庭消毒的对象和方法

(1) 空气。普通家庭中空气无须专门消毒和熏蒸,开窗通风是最好的空气净化方式。开窗时应该注意关闭居室房门,独立开窗通风,每日开窗通风2～3次,每次至少30分钟;不能自然通风的可使用电扇等机械通风方式;有条件的可以选择新风系统进行通风;卫生间内应加强开窗通风,或开启排气设备进行通风换气。

(2) 地面。地面消毒可以使用1 000 mg/L的含氯消毒剂,使用拖把或者抹布进行湿式拖地,待30分钟后再用清水拖地1～2遍。

(3) 电子产品等贵重小件物品。可用75%酒精棉球、酒精棉片进行擦拭消毒。

(4) 日常物品表面。桌面、台面、门把手、开关、热水壶、洗手盆、坐便器等经常接触使用的物品表面,可以用75%酒精湿巾、1%过氧化氢湿巾或季铵盐湿巾擦拭消毒;或使用1 000 mg/L的含氯消毒剂擦拭,一般30分钟后用清水洗净。

(5) 衣物、被褥等纺织品。在阳光下暴晒4～6小时(应注意翻面,使正反面均能晒到),一般不用特殊消毒;或流通蒸汽或煮沸消毒15分钟;或用有效氯为250 mg/L的含氯消毒剂或季。

(6) 拖布、抹布等卫生用具。使用后以有效氯含量为1 000 mg/L的含氯消毒剂进行浸泡消毒,30分钟后用清水冲洗干净,晾干存放。

(7) 餐具炊具饮具。使用后以有效氯含量为1 000 mg/L的含氯消毒剂进行浸泡消毒,30分钟后用清水冲洗干净,晾干存放。

(8) 食物消毒。肉类无须消毒,将其浸泡清洗数遍即可;鸡蛋放置在冷藏或阴凉处,烹饪前须将鸡蛋外壳清洗干净;不易脱水、变质的蔬菜(土豆、萝卜、洋葱等)可在阳台通风放置一段时间;易脱水、变质的蔬菜(青菜、蒜苗、豆芽等)可慢速水流冲洗、浸泡清洗,沥干后储存;米面粮油一般是自动化生产,本身受到污染的机会极小,只要对其外包装消毒即可,不立即食用的,可放在通风处一段时间。

3. 家庭用消毒剂使用注意事项

(1) 注意使用的安全性。家庭常用的两种消毒剂是医用酒精和84消毒剂。使用酒精时不能靠近火源,不可将酒精用于大面积喷洒,防止酒精蒸气导致的燃烧和爆炸。由于酒精挥发性强,容易产生酒精蒸气,在密闭的空间(如门窗关闭的房间)可能导致酒精蒸气聚集,达到爆炸范围,遇到火源则引发燃烧,甚至爆炸。

使用酒精和存放酒精要远离火源,切忌放到厨房等与火源接近的地方。84消毒剂不能和其他清洁剂混合使用,否则会产生氯气,刺激人体咽喉、呼吸道和肺部而引发中毒。不同类型的消毒剂混合使用时,可能产生拮抗作用,不仅会影响原有的消毒效果,也可能造成危害。同样,洗衣液不宜与消毒剂混合使用。

(2) 配备的消毒剂一般为现配现用。如果是自己配备的消毒剂,建议配好后存留不要超过24小时,尽早使用,随着时间推移有效成分会挥发,消毒效果下降。因此,过期的消毒剂消毒效果会打折扣,不建议使用。但可应急使用,可以适当增加用量或消毒时间。

(3) 家庭消毒不宜过度。当存在或可能存在病原微生物及有害微生物污染,有可能造成传染病传播的时候才需要消毒。过度消毒会导致正常生活环境中细菌明显减少,对人体免疫刺激不足,反而容易生病;可能引起微生态环境失调和超级细菌的产生;容易诱发身体过敏;还可能损伤皮肤、黏膜、呼吸道,甚至引起中毒。

（4）家庭消毒时要做好个人防护。消毒剂浓度并非越高越好,消毒剂具有一定的刺激性和腐蚀性,浓度过高不仅会损坏物体,还可能会对人体健康产生危害。因此,配制和使用时应按照说明书,并做好个人防护(如戴口罩、戴手套等),防止使用消毒剂时对人体造成刺激和损伤。

总结案例

打造新时代劳动教育的"南职"样本

劳动教育是职业教育的根本,作为南京市首批劳动教育特色学校,南京高等职业技术学校(江苏联合职业技术学院南京分院)将劳动教育纳入学校人才培养方案,把劳动教育融入到素质教育、职业技能教育的各环节,坚持家庭、学校、企业、社会四方协同,以职业教育教学实践课、实训课、实习课为载体,构建生活劳动、学校劳动、职业劳动、社会劳动"四体共有"的劳动课程体系,将劳动教育贯穿教育教学全过程,打造出职业学校劳动教育新样本。

其中,生活劳动方面包括宿舍生活劳动、家庭生活劳动、教室生活劳动。家庭生活劳动方面,该校每个假期发放假期家务劳动汇报表,并收集相应的劳动照片或视频,规定每个学生每个假期学会做一道家常菜,自己撰写菜肴制作过程与烹饪体会,并进行分享。

（资料来源：南京日报）

分析：

许多学生从小忙于学习,做家务的时间很少,甚至根本没有学做家务。这和父母的教育观念有关：有些父母一直注重孩子的智力开发,却忽视了孩子生存技能的培养,致使一些学生缺乏劳动意识、不爱劳动、不尊重劳动者和劳动成果。通过学习本章内容,要充分认识到自己是家庭当中的一分子,有责任和义务协助父母做一些力所能及的日常生活劳动,通过自觉参与、自己动手,随时随地、坚持不懈进行劳动,掌握洗衣做饭等必要的家务劳动技能,每年学会1至2项生活技能,在家庭劳动实践中,认识到劳动的必要性,感悟到劳动的乐趣和光荣,从而真正懂得"劳动最光荣、劳动最崇高、劳动最伟大、劳动最美丽"的深刻道理,培养劳动的责任心和自豪感。

课堂活动

争做家庭生活劳动好帮手——冰箱的清洁和保养

一、活动目标

掌握冰箱清洁和保养的相关知识,如清洁冰箱的压缩机和冷凝器、冰箱内部的方法,冰箱日常保养方法等,提高个人参与家庭劳动的积极性,增强劳动意识,提高劳动能力。

二、活动时间

30分钟。

三、活动流程

(1) 活动前,请每位学生撰写活动计划书,制定作业步骤,准备工具等。

(2) 教师将学生按照8~10人一组进行分组,各组成员集体进行头脑风暴,对活动计划书进行分析,寻找存在的问题。

(3) 对于可能存在的问题(如冰箱不制冷怎么办、冰箱压缩机噪声太大怎么办、冰箱里的食物怎么摆放、怎么进行除霜等),各组通过讨论或网上搜索的方式寻找解决问题的方法,形成小组观点。

(4) 每个小组选出一名代表,陈述本组针对所有可能存在的问题的解决方案,其他小组可以对其进行提问,小组内其他成员也可以回答提出的问题;通过问题交流,将每一个需要研讨的问题都弄清楚。

(5) 教师进行分析、归纳、总结。

(6) 学生根据最佳方案和家人一起进行一次冰箱的清洁和保养活动。

模块八 社会劳动实践

导读导学

理论来源于实践,理论之树只有植根于实践才能常青。教育家苏娜丹戴克曾说:"告诉我,我会忘记;做给我看,我会记住;让我参加,我就会完全理解。"任何事情都只有亲身实践,才能形成深切体会,才能获得真知。

大学生参加社会劳动实践,既可以巩固、检验所学知识与理论,又可以应用所学知识与理论解决实际问题,还可以培养劳动实践能力和独立生存能力,更可以培养劳动意识、劳动态度、劳动习惯、劳动技能等。本模块通过社会实践和社会调查、社区劳动和志愿服务、农工商生产劳动实践三部分,来提升大学生的实际动手能力,让学生更好地掌握所学知识,凸显学生的主体价值。

8.1 社会实践和社会调查

◇ 哲人隽语 ◇

只有人们的社会实践,才是人们对于外界认识的真理性的标准。真理的标准只能是社会的实践。

——毛泽东

学习目标

1. 理解社会实践的概念、意义和分类。
2. 掌握开展社会实践的方式和方法,根据具体要求开展社会实践。
3. 切实提高实践能力和综合素质,增强社会责任感。

引入案例

四川大学暑期社会实践:青春为中国式现代化挺膺担当

2024年暑期,四川大学以"青春为中国式现代化挺膺担当"为主题,设立校级重点立项、学院组队、学生自行组队三种申报方式,组织近600支团队,聚焦科技创新、乡村振兴、绿色发展、社会服务、卫国戍边以及就业创业等领域,奔赴全国开展形式多样的社会实践活动。

聚力科创兴：聚焦科技创新，共绘发展蓝图

"中国重离子，生命新希望"实践团赴甘肃兰州和武威开展暑期社会实践活动。团队成员前往中国科学院近代物理研究所，实地参观生物医学中心实验室，详细了解重离子治癌研究历程、理论知识和前沿技术。

逐梦共富路：聚焦乡村振兴，践行青春使命

"宝墩夏梦，津心助农"暑期社会实践团赴宝墩开展社会实践。实践团参观新津区中化现代农业技术服务中心，了解宝墩镇乡村振兴政策与规划、宝墩农业产业的历史发展、以及宝墩镇智慧农业的具体实施情况；实践团前往宝墩遗址与宝墩文化展，参观宝墩遗址工作站，了解文博资源的保护和利用情况，感受"天府之根"的古蜀文明深厚底蕴。

共建生态美：聚焦绿色发展，共建美丽家园

四川大学"海洋梦想家"暑期社会实践团队赴台州市椒江区开展"蓝色循环"海洋塑料废弃物治理模式的调研和实践活动，团队成员前往参观了椒江区"海洋云仓"（椒江区小蓝之家外沙站），深入了解海洋塑料废弃物收集与前端处理的全过程以及海洋塑料污染整治的行业痛点、监管堵点、治理难点；实践团前往台州市椒江区海洋环境保护站，了解椒江区对船舶塑料废弃物管理的相关政策和现有成效；实践团前往台州市生态环境局开展调研工作，梳理了"蓝色循环"海洋塑料废弃物治理模式的整体发展历程、现有成效、共富机制及台州市政府对项目的支持政策。

守望幸福巷：聚焦基层治理，增进民生福祉

为了解基层医疗卫生建设情况，四川大学"肺扶云岭"暑期社会实践团赴云南宣威开展暑期社会实践活动。实践团前往宣威市疾病预防控制中心、宣威市第一人民医院，与一线医者进行对话，了解肺癌筛查与诊断的流程、肺癌防治工作的成果与挑战。通过基层走访，与当地村医联动，协力调查各个受访村民的身体健康状况、肺癌筛查参与情况、健康意识与健康知识水平及对相关政策的反馈。

守卫疆土志：聚焦卫国戍边，弘扬爱国精神

"边疆情·家国梦·重返荣光"退役大学生暑期社会实践团队抵达塔县某部队，参观团史馆和蒲犁红色文化园，深入到卡拉苏边防连前哨班，了解祖国西陲的边防史，感叹在科技力量下边防设施日新月异的变化，也感受高原环境带来的挑战。江河浩汤，千流同归，从四面八方来，到祖国各地去，通过这次实践，同学们感受到浓烈的家国情怀以及沉甸甸的责任感和荣誉感，体会到军民鱼水情深的意义所在。

（案例来源：四川大学官网，有改动）

分析：

社会是个大课堂。青年要成长为国家栋梁之材，既要读万卷书，又要行万里路。大学生社会实践是高校"大思政"工作体系和"三全育人"工作格局的重要组成部分，同时也是青年学生上好理论与现实相结合的"大思政课"的重要抓手。四川大学各实践队伍用脚步丈量祖国大地，以行动展现青年担当，在社会课堂中"受教育、长才干、作贡献"，树牢家国情怀、投身基层实践，在新征程上吹响为中国式现代化挺膺奋斗的号角。

一、社会实践

（一）社会实践的概念

广义的社会实践是指人类认识世界、改造世界的活动的总和。狭义的社会实践，特指学生的假期实习或校外实习活动。

（二）社会实践的意义

1. 深刻认识社会与自我

通过社会实践，学生能够走出校园，深入社会基层，更直接、更深层次地了解国家的发展现状、社会的运行机制及民情社情，从而形成对国情、社情、民情的清晰认识。同时，大学阶段是个人世界观、人生观、价值观的重要发展阶段，仅靠课堂教育是不够的，必须通过社会实践，客观认识自我，实现理论与实践的结合，从而实现个人的全面发展。

2. 锤炼意志品质与提升综合能力

社会实践活动是一项复杂的教育活动，往往伴随着各种复杂问题，需要一定的意志和毅力去解决遇到的各种问题。通过各种社会实践活动不仅能够锤炼意志品质，还能够提升实际操作能力、团队合作能力、人际交往能力等。

3. 培养爱国情感与社会责任感

社会实践是学生接受爱国主义教育较为有效方式之一，通过社会实践活动让学生深刻认识国家，了解祖国的发展成就，自然而然地形成对祖国的热爱之情。同时，通过亲身感受和体验社会生活，调整思想，明确责任，增强社会责任感。

（三）社会实践的模式

中国大学生社会实践知行促进计划介绍

1. 以专业知识和技能提升为目的的社会实践模式

大学生在校园内主要接受专业知识的教育，但往往缺乏将理论知识付诸实践的机会。因此，以专业知识和技能提升为目的的社会实践模式显得尤为重要。这种模式要求大学生紧密结合所学专业，通过实习、实训等方式，将理论知识应用于实际工作中，从而加深对专业知识的理解并提升实际操作能力。例如，工程类专业的学生可以参与企业的工程项目实践，医学类专业的学生可以在医院或诊所进行实习等。

2. 以服务社会为目的的社会实践模式

以服务社会为目的的社会实践模式能够培养学生的社会责任感，并帮助他们充分了解社会、认识民情。这种模式以志愿服务和"三下乡"活动为代表。

志愿服务是指个人自愿贡献时间和精力，在不为获取物质报酬的前提下，为社会福利事业而提供的服务，其范围包括扶贫开发、社区建设、环境保护、应急救助、海外服务等。

"三下乡"活动是指科技、文化、卫生等方面的知识和服务走进农村，带动农村的发展。大学生可以通过参与这些活动，将所学知识和技能应用于农村建设和发展中，为农村地区提供实际帮助，实现个人和农村双向受益。

3. 以勤工助学为目的的社会实践模式

勤工助学（或勤工俭学）是指学生利用课余时间，通过劳动取得合法报酬，用于改善学习和生活条件的实践活动,既是学校学生资助工作的重要组成部分,也是提高学生综合素质和资助家庭经济困难学生的有效途径。学校依托实践基地,整合优质的勤工助学资源,搭建双方互选的交流平台,为广大学子提供优质的勤工助学岗位。

4. 以社会调查为目的的社会实践模式

以社会调查为目的的社会实践模式,是大学生运用科学方法深入社会基层的自觉认识活动。通过社会调查,广泛收集社会事实信息,对其进行准确描述和深入解释。这一过程不仅使大学生客观认识当前社会现象,真实了解国情和社情,还能增强其社会责任感和历史使命感,并为社会上存在的问题提供科学建议,推动社会未来发展。

> **案例 8-1**
>
> **习书记傍晚与我们社会实践团座谈**
>
> 1990年7月下旬,北京大学黄誌、李树峰等30多名学生赴福州开展为期10天的社会实践活动。时任福州市委书记的习近平同志获悉后非常重视,利用晚上休息时间到实践团驻地看望大家并座谈。习近平同志认为,"年轻一代应该结合中国的特点把握好自己的路,否则只能牢骚满腹、空悲叹。"他语重心长地告诉同学们,"只有在实践中才能不断提炼自己狂热、浪漫的想法","不要认为学校中学到的知识是高超、万能的,只有到社会中与群众打成一片、扭到一起后,产生了社会责任感,才能获得真知灼见"。他深情寄语:"同学们的忧国忧民,只有到基层中去、到实践中去、到人民中去,才能真正知道所学的知识如何去发挥、如何为社会作贡献。"他主张,"应该多创造机会让青年学生们认识社会,在实践中把握自己。"
>
> (案例来源:共产党员网)
>
> **分析:**
>
> 李树峰回忆三十年前与习近平同志接触的珍贵往事,仿佛又一次聆听习近平同志那天傍晚的谈心谈话。回头看看自己这些年走过的路,对习近平同志当年那些话体会更深了,理解更透了。相信,这些话对于今天青年学子的成长一定会有帮助和启发:实践是检验真理的标尺,青年应深入基层,了解国情,培养社会责任感。通过实践,将知识转化为服务社会的力量,实现个人价值。

二、社会调查

(一) 社会调查的概念

社会调查是指为达到一定目的,有意识地通过对社会现象的考察、分析和研究,来了解社会真实情况的认识活动。

(二) 社会调查的意义

1. 树立正确的世界观、人生观、价值观

大学阶段是世界观、人生观和价值观形成、确立、稳定的重要时期。社会调查拉近了学生与社会的距离,使大学生有充分的机会深入社会、深入工农、深入生产生活第一线,全

面了解社会,深刻理解党的路线、方针、政策,从无数活生生的典型事例中受到启发和教育,从和别人的比较中认识自己,从别人的评价中认识自己,从而形成不仅关心自己,而且关心家庭、关心他人、关心社会、关心国家的良好道德品质,认清自己的社会位置,明确自己的历史使命,自觉地把自己的命运和祖国的富强、人民的富裕、民族的复兴紧密结合起来,按照社会和时代的要求塑造自己,这对于世界观、人生观、价值观正在形成过程中的大学生的成长大有裨益。

2. **检验所学知识,调整和完善知识结构**

大学阶段的专业训练固然十分重要,是胜任职业要求的基础,然而仅限于此又是远远不够的,"通过专业知识教育,他可以成为一个有用的工具,但是不可能成为和谐发展的人"(爱因斯坦语)。现代科学技术的发展呈现出高度分化又高度综合的趋势,交叉学科、边缘学科不断涌现,跨行业、跨学科的合作已成为现代化科学研究的显著特点,传统的单一知识型人才已经难以满足未来科技发展和社会发展的需求。因此,大学生在注重专业训练的同时,还必须保持对科学技术发展的高度敏感,具有较为深厚的人文素养和兼及相关学科的学术能力,成为人格完善、和谐发展的专门人才。结合专业所进行的社会调查,调查内容与教学内容联系密切,可以使学生对专业知识在生产、生活的运用中加强理解,或者使学生的专业知识在为生产、生活服务中得以巩固,在实践中得以检验,从而找到自己学习上的差距和不足,激发学习的热情,调整和完善自己的知识结构。

3. **培养优良的心理品质,提高社会适应能力**

面对纷繁变化的社会,良好的心理品质是造就新时代人才的重要保障。在市场经济条件下,社会生活是高速度、快节奏的,新形势、新问题、新困难、新机遇不断出现,呈现出瞬息万变的趋势。步入社会就是投入竞争,适应快者工作效率高,取得成绩大,成为生活中的佼佼者,适应慢者自然就相形见绌。社会调查使大学生借助社会的大课堂,把自身与社会统一起来,通过接触社会,不断培养自己的应变能力,以积极主动的态度去适应社会,从生物人、自然人逐步转化成为一个社会人、现代人,加快社会化进程。社会调查可以帮助学生提高处理各种复杂问题的能力,战胜困难和挫折,锻炼意志和毅力,从而为担当新的社会角色做好心理准备。

4. **提高交际表达能力**

当今社会,人与人之间的联系越来越密切,交往越来越频繁、广泛、深入和复杂,因而人的交往能力显得格外重要。人际关系协调能力和社会活动能力的缺乏,无疑会限制大学生对社会的认知深度和认知速度,不利于自身的成长。校园内,人际交往的弱点,并未引起大学生的重视,但一旦接触社会,绝大多数同学会发现自己在表达、交际方面的短板,诸如面对陌生人不知如何开口,或由于紧张打乱了交流计划,或谈话直来直去、不考虑听话者的心理接受能力,或言谈举止不够大方得体。交际表达能力是人类实践的结晶,这是从任何教科书上都学不到的。参与调查的全过程,无疑会对提升表达能力、胆量、交往技巧等有所帮助。

5. **提高团队合作意识**

面对全球化的竞争格局,仅靠个人有限的才能和精力已难以有重大创新,而团结合作则可以发挥集体的优势,形成群体智慧。调查显示,很多单位都明确希望大学毕业生具有团队精神。当代大学生的独立意识比老一辈强,但由于父母过度的关心和爱护,他们形成了以自我为中心,崇尚自我奋斗,不会主动与别人合作,喜欢"独来独往""我行我素"的性格特点。针对此类问题,可以组织若干调查组,以表达能力、交际能力、组织能力、速记能力等因素相结合的原则,让每个成员在小组内独当一面,但彼此又须紧密配合,任何一个成员的工作出了差错,都将影响调查的质量。如此,使同学们品尝到协作的甘甜,让他们认识到单凭某个人或某个小组在有限的时间内是绝对不能将此社会调查圆满完成的。

当然,从目前来看,大学生社会调查活动中还存在着许多不容回避的问题,但我们相信,随着大学生社会调查活动的日渐成熟,社会调查对大学生的综合能力的提高将产生更加积极的作用。

总结案例

从社会实践中找到创业机会

张展耀来到佛山职业技术学院上学的时候性格很腼腆。他看到身边很多同学都是热情开朗的,觉得自己也应该多去参加一些社会实践和社会调研活动,来提升自己的交际能力。后来他选修体育课时通过调研发现,很多同学都有采购体育器材的需求,就通过网上渠道进行采购、售卖,通过和同学们交流,结识了很多朋友,包括现在的创业合伙人。

张展耀利用课堂上学习到有关社会实践、社会调查的知识,并通过指导老师指导,把书本上学习到的内容运用到实际创业里面去。他利用暑假的时间,采购了一批小玩具,在市场进行摆摊销售,提高了自己的实践能力,为此后的创业打下了坚实的基础。

在张展耀即将大学毕业的时候,他已经在校利用空余时间做过了很多社会实践、社会调研和很多创业项目。面临毕业,他和大多数毕业生一样,进入了一个迷茫期。张展耀花费了大量时间调研了佛山大部分驾校的运营情况和身边的同学、朋友对考驾驶证的需求,最终决定从事大学生驾驶员培训相关的项目,并且成立了驾校。运营至今,已经在行业内取得了良好的成绩。

(资料来源:佛山职业技术学院官网,有改动)

分析:

张展耀能通过自己的努力做出今天的成绩,离不开他在校期间多次参与社会调研、社会实践的经历。可见多参与社会调研、社会实践对在校大学生的重要性。

课堂活动

探索社会调查的意义与价值

一、活动目标

了解社会调查,并能够灵活运用于以后的学习、生活中。

二、活动时间

30分钟。

三、活动流程

(1) 教师将学生按照6~8人一组划分小组。

(2) 每组选出一名代表进行抽签,选题包括大学生劳动观念的调查、大学校园生活的调查、大学生未来规划的调查、大学生亲情观的调查等,每组根据抽到的调查进行准备。

(3) 每组成员间分工协作,进行材料搜集等,分析抽到的社会调查的意义和价值,小组充分讨论后形成本组观点,并用1~2个案例进行说明。

(4) 每个小组选出一名代表陈述本组观点,其他小组可以对其进行提问,小组内其他成员也可以回答提出的问题。

(5) 教师进行分析、归纳、总结,并根据各组在活动过程中的表现给予点评、赋分。帮助学生了解社会调查的意义与价值。

8.2 社区劳动和志愿服务

◇哲人隽语◇

劳动受人推崇,为社会服务是很受人赞赏的道德理想。

——[美]杜威

学习目标

1. 了解社区劳动和志愿服务的基本常识,初步掌握社区劳动和志愿服务的技能。
2. 具备安全而有责任心地参与和组织社区劳动和志愿服务的能力。
3. 提高服务意识,增强社会责任感,弘扬"奉献、友爱、互助、进步"的志愿者精神。

社区服务中的困境

大学生志愿者是青年志愿者的主力军,志愿者参与社区服务是当代中国高校顺应社会经济体制转型发展的迫切需要。小夏就是顺应大潮的一名共青团员,在某高职院校的健康管理专业学习两年后,按照学校安排进入社区一家养老院做志愿服务。

小夏认识到,在人口老龄化不断加剧,养老服务人才大量短缺的困境下,引导大学生积极参与养老志愿服务有着十分重要的意义。但是,小夏面临了一系列问题。第一,养老院里的部分老人脾气特别大,总是埋怨小夏干活不利落;第二,自己的专业技能始终没有发挥作用;第三,养老院用人的高峰时间恰巧与学习时间冲突。这使得心灰意冷的小夏已经没有了当初报名参加社区服务的那股热情,也对自己的职业生涯产生了困惑。一方面他希望通过社区服务,宣扬"奉献、友爱、互助、进步"精神,但另一方面,现实的状况在不停地打击着他的积极性。

分析:

小夏的处境揭示了大学生参与社区服务时可能遇到的普遍困境。在人口老龄化加剧、养老服务需求激增的背景下,大学生志愿者的参与无疑为社区带来了新鲜的活力。然而,小夏在养老院的志愿服务经历却不尽如人意。这不禁让我们反思,大学生参与社区服务究竟面临哪些深层次的挑战?除了小夏遇到的具体问题,更深层次的原因可能在于志愿服务的管理、培训和支持体系不够完善。注重服务者的前期培训、过程管理和后期支持,确保学生能够充分发挥自己的优势,同时也能够得到必要的帮助和指导。只有这样,大学生才能真正实现其社会价值,为社区和谐发展贡献力量。

一、社区劳动

(一) 社区劳动的基本内涵

社区劳动是指社区居民自愿参与社区服务、为改善社区环境、提升社区生活质量而进行的无偿劳动活动。这里是指由学校或学生团体利用一定的工具和技能,在社区范围内开展的各种劳动。

(二) 社区劳动的意义

1. 丰富劳动体验

社区劳动为学生提供了亲身体验劳动的机会,使他们在实践中认识劳动的价值,感受生活的乐趣。通过"做中学"和"学中做"的方式,培养学生的主动劳动意识,让学生在实践中认识到劳动的价值,感受到生活的乐趣。

2. 培养良好的劳动习惯和品质

良好的劳动习惯和品质是个人素质中的重要部分,也是职业教育主要的目标之一。社区劳动通过持续的体力劳动,使学生能够逐渐养成良好的劳动习惯,如勤劳、细致、负责任等。这些习惯和品质将伴随学生的一生,对他们的成长和发展产生深远的影响。

3. 提升社会责任感和综合素养

社区劳动为学生提供了一个接触社会、了解社区的平台。通过参与社区环保、健康服务、文艺宣传等多样化的劳动活动,能够更加深入地了解社区的需求和问题,增强对社会的责任感和使命感。同时,社区劳动也能够培养学生的团队协作精神和创新能力,使他们在劳动中学会合作、学会分享、学会创新。

(三) 社区劳动的主要内容

社区劳动的具体活动因地域和社区特点而异,常见的活动包括:

1. 社区清洁活动

学生可以在社区内开展社区清洁活动,如清理垃圾、捡拾烟头、清除杂草,这不仅可以改善社区环境,也是对居民宣传环保知识的过程。

2. 社区文化活动

学生可以定期组织或者参与社区的文艺演出、书画展览、知识讲座等文化活动,帮助社区居民丰富精神生活、增强社区文化氛围。

3. 社区健康活动

健康服务也是社区劳动的重要组成部分。学生可以通过协助相关部门开展健康知识宣传、编制发放健康知识小手册等活动,或利用专业知识提供义诊等社会健康服务,帮助社区居民增强健康意识。

4. 一对一社会服务

可以通过与社区内的特定人群(如残疾人、孤寡老人、生活困难人群等)开展一对一精准服务,并根据服务需求和志愿者特长等分组开展劳动。

案例 8-2

共产主义星期六义务劳动

1919年,苏维埃俄国的工人阶级在星期六下班后自愿额外劳动6小时。这种行为不计定额,不要报酬,自觉自愿。列宁曾把十月革命胜利后在工人中产生的共产主义星期六义务劳动称为"伟大的创举"。

1919年春天,英、美、法、日等国家集中全力对付苏维埃俄国,它们掩护高尔察克、尤登尼奇、邓尼金等白匪军匪首进攻苏维埃俄国。就在这危急存亡的关头,列宁提出,必须竭尽一切力量来击溃高尔察克。俄国共产党(布尔什维克)提出"一切为东线"的口号。为响应党和列宁的号召,莫斯科和彼得格勒派了五分之一的共产党员和十分之一的工会会员到前线去,共青团派了几千名最优秀的青年到东线去。不能到前线去的工人在后方劳动战线上展现了忘我劳动的革命英雄主义气概。

1919年5月10日,联系东线的铁路干线莫斯科—喀山铁路上莫斯科调车站的工人发起了共产主义星期六义务劳动,抢修机车。这一次,205个工人以1 014个工时,修好了4辆机车和16个车厢,装卸了约152吨材料。

1919年11月,俄国共产党中央委员会在给各级党组织的指示信中强调:"应当更经常地、更积极地、更有系统地、更有组织地进行星期六义务劳动,首先是利用这种劳动来解决燃料问题。"1920年5月1日(星期六),全苏俄的共产主义星期六义务劳动展开。列宁在克里姆林宫参加了这一运动。从此以后,这一运动蓬勃地开展,成为社会主义劳动竞赛的开端。

分析:

出现于100多年前的共产主义星期六义务劳动具有十分重要的历史价值与现实意义。从经济方面看,共产主义星期六义务劳动具有必要性,它使苏维埃俄国摆脱了经济被破坏的不利局面;从国家层面看,俄国共产党(布尔什维克)中央委员会

> 发出的党员必须以革命的精神来支援国家的号召,使党员的工作热情迅速高涨,对国家发展作出了有效支援;从党的建设方面看,它净化了党组织,抵制了资本主义腐朽思想的影响。从一个世纪前的共产主义星期六义务劳动到如今的青年志愿者服务行动,都昭示着人类文明和精神境界的不断发展和提高。这些活动不仅体现了共同的事业精神,更是我们在文明时代推进党的建设伟大征程中不可或缺的精神滋养。

二、志愿服务

(一) 志愿者及其权利、义务

1. 志愿者的概念

联合国将志愿者定义为不以获得利益、金钱、名誉为目的,而是为了近邻乃至世界做贡献的活动者。我国于 2017 年 12 月 1 日起正式施行的《志愿服务条例》中规定,志愿者是指以自己的时间、知识、技能、体力等从事志愿服务的自然人。

2. 志愿者的权利

志愿者的权利总体上分为两类。一类是参与志愿服务并得到相应支持、保障的权利,例如《志愿服务条例》中规定:志愿服务组织应当为志愿者参与志愿服务活动提供必要条件,解决志愿者在志愿服务过程中遇到的困难,维护志愿者的合法权益;志愿服务组织安排志愿者参与可能发生人身危险的志愿服务活动前,应当为志愿者购买相应的人身意外伤害保险等。另一类是参与志愿服务之后,享受一定社会认可的权利,例如《志愿服务条例》中规定:对在志愿服务事业发展中做出突出贡献的志愿者、志愿服务组织,由县级以上人民政府或者有关部门按照法律、法规和国家有关规定予以表彰、奖励;国家鼓励企业和其他组织在同等条件下优先招用有良好志愿服务记录的志愿者;公务员考录、事业单位招聘可以将志愿服务情况纳入考察内容等。

3. 志愿者的义务

作为志愿者须承担相应的义务。《志愿服务条例》中规定:志愿者开展志愿服务,应当遵循自愿、无偿、平等、诚信、合法的原则,不得违背社会公德、损害社会公共利益和他人合法权益,不得危害国家安全;志愿者接受志愿服务组织安排参与志愿服务活动的,应当服从管理,接受必要的培训;志愿者应当按照约定提供志愿服务;志愿者因故不能按照约定提供志愿服务的,应当及时告知志愿服务组织或者志愿服务对象等。

(二) 志愿服务的概念

《志愿服务条例》规定,志愿服务是志愿者、志愿服务组织和其他组织自愿、无偿向社会或者他人提供的公益服务。志愿服务广义上是指志愿者不以获取物质报酬为目的,自愿贡献时间、能力和财富,为社会和他人提供的公益服务。

(三) 志愿服务的基本特征

志愿服务的四大基本特征是自愿性、无偿性、公益性、组织性。

（1）自愿性：是指志愿者参与志愿服务是出自本人意愿，而非出于强迫或者环境造成的压力。自愿性是区别志愿服务与其他公益服务的典型特征，决定了志愿者的主体地位。

（2）无偿性：是指志愿者不以获取报酬或营利为目的，他们利用自己的时间、能力和财富进行公益服务，是不获得劳动报酬的。

（3）公益性：是指志愿者从事的服务行为及其导致的结果是符合社会公共利益要求、符合公序良俗原则和志愿服务道德伦理的。

（4）组织性：是现代志愿服务的一个重要特征。志愿服务的组织性是现代志愿服务发展的一个显著特点，体现了志愿者从自发自为向共促共进的发展，能够有效提升志愿者对群体的认同和志愿服务的专业化水平。

（四）志愿服务的类别

根据不同的分类标准，可以将志愿服务划分为不同的类别。

从服务内容来看，志愿服务可分为社会福利类、文化娱乐类、医疗卫生类、环保类、权益类、治安类、救援类志愿服务。

从服务时间来看，志愿服务可分为定期性志愿服务和临时性志愿服务。

从服务组织程度来看，志愿服务可分为有组织的志愿服务和个人的志愿服务。

从服务发起单位来看，志愿服务可分为政府组织、企业组织和公益慈善机构组织的志愿服务。

从服务专业程度来看，志愿服务可分为专业志愿服务和一般志愿服务。

从服务范围和规模来看，志愿服务可分为大型活动志愿服务和小型志愿服务。

（五）学生志愿服务的主要内容

学生志愿服务的主要内容，可以按照服务场域分为校内志愿服务和校外志愿服务两大类。

1. 校内志愿服务

（1）校园管理服务。通过组织学生参与校园执勤、食堂管理、纪律检查等形式，负责参与学校管理服务工作，体现学生主人翁意识。

（2）文艺类志愿者服务。通过参与各种文艺活动，如朗诵、演讲、歌唱、舞蹈、戏剧、书法、绘画等，展示自己的才华，传播正能量，丰富师生的精神文化生活，提升校园的文化氛围。

（3）环境保护志愿服务。参与各种环境保护活动，如植树造林、节能减排、清洁河道、保护野生动植物、垃圾分类等，来改善和美化校园周边环境，提升生态文明水平，促进可持续发展。

（4）校内关怀服务。关注和帮助学校内有困难或特殊需要的师生群体，如低保家庭学生、残疾学生、留守儿童、老年教师等，传递温暖和爱心，提升他们的幸福感和自信心。

（5）公益捐款筹备。参与校园公益捐款活动的策划、组织和执行，如为贫困地区学生筹集学费、为灾区筹集救援物资等，培养学生的社会责任感和奉献精神。

2. 校外志愿服务

（1）宣传志愿服务。通过各种方式向社会公众传播理念、价值、内容等信息，提高社会对志愿服务、某种宣传内容的认知度和参与度，营造良好的社会风气。

（2）社会关怀与支持服务。通过对弱势群体关怀，如对孤寡老人、残疾人提供提供日常陪伴、生活照料、教育辅导、娱乐活动、心理支持等志愿服务；通过参与扶贫济困项目，定期探访贫困家庭、贫困地区，为其提供物资援助、教育支持、技能培训等志愿服务。

（3）社会公益服务。包括参与自然灾害救援、公益竞赛与活动、志愿服务日活动等活动。如地震、洪水等灾害发生后的救援工作、灾后重建工作；通过马拉松、徒步等公益活动，为慈善机构筹集资金；在特定日期，如环保日、献血日等组织的志愿服务活动。

（4）赛事活动协助。参与校外体育赛事、文艺晚会等活动的筹备和协助工作，如场地布置、秩序维护、观众引导等，学生提升组织能力和团队协作能力。

无论是校内志愿服务，还是校外志愿服务，每一类都涵盖了多个方面内容，但究其根本都是在于培养学生的社会责任感、实践能力和公民意识，帮助其自身在实践中不断成长和进步。

总结案例

有一种青春叫奉献——徐本禹的支教人生

徐本禹，1982年生于山东聊城贫困农家，父亲是小学教师，母亲务农。1999年考入华中农业大学后，他靠勤工俭学完成学业，还以奖学金和补助资助5名贫困生。2002年大三暑假，他偶然得知贵州"岩洞小学"的情况，便与4名志愿者赴大方县狗吊岩村为民小学支教，原计划两周的行程最终延长至两个月。

2003年7月，徐本禹高分考取母校公费研究生，却因牵挂贵州的孩子，决定放弃读研重返支教。华中农业大学支持他的决定，破例为其保留两年入学资格。他先在为民小学支教一年，后又到条件更艰苦的大水乡大石小学支教一年。

狗吊岩如同封闭"孤岛"，不通公路、没有电，寄信需走18公里山路。玉米渣配酸菜汤是主食，缺油少盐且常有苍蝇落入，夜晚跳蚤臭虫叮咬让人难以入眠。孤独是最大的敌人，他曾因难忍孤寂提前返汉，但很快调整心态，通过写信、写日记和家访排解，每周上课6天、每天8小时，一人承担五年级语文、数学、英语等多科教学。当时学生基础薄弱，一篇200字文章常现20多个错别字，他耐心教导让学校焕发活力：孩子们学会用普通话交流，在校生从140人增至250余人，更唤起村民对知识的重视。

2004年7月，《两所乡村小学和一个支教者》的帖子引发社会关注，徐本禹获评"感动中国"年度人物。颁奖词称他"从繁华都市走进大山，用稚嫩肩膀扛住倾颓教室与贫穷孤独"。2005年9月，他结束支教返校读研，工作后仍致力于推动青年志愿事业。

他的事迹带动众多好心人改善当地教学条件，更引领一批批青年投身支教。2005年华中农业大学成立"本禹志愿服务队"，如今志愿者超4.5万名，公益项目覆盖支教、扶贫等领域，足迹遍及鄂、黔、滇、闽、冀五省，将爱心接力棒持续传递。2013年，服务队收到习近平总书记回信,总书记肯定他们的奉献,勉励弘扬志愿精神,为实现中国梦作出更大贡献。

分析:
　　他从繁华的城市走进大山深处,用一个大学生的稚嫩肩膀,扛住了倾颓的教室,扛住了贫穷和孤独,扛起了社会责任。徐本禹在支教志愿服务中奉献了爱心、精益求精的责任心、锲而不舍的恒心。这是一种不求回报的奉献,是一种无私无我的工作态度和勇于承担的个人品质,更是一种高尚的道德情操。学会奉献,去拼、去干、去实现,才会不负青春、不负韶华,让人生绽放光芒。

课堂活动

春运志愿者活动

一、活动目标

　　为缓解各大汽车站的回乡、返乡和外出旅客出站、进站、候车压力,配合交通局做好春运工作,并通过志愿者服务向社会宣传倡导"奉献、友爱、互助、进步"的精神,共建平安、和谐春运,提升城市文明水平。

二、活动时间

　　春运期间。

三、活动流程

1. 前期准备

（1）联系当地长途汽车站,在其安排下制定细致、全面的活动方案。

（2）进行志愿者岗前培训,主要学习春运安全知识、服务须知等。

（3）提前掌握车站周边公交线路情况,并准备多份长途客运时刻表,为义务向导工作做好前期准备。

2. 维持车站候车秩序

（1）在进站口引导旅客严格遵守"三品"检查制度,并按乘车方向、车次进入候车区有序候车。

（2）在进出站口、上下楼梯口等容易发生旅客拥堵的地方疏导旅客,使其按次序进出站,避免发生拥堵,确保通道畅通。

（3）在进站检票口维持现场秩序,做到队伍不乱、检票不堵。

（4）在母婴候车室、老孕病残候车室,针对老、弱、病、残、孕旅客,开辟爱心通道,发挥志愿服务活动的最佳效能。

（5）热情解答旅客提出的与旅行相关的问题,遇到疑难问题,查阅相关资料或与附近的客运员联系后给予正确解答。

3. 突发情况应急处理

　　当列车晚点、大雪或其他突发事件造成旅客滞留时,要立即组织成立应急服务队,为旅客提供引导候车、交通疏导等应急服务,并根据车站工作要求,开展相关工作。

(方案来自《南京六合中等专业学校志愿者服务活动方案汇编》,有改动)

8.3　农工商生产劳动实践

> ◇哲人隽语◇
> 　　知识是从刻苦劳动中得来的,任何成就都是刻苦劳动的结果。
> 　　　　　　　　　　　　　　　　　　　　　　　　——宋庆龄

学习目标

1. 了解生产劳动的概念和常见生产劳动方式。
2. 掌握在农业生产和工业生产中常用的劳动工具的使用方法。
3. 培养积极参加劳动实践活动的热情,树立崇尚劳动的思想观念。

引入案例

"万亩良田"里的追梦人
——一个职校生的创业故事

曾几何时,"宁要城市一张床,不要乡村一间房"的观念甚嚣尘上。然而当前此观念正悄然改变,不少职校毕业生将就业的目光转向广阔的农村,谢广胜就是其中一名典型的回农村创业的职校学生。

谢广胜,男,2015年6月谢广胜从江苏省句容中等专业学校毕业后,他应征入伍,两年的军营生活,他养成了沉稳自信的性格,铸就了敢于直面人生的勇气。退伍后,他义无反顾地返回家乡兴办家庭农场,以"扎根农村,服务'三农'",甘做"万亩良田"的"托管保姆",依托国家湿地公园赤山湖的优质水源,大力发展高效生态农业。目前,他为句容市胜强家庭农场经营人,为促进当地经济转型起到了模范引领作用,被句容市政府授予"十佳新型职业农民"的光荣称号,其事迹多次被媒体报道。

起初,谢广胜对农业科技知识掌握还很欠缺,对"无人机""全自动无人插秧机""大型拖拉机"等各种先进机械操作更是感到迷茫。但谢广胜初生牛犊不怕虎,不懂就学,向从事多年农业的父亲学,向懂行的农业专业人士学。通过几年的学习和实践,铲车、插秧机、收割机、烘干机,谢广胜能样样精通,成为农业机械的全能"操作手"。通过创业实践,他感受到知识的重要性,只有不断"充电",完善自身知识结构,

图 8-1 谢广胜在农田劳作

并把知识运用于实践中去,才能保障农场的健康发展,才能使农场再上一个新的台阶。

几易春秋,几经寒暑,艰辛创业,农场终于做出成效了!如今农场拥有 46 名成员、108 台大型农业机械、15 架农用无人机,用于精致稻米生产、稻鸭共作、鱼塘等特种养殖,不但能为自身流转的 1.2 万亩农田提供服务,还能为周边 3.4 万亩农田提供播种、育苗、翻耕、植保、收割、烘干、大米加工等全托管服务。在生产型农业的基础上,还拓展了以观光采摘为主的种植业、养殖业,并结合人文家庭情怀开启了体验农耕文明的"微型 DIY 农场"项目,农场互联网覆盖、360°摄像头居家观察养护,实现智能化管理。DIY 家庭农场以"互联网+"的模式经营农事体验区。农场的创业模式获江苏省职业学校创新创业大赛一等奖,江苏省"大学生互联网+"创新创业大赛二等奖,江苏省"最佳带动就业奖",镇江市创业大赛特等奖。

分析:

沉稳自信的性格,直面人生的勇气,让平凡的谢广胜取得不平凡的成就。作为高职院校的学生,我们更要吃得了苦,承受住磨炼,积极参与各种劳动实践,在实践中锻炼自己、提升自己。只有踏踏实实地参加劳动实践,才能在实践中确立正确的人生目标,找准正确的人生方向。

一、生产劳动

(一) 生产劳动的概念

生产劳动是非生产劳动的对应概念。

按劳动的自然形态区分,生产劳动是指创造物质财富的劳动,如工业、农业、交通运输

生产劳动与非生产劳动

业、建筑业等的劳动；不创造物质财富的劳动，如教师、医生、演员等的劳动，是非生产劳动。

按劳动的社会形态区分，生产劳动是指体现特定社会生产关系本质的劳动。在资本主义社会中，生产劳动是能为资本家创造剩余价值的劳动。

(二) 生产劳动的内涵

劳动是能动性范畴，生产劳动充分体现着这种内涵。劳动价值论以生产劳动的科学概念为基础，马克思以之为依托，系统探讨了劳动过程、劳动力、劳动的实现形态、劳动的协同方式这一概念体系，对劳动概念的生成、发展及流变加以详察。生产劳动是唯物史观的基本范畴，是劳动价值论的分析基础，生产劳动概念使马克思的方法论提升为从劳动出发的整体主义分析方法论，建立了政治经济学的科学研究纲领。

生产劳动是能创造财富和价值的活劳动，最常见的生产劳动包括农业劳动和工业劳动。

二、农业劳动及实践

农业是国民经济中的重要产业，广义的农业包括种植业、林业、畜牧业、渔业、副业五种产业形式，狭义的农业是指种植业，主要指粮食作物、经济作物、饲料作物和绿肥等农作物的生产。

中国的农业历史创造了发达持久、长盛不衰的传统农耕文化，它丰富了农业的内涵，两者相互依存、相互影响。在中华文明发展历程中，农耕文化不仅解决了我国人民的温饱问题、丰富了人民的物质生活、提高了人民的生活质量，而且铸就了中华民族自强不息的奋斗精神、以和为贵的和平理念，使我国尽快走上可持续发展的道路。更可贵的是，中国农耕文化强调的天人合一的和谐理念、小康与大同的远景目标，为中华民族不断科学、繁荣、健康发展，做出了特殊的贡献。

农耕文化是一种风俗文化，是中国劳动人民几千年生产和生活智慧的结晶，它体现和反映了传统农业的生产技术、耕作制度、思想理念及中华文明的内涵。多样性的农业生产和博大精深的农耕文化，不仅浸透了历代先贤的血汗，凝聚了中华民族的智慧，还升华了亿万民众的实践经验，反映了中华民族对人与自然之间的关系及发展规律的认识，因此，农耕文化的许多理念在现代的生活和农业生产中仍具有现实意义。保护、传承和利用好传统的农耕文化，不仅在传承民族文化、改善和保护生态环境、维系生物多样性、促进资源可持续利用、保护独特景观、推动乡村旅游等方面具有重要价值，而且在传承民族特色、地方特色、传统特色和促进社会和谐等方面发挥了重要的作用。

夏季安全防汛知识

在中国漫长的传统农业发展过程中，中国人民用他们的勤劳和智慧，创造了灿烂的农耕文化。农耕文化书写了中国人民的伟大与自豪，其孕育而成的中华文明今天仍然渗透在我们的生活中。

(一) 农业的分类

农业按照地域特点可以分为下列九种。

1. 种植园农业

在热带地区有许多特殊植物,如可可、咖啡、香蕉、菠萝、杧果、烟草、棉花、橡胶、油棕、黄麻和剑麻等,因为世界市场对这些产品的需求量增加,在热带地区出现了大规模的单一作物型的集约化农场,从而形成了各种种植园农业。

2. 水稻农业

水稻农业是潮湿的热带和亚热带地区一种独特的农业类型,是需要投入大量劳动力的精耕细作的集约农业。水稻是单位面积产量很高的农作物,通常在人口密集的地区种植。

3. 谷物家畜农业

谷物家畜农业是一种种植旱作谷类与饲养家畜相结合的农业类型,基本集中在亚洲。

4. 地中海农业

地中海周边地区气候炎热干燥,农作物以耐旱的品系为主,主要是小麦和大麦,其次是燕麦和玉米,还有葡萄、油橄榄、无花果等经济作物。

5. 市场园艺农业

市场园艺农业是为城市提供蔬菜、水果等的商业性的农业,有时也称为商品园艺业。

6. 商业乳品农业

商业乳品农业与市场园艺农业一样,也是伴随城市发展而产生的一种新型商业性农业。商业乳品农业的产品是为城市而生产的,所以生产牛奶为主的农场多分布在大城市的附近。

7. 商业牲畜育肥农业

商业牲畜育肥农业是指靠购买专门的仔畜,经过短期饲养育肥后,供应市场肉食的农业,其饲养的最常见牲畜是猪、牛、羊。

8. 商品谷物农业

商品谷物农业是一种面向市场的谷物农业,农作物以小麦、玉米为主。

9. 游牧业

游牧业是放牧牲畜的一种自给性农业。这种生产方式适合难以发展定居农业的干旱地区。

> **拓展阅读**
>
> **神农氏为什么开始种五谷?**
>
> 据《拾遗记》记载,有一天,一只周身通红的鸟儿衔着一棵五彩九穗谷飞在空中,掠过神农氏的头顶时,九穗谷掉在地上,神农氏见了,拾起来埋在了土壤里,后来竟长成一片。他把谷穗在手里揉搓后,将谷粒放在嘴里,感到很好吃。于是,他教人砍倒树木,割掉野草,用斧头、锄头、耒耜等生产工具开垦土地,种起了谷子。
>
> 神农氏从这里得到启发:谷子可年年种植,源源不断,若能有更多的草木之实为人所用,多多种植,大家的吃饭问题不就解决了吗!那时,五谷和杂草长在一起,草药和百花开在一起,哪些可以吃,哪些不可以吃,谁也分不清。神农氏就一样一样地尝,一样一样地试种,最后从中筛选出稻、黍、稷、麦、菽五谷,所以后人尊他为"五谷爷""农皇爷"。

(二) 农业生产中常用的劳动工具

1. 传统农业的劳动工具

传统农业用犁、耙、耱(如图8-2 a)等农具进行旱地耕作,用桔槔(如图8-2 b)、辘轳、筒车等工具进行灌溉,用镰刀、锼头、连枷(如图8-2 c)、木锨等工具进行收获。

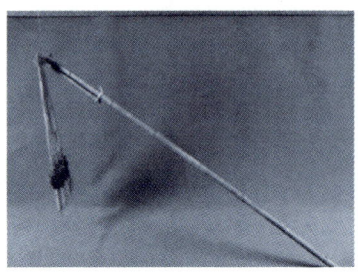

(a) 耱　　　(b) 桔槔　　　(c) 连枷

图8-2　传统农业的劳动工具

2. 现代农业的劳动工具

现代农业除了日常使用的锄头、锼头、铁锨、镰刀、镰耙等手工劳动工具外,在重体力劳动项目上已经广泛应用各种新设备,例如手扶拖拉机、收割机(如图8-3 a)、锄草机(如图8-3 b)、播种机(如图8-3 c)、抽水机等。

(a) 收割机　　　(b) 锄草机　　　(c) 播种机

图8-3　现代农业的劳动工具

未来农业是指生产者采用新技术、新装备和新模式,以大数据、物联网、人工智能为主要工具的智慧化、自动化农业,目的是满足消费者对安全、绿色、健康、多元的产品和服务的需求。

(三) 农业劳动实践

开展以农业生产为主要形式的劳动教育实践活动,可以使学生在农业知识的学习和农业劳动的锻炼中,获取必要的知识和农业劳动技能,树立热爱劳动、崇尚劳动的观念,培养不怕苦、不怕累的劳动精神,促进学生的全面发展。

1. 农业劳动实践的目的

农业劳动实践要紧扣"劳动"这个主题,适时适当融入园艺、畜牧、水利等自然科学理论知识及农业文化、农村社会学、农业经济学等人文社会科学知识,使学生通过农业劳动

粽子的诞生

实践了解传统农业和现代农业的区别,学习农业劳动技能,激发劳动热情,从而引导学生懂农业、爱农村、敬农民,培养大国情怀和责任担当意识,做到辛勤劳动、诚实劳动、创造性劳动。

2. **农业劳动实践的内容**

农业劳动实践的内容主要有以下四个方面:农业与生产、农业与生活、农业与生态、农业与创意。

(1) 农业与生产。

其主要包括农作物种植、畜牧养殖、农田水利修建、智慧农业应用等实践活动。

(2) 农业与生活。

注重以劳育美,培养学生创造美好生活的能力,传承悠久的劳动文化,主要开展茶艺、酿酒、扎染、传统饮食制作等实践活动。

(3) 农业与生态。

研究农业与生态之间的关系,唤起学生的低碳环保意识,提倡绿色生活,可以开展垃圾分类、观赏鱼养护等实践活动。

(4) 农业与创意。

借助创意产业的思维逻辑和发展理念,将科技和人文要素融入农业生产,激发学生的创造力,可以开展插花、组合盆栽种植等实践活动。

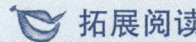 拓展阅读

化肥与农家肥

一、化肥

化肥是指通过化学方式人工制成的,含有满足农作物生长需要的营养元素的肥料。其中氮、磷、钾肥是农作物生长最基本的肥料,它们的成分比较单纯,养分含量很高,肥效非常好,现在被广泛应用于各种农作物的种植中。

(一) 氮肥

氮是构成蛋白质的主要元素,蛋白质是细胞原生质组成中的基本物质。增施氮肥能促进蛋白质和叶绿素的形成,使叶色深绿,叶面积增大,促进碳的同化,有利于产量增加、品质改善。常用的氮肥有硫酸铵、碳酸氢铵、尿素。

(二) 磷肥

磷是形成细胞核蛋白、卵磷脂等不可缺少的元素。磷元素能加速细胞分裂,促使作物根系和地上部加快生长,促进花芽分化、提早成熟,提高果实品质。常用的磷肥有过磷酸钙、重过磷酸钙,一般被用作根外追肥或是基肥,这样容易被农作物直接吸收。

(三) 钾肥

钾肥可以提高光合作用的强度,促进作物体内淀粉和糖的形成,增强作物的抗逆性和抗病能力,还能提高作物对氮的吸收利用率。常用的钾肥有氯化钾、硫酸钾,经常被用作基肥和追肥,对于酸性的土壤,也可以配合石灰和有机肥料使用。

（四）复合肥料

复合肥料是指同时含有氮、磷、钾三种元素或含其中任何两种元素的化学肥料。它具有养分含量高、副成分少、养分释放均匀、肥效稳而长、便于贮存和施用等优点。常用的复合配料有磷酸铵、磷酸二氢钾，经常被用作基肥或是根外追肥，效果非常好。

二、农家肥

农家肥的种类繁多，而且来源广、数量大，便于就地取材、就地使用，成本也比较低。农家肥的特点是所含营养物质比较全面，它不仅含有氮、磷、钾，而且含有钙、镁、硫、铁及一些微量元素。这些营养元素多呈有机物状态，难以被作物直接吸收利用，必须经过土壤中的化学、物理作用和微生物的发酵、分解，逐渐释放养分，因而农家肥的肥效长而稳定。另外，施用农家肥有利于促进土壤团粒结构的形成，使土壤中空气和水的比例协调，使土壤疏松，增强其保水、保温、透气、保肥的能力。

三、工业劳动及实践

工业是指产品加工制造产业。在工厂里，工人、技术员等劳动者利用机械设备和燃料、电能所产生的动力将原料制成产品的过程称为工业生产。工业生产的发展受科技、政策、资金、管理和市场等因素影响。

工业革命是以机械化操作取代手工操作、以工厂化生产取代个体手工生产的生产与科技革命。现代工业的发展经历了四次革命：

第一次工业革命。18世纪60年代到19世纪中叶，资本主义生产由工场手工业生产过渡到大机器生产，从发明和使用机器过渡到机器本身也用机器来生产。第一次工业革命的完成标志着人类进入蒸汽时代，生产领域和社会关系也发生了根本性变化。

第二次工业革命。19世纪下半叶到20世纪初，随着电力、石油等新能源的发展和利用，内燃机和新交通工具的创制，新型通信设备的使用，人类开始进入电气化时代。

第三次工业革命。从20世纪40年代开始，原子能、微电子技术、电子计算机、航天技术、分子生物学和遗传工程等领域取得重大突破，标志新的科学技术革命的到来。这次技术革命称为第三次科技革命，产生了一大批新型工业，第三产业迅速发展。其中电子计算机的开发与应用具有划时代的意义，标志信息时代的开始。第三次工业革命带来了新型的知识经济，它的发达程度成为综合国力竞争中成败的关键。

第四次工业革命。20世纪末期开始，出现了以互联网产业化、工业一体化、工业智能化为代表，以人工智能、清洁能源、无人控制技术、量子信息技术及生物技术为主的全新技术革命，这是继蒸汽技术革命、电力技术革命、信息技术革命之后的又一次科技革命，被称为第四次工业革命。

解读中国制造

（一）工业的分类

在过去的产业经济学领域中，工业分为轻工业和重工业两部分。化学工业在近代工业的发展中居于重要的地位,所以,目前在工业的分类中,把化学工业单独分出来,同轻、重工业并列。这样,工业就由轻工业、重工业和化学工业三大部分构成。

(二) 工业生产中常用的劳动工具

工业生产中常用的劳动工具主要由两大类组成,包括手动劳动工具、电动劳动工具。

1. 手动劳动工具

常用的手动劳动工具根据用途可分为钳子(如图8-4 a)、扳手(如图8-4 b)、螺丝刀、尺、锤子(如图8-4 c)等类别,每类工具都有不同的规格、型号。

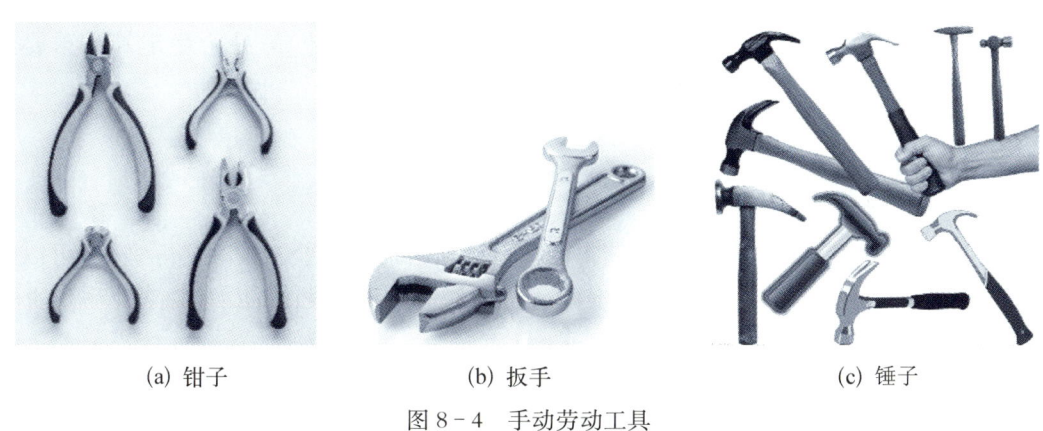

(a) 钳子　　　　　　　(b) 扳手　　　　　　　(c) 锤子

图8-4　手动劳动工具

2. 电动劳动工具

常用电动劳动工具有手电钻(如图8-5 a)、冲击钻、角磨机(如图8-5 b)、切割机(如图8-5 c)等。

(a) 手电钻　　　　　　(b) 角磨机　　　　　　(c) 切割机

图8-5　电动劳动工具

四、商业活动及实践

商业的萌芽可以追溯到原始社会末期,人们最开始是通过以物换物的方式进行交易,后来随着货币的出现,商业交易逐渐发展成为以货币为媒介进行。今天,商业活动有线下和线上两种形式,极大地提高了贸易效率。

(一) 商业的概念

商业源于原始社会以物易物的交换活动,它的本质是基于人们对价值的认识的等价交换。商业是指从事货物批发、零售等经营活动的企业及企业性单位,还包括以货物批发、零售为主,兼营工业生产的企业及企业性单位,比如商场、超市、批发市场、专卖店、服装店、食品店、茶叶店等所在的产业。

(二) 商业活动的概念

商业活动是指企业的购买、销售、交换和银行的贷款等活动,由商业主体和客体双方共同参与,主体和客体双方运用语言围绕着商品互相询问、互相试探、互相了解、互相商量,但主体在商业活动中起着主导作用,对促进或阻碍商业交际活动的进行起决定性的作用。商业活动是国家经济活动的重要组成部分,是影响商品流动、社会稳定等的重要因素。一个国家的商业活动反映该国的经济水平。

(三) 商业劳动实践

1. 商业劳动实践的目的

参加商业劳动实践,可以使学生获得商业方面所必需的专业知识和实际锻炼,可以使学生拓宽知识面、增强感性认识,进而提高分析问题和解决问题的能力,为毕业后走上工作岗位打下坚实的基础。

2. 商业劳动实践的内容

大学生在校学习期间,要利用寒暑假积极参加商业实践活动,这些活动可以让同学们更加深刻地了解社会,尽早明确自己的人生目标,做好职业规划,提升与人交往的能力。在校学生可以从事的商业实践活动主要有:

(1) 市场调研员。

8S管理

任何公司在产品推上市场前,都要通过市场调研来听取消费者的意见。市场调研员是指负责对消费者在产品和服务的取向方面进行资料收集与评估的人员,其主要工作包括:制订市场调研计划,策划市场调研项目;组织进行宏观环境及行业状况调研,进行企业营销环境、消费者及用户调研;写作调研报告,并向管理层提供建议;收集各类市场情报及相关行业政策与信息;等等。

(2) 商品推销员。

商品推销员是指推销商品的职业人士,是一线职员,其工作是推销产品及服务等。推销员需要掌握相应的专业知识,例如基金、保险、地产、化妆品等方面的知识。现代推销既是一项复杂的工程技术,又是一种技巧性很强的艺术。推销员从寻找顾客开始,直至达成交易、获取订单,不仅要周密计划,细致安排,而且要与顾客进行重重的心理交锋。

(3) 营业员。

营业员是指在营业场所从事商品销售、服务销售工作的人员。从营销学角度来讲,所有直接和顾客见面、为顾客提供销售服务的人员,都可以称为营业员,比如商场、超市、服装店、各类专卖店等都需要营业员。

营业员日常的工作内容主要包括服务顾客,听取顾客的意见;巡视卖场,保持工作环境的整洁干净,以及处理商品;检查库存数量,处理已到货的商品;等等。从某种意义上来讲,营业员是处于某一特殊环境中的业务员,是直接面向顾客的终端业务人员。

(4) 网络销售员。

网络销售员主要利用网络进行公司产品的销售及推广;负责公司网上贸易平台的操作、管理和产品信息的发布;了解和搜集网络上同行及竞争产品的动态信息;通过网络进行渠道开发和业务拓展。比如在购物平台上做电商、利用网络做销售直播等。

总结案例

回乡创业,做好中国制造

辽宁轨道交通职业学院2018届焊接技术及自动化专业毕业生邱波,放弃去铁路局和大型国有企业就业的机会,坚持走回乡创业之路,做好中国制造,产品现已远销海外。

邱波在校学习期间是一名品学兼优的学生,也是一名优秀称职的系学生会干部。他的家乡是我国著名的袜子生产基地,他的父母在当地也办了一个小型袜子加工厂,这个小小的加工厂既为他们家提供生活来源,也给邱波创造了劳动实践的好机会。在校学习时,他利用课余时间在线上、线下帮助父母销售袜子;寒暑假休息时,他就回家帮助父母进原料、抓生产、跑销售;大学三年级顶岗实习时,他选择自主择业,回乡协助父母经营袜子加工厂。

2018年是邱波创业最艰难的一年,他为了找客户、做调研,几乎走遍整个中国,但由于自己的思路和袜子款式等原因,销售状况不好,厂子一直处于赔本经营状态。在父母的支持下,他凭借自己的人品、努力和坚持,积极改进生产设备、更新袜子加工工艺,从而提高了袜子的品质。袜子的质量上去了,销售量也跟着上去,他的事业也走出了低谷。现在他已经和一些客户建立了长期、稳定的销售关系,并且有很多产品远销海外,让世界其他国家的人民也穿上了中国制造的袜子。

分析:

邱波在大学期间,除了积极参加学校的各项文体活动外,还积极参加各项生产实践活动,发展壮大中国制造业始终是他的理想。他正是因为有了远大的理想和明确的人生目标,才会踏踏实实地去从事他所选择和热爱的事业,在不断地努力和追求中,书写出新时代大学生美丽的人生篇章。

课堂活动

你会参加什么类型的社会实践活动?

一、活动目标

结合自身特点,选择适合自己的实践岗位进行锻炼。

二、活动时间

40分钟。

三、活动流程

（1）同学们根据农工商生产劳动实践的特点和内容，作出自己初步的选择。

（2）同学们按照自己的选择分为三个小组，第一组是参加农业生产实践的，第二组是参加工业生产实践的，第三组是参加商业实践的。

（3）小组建成后，开展内部讨论，每个人陈述自己为什么要选择该类生产劳动实践，将从事哪种具体的实践活动。

（4）讨论结束后，各组把每名同学的想法归纳分类，推选一名同学作总结性汇报。

（5）教师根据汇报进行分析、总结，对同学们的选择给予点评并赋分。

实践活动 8-1

玉米地的除草、施肥

一、实践内容

（1）给玉米地除草、间苗，确保玉米的株距适合玉米生长。

（2）给每棵玉米秧苗施肥。

二、实践目的

（1）了解除草、施肥对玉米成长的重要性。

（2）了解肥料的种类和农家肥的生产过程。

（3）掌握除草和施肥的劳动技能，体会劳动之美。

（4）培养不怕苦、不怕脏、不怕累的劳动精神。

3·12植树节

三、实践过程

（1）认识除草和施肥所需要的劳动工具，如锄头、镢头和装肥料的筐或桶。

（2）了解肥料的种类。玉米所用的肥料主要是化肥和农家肥两种，大规模种植选用化肥，小规模有机种植选用农家肥。

（3）进行分组实践。每4个同学为一个劳动小组，一个负责除草间苗，一个负责在玉米根部旁边挖坑，一个负责施肥，一个负责运送肥料。每10分钟4个成员要轮换一下工作岗位，确保每名同学都参加了不同实践环节的劳动。

（4）劳动结束后整理劳动工具。劳动工具在使用后要进行清理，比如锄头、镢头上的泥土要刮掉，筐或桶里的肥料要倒入大堆储存，所有劳动工具清理干净后要整齐、分类摆放。

（5）每名同学撰写劳动体会和劳动收获。

实践活动 8-2

鸭嘴锤的制作

一、实践内容

根据图8-6所示零件图加工鸭嘴锤，加工后实物如图8-7所示。

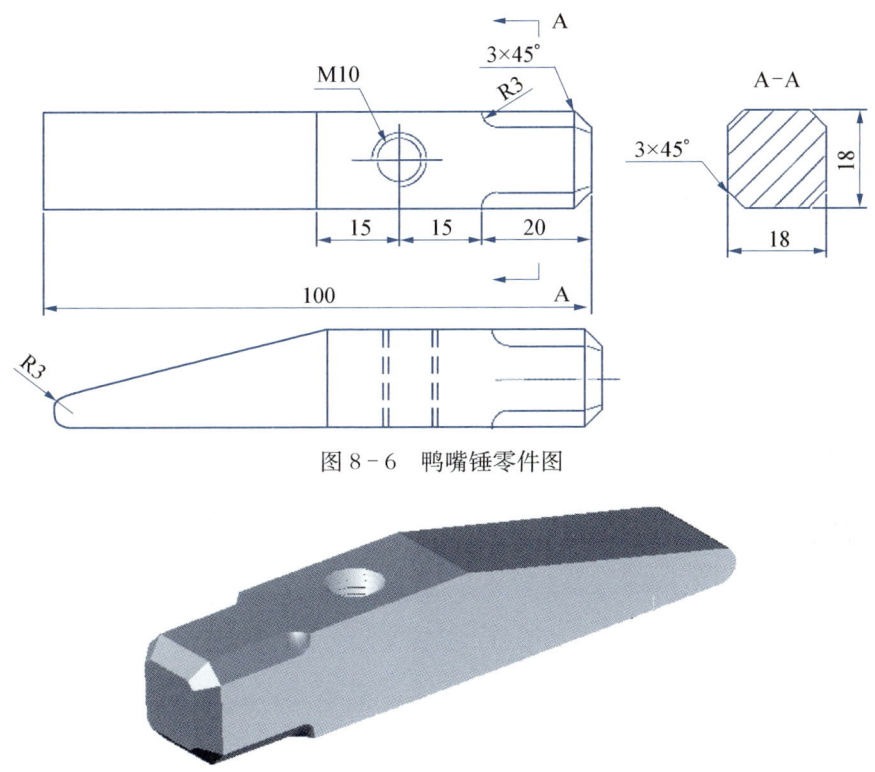

图8-6 鸭嘴锤零件图

图8-7 鸭嘴锤实物图

二、实践目的

(1) 能读懂鸭嘴锤的零件图,了解鸭嘴锤的加工工艺、过程。
(2) 了解锉削、划线、锯割、测量、钻孔和攻丝的基本知识。
(3) 掌握锉刀、钢锯、划线工具、台钻的使用方法。
(4) 培养动手能力、创新精神和工匠精神。

三、实践过程

(1) 在指导教师的指导下,读懂零件图,选择合适的毛坯。

毛坯为截面尺寸为 20 mm×20 mm,长度为 105 mm 的方钢,材质为 Q235 钢。

(2) 制定鸭嘴锤的加工过程。

① 加工基准面。
② 进行基准面平行面和垂直面划线。
③ 加工基准面的平行面和垂直面。
④ 进行倒角、孔中心线、45°斜面划线。
⑤ 加工 45°斜面。
⑥ 加工 R3 圆弧和 C3 倒角。
⑦ 钻孔、攻丝。

(3) 选择加工刀具和测量量具。

刀具:平锉刀、圆锉刀、钢锯、Φ8.5 mm 麻花钻、M10 mm 丝锥一套。

量具：游标卡尺、万能角度尺、刀口尺、90°角尺。

（4）按照加工过程进行加工。

① 加工基准面。

基准面采用锉削的方法加工，如图 8-8 所示。加工时棱边的直线度和基准面的平面度用刀口尺采用透光法检测，如图 8-9 所示。

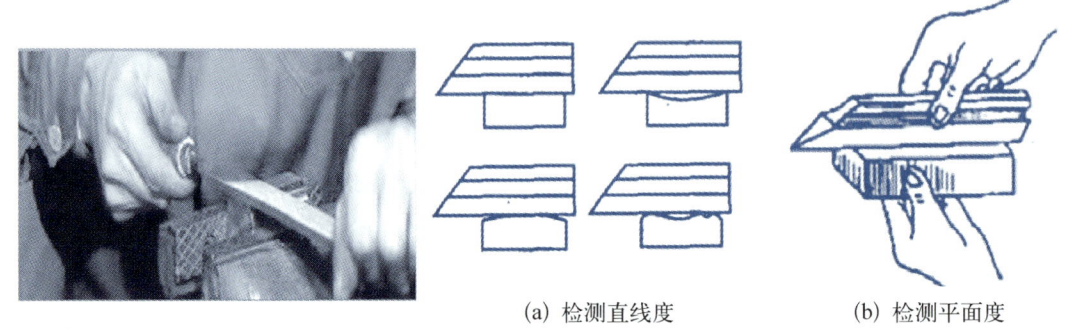

图 8-8　锉基准面　　　　　　图 8-9　用透光法检测直线度和平面度

② 进行基准面的平行面和垂直面划线。

基准面加工完成后，把工件放在划线平台上，用划针划出基准面的平行面和垂直面的位置。

③ 加工基准面的平行面和垂直面。

先加工平行面，加工方法为锉削加工，平行面的平面度和棱边的直线度用刀口尺检测，尺寸用游标卡尺测量。

加工垂直面时，加工方法为锉削加工，垂直面的平面度用刀口尺检测，垂直度用 90°角尺检测，两垂直面之间的尺寸用游标卡尺测量。

④ 进行倒角、孔中心线、45°斜面划线。

把工件放到划线平台上，用划针划线，如图 8-10 所示，所有线要一次性划完，这样可以确保尺寸精度，划完的加工线如图 8-11 所示。

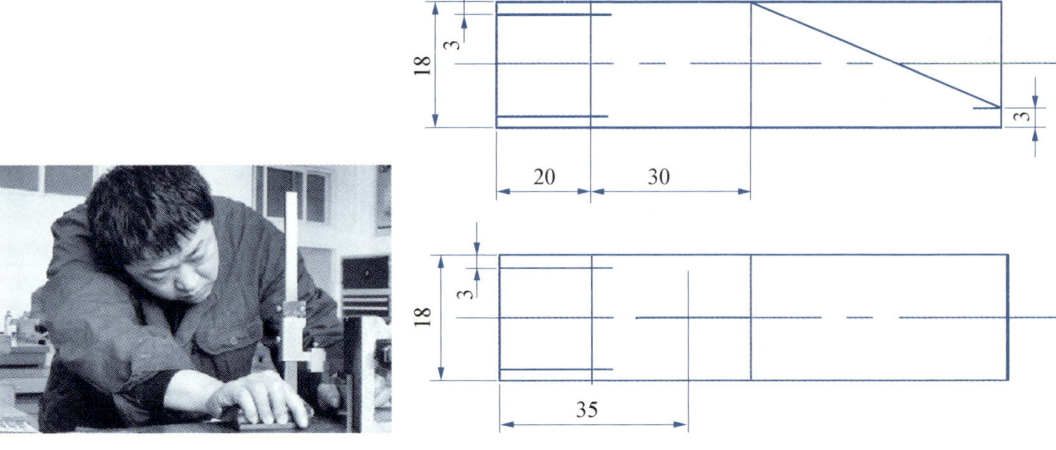

图 8-10　划线方法　　　　　　图 8-11　划完的加工线

⑤ 加工45°斜面。

按照划线位置留出1~2 mm余量把45°斜面锯出,安装锯条时一定要锯齿冲前。锯完再用平板锉加工,锉削加工时一定要确保斜面的平面度。

⑥ 加工R3圆弧和C3倒角。

根据图纸要求,鸭嘴部分是R3圆弧,即斜面与相对应的平面成圆弧光滑过渡,可以采用如图8-12所示方法加工。

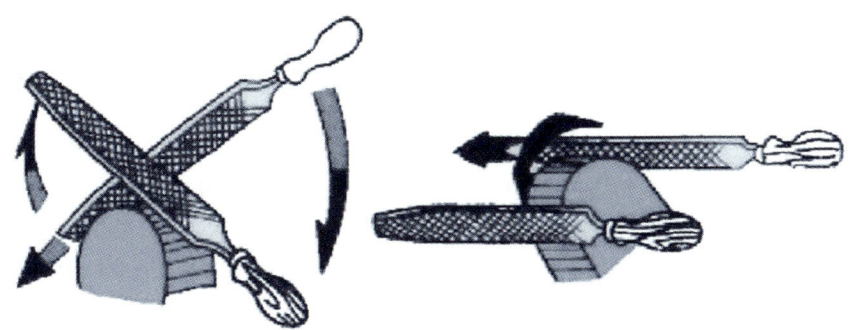

图8-12 圆弧过渡的锉削方法

将锤子头部的四个直角棱用平锉加工成C3倒角,用圆锉加工出R3的圆弧。

⑦ 钻孔、攻丝。

按照图纸上螺纹孔的尺寸选择Φ8.5 mm的麻花钻和M10 mm的丝锥一套。工件在台钻上装夹好后,先用中心钻对其孔进行中心定位,然后换上所需用的钻头钻孔,如图8-13所示。

图8-13 台钻钻孔

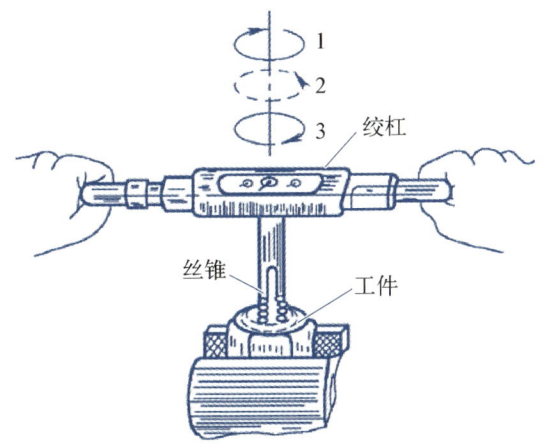

图8-14 手工攻丝

底孔钻完后,把工件夹到虎钳上,利用丝锥和铰杠加工螺纹孔,如图8-14所示。攻丝过程中必须先用头攻(一攻)丝锥,再用二攻丝锥,丝锥和铰杠如图8-15所示。

(5) 去除加工工件毛刺,清理工作台,将工具摆放整齐,量具涂油后放入量具盒内。

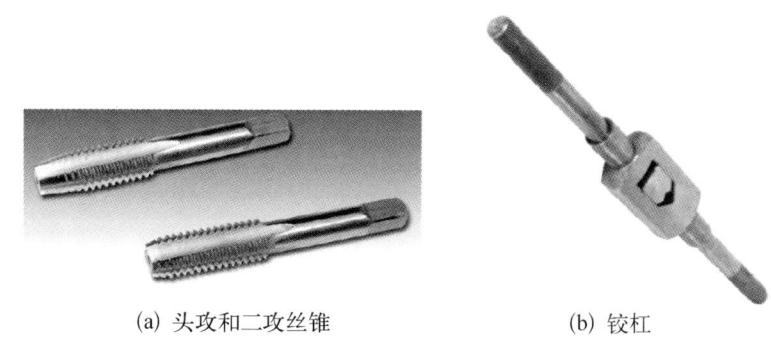

(a) 头攻和二攻丝锥　　　　(b) 铰杠

图 8-15　丝锥和铰杠

(6) 撰写实习报告，实习报告包括下列内容：鸭嘴锤零件图、所选用工具和量具的明细、详细的加工过程和测量过程、加工中遇到的困难及解决方法。

实践活动 8-3

学习劳动模范张秉贵，练就为人民服务的高技能

一、实践内容

学习全国劳动模范张秉贵的先进事迹和为人民服务的精神，完成散装糖果的分装、称重、计价和售卖。

二、实践目的

(1) 培养为人民服务和爱岗敬业的精神。

(2) 培养熟练的包装技能。

(3) 培养对物品重量在感官上的认识和对价钱的速算能力。

(4) 培养团结合作、共同解决问题的能力。

三、实践过程

(1) 分组学习张秉贵的先进事迹。

把同学们分成若干小组，每组 6 人左右，分组后各组进行学习讨论。学习讨论过程中一定要把张秉贵的优良品质和高超技艺有哪些提炼出来。

(2) 练习糖果称重。

每组准备 3 斤散装糖果和一些食品保鲜袋。大家先通过称重练习，对重量建立感官认识。

(3) 价格计算训练。

将糖果按照不同的重量要求分装到不同的保鲜袋内，指导老师给出单价，小组成员计算每一袋糖果的价钱，最先正确算完的小组获胜。如此反复进行 5 次比赛，评出计算能力最强的一个小组。

(4) 包装糖果练习。

每组分别准备包装纸、蝴蝶结、包装盒等物品，如图 8-16 所示。组内成员可以根据自己的喜好选择包装材料，把自己的糖果包装好。

(5) 售卖糖果。

图 8-16 糖果包装材料

将包装好的所有糖果按照成本贴上价签,同学们自谋销售渠道,把所有糖果都售卖出去,收回成本。

(6) 撰写活动总结,把自己从本次实践活动中学到的技能、得到的收获记录下来。

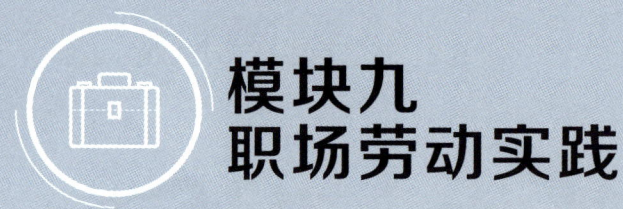

模块九 职场劳动实践

导读导学

千千万万种劳动共同创造了人们的美好生活,社会上的每个人都在不同的岗位上服务他人,贡献社会。大学生作为"一只脚踏入社会"的特殊群体,正在完成社会化的转变,作为一个有完全行为能力的成年人,也要开始独自面对复杂的社会,并承担起对自己和家庭、社会的责任。

岗位实习是进入职业活动之前较为系统的实践锻炼,在某种意义上也可以被视作一种准职场劳动。在岗位实习中,通过实践了解社会、在实践中巩固知识,为以后进一步走向社会打下坚实的基础,能更加从容地迎接未来正式的职场劳动。但在职场劳动中充斥着各种安全问题,这些安全问题有的可以直接感受到,有的却是潜在的。安全无小事,这需要提高劳动安全意识。

从大学进入社会后,将迅速成为我国工业、农业、服务业等各个领域的中坚力量,职场与校园有截然不同的环境和文化,如何适应这一转变,顺利度过职业适应期,将是摆在每一个大学生面前的现实问题。提高职业适应性,需要在校期间提前做好相关准备,尽快实现个人与职场的融合,以便进入职场后能得心应手地展开工作,并且养成终身学习的习惯,保障个人职业的长久发展。

本模块包括岗位实习和现场管理、角色转换和职场适应、职场文化融合和终身学习三部分,帮助学生围绕将从事的职场劳动做必要准备。岗位实习和现场管理强调了岗位实习中的行为规范和安全事项,现场管理的基本要求及其与安全生产的概念、作用;角色转换和职场适应重点强调了职场新人该如何尽快转变角色并适应职场、融入工作团队;职场文化融合和终身学习明确了职场文化融合的内涵、重要性及终身学习的概念、内涵,引导学生运用职场沟通与合作技巧、发现问题与解决问题的方法完成职场文化融合,培养终身学习的习惯。

9.1 岗位实习和现场管理

◇哲人隽语◇

纸上得来终觉浅,绝知此事要躬行。

——陆游

学习目标

1. 能复述岗位实习须知包含的内容,理解现场管理的概念。
2. 能联系岗位实习学生行为规范,帮助自己快速融入准职场,能在职场工作中运用现场管理方法。

3. 重视现场问题，形成用"5S"方法管理现场工作的习惯。

岗位实习中的意外

小宁在某高职院校的机电一体化专业学习两年后，按照学校安排进入了岗位实习阶段。小宁被分配到了一家大型工程机械制造企业从事装配钳工的工作。他每天的工作是用航车将大型齿轮从一个工位运送到另一个工位。某一天，小宁像往常一样运送大型齿轮，正好有同事经过航车，齿轮突然有点歪，小宁担心齿轮会掉下来，所以就想用手去扶正齿轮，结果两个齿轮朝着他手扶的方向滑动，当时就夹住了小宁的右手中指和食指，将这两个手指的骨头夹断了。

分析：

保证安全是人生最大的智慧，这一最大的人生智慧并非与生俱来的，它需要不停地学习和演练最新的安全知识，并在"知"的基础上"会"保障自己与他人的安全。岗位实习作为一种准职场劳动，需要我们能相对独立地参与实际的工作。在工作中，安全无小事，小宁因为疏忽大意，付出了巨大代价。只有掌握岗位实习须知和现场管理方法，才能顺利完成实习任务，缩短由学生转换为社会人的过渡期。

一、岗位实习

（一）岗位实习的概念

岗位实习是学生在校完成了文化基础课、部分专业课及校内专业实践课的学习之后进行的实践性教学环节，是教学计划的重要组成部分，是学校专业教学过程的延伸。岗位实习体现了理论联系实际的教学原则，是提高学生职业能力、培养高素质技术技能人才的重要环节。作为学生，通过岗位实习，可以开阔视野，提前了解社会，增强岗位意识和岗位责任感，加深对专业的认识，培养适应岗位的能力和创新能力，提高自身的实践、动手能力，为"零距离"就业打下坚实的基础。

（二）岗位实习的相关法律及规定

我国现行有关的法律法规主要包括设计岗位实习相关原则性规定的《中华人民共和国职业教育法》、用以规范岗位实习所涉及的学校、学生和实习单位三方权利、义务关系的协议的《中华人民共和国民法典》。

2016年4月，教育部等五部门印发了《职业学校学生实习管理规定》，2022年1月，教育部、工业和信息化部、财政部、人力资源社会保障部、应急管理部、国务院国资委、市场监管总局、中国银保监会联合印发了新修订的《职业学校学生实习管理规定》，对岗位实习管理提出了具体要求。

1. 实习组织方面

（1）职业学校安排岗位实习，应当取得学生及其法定监护人（或家长）签字的知情同意书。

(2) 学生自行选择符合条件的岗位实习单位,应由本人及其法定监护人(或家长)申请,经学校审核同意后实施;

(3) 岗位实习学生的人数一般不超过实习单位在岗职工总数的10%;

(4) 具体岗位实习的学生人数一般不高于同类岗位在岗职工总人数的20%;

(5) 任何单位或部门不得干预职业学校正常安排和实施实习方案;

(6) 不得强制职业学校安排学生到指定单位实习;

(7) 学生在实习单位的岗位实习时间一般为6个月,具体实习时间由职业学校根据人才培养方案安排。

2. 实习管理方面

(1) 职业学校和实习单位要依法保障实习学生的基本权利,并不得有以下情形:

安排、接收一年级在校学生进行岗位实习;

安排、接收未满16周岁的学生进行岗位实习;

安排未成年学生从事《未成年工特殊保护规定》中禁忌从事的劳动;

安排实习的女学生从事《女职工劳动保护特别规定》中禁忌从事的劳动;

安排学生到酒吧、夜总会、歌厅、洗浴中心、电子游戏厅、网吧等营业性娱乐场所实习;

通过中介机构或有偿代理组织、安排和管理学生实习工作;

安排学生从事Ⅲ级强度及以上体力劳动或其他有害身心健康的实习。

(2) 除相关专业和实习岗位有特殊要求,并事先报上级主管部门备案的实习安排外,实习单位应遵守国家关于工作时间和休息休假的规定,并不得有以下情形:

安排学生从事高空、井下、放射性、有毒、易燃易爆,以及其他具有较高安全风险的实习;

安排学生在休息日、法定节假日实习;

安排学生加班和上夜班。

(3) 接收学生岗位实习的实习单位,应当参考本单位相同岗位的报酬标准和岗位实习学生的工作量、工作强度、工作时间等因素,给予适当的实习报酬。

(4) 职业学校和实习单位不得向学生收取实习押金、培训费、实习报酬提成、管理费、实习材料费、就业服务费或者其他形式的实习费用,不得扣押学生的学生证、居民身份证或其他证件,不得要求学生提供担保或者以其他名义收取学生财物。

(5) 实习学生应当遵守职业学校的实习要求和实习单位的规章制度、实习纪律及实习协议,爱护实习单位设施设备,完成规定的实习任务,撰写实习日志,并在实习结束时提交实习报告。

3. 实习考核方面

(1) 职业学校要会同实习单位,完善过程性考核与结果性考核有机结合的实习考核制度,根据实习目标、学生实习岗位职责要求制订具体考核方式和标准,共同实施考核。

(2) 学生实习考核要纳入学业评价,考核成绩作为毕业的重要依据。

(3) 职业学校应当会同实习单位对违反规章制度、实习纪律、实习考勤考核要求以及实习协议的学生,进行耐心细致的思想教育,对学生违规行为依照校规校纪和有关实习管理规定进行处理。学生违规情节严重的,经双方研究后,由职业学校给予纪律处分;给实习单位造成财产损失的,依法承担相应责任。

4. 监督与处理方面

(1) 对违反本规定组织学生实习的职业学校,由职业学校主管部门依法责令改正;因工作失误造成重大事故的,应当依法依规对相关责任人追究责任。

(2) 实习单位违反本规定,法律法规规定了法律责任的,职业学校可根据情况调整实习安排,根据实习协议要求实习单位承担相关责任。

(3) 对违反本规定从事学生实习中介活动或有偿代理的实习单位,法律法规规定了法律责任的,由相关部门依法依规追究责任;构成犯罪的,依法追究刑事责任。

此外,岗位实习是学校的实践性教学环节之一,职业院校会制定一些行为规范,需要学生在岗位实习过程中遵守(具体可参考案例9-1)。

案例9-1

××学院岗位实习学生行为规范

(1) 认真遵守国家法律、社会公德和校规校纪,遵守实习单位规章制度。

(2) 要有高度的安全意识,认真学习并严格执行实习岗位有关的安全操作规程,并不断提高岗位相关的技术技能水平。

(3) 尊重实习单位的企业文化和行为规范,尊重实习单位的领导、指导师傅和带队教师,团结同事,言行文明,不得酗酒、寻衅闹事、打架斗殴。

(4) 遵守实习单位的作息时间,晚上休息时间不外出,不在外留宿,不得在实习单位安排的宿舍内留宿他人。实习期间不得擅自离开实习单位到外地游玩。工休日及法定节假日外出,应结伴同行,并告知老师或同事。

(5) 进入实习场所必须穿戴好规定的劳保用品,女同学不准穿高跟鞋、拖鞋、裙子上岗,男同学不准穿拖鞋、背心、短裤上岗。

(6) 爱护工位设备。未经同意,不私开他人的工具箱,不挪用其他人的工具。保持工作场所的整洁,做到文明生产。

(7) 在实习单位指定的地点、指定的岗位上实习,集中精力,不擅自离开岗位、做与岗位无关的事或制作私人物件,严禁串岗、打闹、喧哗。

(8) 工作开始前,首先要检查机械设备及相关器具有无故障,及时进行必要的维护保养,确认安全后方可启动使用;存在安全隐患的设备,严禁启动使用。

(9) 凡是未经熟悉的设备、工具等,应先请师傅讲清操作方法后再操作,禁止使用未经许可的机器、工具,以免发生危险。

(10) 下班时要做好交接工作,切断电源,熄灭火种,清理工作场地(将废料清理干净,保养好设备,收拾好工具,切断一切电源,关好门窗)。确认安全后方可离开。

(11) 对实习单位保密的图件、资料、信息等,要根据实习单位的保密规定,确保图件、资料、信息的安全。

(12) 注意交通、饮食、财产安全,不进入网吧、溜冰场、营业性歌舞厅、游戏厅等场所。遇火灾应报警和紧急疏散,不要盲目冲到火灾现场扑救,以免发生不必要的伤亡。

(13) 如有突发事件或重大情况，及时报告实习单位或带队教师，不拖延，不隐瞒。

分析：

岗位实习学生行为规范是对学生实习期间行为的提醒与约束，有助于学生在校外实习期间树立安全意识，避免各种事故发生，保障岗位实习工作顺利进行。岗位实习期间需要注意的事项有很多，除规范中的细节问题外，如何树立乐观积极的心态、处理好人际关系、提升自身能力和素质也是学生适应准职场生活时需要注意的问题。

二、现场管理

（一）现场管理的概念

现场管理是管理人员对生产现场的人、机、料、法、环境等生产要素进行有效管理，并对其状态不断进行改善的基础活动。

（二）"5S"管理方法

"5S"管理方法是一种有效的管理办法，它以整理（seiri）、整顿（seiton）、清扫（seiso）、清洁（seiketsu）这"4S"为手段，以实现第5个"S"素养（shitsuke）为目的。"5S"有助于营造一目了然的现场环境，使企业中每个场所的环境、每位员工的行为都符合"5S"管理的精神，有助于提高现场管理水平、提升现场安全水平和产品质量，如表9-1所示。

表9-1　"5S"的含义

项目	含义	具体内容
整理（seiri）	要与不要，一留一弃	区分需要的和不需要的物品，清除不需要的物品
整顿（seiton）	明确标识，方便使用	将需要的物品按量放置在指定的位置，以便任何人在任何时候都能立即取用
清扫（seiso）	清扫垃圾，美化环境	除掉车间地板、墙、设备、零部件等上面的灰尘、异物，创造干净、整洁的环境
清洁（seiketsu）	洁净环境，贯彻到底	保持整理、整顿、清扫，从根源上清除使现场产生混乱的原因
素养（shitsuke）	持之以恒，养成习惯	遵守企业制定的规章纪律、作业方法，注重文明礼仪，具有团队合作意识，使员工能自发地、习惯性地改善行为

"5S"活动之间是紧密联系的，整理是整顿的前提，整顿巩固了整理的成果，清扫能显现出整理、整顿的效果，而通过清洁和素养，生产现场可以形成良好的氛围。"5S"活动的运作关系，如图9-1所示。

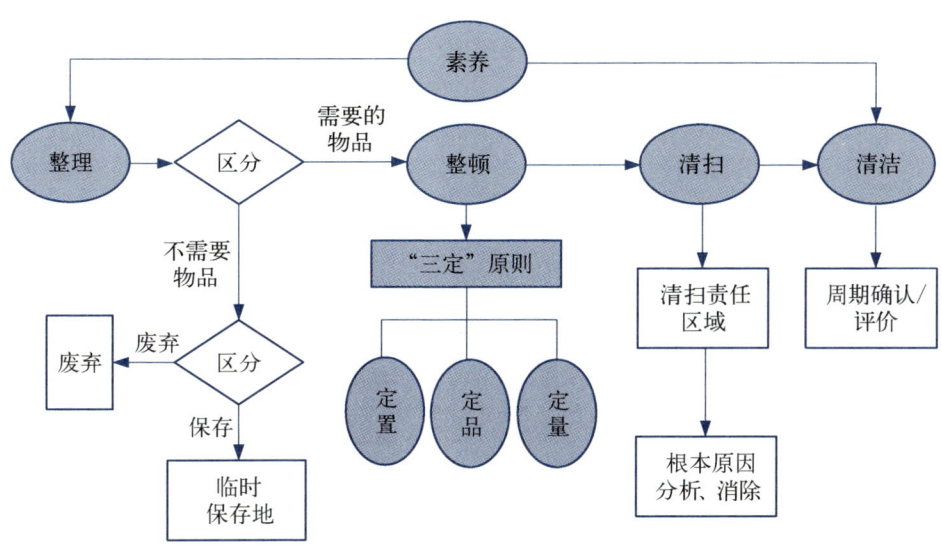

图 9-1 "5S"活动运作关系示意图

1. "5S"管理的目的

"5S"现场管理来源于日本,"安全始于整理、整顿,终于整理、整顿"是"5S"在日本的宣传口号。"5S"现场管理是安全生产的基础,是职场劳动中安全意识的体现。推行"5S"管理有助于提升现场管理水平、确保生产的安全。整理的目的是确保通道畅通,改善现场环境,提高工作效率,保障安全生产;整顿的目的是提高工作效率和产品质量,保障安全生产;清扫的目的是清除垃圾,保持现场干净;清洁的目的是改善工作环境,提升员工的工作热情;素养的目的是提升人员素质,使其养成良好习惯。持续、深入地进行整理、整顿、清扫、清洁,可以从根源上消除造成安全事故的隐患。通过现场管理,最终可以达到提高品质、降低成本、提高效率、减少事故、提高素质的效果。

2. "5S"管理的基本要求

(1) 整理。

整理现场的物品。现场放置一些非必需品,不仅会占用作业现场的空间和通道,而且会妨碍现场的作业,还影响到应急事件的处理,是潜在的安全隐患,因此必须坚决清理非必需品,将其清除或放置在其他地方。整理是安全生产的重要前提。

(2) 整顿。

整顿即按定置、定品、定量的"三定"原则进行现场整顿。为保障通道的畅通,应尽可能隐蔽放置及集中放置物品,减小物品的放置区域,采用各种方式隔离放置区域,合理利用空间,使标志清楚明了,安全消防设施放置要易取。整顿是安全生产的必然要求。

(3) 清扫。

选定清扫的负责区域,并把负责的区域清扫干净。恶劣的环境是造成安全事故的隐患,如电缆沟内长期积水、积泥,可能导致电缆短路。现场作业人员在执行清扫工作的同时也是在做检查工作,对清扫中发现的问题,要及时解决。如及时消除清扫过程中发现的地板凹凸现象;马上紧固松动的螺栓,及时补上丢失的螺钉、螺母等配件;及时更换老化的或可能破损的水、气、油等管道;按时维修保养机器设备,添置必要的安全防护装置;等等。清扫是安全生产的重要保障。

(4) 清洁。

清洁是巩固整理、整顿、清扫效果的必要手段。应规范清洁管理,落实安全责任。"5S"推行人员应根据各部门的工作内容、工作环境制定明确的清洁标准,使清洁的工作内容和目标更加明确,如表9-2所示。

表9-2 清洁标准

项次	检查项目	等级	得分	考核标准
1	通道和作业区	1级	0	没有划分
		2级	2	画线清楚,地面未清扫
		3级	5	通道及作业区干净、整洁
2	地面	1级	0	有污垢,有水渍、油渍
		2级	2	没有污垢,有部分痕迹,显得不干净
		3级	5	地面干净、光洁
3	货架、办公桌、作业台、会议室	1级	0	很脏乱
		2级	2	虽经过清理,但还是显得脏乱
		3级	5	整洁,井井有条
4	区域空间	1级	0	阴暗、潮湿
		2级	2	有通风,但照明不足
		3级	5	通风、照明适度,干净整齐

(5) 素养。

素养的要点是制度完善、活动推行、监督检查。制度完善是指根据企业状况、"5S"实施情况等完善现有的规章制度,如厂纪厂规、日常行为规范、"5S"工作规范等。活动推行是指通过班前会、员工改善提案等方法的实施,改善现场的工作状况。监督检查是指将定期检查和不定期巡检结合,加强监督、考核,使各部门人员形成良好的工作习惯和素养。其中,素养活动检查内容可包括如下项目,如表9-3所示。

表9-3 素养活动检查项目表

素养检查大项	素养检查细则
服装检查	(1) 是否穿戴规定的工作服上岗; (2) 服装是否整洁、干净; (3) 厂牌等是否按规定佩戴整齐; (4) 工作服是否穿戴整齐; (5) 鞋子是否干净、无灰尘。

续 表

素养检查大项	素养检查细则
仪容、仪表检查	（1）仪容、仪表是否整洁，充满朝气； （2）是否勤梳理头发，不蓬头垢面。
行为规范检查	（1）是否做到举止文明，有修养； （2）是否遵守公共场所的规定； （3）是否做到团结同事，友好沟通、相处； （4）上下班时是否互致问候； （5）是否做到工作齐心协力，富有团队精神； （6）是否做到守时，不迟到、早退； （7）是否在现场张贴、悬挂"5S"活动的标语； （8）现场是否有"5S"活动成果的展示窗或展示栏； （9）是否灵活应用照相或摄像等手段协助"5S"活动的开展； （10）是否已经养成遵守各项规定的习惯； （11）车间、班组是否经常开展整理、整顿、清扫、清洁活动。

总结案例

参与"5S"现场管理整改，岗位实习收获满满

某职业院校的学生小张来到一家企业进行岗位实习。这家企业正在开展通过"5S"现场管理对工作环境进行整改的活动。小张认为这次岗位实习不仅使他获得了专业技术水平上的提升，更让他深刻体会到了"5S"现场管理这一工作方法对保证安全、提高效率的重要性。

作为"5S"整改的直接参与者，他非常自豪自己为企业做出的贡献，也十分珍惜现场管理的成果。厂区内有一个用来堆放备品备件的小院子，在没有进行"5S"现场管理之前，地面物品堆放杂乱，如果发生火灾，会造成很大的安全隐患。小张看到之后，和几个一起来岗位实习的同学动手制作了货架，挂了标牌，所有的备品备件都整整齐齐码放在上面，并且不用的都会被及时处理掉。无论在休息室还是主控室，都可以看到服装、工具、设备整齐摆放，各种标识明确且明显，不存在物品随意堆放，随地乱扔杂物、烟蒂的现象。

小张在他的实习报告中写道："5S"管理整改活动提高了工作效率，增强了员工对企业的认同感，员工的精神面貌大为改观，企业的效益也因此提升了。

分析：

小张的岗位实习收获颇丰，"5S"现场管理绝不是打扫卫生那么简单，它提供了一个舒适的工作环境，保障了作业场所的安全，塑造了企业的优良形象，增强了员工的工作热情和敬业精神，稳定了产品的质量水平，同时提高了工作效率，降低了消耗，延长了设备的使用寿命，减少了维修费用。要让"5S"现场管理最大限度地发挥作用，离不开管理者的思考与规划和每一位员工的落实与推进。

课堂活动

班组现场管理该如何做

一、活动目标

根据"5S"管理方法,结合专业实习经验,掌握现场管理的关键点,为未来进入职场后的现场管理奠定良好基础。

二、活动时间

30 分钟。

三、活动流程

(1) 教师按照 6~8 人一组把学生分组,要求每名学生必须提出至少 3 个有建设性的建议。

(2) 所有人带着"班组现场管理该如何做"的问题查找相关资料,并把自己的建议逐一记录下来。

(3) 小组成员集体进行头脑风暴,通过小组内部讨论形成小组观点,列出本组认为的关键点及原因。

(4) 每组选出一名代表分享本组观点,其他小组可以对其进行提问,小组内其他成员也可以回答提出的问题;通过问题交流,将每一个需要研讨的问题都弄清楚。

(5) 教师进行分析、归纳、总结。

(6) 教师根据各组在研讨过程中的表现给予点评并赋分。

9.2 角色转换和职场适应

> ◇ 哲人隽语 ◇
>
> 情况是在不断地变化,要使自己的思想适应新的情况,就得学习。
>
> ——毛泽东

学习目标

1. 理解角色转换的概念,能描述学生角色与职业人角色的区别。
2. 掌握尽快适应职场环境的方法和融入工作团队的方法。
3. 增强自身职业适应性,为未来的就业奠定基础。

9.2 / 角色转换和职场适应

引入案例

令人意外的调查结果

某社会调查中心针对社会对大学生的评价和大学生进入社会后的自我感觉进行了调查,结果让人吃惊:在工作精神方面,67%的企业认为毕业生不够踏实、缺乏实干精神,而71%的毕业生认为自己是能够吃苦耐劳的;在团队合作方面,52%的企业认为毕业生团队合作精神较差,以自我为中心的情况严重,而76%的学生认为自己具备与团队共进退的精神;在薪资方面,61%的企业认为毕业生的薪资要求较高,不切实际,用这些钱可以聘用到经验更丰富的人,而79%的学生认为他们的薪资要求是合适的,与他们的学历、能力相符合。

分析:

调查说明,用人单位对毕业生在工作中的表现,特别是团队合作方面评价不高,而毕业生却大多自我感觉良好。这个调查结果在一定程度上反映了毕业生从学校进入社会时的种种不适。大多数学生对陌生的职场有良好的期待,却发现现实与愿景相差很大:在大学期间所形成的各种习惯和行为,在企业中却并不被接受,书本知识不同于实际经验,语言描述不同于动手操作,文明谈吐不同于销售技能,等等。虽然毕业生在走向社会时自我感觉良好,但企业对他们的表现并不很满意,大多数毕业生存在如何顺利地实现自己的角色转换、尽快适应社会需求的问题。

一、学生角色到职业人角色的转换

(一)角色转换的概念

角色转换是指在社会关系中个体地位的变化。人的社会任务不断变化,角色也随之变化,从一个角色进入另一个角色,这个过程称为角色转换。人的一生中有许多次角色的转换,比如从学生到职业人,从子女到父母。从学生角色到职业人角色的转换是每个人必须经历的过程,也是人生中最重要的一次转折。

(二)学生角色与职业人角色的区别

学生角色:接受任务,储备知识,经济无法完全独立,生活在家长和学校的庇护下,与社会打交道不多,人际交往较为简单,同学之间年龄相差不大。

职业人角色:工作目的性明确,经济压力大,工作负荷大,有更强的社会责任感,承担各类风险,生活独立,与同事心灵沟通较少,人际关系复杂。

学生角色与职业人角色的具体区别,如表9-4所示。

表 9-4 学生角色与职业人角色的区别

	学 生 角 色	职 业 人 角 色
社会责任不同	学生以学习、探索为主要任务,整个角色发展过程是接受教育、储备知识、锻炼能力的过程。使自己德智体美劳全面发展是其主要社会责任	职业人依靠自己的本领或技能为社会和他人服务。职业人必须适应社会、服从管理,在工作中犯了错误,必须承担责任
社会规范不同	学生行为准则规范学生的行为。学生是受教育者,在其违反角色规范时,惩罚是辅助手段,以教育帮助为主	对职业人角色的规范因职业的不同而各不相同,但都比对学生的社会规范更严格,一旦违背社会规范,就要承担严肃的责任,甚至是法律责任
社会权利不同	学生的主要活动是学习,因此,学生角色强调知识的输入、吸收与接纳,对知识的输出和运用强调较少	运用自己的知识和能力,向外界提供自己的劳动,即输出、应用与创造性地发挥自己的知识和才能,并在履行义务的同时取得报酬
面对的环境不同	采取寝室—教室—食堂三点一线的简单而安静的生活方式,享受单纯的校园文化气氛。学习时间可弹性安排,有较多的休息日。教学大纲为其提供清晰的学习目标,学术上多鼓励师生讨论甚至争论,在规定的时间内完成布置作业即可	面临快速的生活节奏,按时上下班,不能迟到早退,休息日很少;一切以经济利益为导向
自我管理的要求不同	学校生活是一种集体生活,实行统一的作息制度,对学生有统一的行为规范,学生违反了纪律要受到惩罚,因此许多学生对学校管理形成了依赖心理。此外,学生在校的生活来源主要依赖家庭支持	单位只在工作时间对员工提出要求,其他时间由员工自行支配,由社会公共道德约束。职业人不仅在经济上独立,在其他方面也独立
人际关系不同	学生的主要任务是掌握科学文化知识,提高自身的素质和能力,竞争只是促进学习的手段,并未从根本上影响学生的利益,学生的人际关系较简单	成为职业人后,竞争是不可避免的,竞争的胜败直接关系到利益的分配,这决定了职业人间的关系相对复杂

(三) 职业角色转换的内容

要平稳地做好职业角色转换,需要做到以下"五个转向":

1. 从"情感导向"转向"职业导向"

进入职场后应尽可能按照职业操守行事,即使认为自己非常有能力,也要遵章办事,而不能像学生时代那样一味任由自己的性情待人接物。

2. 从"思维导向"转向"行为导向"

很多大学生说起理论来头头是道,到了岗位上却眼高手低。在角色转换过程中要切记变思想为行动。

3. 从"成长导向"转向"责任导向"

学生时期的主要职责和任务是积累知识,而工作后则要开始承担各种责任。

4. 从"个体导向"转向"团队导向"

职场最看重的是员工绩效和团队合作,大学生大多有一个明显的特点就是个性强,团队和集体意识淡薄,这一转向很重要。

5. 从"兴趣导向"转向"责任导向"

许多大学生喜欢凭兴趣做事,较注重自我感受。但作为职业人,为家庭、为公司,也为社会,凡事要考虑全局。

二、职场适应

(一)职场适应的内容

许多毕业生走上岗位后会产生对新环境的诸多不适应,主要表现为心理、生活、工作、人际关系上的不适应。任何人对环境都有一个适应过程,怎样尽快适应新环境呢?

1. 心理适应

发挥整体协作意识、独立工作意识、创造意识,要克服以下五种心理:对学生角色的依恋心理、观望等待的被动心理、消极退缩的自卑心理、苦闷压抑的孤独心理、见异思迁的浮躁心理。一般新人刚跨入职场,总是从基层做起,由于缺少基层工作经验,会不习惯一些制度、做法,这时要学会入乡随俗,学会模仿和独立工作。

2. 生理适应

既然步入了职场,就已经从学生转变成了职业人,原来的许多生活习惯就需要改变。在学校的时候,上课迟到等行为也许不会造成什么严重的后果,但在工作中,如果迟到、旷工,就会对业绩造成不良的影响;如果工作失误,就会造成经济损失。所以为了职业前途,需要加强自我管理,遵守职场规则,快速适应职场生活。

案例 9-2

频繁跳槽为哪般

小秦从学校毕业后,不到 5 年时间就换了 13 份工作,最长的干了不到一年,最短的干了一个月都不到。很多和他类似的年轻人,每个岗位做 3~5 个月,不是嫌弃工资不高,就是挑剔公司环境不好,入职时间不长就想着跳槽。

数据分析显示,"薪资福利偏低""个人发展空间不够""想改变职业或行业""工作要求高,压力大""对单位管理制度和文化不适应"是高校毕业生半年内选择主动离职最重要的五大原因。而其中认同度增长明显的两个离职原因是"工作要求高,压力大""对单位管理制度和文化不适应",这也是初入职场时无法适应岗位要求的表现。

分析:

对于新人,尤其是对前途还是一片迷茫、找不准自己方向的新人而言,在年轻的时候多跳几次槽未必是坏事,可以多经历一些公司,多经历一些事情,倾听自己的内心,找准自己真正感兴趣的路。但如果一直无法适应职场,总是片面地认为自己能力强,公司所能够给予的发展空间、薪酬等不令人满意,当你真正遇到一个非常适合

> 自己的公司时,你未必能认得出它。公司再好,你也会不甘心就这样一辈子留下,等到跳槽后发现错了,再想回去,也未必有机会了。频繁地跳槽对人脉圈子、职业能力、职业心态、个人发展、薪资待遇、个人信誉等都有不利的影响。毕业生在选择跳槽时,要慎之又慎。

3. 岗位适应

年轻人容易将事情看得简单而理想化,在跨出校门前,对未来充满憧憬。当这些职场新人接触现实环境时,现实会让他们在初入职场时就走了弯路,以至于碰了壁还莫名其妙、不知所措,产生失落感。因此大学生在踏上工作岗位后,要学会根据现实的环境调整自己的期望值和目标,为自己做一个良好的职业规划,明确职业目标是什么,在职场中自己该扮演什么角色,该怎样去强化自己,并且刻苦钻研,这样自然能得到较好的发展。

4. 知识技能适应

学校比较注重理论知识学习,而职场更注重动手能力和经验的积累。因此,要主动投入到再学习中,学习能让我们尽快适应工作。职场竞争在加剧,学习不仅是一种心态,更应是一种生活方式。为适应社会发展和实现个体发展,每个职业人都要培养不断探索、自我更新、学以致用和优化知识的良好习惯,同事、上级、客户、竞争对手都是老师。谁会学习,谁就能成功,就能使得自己与职业岗位相关的技能更加完善。

(二) 建立良好业缘人际关系

与象牙塔里单纯的人际关系不同,踏入职场,人际关系也相应地复杂了起来。刚走上工作岗位的新人最容易犯的毛病是过于高傲,把姿态放低,恰当的礼貌往往会有助于赢得好感。无论对上级还是同事,都要彬彬有礼。当面对复杂情形或困境时,要仔细观察,用心揣摩,注意言谈举止,有意识地提升职场情商,这样就能明显改善自己在职场中的生存环境,使自己进入良性和快速发展轨道。

建立良好的业缘人际关系(也称职场人际关系)也是化解职场冲突和危机的重要方式。在职场中,需要重点关注的人际关系主要是与上级的关系、与同事的关系和与客户的关系。

1. 建立良好业缘人际关系的原则

(1) 尊重他人,和平相处。

"敬人者,人恒敬之。"同事之间交往时,应该彼此尊重。人和人之间的关系是平等的,不因职业、收入而改变。相互尊重、平等待人是建立良好人际关系的前提。

(2) 严己宽人,包容谦让。

在与他人的交往中,要努力做到严于律己,宽以待人,以责人之心责己,以恕己之心恕人。遇到事情能进行换位思考,不斤斤计较,做到谦让大度,宽容守礼,这是建立良好人际关系的润滑剂。

(3) 诚实守信,进退有度。

君子重诺,而诚信乃立身之本。在日常生活、工作中养成良好的习惯,做到诚实守信。同时,与人交往时应注意进退有度,保持合适的距离,不给他人造成困扰和误会。

2. 与上级建立良好的关系

与上级友好相处是职业生涯发展中的最基本策略。与上级建立良好关系有多种方式,其主要目标是使自己被看作对工作群体有重大贡献的人。具体策略有以下几方面:

(1) 取得出色的工作绩效。

(2) 表现出良好的职业道德。

(3) 展现出较高的情商,能处理好感性和情绪问题。

(4) 认真对待工作,展现出可靠和诚实。

(5) 即使没有被许诺给予特别的报酬,也愿意为了组织的利益而工作。

(6) 营造适时出现的好印象,包括参与大家高度关注的项目,和团队成员多多接触,参与管理者关注的活动,给出关于工作的建设性意见。

(7) 了解上级对你的期待,适应上级的工作方式。

(8) 少抱怨。

(9) 避免越级上报。

(10) 慎重参与上级的社交活动,与上级保持一般而友好的关系。

3. 与同事建立良好的关系

个体如果不能融洽地与他人合作,完成工作会变得很困难,可能会产生工作挫折感、压力感,还会降低工作效率。而良好的同事关系会让你在工作中感到愉快,更容易获得支持。下面是一些维持良好同事关系的策略。

(1) 提高自己的修养。彬彬有礼、善良、富有合作精神且保持乐观心态的人,易于在职场中获得朋友和同盟军。

(2) 让他人觉得自己是重要的。一个培养与他人良好关系的准则就是让对方感到自己的重要性。

(3) 维持开诚布公的关系。与同事进行坦率而有策略的沟通,准确表达自己的感受。

(4) 成为团队建设的高手。要关注团队的绩效和合作,而不是只关注个人绩效,对他人的困难袖手旁观。

(5) 遵守团队行为准则。团队行为准则是成员在团队中区分应该做和不应该做的事情的标准,它指导团队成员如何与其他成员进行积极互动。

(6) 关心同事的工作和生活。用心发现与同事的共同点,但不要打探他人隐私和过度介入他人私人生活。

(7) 适当地称赞别人。称赞同事最引以为豪之处,给予他人认可。

4. 与客户建立良好的关系

和客户建立良好关系的有效方法是成为尊重客户的人。以下建议能帮助个体和顾客建立起密切的、有价值的、持久的关系。

(1) 确立客户满意目标,这一目标将决定你取悦顾客的努力方式和努力程度。

(2) 理解客户的需要,并把它们置于首位,集中精力满足客户的需要,而非应付。

(3) 在和客户接触的过程中,要对其生活情况表示关心和关注。

(4) 以积极的态度来沟通。可以通过丰富的表情、友好的手势、热情的音调和良好的交流技巧来表达你的积极态度。

(5) 让客户因为接受你的服务或从你这里购买商品而感觉良好。

(6) 展示高尚的商业道德,像对家人和朋友一样对待客户。

(7) 面对客户的抱怨时,首先伸出援助之手,而非首先辩白。

(8) 邀请回头客,这种邀请越具体、越有针对性,就越会对客户的行为产生影响。

(三) 入职须知

1. 全面了解新环境

(1) 主动了解企业的基本情况。

正所谓"知己知彼,百战不殆",在正式进入企业就职之前,应该通过各种途径搜集企业信息,全面了解企业情况,包括企业的建制沿革、发展现状、组织架构、工作流程、规章制度、薪资福利等,以减少心理上的不适应感,尽快进入工作角色,为今后正式就职、融入团队打下基础。

(2) 了解企业文化。

企业文化是文化现象在企业中的体现,是在一定社会历史环境下,企业及其成员在长期的生产经营活动中形成的文化观念和文化形式的总和,是包含企业员工共同的价值取向、经营哲学、行为规范、共同信念的价值观念体系。对于新员工而言,熟悉企业文化是了解本企业的关键环节。只有了解企业文化,才能迅速理解企业的精神和宗旨,使自己的行为符合企业的总体目标,适应企业发展的步伐,使自己迅速融入这一大家庭。

2. 塑造良好的职业形象

(1) 职业形象影响社会公众对职业人的感受和评价。

职业人从事职业活动时给人留下第一印象的是着装,政府部门、企事业部门对着装都有具体的要求,它体现着职业素养和气质,以及对客户的尊重,这也是最基本的礼仪。

(2) 言谈举止是外在形象和内在涵养的表现形式。

讲好普通话,并使用标准问候语,在交流中优雅谈吐、认真聆听,使用得体的体态语言,这些细节在职业形象塑造中缺一不可。

(3) 学习综合知识可以增强自信心。

在职场中,与人交流是每天都要进行的,人文社会知识、专业知识和各地风土人情都会成为谈资,这些对于塑造职业形象必不可少。个人品牌价值会在潜移默化中形成。

(4) 善于观察事物,少说多做。

大学生面对的群体多半是同龄人,生活圈子有其局限性,走向社会后会发现世界是个万花筒,生活中有数不清的选择。怎样用最小的成本取得最大的收益?职业人要学会观察,达到事半功倍的效果。

(5) 勿以善小而不为,勿以恶小而为之。

职业形象塑造在有些公司要进行专门的培训,足见其重要性。"勿以恶小而为之,勿以善小而不为"是年轻人要注意的。言谈中恶语伤人,小事中与人争利,甚至乱丢垃圾等不文明行为都会让职业形象失分。

3. 快速融入工作团队

(1) 加强对班组的理解和认识。

班组是企业的基层组织。要学会互相帮助,遵章守纪,在工作中服从上级安排。个人威信的高低会在班组中体现出来,要相信群众的眼光。

(2) 提升挫折耐受能力。

挫折耐受能力是指个体在遭遇挫折时,经得起打击和能承受压力的能力。"穷人的孩子早当家""梅花香自苦寒来"说的就是人的承受力和承压力。这反映了一个人的心理素质水平。凡事都不会一帆风顺,不经一事,不长一智,提升挫折耐受能力对于职业人来说非常重要。

(3) 提高自主学习能力。

自主学习能力是工作团队成员核心素质的体现,专业知识的有效运用要通过综合知识体现出来。要在实践中学习,在学习中实践。提高团队创新力、构建创新型团队,自主学习能力是非常重要的。

(4) 增强自我管理能力。

职场竞争激烈,自我管理能力其实是个人价值的体现,要懂得"三人行,必有我师"的道理。自我管理也是提升自己竞争能力的基本要求。

总结案例

勤学善思的新人

小李第一天上班就感觉到了作为新人的尴尬。他接到的任务是复印公司账目及抄写账目资料,同时熟悉公司的财务制度与会计报表。在复印公司账目的过程中,他发现有些账目记录过于简单,与所学的《会计学基础》和《会计准则》有些不同。于是,他虚心请教同事,对于在校学习的理论知识有了进一步的理解,同时他也渐渐和同事熟悉起来。他在仔细琢磨了公司的各项规章制度后,意识到公司喜欢有创造力的员工,于是他开始在抄写账目资料的同时也在旁边用铅笔写上一两点建议,有几次同事觉得他的思路不错,还在公司财务制度修订时增补到文件中。小李把这些文档保存下来,试用期结束时随自我评价一起交给上司。最后他顺利转正,工资还提高了一档。

分析:

小李作为一名新入职的员工,对新的工作内容不熟悉,工作中遇到一定的困难是正常的现象,他不是自己闷头解决困境,而是主动融入工作团队,向团队中的其他成员请教,仔细观察、琢磨团队工作风格,并根据团队风格展现出了自己良好的职业形象,给上级和同事留下了良好的印象,最终获得了团队的肯定。

课堂活动

职业适应能力测试

一、活动目标

教师通过测试引导学生了解自身职业适应能力水平。

二、活动时间

20分钟。

三、活动流程

(1) 教师出示以下材料,要求学生进行自我测试。

职业适应能力问卷

本测试共有20道题,每道题后附有3个可供选择的答案。请仔细阅读后,选出一个最符合你实际情况的答案。

① 假如朋友突然带一个你不喜欢的人到你家里,你会(　　)。

A. 表示惊奇

B. 把你的感觉完全隐藏起来

C. 暂时忍耐,以后再把实情告诉你的朋友

② 对自己的某次失败,你(　　)。

A. 只要别人有兴趣,随时都可以告诉他们

B. 会在谈话时顺便说出来

C. 决不说,怕会被别人抓住弱点,对自己不利

③ 遇到困难时,你(　　)。

A. 毫不犹豫地向有关人员征求意见

B. 经常向熟人请教

C. 很少麻烦别人

④ 你骑车去一个较远的地方参加社交活动,找不到目的地,你(　　)。

A. 赶快查阅地图

B. 大声抱怨,不知何时才能到达目的地

C. 有人走过时,问个清楚

⑤ 当你选择衣服时,你(　　)。

A. 总是固定在一种款式上

B. 跟随新潮流,希望适合自己

C. 在选定以前,先听取朋友或售货员的意见

⑥ 当你知道会有不愉快的事时,你会(　　)。

A. 进入紧张状态

B. 相信事实并不会比预料的糟糕

C. 相信完全有办法应付

⑦ 在嘈杂混乱的环境里,你(　　)。

A. 总觉得很烦,不能静下心来学习
B. 仍能学习,但效率降低了
C. 不受影响,继续学习

⑧ 和别人争吵起来时,你(　　)。
A. 能有力地反驳对方
B. 常常语无伦次,事后才想起如何反驳对方,可是已经晚了
C. 能反驳,但无多大力量

⑨ 参加正式的考试或竞争,你常常表现得(　　)。
A. 比平时更好些
B. 不如平时
C. 和平时差不多

⑩ 必须在大庭广众面前讲话时,你(　　)。
A. 常常怯场,不知所措或说话结结巴巴
B. 虽然感觉难,但还是想办法完成
C. 总能侃侃而谈

⑪ 在团体或社会性的集会中,你(　　)。
A. 总是想参与讨论
B. 只有在知道讨论的题目时才参加
C. 讨厌在集会上说话,所以不参加

⑫ 受到别人的批评,你会(　　)。
A. 找机会反过来批评他
B. 毫不在意
C. 了解对方批评你的理由

⑬ 当情况紧迫时,你(　　)。
A. 能注意到细节
B. 粗心大意,丢三落四
C. 慌慌张张

⑭ 参加各种比赛时,比赛越激烈,观众越热情,你的成绩(　　)。
A. 越好
B. 越上不去
C. 不受影响

⑮ 碰到阻力或困难时,你(　　)。
A. 经常改变既定的主意
B. 不改变既定的主意
C. 更有干劲

⑯ 你符合下列(　　)种情况。
A. 不安于现状,总想改变点什么
B. 凡事只求规范,不做破格的事

C. 礼貌要讲,但事也要办

⑰ 你赞成下面（　　）种说法。

A. 只要是正确的,就坚持,不怕打击,不怕被孤立

B. 在有矛盾时让一让就过去了

C. 尽量求和平,把批评和斗争降到最低的限度

⑱ 假如和自己相关的内容被登报,你（　　）。

A. 有点自豪,但不以为意

B. 很高兴,想让朋友也看看

C. 完全不感兴趣

⑲ 为了给人留下好印象,你（　　）。

A. 想方设法,并花一定时间考虑、计划

B. 不特意去做,但有机会就利用

C. 不会采取特殊的措施

⑳ 你同意下列（　　）种观点。

A. 为了促进自己的国家发展,学习外国的东西是件好事

B. 外国的事与我们没有任何关系

C. 学习外国的东西比学本国的东西更好

对照下面的计分表（见表9-5）,计算出自己的分数。

表9-5　职业适应能力测试计分表

选项	1	2	3	4	5	6	7	8	9	10	11	12	13	14	15	16	17	18	19	20
A	2	2	3	2	1	1	3	3	1	2	1	3	1	3	1	3	3	3	2	2
B	1	3	2	1	3	2	2	1	2	3	3	2	1	2	1	1	1	3
C	3	1	1	3	2	3	3	2	2	3	1	2	1	2	3	2	2	2	1	1

如果得分为49～60分,说明你的职业适应能力很强；

如果得分为37～48分,说明你的职业适应能力较强；

如果得分为25～36分,说明你的职业适应能力一般；

如果得分在25分以下,说明你的职业适应能力较差。

（2）教师将学生按照6～8人一组划分小组,小组根据这20个问题进行讨论,并形成小组观点。

（3）每个小组选出一名代表分享本组观点和方法,其他小组可以对其进行提问,并与其交流。

（4）教师进行分析、归纳、总结。

（5）教师根据各组在研讨过程中的表现给予点评并赋分。

9.3 职场文化融合和终身学习

◇哲人隽语◇

劳动是一切知识的源泉。

——陶铸

学习目标

1. 明确职场文化融合各个方面的内涵和重要性,掌握终身学习的概念和内涵。
2. 能够运用职场沟通与合作技巧、发现问题与解决问题的方法完成职场文化融合。
3. 养成终身学习的习惯。

 引入案例

迷茫的职场新人

小林是高职应届毕业生,毕业后他入职了一家企业。小林由于十分内向、自卑,独来独往,对于工作任务总是按照自己的想法完成,还曾与同事发生了几次争执。最近,领导交给了他一个新任务,与他之前的专业关系并不太紧密,他不知该如何处理,又不知道该向谁求助,他感到束手无策,觉得这份工作不适合他,他打算向领导递交辞呈。

分析:

获得工作机会、进入职场只是职场劳动的起点,小林的工作进展并不顺利,甚至濒临失败。进入职场后,想要获得更好的工作体验,必须尽快完成职场文化融合,调整好个人的心态,融入集体、团队、企业。面对复杂的工作任务,要想获得长远的职业发展,必须养成终身学习的习惯。

一、职场文化融合

尽管许多高职院校在进行校园文化建设时已经非常注重企业文化的融入,但是毕业生真正步入职场之初,仍常常会因为生活节奏、人际交往等都由单一变得复杂而感到不适应。快速适应职场人际关系、团队协作的工作形态、复杂的职场工作任务和企业文化等是十分必要的。完成职场文化融合是开展职场劳动实践的重要内容。

(一) 有效沟通，增进人际关系

职场成功的重要因素是人际关系的成功。优秀的职业人总是善于构造和谐的人际关系，让自己融入集体。美国学者布吉尼认为注意向交往对象表达我们的尊重、友善之意，有助于在人际交往中成为受欢迎的人。实际上，不止在职场中对待上下级或同事，在家庭和社会中面对家人和陌生人时，想要被人家接受，我们都应该恰到好处地表达对人家的善意。

有效沟通是建立人脉的最佳途径，有益于促进人际交往。职场沟通应注意以下几方面的技巧。

1. 建立信任

缺乏信任，信息就不能充分、有效地传递，从而造成理解时的障碍，对解决问题、达成共识毫无益处。对话时可以通过适当地暴露自己和对别人的观点表示赞同获得信任，为继续沟通创造条件。

2. 突出重点

与人沟通时不要用晦涩难懂的词语阐述问题、发表意见，尽量避免含糊其词。要简明扼要地表达对方最想了解的信息。

3. 学会倾听

倾听是表达的第一步，善于倾听是职业人最基本的素质。沟通是双向的，在单向的、没有共鸣的交流中，是不会建立起信任与合作的。作为职业人，应该避免粗暴地表达，避免打断别人讲话，要在用耳朵听的同时用心去理解，并配合点头等肢体语言，让对方感受到你对他的尊重。

4. 肯定对方

美国哲学家、心理学家威廉·詹姆斯说："人类最殷切的需求是被肯定。"被肯定和赞美，而非否定与批评可以让沟通的气氛更融洽，拉近沟通双方的距离。为了达成意见或行为上的共识，在肯定对方之后，可以通过提建议的方式来表述自己的观点。

(二) 团队协作，开展合作性劳动

团队协作是职场中普遍存在的一种高效的劳动形式，我们需要通过与他人协作，共同完成工作任务，达到劳动集体的共同目的。团队协作能力是优秀员工最重要的软实力之一，是个人职业发展的最强竞争力，也是企业发展的强劲推动力。

1. 明确团队角色，建立合作性劳动关系

组建团队，建立合作性劳动关系是开展合作性劳动的前提。团队由不同的人组成，为了有序、快捷地完成劳动任务，团队中的成员应有明确分工。作为团队中的一员，要明确自己的职责，扮演好自己的角色，做好自己的事情，并与同事配合，有条不紊，保证工作顺利开展。

2. 健全团队管理，制定合作性劳动规则

管理工作使团队成员行为规范化、制度化，规则能推动合作性劳动有序开展。在制定规则时应采用民主的方式，使团队成员有平等的话语权，顾全大局，把握好各方利益的平衡点。以这样的方式制定规则，不仅能保证团队纪律严明、作风过硬，而且有利于调动团队成员的积极性，增强其主人翁意识，增强团队凝聚力。

3. **发挥团队智慧,执行合作性劳动计划**

合作性劳动的完成依赖于团队对计划的有序实施。在完成劳动任务、执行劳动计划的过程中,团队成员都应认真负责,积极遵守团队规则,不仅做好分内的工作,还要与其他成员进行良好的沟通,学会团队合作,遇到问题时可采用头脑风暴等方法,利用集体智慧解决问题。

> **拓展阅读**
>
> ### 贝尔宾团队角色理论
>
> 被誉为"团队角色理论之父"的英国剑桥产业培训研究部前主任贝尔宾认为:人无完人,但团队可以是完美的。结构合理的团队中应该有九种角色,分别为协调者、推进者、创新者、监督者、执行者、协作者、信息者、完善者和专业师。他分析了每一种角色的典型特征、允许存在的缺点和团队贡献。
>
> **一、协调者**
>
> (1) 典型特征:冷静,自信,克制,有控制局面的能力。
>
> (2) 允许存在的缺点:在智能及创造力方面并不超常。
>
> (3) 团队贡献:明确团队的目标和方向,协助团队确定角色分工和各自的责任范围,汇集团队的建议,总结团队的成就。
>
> **二、推进者**
>
> (1) 典型特征:思维敏捷,开朗,主动探索,敢作敢为。
>
> (2) 允许存在的缺点:好激起争端,爱冲动,易急躁。
>
> (3) 团队贡献:推进团队的讨论,寻找和发现可能性,使团队的任务和目标成形,促使团队形成一致意见,并根据决策行动。
>
> **三、创新者**
>
> (1) 典型特征:有个性,思想深刻,不拘一格,才智过人。
>
> (2) 允许存在的缺点:高高在上,不重细节,不拘礼仪。
>
> (3) 团队贡献:提出建议,指出已经形成的方案之中的问题,提出新的意见。
>
> **四、监督者**
>
> (1) 典型特征:清醒,理智,谨慎,判断力强。
>
> (2) 允许存在的缺点:很难被别人激发和鼓舞,也不具备感染他人的能力。
>
> (3) 团队贡献:善于搜索和分析数据,评估不同的方案,得出深思熟虑的结论。
>
> **五、执行者**
>
> (1) 典型特征:保守,务实可靠,约束力强。
>
> (2) 允许存在的缺点:墨守成规,不太容易突破和尝试新鲜的主意。
>
> (3) 团队贡献:遵守体制和流程,擅长处理日常实际问题,将想法转换为实际步骤。
>
> **六、协作者**
>
> (1) 典型特征:善于社交,值得信赖,敏感。

(2) 允许存在的缺点：在危急时刻往往优柔寡断。
(3) 团队贡献：帮助形成融洽的团队精神，干预冲突，为他人提供情感支持和鼓励。

七、信息者
(1) 典型特征：性格外向，热情友好，好奇心强，联系广泛。
(2) 允许存在的缺点：在最初的热情过后容易失去兴趣。
(3) 团队贡献：发现可用资源，从他人处获得想法并引入团队工作，适应能力强。

八、完善者
(1) 典型特征：注重细节，认真自律，勤奋有序。
(2) 允许存在的缺点：常常拘泥于细节，容易焦虑。
(3) 团队贡献：组织零碎的材料，提供后援和实际的支持，关心细节，确保计划得到执行。

九、专业师
(1) 典型特征：专心致志，全心投入。
(2) 允许存在的缺点：对负责领域外的东西保持沉默，可能对负责领域内的事情过分主导。
(3) 团队贡献：为团队提供专业支持，提供知识、技术和经验。

(三) 发现并解决工作问题

职场劳动过程中会经常面临一些难题，这些难题往往被环境所掩盖且发展缓慢，一般难以察觉，却会在没有预兆的时候突然爆发。因此，员工需要具备发现问题的能力，同时要抓住问题的实质，并制定有效的方案解决问题，这是能融入职场、胜任工作的表现。

1. 发现问题

发现问题是指发现目标与现实之间的落差，因此发现问题的第一步就是明确目标，第二步就是从各个维度精准定位现状，第三步是明确目标与现状的差距。发现问题要遵循三个原则：首先，不拘泥于眼前事物，要用长远的眼光看问题；其次，不局限于某一方面，要全方位、多角度地看问题；最后，不拘泥于细枝末节，要看清事物的本质。

2. 分析问题

一个问题的出现往往是多种原因造成的，只有找到产生问题的根本原因、主要原因，才能有的放矢地提出并评估确定解决问题的方案。分析问题产生原因的方法很多，这里重点介绍"5个为什么"分析法。

"5个为什么"分析法是一种诊断性方法，具体做法是不断提问为什么前一个事件会发生，直到找出原有问题的根本原因。虽名为"5个为什么"，但其使用时并不限定次数，有时可能只要2次，有时也许要10次甚至更多，主要是必须找到问题的根源所在。这个方法的关键是鼓励解决问题的人从结果入手，"打破砂锅问到底"，并且在顺藤摸瓜的过程中做到尽量客观，避开自负的假设和逻辑陷阱。

"5个为什么"分析法的使用，有三个注意事项：第一，要朝着解决问题的方向进行分析;第二,不要只从自身之外的方面找原因;第三,要找可控的因素。

> **案例 9-3**
>
> ### 使用"5个为什么"分析法查找停机原因
>
> 丰田汽车公司前副社长大野耐一发现生产线上的机器总是停转,虽然修过多次,但仍不见好转。于是他询问工人机器停转的原因。
>
> 问题一:为什么机器停了?
> 答案一:因为机器超载,保险丝烧断了。
> 问题二:为什么机器会超载?
> 答案二:因为轴承的润滑不足。
> 问题三:为什么轴承会润滑不足?
> 答案三:因为润滑泵失灵了。
> 问题四:为什么润滑泵会失灵?
> 答案四:因为它的轮轴耗损了。
> 问题五:为什么润滑泵的轮轴会耗损?
> 答案五:因为杂质跑到里面去了。
>
> 在连续 5 次询问"为什么"之后,产生问题的真正原因和解决的方法终于被找到了——在润滑泵上加装滤网。如果没有沿着因果关系的链条刨根问底地挖掘根本原因,工人很可能只是换根保险丝来敷衍地解决问题,治标不治本。
>
> **分析:**
>
> 从为什么会发生、为什么没有发现、为什么没有进行预防三个层面连续询问、持续探寻,可以发现根本问题并寻求解决。这个方法最初是由丰田佐吉提出的,后来,丰田汽车公司在发展完善其制造方法学的过程之中也采用了这一方法。作为丰田生产系统入门课程的组成部分,这种方法已成为问题求解培训的一项关键内容。目前,该方法在丰田之外已经得到了广泛应用。

3. 解决问题

一旦选择了最终的问题解决方案,就要将其转化为有效的行动,才能使问题得到解决。制定并实施计划是解决问题的关键。

制定计划时要有明确的总体目标,确定计划完成的效果和最终完成时间,同时为了计划可实施、可度量,最好将任务进行分解,细化到各个小目标。在实施计划时,通过任务进度表进行进度追踪,当事先没有预料到的问题阻碍计划的实施时,动态地调整计划,设计紧急应变方案,直至实现总体目标,成功解决问题。

(四) 接受企业文化,融入职场环境

企业文化包含企业的经营宗旨、价值观念和道德行为准则等,是一个企业在发展过程中形成的,通常是极具个性化的。其核心是企业的精神和价值观。企业文化是企业的灵魂,促进企业的持续发展。企业中,企业文化起着凝聚、导向、激励、协调、约束、形象塑造

等重要作用。"一流企业靠文化,二流企业靠营销,三流企业靠生产",从企业界流传的这个说法中足见企业文化的重要地位。员工也会受到优秀的企业文化的感染而更加热爱所在企业,增强集体荣誉感。而一个员工若不了解、不认同企业文化,是很难积极地为企业创造价值的,甚至让其在企业中稳定下来都是困难的。因此,尽快接受企业文化,对刚刚进入职场开展劳动实践的员工而言非常必要。

从企业的角度来讲,可以通过提供必要的培训、加强人文关怀等途径让新员工尽快接受企业文化。

企业入职培训要做到按需施教,务实求真,确保培训质量;要灵活多样,增强实效,包括但不限于课堂教学、专题讲座、拓展训练等多种形式;要以老带新,明确岗位责任,让新员工在老员工良好的工作习惯及素养的感染下感受到企业的良好形象;要加强培训反馈,在督促员工学习的同时检验培训实效,提高培训质量。

企业领导干部和老员工在与新员工进行沟通和交流时要注意用相对平等的姿态增强新员工对组织的参与感和认同感;要主动关心新员工并充分考虑地域、民族等原因造成的生活习惯差别,合理满足有关要求,增强员工对企业的归属感;企业可以通过建立约束机制和学习、管理、监督等制度,把关心、关爱与竞争激励结合起来,科学使用人力,树立榜样,弘扬正气,使新员工始终保持积极乐观、健康向上的精神状态,全身心投入职场劳动实践。

从个人的角度来讲,新员工在企业中如何表现自己和能否得到长期发展,很大程度上取决于其最初进入企业时的经历和感受,注意以下几点就能加快对企业文化的认同:

(1) 认真对待新员工入职培训,利用入职培训深入了解企业的经营哲学、价值理念、企业精神、企业道德、企业制度和企业形象。

(2) 在工作中多学、多问、多了解,想要被一个集体接纳,就要让自己接受和认同集体的价值观念。

(3) 面对前辈谦虚行事,找准自己的角色和职责,调整自己的心态和工作技能发挥的方向。

二、终身学习

(一) 终身学习的内涵

人们常说的"活到老,学到老"或者"学无止境"其实就是指终身学习。终身学习具有终身性、全民性、广泛性、灵活性与实用性等特点。终身学习理念包含三层含义:

(1) 学习是一种持续终身的活动。学习贯穿人的一生,包括纵向和横向两个维度。纵向指时间维度,包括一个人从婴儿期到老年期的各个不同发展阶段的各种学习;横向指空间维度,包括在学校、家庭、社会等各个不同场景中的各种学习。

(2) 学习是个体一种自发的生活方式。终身学习是社会成员个体为适应社会发展和实现个体发展而自发形成的生活方式。

(3) 学习是多样化、个性化的。终身学习尊重每个学习者的个性,学习者可以自主地选择学习内容、学习方法等。终身学习的目标也是个性而多样的,但这一理念的重要支柱和终极目标应该是"学会认知、学会做事、学会共处、学会生存"。

> **案例 9-4**
>
> **从普通工人到翻译家**
>
> 中华人民共和国成立后,中学学历的何国良被安排到华南热带作物研究所当图书管理员。他发现一些宝贵的外语资料很少有人问津,原因是大部分研究员只懂英、法等外语,而其他外语懂的人很少,造成了资源的极大浪费。看在眼里、急在心里的何国良决心将其他外语资料翻译出来,以供需要的研究员查阅。
>
> 于是,他一边做图书管理员,一边自学起外语。虽然学习的条件很艰苦,但"半路出家"的何国良非常坚定。有时为了弄清一个难题,他要翻阅一本又一本字典,花费好几天时间。即便在酷热的夏日,别人都去乘凉,他也把自己关在热得像蒸笼一样的屋子里学习外语。
>
> 通过若干年的自学,他掌握了英、法、俄、日等6门外语。周总理听说了他的事迹,表扬了他,他受到很大鼓舞。之后,他又自学了德、意、波等8门外语,先后共掌握了14门外语。在坚持自学外语的同时,他还自学了数理化等相关知识,以便更好地翻译科技文献。就这样,何国良从一名普普通通的工人变成了一位出色的翻译家。
>
> **分析:**
>
> 从普通工人到出色的翻译家,何国良的经历告诉我们,自发地、主动地、持续地学习有助于个人职业的发展,这不仅改变了自身的命运,也为社会做出了更大的贡献。只有让终身学习成为自己的生活方式、工作方式,才能让自己的价值最大化,才更有利于成功。

(二) 终身学习的内容

终身学习启示我们在学习过程中要养成主动学习、不断探索、自我更新、学以致用和优化知识的良好习惯。

(1) 主动学习本质上是将学习看作自己的迫切需要和愿望,持续地进行自主学习、自我评价、自我监督,适当地进行自我调节,以提高学习的效率,提升学习的效果,使学习效率更高、效果更好。

(2) 不断探索首先出于兴趣,要对周围的事物、现象,对听到和看到的观点、看法有浓厚的兴趣,还需要不断丰富自己的信息资源。信息资源既包括人的方面的资源,也包括知识方面的资源。

(3) 自我更新首先要求让自己的心态保持开放,培养对新事物、新现象的敏感性;其次要善于进行反思,进行自我更新;最后要虚心,重视别人的意见,主动纳言。

(4) 学以致用有两层含义:一要养成观察和思考的习惯,观察和思考是一切智慧的来源;二要学会"做","做"是学以致用的核心,要通过不断动手去做试验,验证自己提出的想法和观点。

(5) 优化知识,首先要多思考,因为学习是一个"悟"的过程,而"悟"是别人替代不了的;其次要多复习;再次要多动笔;最后要有效利用互联网,计算机和互联网有巨大的作用和影响,要学会健康有效地利用互联网。

(三) 终身学习的意义

(1) 终身学习是职业生存的需要。

人工智能技术的飞速发展正在重塑着我们的就业环境。《联合早报》一篇刊文中提出"AI 颠覆传统劳动力市场的趋势不可挡且不可控",随着 AI 技术的普及,那些简单重复、技术含量较低的职位,如流水线工人、初级客服等,正面临被自动化取代的风险。与此同时,数据分析、网络安全、AI 开发等高技能岗位的需求却在持续增长。这些岗位不仅要求从业者具备深厚的专业知识,还需要持续学习和适应新技术的发展。

正如"萝卜快跑""无人驾驶出租车"等无人驾驶商业化提速与普及将重塑整个交通行业的就业结构。虽然可能会导致整体从业者数量的减少,但同时也将催生新的就业机会,如无人驾驶系统的维护、监管等。在此背景下,唯有坚持不懈地学习新知、紧跟时代步伐、积极拥抱变革,并熟练掌握适应当前时代需求的新技能,才能在这场就业市场的变革中稳健前行。另外,有学者也提出人工智能在终身学习领域得到了广泛应用,产生了较显著的正面影响,但也可能使终身学习权面临多样的风险。

(2) 终身学习是被尊重的需要。

学习是丰富学识、提升素质的前提和必要条件。人类生存和发展都源于学习,人们的自身成长和发展都经由终身学习实现。职业人如果不能经常更新知识结构,不能对新知识、新技能保持好奇与敏锐,就有可能落后于时代的脚步,甚至被职场和社会淘汰。

(3) 终身学习是增强幸福感的需要。

幸福感是在生活满意度基础上产生的一种积极心理体验,而幸福感指数就是衡量这种感受具体程度的主观指标数值。终身学习可使我们紧跟时代的脚步,获得社会的认可,个人认识有所提高,职场发展顺利,因此,个人生活的满意度也会随之提升,从而提升幸福感指数。

(4) 终身学习是适应社会和实现个人梦想的必然要求。

终身学习可以促进自己的学识、能力和素质的全面发展,提升个人的社会竞争力,使其适应飞速发展的社会,进而实现个人梦想。

总结案例

"硅谷女超人"徐玲

徐玲有很多头衔:BMC 软件公司的首席技术官和全球工程副总裁、斯坦福大学客座教授、亚马逊畅销书作者、史蒂夫奖得主、硅谷最具影响力百位女性之一。徐玲精致、时髦、自信,对新鲜事物保持着孩童般的热情和好奇。

在职场上,徐玲是一个自信的领导者。在 BMC,她有条不紊地管理着二十几个团队。"在项目执行中,我往往会让每个人来轮流执导,坐在我的位置进行项目协调。"在这样的环境中,徐玲带领的团队成员都快速成长,获得独当一面的能力。徐玲认为,当一个领导者有了充足的安全感,整个团队的办公室文化才会变得光明坦荡,领导者也才能获得团队成员发自内心的认可和尊重。当然,徐玲并不是无端地自信,在培养团队成员的同时,她也从未停止学习,不断自我成长。"作为领导者,一定要紧跟时代潮流,不断提升自己。只有这样,在变革到来的时候才能把握大局"。在徐玲看来,人工智能就是下一个时代变革的风口,所以她也毫不犹豫地选择人工智能课程进行学习。她反复强调终身学习,这是这位"硅谷女超人"保持年轻的不二法门。

分析:

正是因为出色的团队协作能力和终身学习的意识,徐玲才获得了职场中的成功。我们作为生活在人工智能时代的大学生,更应该注意在开展职场劳动实践时快速地完成职场文化融合,并且养成终身学习的习惯,促进自身的职业发展。

 课堂活动

不同职业角色的终身学习

一、活动目标

正确认识终身学习,明确终身学习对职业生涯发展的意义。

二、活动时间

30分钟。

三、活动过程

(1)教师介绍活动背景:心理学家舒伯提出人在一生中要扮演六种角色,即子女、学生、休闲者、公民、工作者和持家者。学生将演绎有职业特点的工作者和持家者。

(2)学生以小组为单位,结合专业选定角色,设置具体工作任务,并提出完成这些工作应具备的知识和能力。

(3)每一组选择1~2位同学进行分享,告诉大家自己的想法是什么,终身学习的方法和途径有哪些,终身学习对职业生涯发展会产生什么影响。

(4)教师进行归纳、分析和总结,引导学生认识终身学习对不同职业角色发展的重要性。

主要参考文献

[1] 陈国维. 大学生劳动教育[M]. 北京：高等教育出版社，2020.
[2] 袁国，徐颖，张功. 新时代劳动教育教程[M]. 北京：航空工业出版社，2020.
[3] 徐国庆. 劳动教育[M]. 3版. 北京：高等教育出版社，2024.
[4] 刘向兵. 新时代高校劳动教育论纲[M]. 北京：社会科学文献出版社，2019.
[5] 杨琳. 面向未来的环境素养培育[M]. 上海：上海教育出版社，2019.
[6] 檀传宝. 劳动创造美好生活[M]. 北京：中国劳动社会保障出版社，2019.
[7] 苏霍姆林斯基. 苏霍姆林斯基论劳动教育[M]. 萧勇，杜殿坤，译. 北京：教育科学出版社，2019.
[8] 毕结礼. 职业素质教育[M]. 北京：高等教育出版社，2019.
[9] 何云峰. 劳动幸福论[M]. 上海：上海教育出版社，2018.
[10] 刘向兵. 劳动的名义[M]. 北京：中国工人出版社，2018.
[11] 彭新宇，陈承欢，陈秀清. 职业素养的诊断与提高[M]. 北京：电子工业出版社，2018.
[12] 吴学东. 马克思的劳动思想研究[M]. 北京：中国社会科学出版社，2018.
[13] 吕红，李盛基，金喜在. 中国体面劳动：水平测量、评价及影响因素分析[M]. 北京：科学出版社，2017.
[14] 吴访升，陈川. 职场安全与健康教育[M]. 2版. 北京：高等教育出版社，2022.
[15] 张建. 顶岗实习指南[M]. 2版. 北京：中国人民大学出版社，2016.
[16] 马卡连柯. 家庭和儿童教育[M]. 上海：上海人民出版社，2016.
[17] 王志杰，陈卫民. 职业素养基本训练[M]. 北京：中国劳动社会保障出版社，2015.
[18] 陈静. 体面劳动视角下城镇非正规就业群体的劳动权益保障研究[M]. 成都：西南财经大学出版社，2015.
[19] 曹建华. 职业素质教育[M]. 北京：国防工业出版社，2015.
[20] 王松江. 劳动哲学概论[M]. 上海：上海交通大学出版社，2015.
[21] 陈宇，姚臻. 就业与创业指导[M]. 北京：外语教学与研究出版社，2014.
[22] 孙立如. 劳动关系管理实训[M]. 上海：复旦大学出版社，2014.
[23] 陈烈强. 高职创业教育与实践[M]. 广州：华南理工大学出版社，2014.

[24] 罗小秋. 职场安全与健康[M]. 北京：高等教育出版社，2014.
[25] 陈川雄. 职业素质拓展[M]. 北京：高等教育出版社，2014.
[26] 陈春花，曹洲涛，曾昊，等. 企业文化[M]. 北京：机械工业出版社，2010.
[27] 刘向兵. 劳动通论[M]. 北京：高等教育出版社，2010.
[28] 大西农夫明. 图解5S管理实务：轻松掌握现场管理与改善的利器[M]. 北京：化学工业出版社，2009.
[29] 国家教委《中国新一代》杂志社. 劳动素质教育[M]. 北京：时事出版社，1996.
[30] 王志伟. 商贸法律实务[M]. 北京：中国纺织出版社，2014.
[31] 肖胜方. 劳动合同法下的人力资源管理流程再造[M]. 北京：中国法制出版社，2016.
[32] 托夫勒. 第三次浪潮[M]. 黄明坚，译. 北京：中信出版社，2006.
[33] 商德文. 马克思中青年时代的经济学哲学思想[M]. 北京：北京大学出版社，2002.
[34] 李文杰. 人工智能时代终身学习权的保护：问题与出路[J]. 当代教育论坛，2024(2)：1-9.
[35] 檀传宝. 劳动教育论要：现实畸变与起点回归（修订本）[M]. 北京：北京师范大学出版社，2024.
[36] 刘向兵. 大学生劳动教育通识[M]. 北京：高等教育出版社，2022.
[37] 卢胜利，刘瑜，杨孝峰. 新时代大学生劳动教育[M]. 北京：高等教育出版社，2022.

后 记

《劳动教育》(第二版)是集体智慧的结晶,全书由天津职业技术师范大学赵文平、广东南华工商职业学院张弋担任主编并负责教材框架设计,绍兴职业技术学院朱钦、徐州幼儿师范高等专科学校李慧担任副主编,国内10余所职业院校教师参加了编写。有关人员的编写分工如下:

模块一:赵文平;

模块二:张弋、刘小军;

模块三:赖勇军;

模块四:孙新;

模块五:苏冰星;

模块六:叶俊(6.1、6.3)、车炯(6.2);

模块七:李慧(7.2)、王有月(7.1)、羊栋(7.3);

模块八:朱钦(8.1、8.2)、殷红(8.3);

模块九:张辉(9.1、9.2)、马青(9.3);

数字资源制作:张辉;

思政把关、案例统筹:陈玉欢。

编 者

郑重声明

高等教育出版社依法对本书享有专有出版权。任何未经许可的复制、销售行为均违反《中华人民共和国著作权法》，其行为人将承担相应的民事责任和行政责任；构成犯罪的，将被依法追究刑事责任。为了维护市场秩序，保护读者的合法权益，避免读者误用盗版书造成不良后果，我社将配合行政执法部门和司法机关对违法犯罪的单位和个人进行严厉打击。社会各界人士如发现上述侵权行为，希望及时举报，我社将奖励举报有功人员。

反盗版举报电话　（010）58581999　58582371
反盗版举报邮箱　dd@hep.com.cn
通信地址　北京市西城区德外大街 4 号　高等教育出版社知识产权与法律事务部
邮政编码　100120

教学资源服务指南

感谢您使用本书。为方便教学,我社为教师提供资源下载、样书申请等服务,如贵校已选用本书,您只要关注微信公众号"高职素质教育教学研究",或加入下列教师交流QQ群即可免费获得相关服务。

"高职素质教育教学研究"公众号

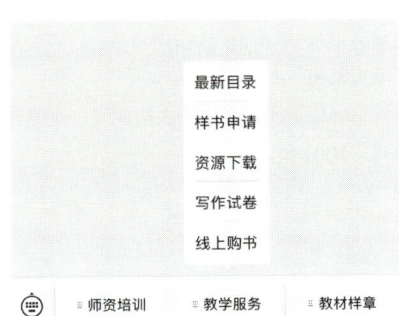

资源下载:点击"**教学服务**"—"**资源下载**",或直接在浏览器中输入网址(http://101.35.126.6/),注册登录后可搜索下载相关资源。(建议用电脑浏览器操作)

样书申请:点击"**教学服务**"—"**样书申请**",填写相关信息即可申请样书。

样章下载:点击"**教材样章**",可下载在供教材的前言、目录和样章。

师资培训:点击"**师资培训**",获取最新直播信息、直播回放和往期师资培训视频。

联系方式

高职劳动教育教师交流QQ群:747785932

联系电话:(021)56961310 电子邮箱:3076198581@qq.com